谨以此书——

献给伟大的抗日战争胜利70周年

纪念为国捐躯的抗日英烈

缅怀在历城抗战的先辈

追思十四年抗战中历城遇难的父老乡亲

第一部县域抗战史著作　济南市历城区乡土课程教材

历城抗战史（修订版）

王钢城　编著

山东人民出版社
国家一级出版社　全国百佳图书出版单位

图书在版编目（CIP）数据

历城抗战史 / 王钢城编著. -- 济南 ：山东人民出版社，2017.8
ISBN 978-7-209-10689-4

Ⅰ. ①历… Ⅱ. ①王… Ⅲ. ①抗日战争－史料－历城县 Ⅳ. ①K265.06

中国版本图书馆CIP数据核字(2017)第162221号

历城抗战史

Licheng Kangzhanshi

王钢城　编著

主管部门　山东出版传媒股份有限公司
出版发行　山东人民出版社
社　　址　济南市胜利大街39号
邮　　编　250001
电　　话　总编室（0531）82098914
　　　　　市场部（0531）82098027
网　　址　http://www.sd-book.com.cn
印　　装　山东省东营市新华印刷厂
经　　销　新华书店

规　　格　16开（185mm×260mm）
印　　张　22
字　　数　370千字
版　　次　2017年8月第1版
印　　次　2017年8月第1次
印　　数　1-9000
ISBN 978-7-209-10689-4
定　　价　48.00元

居安思危

乙未年夏 邢世忠書

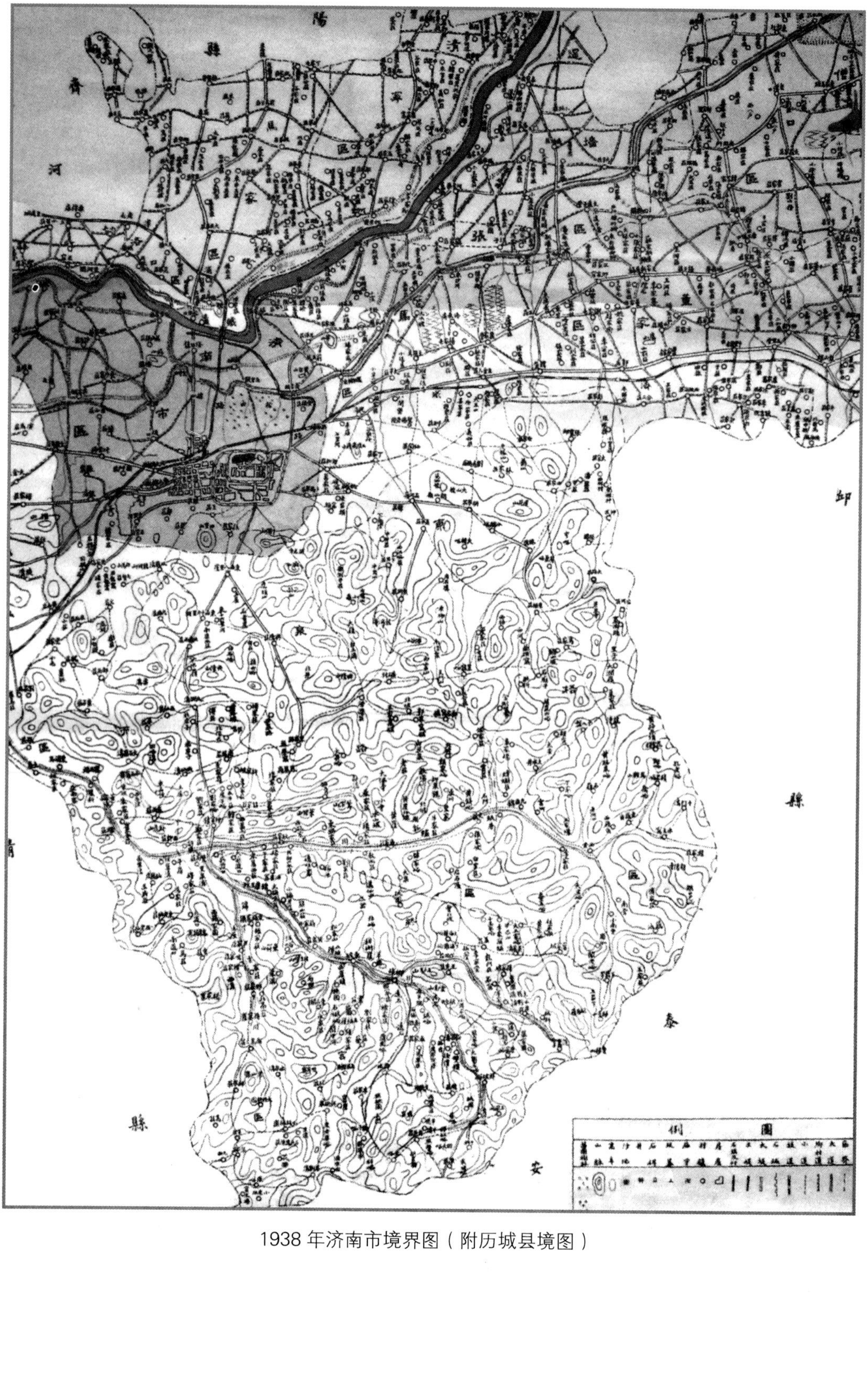

1938 年济南市境界图（附历城县境图）

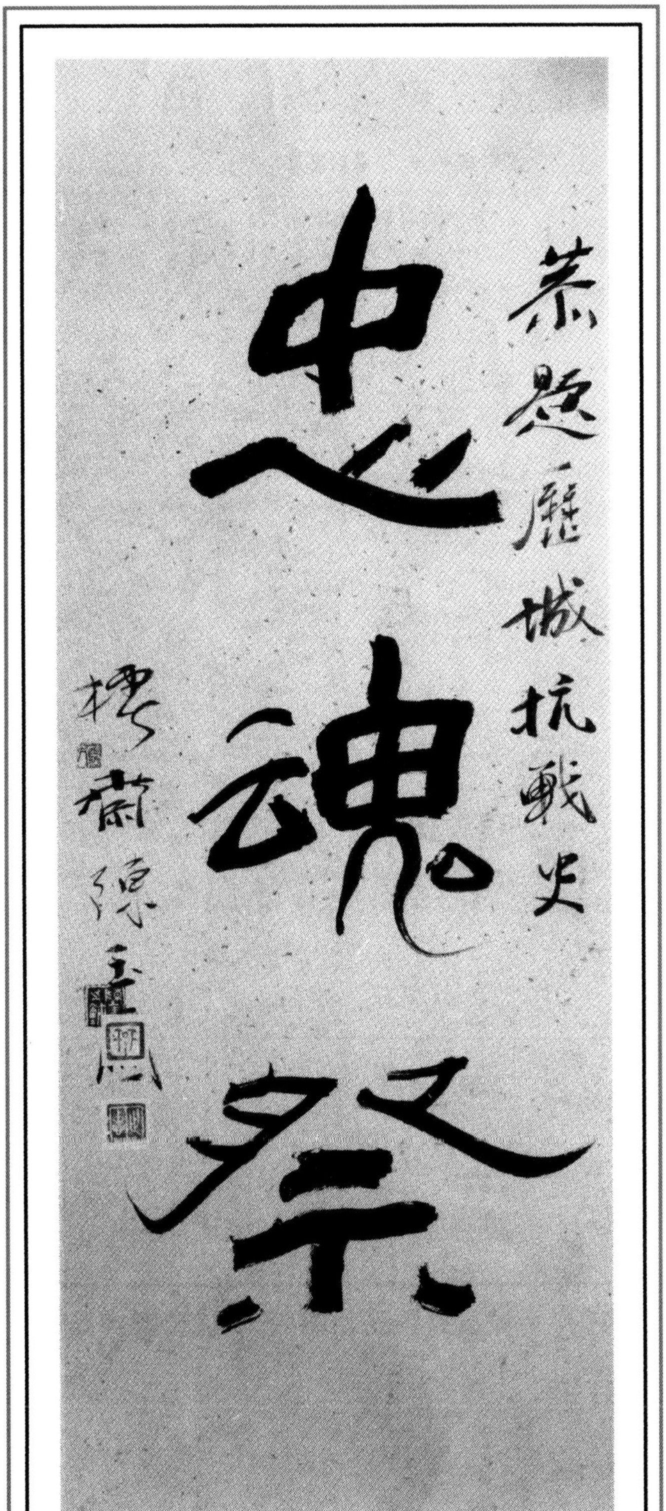
恭題歷城抗戰史
忠魂祭

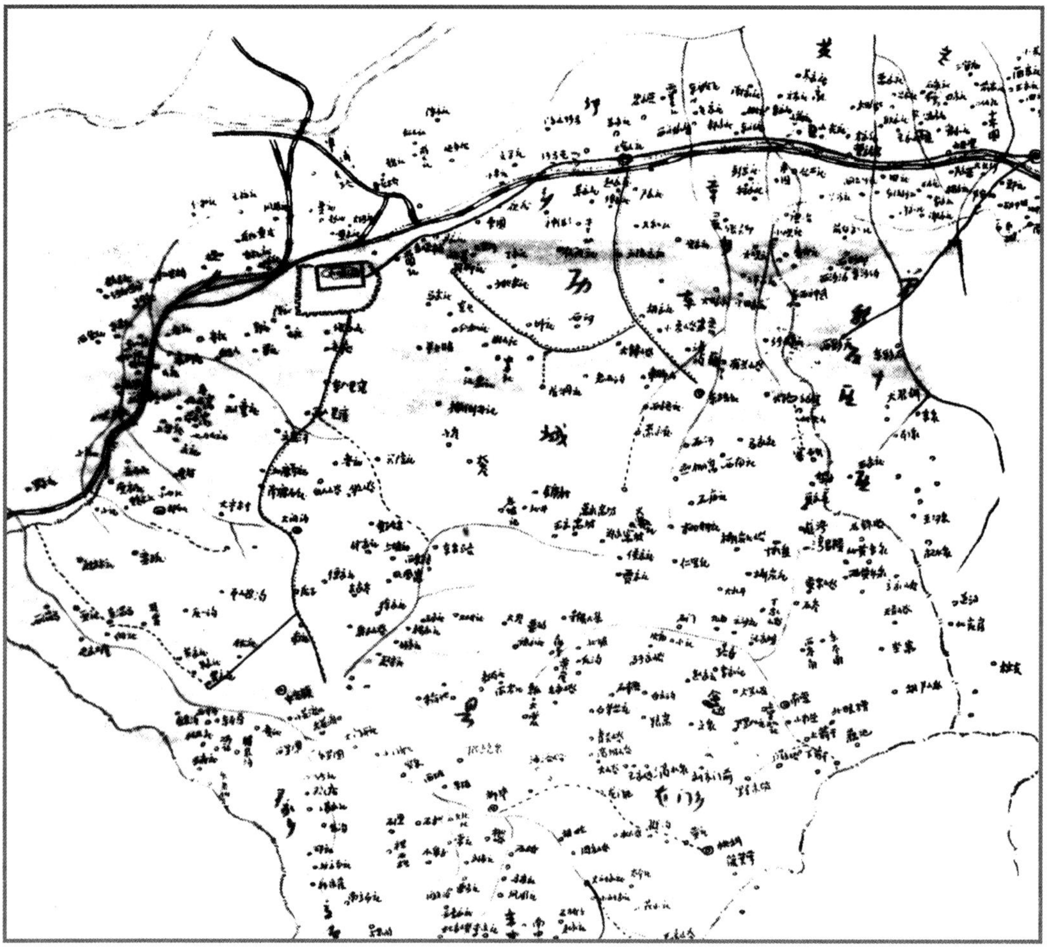

1943 年八路军泰山军分区行政公署绘制历城县行政区划图（历城区档案局提供）

序

在抗日战争胜利70周年之际，钢城倾注心血写就的《历城抗战史》出版了，并将作为历城区初中校本课程自选教材，这无疑是一件具有相当意义的事情。

七十年前中华民族所遭受的苦难及其不屈的抗争，是中华民族伟大复兴的开端，这段历史给几代人留下了刻骨铭心的记忆。目前，整个抗战史的研究不断深入，“断代史”“专题史”“区域史”和相关的志书、资料集层出不穷，而以县（市、区）域为主的抗战史著作，本书是我见到的第一部。作者以中共领导的历城抗战为主线，以“区域史”的视角，全面记叙了日伪的殖民统治、中国共产党和国民党爱国官兵的抗日斗争，以及乡治、文化教育及死难者，比较真切地反映了抗日战争时期“山东首县”历城的社会全貌。这为整理、保存、研究抗战时期的县级区域历史，提供了可资借鉴的典范。

“由于地处日伪统治中心济南的近郊，历城抗战具有长期性、复杂性、残酷性。”依据这一判断，作者将中共领导的历城抗战进程概括为“宁为战死鬼，不做亡国奴：1937年7月—1942年4月”“黎明前的黑暗：1942年4月—1944年9月”“威逼济南：1944年9月—1945年9月”三个阶段，充分展现了中共历城县委领导人民抗战的曲折过程和不屈不挠的精神。由于作者没有机械地照搬宏观抗战史叙事所使用的防御、相持、反攻的框架，从而使本书具备了鲜明的“个性”，反映了作者对“具体问题具体分析”这一历史研究基本方法的深切体会。更重要的是，本书不是孤立地写历城抗战，而是以中共领导的山东抗日根据地的建设为宏观背景，充分反映了中共清河（渤海）区委、泰山地委的领导及中共泰历县委、章丘县委等，在历城抗日根据地的开辟中所起的重要作用。尤其值得关注的是，作者重点记述了“乡村”抗战，从建立秘密村党支部到地下交通线，从公开的武装抗日到区、乡、村三级抗日民主政权的建立，反映了中共领导的抗日根据地的建立给乡村带来的民族和民主意识的觉醒；“抗日模范村南高而”“英雄民兵村宅科”“烈火中不屈的藕池村”等篇章，真实再现了历城普通民众在抗日烽火中铸炼的英雄品格。正是敌后普通民众的广泛的抗日斗争，才形成了敌后战场的巨大威力，这是本书给读者的重要启示。

作者坚持历史学的基本原则，将档案文献、文史资料、实地调研成果有机结合，使本书具有了学术厚重感。日军在历城的罪恶行径、中共历城县委的重大举措、重要的历史人物和事件、重要的历史评价，全部汇于本书之中；历史的真实感、乡土感、可读性，让本书读来引人入胜。文史资料的特点是当事人的“亲历、亲见、亲闻”，是记录和展现历史的独特形式，有着很高的资料价值，本书充分使用了这类资料。作者在描述“中国共产党人始终坚持群众路线”的相关史实时，引用了闫生才先生的口述《在大庙栖身的母亲——闫菊茹》，读来令人潸然泪下。在本书所呈现的特定历史情境中，这一口述资料所提供的不仅仅是一位抗日母亲的感人事迹，其中所蕴含的则是极为丰富的历史信息，令人回味，让人沉思。

《历城抗战史》一书在发挥乡土历史的教育功能方面，具有示范性质。在人们忙于“争利”的当下，那些“老爷爷、老奶奶”以自己的血肉之躯书写的抗日历史，不仅极具民族记忆的价值，而且是培育青少年一代价值观的良好教科书。抢救、整理、保存、研究埋藏在乡土中的抗日战争遗产，已经是一项非常迫切的工作。相信本书将作为这一研究方向的开拓之作而进入当代学术史之中。

愿更多的县域抗战史问世。

王学典

2015 年 7 月 16 日

（作者简介：王学典，山东大学儒学高等研究院执行副院长，《文史哲》主编，教授、博士生导师，历史学家。）

卷首语

历城，山东首县，泉城之源。

新石器时代的“龙山文化”、大辛庄商代遗址的甲骨文，表明这里是孕育山东文明的源头。春秋战国，群雄逐鹿济水之畔，留下荡气回肠的征略故事。

沐浴大汉之风，景帝四年（前153），历城设县。西晋永嘉年间济南郡治迁于历城，至北宋政和六年（1116），济南设府，郡、府之治与县治同处一城。明代洪武九年（1376），济南为山东省会，历城乃为省、府、县三治官署所在地，奠定“山东第一县”地位。

清末民初，济南津浦、胶济铁路开通，商埠开市；“五四”新风劲吹，民主共和价值渐入民心，历城成为风气开先之县。

20世纪二三十年代的历城，南依泰山，北跨黄河，东临章丘，西接长清，是为省城畿地。胶济铁路横贯东西，路北为平原，以盐运为主的小清河蜿蜒流过；路南是沟壑纵横的近1000平方千米的山岭。津浦铁路从县北泺口区入境，穿越济南城，由县西南党家区出境。借省会民族工业复苏、商业金融、教育文化之优势，历城享有“山东首善之县”的美誉。

20世纪初，日本帝国主义四次侵占济南。1914年10月—1923年1月，日本以与德国交战为战胜国为名，派兵侵占济南及胶济铁路近9年；1927年7月—9月，以保侨为名，侵占济南3个月；1928年4月—1929年5月，制造“五三惨案”，占领济南达一年之久。1937年7月，日军全面侵华战争中断了中华民族的现代化进程。12月26日，历城沦陷，日军先后制造鹊山、靳家田庄、韩官、稻池等惨案，以各种手段残酷虐杀和平居民，泯灭我民族尊严；日伪在历城实施法西斯统治，以各种方式掠夺人力、物质资源，摧残文化，置我以亡国灭种之境地。

抗日烽火燃起，历城的优秀儿女前赴后继，投入抗日救亡的民族解放洪流之中。

十四年抗战中，数以千计的英雄、先辈为国捐躯，数以千计的父老乡亲惨死在日军屠刀之下，他（她）们当中，最长者87岁，最幼者只有10个月，先辈们以生命承载了民族的苦难，英雄们以青春热血赢得了民族的独立！刘梅村、苏勋卿、尹天佑、侯筱章、赵正阳等抗日英雄的业绩，永远铭刻于历史的丰碑；景晓村、马耀南、杨国夫、林乎加、廖容标、胡寅、董林汉、傅敦吾、武中奇、罗俊、郭正元、陈杰、周明、王裕民、傅封璞、王剑桥、王其藩等抗日先辈的故事，将在历城代代相传！

十四年抗战中，中共历城县委、泰历县委、章丘县委及济南工委，在历城乡村开展武装斗争、建立民主政权、实施民主改革，广泛促进了民族意识的觉醒，民族、平等、正义等价值观植入历城人的性格，与群众形成了鱼水之情，乡村中蕴藏着巨大的耐力，开发为与日伪军血战到底的战争威力，涌现出"抗日模范村南高而""英雄民兵村宅科""烈火中不屈的藕池村"……"黄承芳智救陈杰"中的无畏与智慧、"闫菊茹栖身破庙抗日"中的百折不挠与义无反顾，正是历城人在血与火的抗战中精神升华的写照！

本书以中共领导的历城抗战为主线，将历城抗战进程划分为三个阶段："宁为战死鬼，不做亡国奴：1937年7月—1942年4月""黎明前的黑暗：1942年4月—1944年9月""威逼济南：1944年9月—1945年9月"。分别记叙日伪的殖民统治、中国共产党和国民党爱国官兵的抗日斗争以及乡治、文化教育和死难者的情况，力图反映"山东首县"历城的社会全貌，揭示中共领导的敌后抗日根据地在伟大的民族解放战争中的中流砥柱作用。

在中共领导的山东敌后抗日根据地格局中，历城是连接鲁中、清河、冀鲁豫的枢纽，更是中共山东分局、八路军山东军区图略、威逼日军统治中心济南的前哨，在中共泰山地委、清西地委、泰西地委及八路军泰山军分区的领导、支持下，中共历城县委领导48万人民，不惧残酷的斗争环境，勇于牺牲，始终致力于乡村抗日根据地的开辟、巩固、建设，最终形成威逼济南日军统治中心的战略态势，为抗日战争胜利做出了特殊贡献。

王钢城

2015年7月20日（2017年6月修改）

目　录

第一章

日军在历城的殖民统治

20世纪初，新崛起的日本帝国主义称霸亚太地区的野心急剧膨胀，侵略中国成为基本国策。日本发动全面侵华战争前，先后三次侵占济南。

日军第一次侵占济南（1914年10月—1923年1月），第一次世界大战中侵占济南。日本参加“协约国”对德国宣战，1914年10月6日，占领胶济铁路及济南火车站，设立领事馆、民政署；12月9日，历城县王舍人庄大集，村民多越胶济铁路赶集，日军不准村民通过铁路，当场击伤4人、杀死1人；1919年爆发五四运动，国人反对日本取得德国在山东的一切权利，济南开展抵制日货运动，日军增兵威胁，7月7日在历城县北园镇逮捕齐鲁大学学生李继寿等3人，镇压济南爱国运动。1923年1月，中国收回胶济铁路主权，日军撤出济南，在济南及胶济铁路驻军近9年之久。

日军第二次侵占济南（1927年7月—9月），以“保侨”为名，阻止国民革命军北伐。6月7日，日军200人先遣队抵达济南；7月7日，增兵至2000人；7月18日，日军炮兵队运至济南。日军赤裸裸干涉中国内政、践踏主权的行径，遭到全国人民的强烈反对。随着国共关系破裂，北伐结束，9月3日，日军撤退。

日军第三次侵占济南（1928年4月—1929年5月），制造“五三惨案”。1928年5月3日，国民革命军在北伐途中经过山东济南城，日本借口革命军对

坐落在“五三”纪念园中的历城县教育局纪念碑

城内的日本侨民进行抢劫、强奸、屠杀，而出动军队展开报复。国民政府外交部的特派山东交涉员蔡公时及署内职员 17 人被日军虐杀。惨案发生后，日方否认日军屠杀中国军民，并要南京国民政府道歉、赔偿、惩凶，并于 5 月 11 日攻占济南。1929 年 3 月，南京国民政府与日本政府签订《中日济案协定》，5 月 20 日，日军退出济南。此次日军侵占济南达一年之久，包括历城居民在内的军民被杀 6123 人，伤 1700 余人，财产损失难以计算。蒋介石在 1928 年 5 月 3 日的日记中写道："身受之耻，以五三为第一，倭寇与中华民族结不解之仇，亦由此而始也！"国耻血恨深深烙在济南人的心中。

据 1990 年版《历城县志》载："日军侵占历城期间，全县被日军残杀者和因水灾、旱灾、蝗灾惨死者共计 28600 人，山东省赈务委员会拨款 3000 元赈济死者家属。"民国十九年（1930），历城县教育局立"济南五三惨案纪念碑"以志全体师生勿忘国耻，振兴中华。

1937 年 7 月 7 日，日军蓄意制造卢沟桥事变，发动全面侵略中国的战争，在占领北平、天津后，兵锋直指山东。10 月上旬，相继占领德州、禹城县城；11 月初，日军大举轰炸济南及历城县境内民用设施，省会济南成为侵占目标。

第一节　占领历城的日伪军

日军矶谷师团在历城县鹊山村越过黄河向济南城进犯

日本侵略军华北方面军所辖第二军第十师团 2 万余人，在师团长矶谷廉介中将率领下，从东、北、西三面包抄济南。1937 年 11 月 13 日，矶谷师团一部 2000 多名日军，在 20 辆战车 2 架飞机的掩护下猛攻济阳县城，县长孙俊昌率部坚守，壮烈殉国，日军 7 昼夜屠城，杀害 2000 余名无辜百姓，制造了血腥的“济阳惨案”。15 日，矶谷师团沿津浦铁路侵占历城县泺口区鹊山村并血洗村庄，与守卫济南的国民革命军韩复榘部隔黄河而对峙，猛烈炮轰城区，形成从北面进攻之势。23 日，日军放弃济阳城，分两路渡黄河：一路经高青县台子镇侵占鲁中重镇周村；一路在济阳渡黄河，进章丘，县长丁世平弃城而逃。日军随即占据历城县龙山镇，并沿胶济铁路，从东面进逼济南。26 日，日军侵占历城县城；同日，矶谷师团一部从齐河县小街子村渡黄河进入历城县境，从西面进逼济南。27 日，韩复榘部未做有效抵抗全部撤走，矶谷师团不战而得山东省会济南，日本报纸时称“无血占领济南”。

一、日本侵略军

1937 年 11 月—1938 年 11 月，济南被日军第二军所属矶谷师团占领。第二军司令部设于经一路南侧邮电大楼，时任司令官席尾寿造中将，参谋长铃木率道少将。矶谷师团以少量兵力占据济南，警戒历城县的龙山、郭店、王舍人庄、黄台、党家庄等铁路沿线重镇，主力沿津浦铁路攻占泰安、兖州、济宁，攻击滕县，在台儿庄战役中遭受国民革命军重创。矶谷师团于 1937 年 11 月 15 日制造“鹊山惨案”；1938 年 1 月 10 日，数百名日军围攻唐王镇韩官村，害村民 17 人，伤 40 余人；4 月 5 日，日军血洗田庄村，在历城犯下滔天罪行。

1938 年 11 月—1945 年 4 月，济南被日军第十二军占领。1938 年 11 月 7 日，日军组建第十二军，设司令部于济南，尾高龟藏、饭天贞固、土桥一次、喜多诚一中、内山英太郎等中将先后任司令官。其中日军第一一四师团（1938 年 11 月—1939 年 7 月）、独立混成第十旅团（1939 年 9 月—1942 年 4 月）、三十二师团所辖第三十二步兵团（1939 年 7 月—1943 年 12 月）、五十九师团（1942 年 4 月—1945 年 5 月）先后驻防济南及历城县域重点村镇及铁路沿线重要据点，五十九师团所属五十四旅团长长岛勤兼任济南城防司令官。

1945 年 4 月—1945 年 12 月 27 日，济南被日军第四十三军占领。日军第四十七师团接防五十九师团，辖 7 个联队，师团长是渡边洋中将，驻济南。其中第九独立警备队（辖 6 个独立警备大队），司令官石川忠夫少将，驻防济南及城郊历城的少数据点。

济南是日军统治山东及河南西部的大本营，作为济南近郊的历城县，是日军重点统治县域。日军在津浦铁路沿线设八里洼、白马山、党家庄据点；在胶济铁路沿线设龙山、孙村、曹家馆、郭店、王舍人车站、黄台、板桥等据点；在南部山区设仲宫、柳埠、西营、龙湾、西彩石等据点；在东北部设鸭旺口、韩家庄、老僧口等据点。日军部署上述据点的兵力一般为分队、小队、中队。分队是日军最小的战术单位，由13人组成，包括1名分队长、4名机枪射手和8名步枪兵；配备轻机枪1挺，编制4人（组长、射手、2名携弹药的副射手），4人配备自卫手枪，战斗中有时也携带步枪（机枪射手除外）；8名步枪兵，每人一支单发步枪；加强分队多配置一个掷弹筒。日军小队，一般由3个分队和一个装备3个掷弹筒的分队构成，共54人。加强配置时，每个分队15人，加强一个掷弹筒，整个小队共62人。为对付游击战，日军还有一种小队编制：每小队6个分队，每分队8人，只有3个分队配置机枪，全小队50人。日军的中队包括1个19人的中队部、3个54人的小队，共181人，步枪139支，轻机枪9挺，掷弹筒9个。有时会加强一两门九〇迫击炮或九二步兵炮。日军在伪历城县公署驻地王舍人庄驻扎1个中队；为封锁八路军泰山根据地，控制南部山区，在仲宫部署1个中队；在胶济铁路沿线的龙山镇驻防1个中队。孙村、郭店等据点驻守一小队日军；西营、老僧口等其他据点，日军部署1个分队驻守，或有伪军驻守。

二、日军特务机构及宪兵队

日军第二、十二、四十三军司令部参谋部在济南设鲁仁、梨花、梅花、樱花、鲁安等公馆为秘密特务机构。济南宪兵分队行使军事警察职能，并设有凤凰、沥源、霞公、麟祥等公馆。特务机构有二十余个，共有特务分子876名，其中日籍165名，汉奸711名。日军特务机构侦查抗日情报、镇压反抗活动、残害抗日志士，还深入

“新华院”旧址

根据地进行策反活动、离间国共关系、国民党内部关系。先后破坏“山东抗日大同盟”“中共济南工委”“八路军渤海军区敌工组”及国民党的“铁血锄奸团”“军统济南站”等组织。

日军于1943年，在堤口路官扎营西头路北，设集中营——“新华院”，关押、屠杀抗日志士，赵正阳烈士在此被残酷杀害。“新华院”院长青井真光，1944年7月—1945年9月期间，残杀抗日志士12000余人。1944年6月—1945年2月，向日本输送劳工2100人。

三、日伪政权在历城的统治

1938年3月5日，伪山东省公署成立，辖鲁北、鲁西、鲁东、鲁南四道，1940年6月改划济南、泰安等10道，历城属济南道。1938年4月11日，伪历城县公署在县西巷第一实验小学成立，后迁址至王舍人庄。伪公署设知事1人，听命于日军派驻县公署的“顾问”“指导官”，受伪省长、伪道长指挥，总理县政，可调用驻扎于本县的伪警备队、保安团等。伪县公署设秘书室、警察所、财政科、教育科、建设科、民政科等。1944年1月1日，县公署改称县政府。抗战时期历任伪历城县长（知事）是周鼎、帅景略、何闻天、项石荣、郝清泉。伪县公署（县政府）之下，设区、乡（镇）、村三级伪政权；区公所设区长1人；乡（镇）公所设乡（镇）长、副乡（镇）长各1人；村设村长1人。1940年后，普遍实行保甲制，十户为甲，十甲为保，分设甲长和保长，推行“良民证”加强人身控制。由于历城人民的反抗斗争，抗战期间日伪统治未及全境。

抗战时期伪历城县政府大门（今济南市第三人民医院）

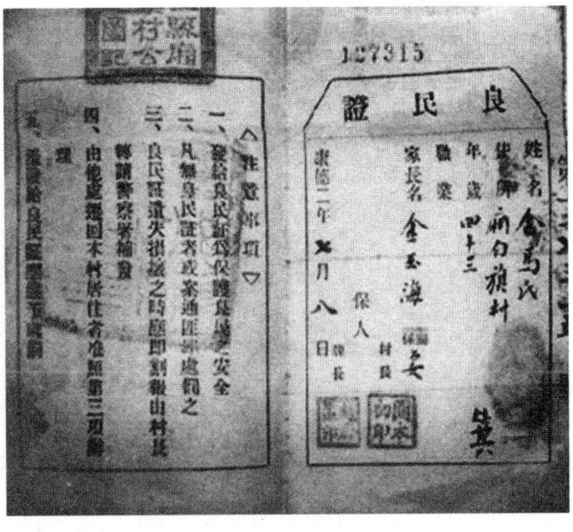

日伪当局颁发的良民证

1938 年—1939 年，伪历城县公署设警务局和警备队。1940 年，警务局改为警察所，在全县各区、镇设警察分所据点，协助日军进行殖民统治。1940 年 10 月，成立县警备大队，伪知县兼任大队长，1942 年 6 月，改编为县保安大队，负责地方“治安”，协助日军作战。历城县境内臭名昭著的伪军主要有：

伪陈崇山部，时称“陈部队” 陈崇山，章丘县宁家埠区向高村人。原为国民党地方武装翟毓蔚部第六团团长，1941 年春，公开投靠日军成为汉奸。陈部以石珩—龙山为基地，占据历城、章丘边区的济南东北乡地区，疯狂绞杀中共历城县委及抗日武装，残害抗日志士。随同日军“扫荡”八路军泰山军分区根据地、清河根据地，是日寇统治济南东部的鹰犬。

山东“剿共”军 抗日战争爆发后，章丘县普集人高松坡拉起武装，被委任为国民党苏鲁战区第三纵队第十八梯队副司令，1939 年 8 月参与制造骇人听闻的莱芜“雪野惨案”，残杀八路军山东纵队第四支队数百人。1940 年，率部投靠日军，被编为山东“剿共”军，任司令，在庄科等地设据点，横行彩石、孙村、港沟一带，窜扰章历边根据地，屠杀抗日志士。1941 年夏，与日军内讧被拘，所部 4000 余人由日军送往东北做劳工。1943 年 5 月，高松坡获释后，投靠吴化文部，任伪第三方面军旅长。

伪三团王启祯部 原为岳伯芬部十三旅三团，抗日志士刘振东被汉奸李子元枪杀后，匪痞王启祯任三团团长，随即公开投靠日军，人们称之为“伪三团”。王部鼎盛时拥有 1000 多人，辖 3 个营、1 个特务大队、1 个骑兵队、1 个枪械修理所。王部横行于现在的港沟、唐冶、孙村、彩石一带，随同日军“扫荡”八路军泰山军分区根据地，成为给日军守护济南东部门户的走狗。

杜子河部 原属国民党地方武装岳伯芬部，杜子河任二营营长，1939 年春，投靠日军成为铁杆汉奸，拥有 300 余人的自卫团，常驻老僧口据点，催款逼粮，鱼肉百姓。伙同伪区长娄文轩及儿子娄源镇，掳掠百姓 90 人，到东北服苦役。以日军为靠山，围剿国民党岳伯芬部，在东北乡搜捕、镇压抗日志士，随同日军“扫荡”八路军清河根据地的西部地区。

1944 年 1 月，岳伯芬默许部下毕子洪率 3 个连投靠日军，编入 1480 部队，驻防黄台车站，旋又调往泰安，协防县城，后又被日军调往河北省昌黎县城，多次随日军“扫荡”冀东八路军根据地。此外，还有霸据一方充当日军统治爪牙的土匪武装，历城老百姓斥之为“窝窝头部队”。

第二节　日寇制造的血案

日寇为维持殖民统治，往往将某一区域的居民进行集体性惩罚、屠杀，在历城先后制造了众多血案，其中以“鹊山惨案”“韩官村血案”“田庄惨案”“稻池惨案”“宅科惨案”为代表。

一、鹊山惨案

1937 年 11 月 5 日，日军矶谷师团在济南制造的第一惨案，日寇占领历城县鹊山村后，使用刀劈、枪击、火烧等手段，血洗村庄，残害村民 96 人，重伤 56 人。鹊山村人杨秀荣先生在 1995 年抗战胜利 50 周年时，回顾了童年记忆中的这段恐怖经历：

1937 年农历十一月十五日，日本鬼子在鹊山及附近村庄，到处横冲直撞，杀人放火，无恶不作，见男的就捅就杀，见妇女和孩子就赶着集中到山西头的张家小铺里，像对待逃犯一样看押起来。

傍晚，日本鬼子成群结队地对各家各户进行搜索。当时我和 8 岁的妹妹吓得藏在床底下。姐姐那年 18 岁，为了免受日本鬼子的糟蹋，就藏在地瓜窨里。嫂子 25 岁，有两个孩子，大侄女 5 岁，小侄女还不满一岁生日，父亲和母亲也催嫂子躲藏，可孩子不懂事藏起来又哭又闹，嫂子怕连累别人，无奈只好陪年过半百的父母在家听天由命了。这时我哥哥出去帮人救火，一家人在悄悄地听着动静。一会儿，敌人的铁蹄声由远而近，接着闯进我家六七个鬼子，进了门不容分说就抓住了父亲的衣领，“叽里呱啦”地用手指头比画着铜钱大的圆圈，看意思是“要钱”。那时我家贫寒哪有钱往外拿啊！父亲

“鹊山惨案”遗址

便摆手示意“没有”。鬼子恼怒了，抬手朝父亲的胸膛开了枪，子弹幸好未打中心脏，父亲摔倒在地，保住了性命。这群魔鬼没得到什么，便狂笑着推着母亲和嫂子出了家门。

这时姐姐毕竟是成年人了，知道这枪声会给我家带来不幸，她听听没了动静，便不顾个人的安危从地瓜窖里爬出来跑到屋里，吓呆了的我和小妹妹看到姐姐，“哇哇”哭着从床底下爬出来，姐弟妹三人把父亲抬到了炕上。姐姐让我和妹妹在家照料父亲，她自己换了件破衣服，又在脸上涂了把灰，到救火的地方去找我哥哥。

大约晚上10点钟，哥哥和姐姐回到了家里，没过几分钟，听到又有一伙鬼子挨家搜索了。姐姐、妹妹和我刚藏好，鬼子便冲进我家。见有两个男人，二话没说便把父亲和哥哥推出大门。我听到门外有连连的惊叫声，接着是“扑通扑通”人倒地的声音。我心想：莫不是父亲和哥哥有了生命危险？可我姐弟妹三人还是一动也不敢动。待了一会儿，那皮靴踏地声和“叽里呱啦”的嘈杂声都消失了，什么动静也没有了，姐姐第一个从床底下爬出来，跑到大门外去看个究竟。随后，我和妹妹也爬了出来。天哪！父亲和哥哥竟同时惨死在日本鬼子的屠刀之下。我们虽然心疼欲裂泪流满面，可没敢哭出一声。姐姐赶紧抓住我哭着说：“兄弟，你千万不要出门呀！要是被万恶的日本鬼子看见再有个三长两短，咱家就没男人了。”

日本鬼子走后，母亲和嫂子跑回家里，悲痛欲绝，母亲哭着说：“俺家两根顶梁柱都被日本鬼子砍断了，谁来支撑这个家呀！我们孤儿寡母的还有什么活头啊！”街坊邻居婶子大娘都来劝慰母亲和嫂子，并说：“您可不能这样想啊！您有个好歹谁来拉扯这几个孩子呀！再说还有媳妇和两个孙女，眼下您就是哭死，他爷俩也不会再活了，还是先把他爷俩的尸首埋了吧！”这样才止住了我妈的哭声。婶子大娘帮我妈和嫂子把父亲和哥哥的尸体埋在大门旁边。

事后听大人们数算，这一次光鹊山的男女老少被枪杀的、刺刀捅死的、妇女被污辱后跳湾投井的就有96人。附近村庄还有很多人被杀害，日本侵略者欠我们的血债可太多了。[①]

---

① 政协济南市历城区委员会文史资料委员会编：《历城文史资料》（第7辑），第108～110页。

二、靳家惨案

1937年农历十一月二十五日，日军矶谷师团在历城制造了又一惨案——靳家惨案。靳家村张洪贤老人口述了经过：

1937年农历十一月二十五日下午，鹊山据点的4个日本鬼子，窜到村庄里为非作歹。其中两个鬼子，从距靳家不到两里的太平村，追赶着七八名青年妇女朝靳家村跑来。被追的妇女进村后，便分散躲藏起来。当鬼子追到靳家村西头高家胡同北头时，一个人也找不到了。高家胡同位于高崖头上，从胡同北头向北看，正对着张洪范一家的大门，院内的五间北屋、两间东屋、两棵槐树、几棵枣树、猪圈等都看得非常清楚。这时，张洪范一家人都在中间的三间北屋里玩。张洪范家的两个女孩子：一个叫转子，18岁；另一个叫春子，16岁。姊妹俩在屋里做针线活，当听到鬼子乱叫时，姊妹俩慌忙起身，想到西头的小北屋藏身（因小北屋里放有很多杂物易藏身）。但刚一出北屋门，就被站在院外高崖头上的两个鬼子看见了，接着持枪进入院内，在北屋门口支起枪，窜进小北屋，将两个刚进屋的女孩子拦腰抱住，此时鬼子兽性大发，大声嘶叫、狂笑。两个女孩拼命地与鬼子厮打高喊呼救。这时，张洪范、张天祥（张洪范的长子）、张洪恩（张洪范的弟弟）听到孩子的呼救声，立即跑至小北屋，张洪范、张天祥一人抓住了一个正在行凶的鬼子厮打。周围的邻居张玉坤、张玉银、于刘子等人听到喊声后都赶来了。众人一见此状，义愤填膺，一拥而上，将两个鬼子打了个鼻青脸肿，又用绳子将其捆起来。有个叫张玉龄的村民，从屋里拿出了一把斧子，朝一个鬼子头上砸了下去，人们异口同声说："都弄死算了！我们也解解心头之恨。"接着，大家用砖头、木棍将另一个鬼子当场"砸死"了。院子中间有一个地瓜窖，人们一商议，就将两具鬼子尸体扔入窖内，上面盖上玉米秸，才算了事。

不一会儿，鬼子兵中的另外两个，来到靳家庄找他们的同伴，又是鸣枪联络，又是呼喊乱叫，直到傍晚，认为无望才回鹊山据点。

事情发生后，靳家庄的绝大部分群众都逃到了外村躲藏起来。张洪范一家也逃出去了，但对两个鬼子尸体在地瓜窖里总是不放心，半夜后，他们父子又回到家中，想趁夜间将鬼子尸体运到村外埋掉。当张洪范进入地窖见两个鬼子都已苏醒过来时，顿时吓得发懵，接着他用木棍将鬼子再次砸死，又叫了弟弟张洪恩、张洪升，把尸体运到村西北洼地埋掉。

次日（农历十一月二十六日）天刚亮，驻鹊山的一个连的日本鬼子，乘汽车来到靳家庄，将村子团团围住，把村里因老弱病残未能躲藏的群众，连同公路上的行人，都赶到村庙前跪下，一一逼问“皇军”的下落。黄从龙 80 多岁的祖母，任凭鬼子拳打脚踢，也只说“不知道”。最后，这伙恶魔将黄奶奶高高架起，狠狠地摔死了。当问到张玉盛母子时，俩人谁也不说一个字。最后鬼子用辣椒水将他俩当场灌死。就这样，鬼子对群众进行了长达三四个小时的残酷拷打逼问，但是也没问出什么。天黑了，鬼子在靳家庄残杀了 3 个人，并将孙成先、张吉友、张殿策、张永贤 4 人绑起来，扔入车内带回鹊山据点。

第二天，鬼子放回了张殿策，让他捎回口讯：要火烧靳家村。孙成先、张吉友、张永贤已被鹊山据点的鬼子给拷打折磨死了。靳家庄的大地主张品三，为保住自己的家产，逼迫当时的村长张玉坤出面，以维护全村老少的性命为由，让张洪范去自首。张洪范深知此事的严重后果，说：“人要有骨气，死活一人当，决不连累乡亲们。”腊月十七日，刚直的张洪范，为使靳家庄群众免遭一场灾祸，毅然去了鹊山日本据点。鬼子先叫他引路，扒出了那两个鬼子的尸体，运回鹊山据点后，百般折磨张洪范，张洪范忍痛未牵扯任何人。但鬼子不相信这事是他一个人干的，又抓了张玉仁，对他也进行了非人性的摧残，要他供出同伙，他却宁死未招。鬼子没办法，竟灭绝人性的于腊月二十三日，将张洪范的身躯砍成 11 块、张玉仁的身躯砍成 8 块，张洪范和张玉仁被活活杀害。[①]

三、韩官村血案

日军占据济南后，由日伪特务机构组织的“宣抚班”，以宣传“大东亚共荣”为名在城郊窜扰。1938 年 1 月 9 日，宣抚班乘济南意利洋行的汽车，到唐王镇韩官村宣传，看到该村比较富裕，便向村民要枪要钱。刘宪三出面应付日伪军，与地主

---

① 政协济南市历城区委员会文史资料委员会编：《历城文史资料》（第 7 辑），第 60 ~ 63 页。

绅士商凑了2万块大洋、9支步枪、4支匣枪交予宣抚班，日伪军感到索取容易，得陇望蜀，恐吓绑走刘宪三，激起民愤。李恒元看出破绽，号召道："这不是正规军，是土匪，小青年们赶快回家拿枪打！"村民李洪谟率先开枪，打死了日伪军的司机，打坏汽车，其余日伪军也被村民抓获砸死，只有东王家村的汉奸王俊德，被其舅舅藏在送儿媳妇的车席底下逃跑了。王俊德逃回日军据点后向日寇谎称韩官村有一个团的国民党军队。日军抓了韩官村人刘震东做向导，由松井带领400多人连夜袭击韩官村，刘震东故意领错路，将日军骗至白云湖，再转到韩官村时天已大亮，群众多已躲避。日军围击村庄，打死村民17人，伤40余人。

四、田庄惨案

杨文生先生是历城区港沟街道田庄村人，他根据父老乡亲中亲历者的口述，记载了田庄人祖祖辈辈难以忘怀的惨案经过：

"田庄惨案"幸存者杨万秀老人94岁时讲述惨痛经历

1938年农历三月初五凌晨3点，近百名鬼子和100多名汉奸，在队长小林的指挥下，杀气腾腾地从郭店据点向田庄袭来。日寇先把大炮架在凤凰山上，向庄里猛轰，颗颗炮弹呼啸着飞进村内的大街小巷、庭院房舍。"轰隆轰隆"的爆炸声，惊醒了睡梦中的村民，他们惊慌失措，急忙出村逃命。排炮过后，荷枪实弹、穷凶极恶的日军兵分三路从东、西、北三面包抄惶惶逃命的村民，近千名村民陷入鬼子的重围。

凶恶的日寇冲进村，一边鸣枪杀人，一边将煤油泼上房屋放火焚烧。刹那间，火光冲天。庄上枪声震耳，惨叫声不断，整个村庄乱作一团。村西头张永圣的奶奶被活活烧死，后街的杨九祥刚出大门就被冷枪打死，杨万会父子刚跑出村就被乱枪射死。鬼子用枪疯狂地扫射，乡亲们纷纷倒在血泊中。在前街姓魏的家门口，日寇一连用刺刀挑死3个人，惨不忍睹！天刚拂晓，鬼子像疯狗一样"嗷嗷"直叫，用寒光闪闪的刺刀，把600多人逼到村中一个低洼的场院里。这是一个三面环墙、两面高崖的地方，就在这里，杀人不眨眼的鬼子进行了惨无人道的屠杀。场外，大火在四周房顶上蔓延，火焰滚滚，硝烟弥漫；高崖上，黑洞洞的枪口对着人们；

场里，狼狗吐着舌头贪婪地张望着，鬼子们野兽般地嚎叫着……

村长杨万禄不忍看着父老姐妹们惨遭杀害，走到鬼子面前说：“放火不好。”他怕鬼子听不懂便在地上写道：“不要放火、杀人，放火、杀人大大的不好。”一个鬼子“嗷”的一声，刺刀便从杨万禄的后背穿到前心。杨万禄双手攥着透在前胸的血淋淋的刀，深情地望了望群众，怒视着敌人，倒在地上，当即死去。鬼子队长小林挥舞着明晃晃的大洋刀，叫嚷着：“毛猴子的有，交不出来统统的死了死了！”正在这时，前街有一家存放的鞭炮被大火点燃，“噼里啪啦”响了起来。鬼子连声叫喊：“毛猴子大大的，毛猴子大大的有！”鬼子从人群中抓出卖茶水的杨方明、杨富祥，“哧哧”两下撕破了他们的衣服，看了看肩膀，又看了看手，吼叫着：“八路的干活，死了死了的！”“砰砰”两枪打死了他俩。尔后鬼子拖出杨万荣向他要枪要人，并用枪、探条、荆条、酸枣棵凶狠地抽打他。杨万荣躺在地上被打得死去活来，眼珠子也淌了出来，最后被鬼子一刺刀挑了。惨绝人寰的屠杀让人们有的咬牙切齿，握紧了拳头；有的目瞪口呆，直挺挺地站着；有的掩面哭泣，瘫软在地上。杀人成性的日寇仍不罢休，把昏倒的人拖出来，让狼狗扑上去咬，然后再将其开枪打死。场院里血流遍地，尸体纵横，仅这个场院里就死了20余人。

村外，日寇、汉奸也在逞凶，他们把藏在石崖、山沟里的近百名群众搜捕出来，圈逼到村西南边的小山坡下的农田里，强令群众跪下，用枪托、木棍、猪毛绳任意抽打。有4位老人爬到前面为大伙求情，幻想豺狼能发慈悲，但当即就被敌人的排子枪打死了。鬼子接着就把李石头、张立庭、马兴全等6人拉出来，一个个捆绑起来，让他们跪在大伙前面，向他们6人要钱、要枪。穷苦百姓哪里有钱有枪？鬼子见没有开口的，便挥起洋刀，“咔嚓”一声，李石头的头落在地上。可怜这个干了半辈子农活的淳朴农民，就这样无辜死去。万恶的鬼子军官用洋刀连续砍掉了3

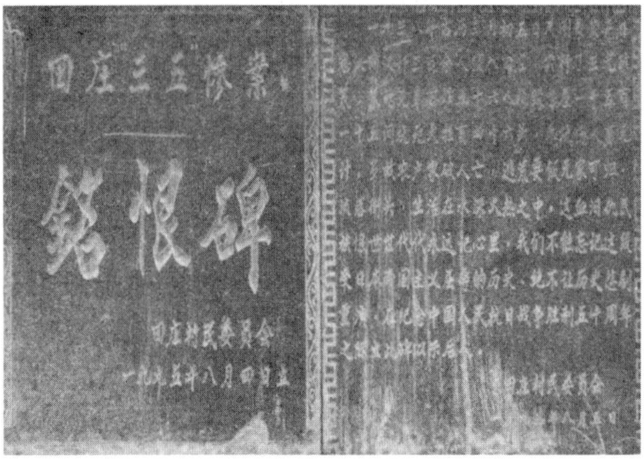

“田庄惨案”纪念碑

个人的头，又向张立庭的脖子砍了两刀。张当场就“昏死”过去，下午鬼子走后，他才苏醒过来保住了生命。当鬼子军官砍杀张立庭时，马兴全心想：下一个就是我了，等死吗？不！绝不能死！他心一横，从2米多高的土崖上滚了下去。鬼子见有人逃跑，慌忙开枪。但马兴全顺着土格子飞跑，最后死里逃生。

日寇对妇女百般蹂躏凌辱。“野兽们”把妇女与男人分开，赶到另一边去，一些年轻的妇女尽管蒙上头巾，脸上抹满锅底灰，也仍未能逃脱被鬼子摧残的命运。日寇逼迫她们赤身裸体，推来推去，围观取乐。鬼子竟说一个怀孕的妇女肚子里藏有子弹，“扑”的一刺刀捅进腹中，孕妇大叫一声倒在地上绝了气，未出生的婴儿也同遭残杀。“野兽们”在一旁狰狞大笑。一个24岁的姑娘，见此惨象气愤极了，便站出来和鬼子、汉奸讲理。七八个鬼子兽性大作，抓住这姑娘的头发拖架到一旁轮奸。姑娘竭力反抗、挣扎，和敌人厮打在一起。鬼子恼羞成怒，竟扯着她的双腿，将她活活地劈死。一些老妈妈见此，齐声呼唤着昏倒在地。

日寇在田庄施展灭绝人性的奸淫、烧杀、掳掠、践踏，一直到中午才停止。在这次骇人听闻的“三五惨案”中，田庄村民当场被屠杀56人，被打成重伤者22人，绑走5人。烧毁房屋1515间，烧死大牲畜46头，家具、粮草也基本上被烧光。血洗后的田庄成了一片废墟，景况极为凄凉、悲惨。两个月后，虎口余生的田庄人才陆续返回自己的家。①

五、稻池惨案

仲宫镇绣川办事处稻池村是一个美丽而又宁静的小山村，1938年12月26日，日寇在此制造的血腥惨案，成为村史上最为恐惧的记忆，党文兰、傅希勤同志通过调查亲历者，记述了惨案的经过：

1938年农历十一月二十六日凌晨，一大队日本兵由仲宫汉奸区长陈鸿年带路，气势汹汹地从仲宫往东向邱家庄、刘家庄、稻池庄这条路窜来。红枪会得到消息，擂响集合鼓，几百人迅速集合在邱家庄东头小庙前，在首领叶冠英指挥下，用大刀、长枪、滚木、礌石对敌人进行围追堵截。但因会众们手中的武

① 政协济南市历城区委员会文史资料委员会编：《历城文史资料》（第7辑），第111～115页。

“稻池惨案”纪念碑

器原始，只能近搏，而敌人却在数百米外射击，叶冠英恐久战吃大亏，于是一阵拼杀后，主动率领大家撤到了南山。

敌人看不见红枪会的踪影，便窜到刘家庄，到庄里见不到人，烧了沿路的不少民房，放了一阵枪，又向稻池迂回而来。稻池的群众听到敌人的枪声，看到了刘家庄的浓烟，大部分人躲进了南山，只有少数老弱病残行动不便的人，无可奈何地藏在家里。敌人进了村，见人就开枪，见房子就点火，见东西就抢、砸。从上午9点到11点多，两个多小时，熊熊大火烧毁了420多间民房。群众的粮食、衣物、家具、牲畜及其他财产全部化为灰烬。没有来得及躲避的18个人全被鬼子惨杀，5人受重伤。傅志邦在村西头的麦子地里被鬼子开膛致死，赵立生的身上被子弹穿了几个窟窿，最后死在南边黄土崖下。傅展凯、孙振海是被大火烧死的。赵洪奎老人就在他家北屋一脚门里、一脚门外被洋刀劈死。67岁的张玉兰老人被鬼子堵在院子里，当一个鬼子从大门豁口往里看时，他照着鬼子刺了一枪头，鬼子把他拉到村西头用刺刀穿死了。这天被杀的还有傅长祥、傅立生、傅长龙、张希文、张志让、孙学庚、张希林、程玉岭、张金泽、傅展池、义立财和他的母亲。他们有的被杀死在村边，有的被刺死在街上，有的被烧死在家中。

“稻池惨案”幸存者在历城区公证处做司法公证

当日伪军离去后，人们从山上陆续回到村中，看到的是烧焦的房舍、树木、家财和亲人血肉模糊的尸体。就这样，稻池这个和平安谧的村子在血与火的洗劫中，化为一片废墟！

稻池当时有125户人家，经过敌人这场洗劫后，群众无衣、无食、

无处安身，有80多户人家外出要饭逃生，卖儿卖女，扛活卖工……后来，有的流落到芜湖，有的饿死他乡，有的生死不明……[1]

第三节　日伪军的罪恶行径

日伪统治历城期间，将自己的恶行发挥到了极致，他们或滥杀无辜，或侮辱妇女，或抢劫放火……这些恶行，即使是在今天，依然令人发指！日军的罪恶行径，是其民族劣根性在军国体制下的集中反映。

一、鬼子滥杀无辜

张文生先生亲历了郭店据点鬼子滥杀无辜的情况：

1938年初秋时节，我在郭店村姑姑家做客。一个雨天的早上，我正在吃饭，忽闻村南"砰砰"两声枪响，我放下碗筷飞快地跑出家门，只见3名荷枪实弹的鬼子，正在追赶一个光膀子的青年。那青年神色慌张，跑到泥泞的村口摔倒了，鬼子们如狼似地扑上去打他、踢他，其中一个麻脸鬼子最凶狠、最坏。他把青年的腰带解下来，强迫青年用右手提着裤子走，而麻脸却死死地拧住青年的左手。那青年见逃脱不成，便绝望地大声喊叫着解释："我是彭庄人，昨天晚上俺弟兄俩打了仗，我是来郭店找俺舅舅给俺分家的；路过火车站时，因为害怕日本人，走得快了点，他们就撵我，打枪吓唬我。俺舅舅叫小晶子。舅舅啊，快来救我呀！……"伴随着鬼子的拳打脚踢，青年还不时发出凄厉的惨叫。另外两名鬼子端着枪在两边走，明晃晃的刺刀不住地朝路两边的人摆动着，径直奔向郭店火车站。

青年人的舅舅曹文晶，得知此事后，立即去求爱护村村长曹会谦（当时郭店已被日本人定为爱护村），请他去车站救外甥。曹会谦换上衣服，佩戴上黄袖章，一溜小跑地奔向火车站。为了救人，他硬着头皮向鬼子站长小野敬礼并

① 政协济南市历城区委员会文史资料委员会编：《历城文史资料》（第5辑），第143～146页。

求情。待曹说明来意，小野装模作样地领曹去据点里查问。这时，只见麻脸鬼子正提着刚砍下的青年人的血淋淋的头，他见站长领着人来了，更气势汹汹地将人头扔给拴在那里的狼狗啃，还“叽里呱啦”地向站长说了几句什么，就领着站长和曹村长走向一间小屋。这时，只见一根木桩上反绑着一个血肉模糊的人，两边各有一名鬼子正在用刺刀乱戳他的身躯，每刺一刀，那人便抽搐一阵，并发出一阵悲惨的喊叫声。鬼子们狡黠地看着村长，曹村长亲眼看着曹文晶的外甥和另一名青年无辜被鬼子杀害的罪行，悲愤至极，怒不可遏，但身为亡国之民，又有何法，只好告退。我们等在村头的村民见到村长脸色蜡黄，语言不清，已知事情不妙，只好含恨而散。

鬼子们喂养着一匹栗色战马，不知为何瞎了眼。鬼子也不杀它，我常见麻脸鬼子牵着到附近的庄稼地里吃禾苗，无人敢问。他有时还骑上瞎马到郭店村里跑一圈，吓得人们关门闭户。每逢郭店集，麻脸鬼子必去“买”菜。我曾几次见他买肉、鱼、藕、青菜等，都是整数不给只给人家钱数的零头，卖主再要钱，便遭其打骂。有一次，他骑一辆自行车赶集，当看到路边一农妇弯腰摆鸡蛋摊时，竟故意用车轮撞那女人臀部，农妇前栽了，鸡蛋也打破了许多，麻脸鬼子却狰狞地大笑。他还将盛肥皂的小木箱摆在农田里当靶打，伤人的事时有之。[①]

二、“日寇烧我家”

西营镇上降甘村坐落在济南最高峰——梯子山脚下，村民吕胜连老人生前讲述了日军放火烧家的过程：

1941 年，清明这一天，一伙日本鬼子来到俺上降甘村，就到处翻腾着要找八路军。我侄儿吕安然和杨润营正在村东头大地里玩，一个鬼子来到他们跟前，掏出一把小银元和一把糖说：“你们这里有马猴子吗？”两个小孩子不知道是什么意思，只知道我父亲是村长，就说：“有！”指着我家说：“那家就是！”鬼子一吹哨，十几个鬼子跑到我家用火点着了房子。火呼呼地烧，吓得全家哭

① 政协济南市历城区委员会文史资料委员会编：《历城文史资料》（第 7 辑），第 116 ~ 118 页。

叫连天，我妈吓得站不起来了。街坊去救，鬼子就用条子抽。他们还逮住了我四弟摁到街上灌凉水，折腾得死去活来。放火的鬼子看着我家的房子烧得落了架，这才吹哨收兵。给我四弟灌凉水的鬼子听见哨声，也跟着其他鬼子跑了。我四弟见鬼子跑了，爬起来跑到仇朝礼家，仇朝礼见我四弟被折腾的浑身是泥水，没个人样子，怕鬼子认出来，便给他找出一套干净衣裳说："你这样跑不了，快换上这身跑吧！"我四弟换上衣裳，拼命地跑进了村南的曲里峪。

鬼子这次烧毁了我家 7 间房子，黄豆、黑豆五六千斤，玉米五六千斤，谷子 4000 多斤，衣裳和家具等东西全都化为灰烬。当时我家 30 多口人，都受到了惊吓，我母亲吓得五六天不能喝一口水，不久就去世了。从此，我四弟落下了后遗症，常常一愣一愣的，精神很不正常。①

三、日寇侮辱妇女、抢劫

日军祸行五里堂村 卢宝生先生在《敌机毁落，百姓遭殃》一文中记载：

1937 年 12 月 26 日，日寇的一架军用飞机失事，坠落在五里堂村（属董家镇）西南圩门外。日寇当即从齐东台子据点和龙山火车站调集了部分军队驻扎于五里堂村的刘长寅、巩玉章、巩丕玉家。他们先将飞机由村西南推到村东头，并派兵护守坠落的飞机。所驻日寇个个像野兽，烧杀抢掠，无恶不作。近百户的五里堂村，村民所有的鸡、猪不多日子就被他们吃光了。家具、农具能烧的劈开就烧。更残酷的是日寇糟蹋我无辜人民，被毒打的人很多，被奸污的妇女也很多，更可恨的是他们连老年妇女也不放过。一个被村人称为"毛林大娘"的老妪，被日军轮奸后，几日卧床不起。全村男女老幼陷入水深火热之中。后来，日寇认为该村无物可觅，已糟蹋一空，就到胶济铁路南面相距 2 里半的卢家寨村去抢夺物资，因卢家寨村的村长已逃往济南，所以由给村长听差的卢新才出面应付日寇，他们每次到卢家寨村总是满载而归。

1938 年 1 月初的一天，驻五里堂村的 5 名日寇骑着马，佩戴全副武装，越过铁路来到东顿邱村，蛮横地向村民索要食物，要"花姑娘子"（少女）。朴

① 政协济南市历城区委员会文史资料委员会编：《历城文史资料》（第 7 辑），第 129 ～ 130 页。

实的村民激于义愤，有的拿土枪，有的举着铡刀，要赶日寇出村。村民还未及拼搏，竟被日寇开枪打死4人。村民们沸腾起来，一齐涌上前去，要与日寇决斗，日寇见势不妙，狼狈逃窜而去。

这5名日寇在东顿邱村杀人后，返回了卢家寨村，来到卢新才家门口，下马进入其家。这时卢新才80多岁的老母病在床上，他心烦意乱，良心发现，再也不愿意应酬鬼子了，听见鬼子进村的声音，他就钻进了院里的柴火垛中。不料，日寇进院后，他养的那只黄狗一面狂吠，一面退向草垛，致使日寇看出了破绽，用刺刀猛挑草堆，顿时卢新才从草堆中暴露出来，他哆嗦着一边向鬼子行礼，一边说好话。鬼子表示要他快去弄香烟，卢新才立即爬起来，向南通往村外的胡同快步走去，日寇在背后盯着他，突然产生了疑心，竟朝卢新才背后开了枪，这个曾为日寇弄鸡、弄蛋、热心服务的卢新才就这样应声倒地。

日寇从五里堂村撤走时将巩玉章抓去，弄到日本去做华工，至今音信皆无。①

鬼子“买货” 李友中先生1945年春，在济南新市场小百货店“源聚泰”当学徒，目睹了假鬼子劫货过程：

有一天上午，各店铺都摆设好摊子，整理好商品，正忙着接待来往的顾客，突然，从北门外闯进一队全副武装、骑着大洋马的“日本兵”。他们走在不到5米宽的小街上，马蹄声“夸夸”地向人们示威。游人、顾客和店铺的人们顿时都紧张起来。市场里的吆喝声、喧嚣声一时像是断了线的喇叭鸦雀无声。人们紧紧地贴在路边，用惊恐的目光望着这群凶恶的强盗，见他们骑在东洋马上耀武扬威的板着冷酷的面孔，东洋刀和皮靴上的刺马钉有节奏地发着刺耳的响声。他们那凶狠的目光直视着前方，蔑视着一切，以征服者的姿态呈现在人们面前。这伙“洋鬼子”就这样在市场的各条小街上示威了一圈就走了。这时，人们提到嗓子眼的一颗心才算放了下来。同时人们也开始议论起来：“这些鬼子兵没下马找咱们的麻烦，光是抖抖威风、摆摆架子就走了，他们到底想干什

① 政协济南市历城区委员会文史资料委员会编：《历城文史资料》（第7辑），第119～120页。

么？”“反正没有好事，这些日本鬼子不会降福给咱们的。”街市上的人们都心里如同十五个吊桶打水——七上八下。

果然不出人们所料，不几天，这些“鬼子”就纷纷进了市场，大发淫威。奇怪的是，这些“鬼子”都会说中国话，并且说得很流利。后来人们得知他们不是什么日本兵，而是刚从东北来的一支号称“蒙古队”的假鬼子。他们依仗着日本后台，身穿日本军装，骑上洋马，跨上洋刀，先到市场里把人们震住，然后再到市场的各店铺里强抢财物。顿时，把生意不甚景气但还能勉强维持生计的商业市场搅得冷冷清清。

这伙“鬼子”住在普利门外的伪山东省第一监狱里面，距新市场很近。那时，他们天天都有人到市场里骚扰。有一天早饭后，我们店里来了一个军官模样的“鬼子”，个头很高，长相很凶，态度十分蛮横，向我要白力士鞋和喷添草帽（当时为最时髦的商品）。我给他挑选了合适的穿戴上，他竟说：“借用一下！”说着就要走，当时我懵了，比我年龄大、有经验的伙计们，赶忙强作笑脸地对他说：“好，拿去用吧！不坐一会啦！”当时，我真憋了一肚子气。后来听说这小子是“蒙古队”的小队长，是欺压百姓最坏的一个。他从我们店里走后，到米家估衣铺“借”了件合身的纺绸大褂穿上，又到眼镜店“借”了副墨光眼镜戴上，好像一位大“阔佬”，大摇大摆地走进了有女招待的饭馆去喝酒吃饭，他吃饱喝足后就把窗帘一拉、屋门一关，对女招待野蛮地进行了污辱。这个“鬼子”发现店主、伙计稍有怠慢，不是拳打脚踢，就是把店里的设备砸个乱七八糟。我们这些摊子的学徒，未被这个恶棍打过的很少。这个姓吴的“鬼子”队长不几天就来市场一次，照样转一圈换好装、下馆子、玩女人、喝醉酒乱打人，真是横行霸道到了极点。

就在“鬼子”队长横行的那段时间里，米家估衣铺的伙计曹其明（济阳县崔寨人）因回家探亲刚回，对所发生的情况不了解，掌柜的还没来得及向他交代。就在这时，姓吴的“鬼子”队长又来穿大褂哩！曹说：“掌柜的来了定吧，我主不了。”没等说完，吴就气势汹汹地去了市场经租处（新市场的最高办事机构）。一会，经租处经理王子明（此人在镇反时已处决）派朱某（腿子）把估衣铺的曹伙计抓到经租处，吴队长立即抽出了明晃晃的东洋刀，并喝令曹跪下，又令朱把估衣铺的掌柜米馥山（济阳县孙耿镇高冒屯人）也抓来。米掌柜吓得哆哆嗦嗦地一进门就跪倒在地，苦苦哀求。吴坐在椅子上学着日本人的架势，两手抓着刀柄，刀尖插在两腿之间的地上，狞笑着对米、曹二人开始了审讯。“哈哈！认识我吗？……”说着，把刀压在了米的脖子上，吓得二人磕头如捣蒜。这时，吴向在座的王经理使了个眼色，王便出面求情并作保，才让米、曹二人回去，请了一桌酒席，送了厚礼，事情才算完结。事后，曹、米二人都吓得生了一场大病。[①]

四、毫无人性的阴招

李树信先生是王舍人镇沙河村人，曾在伪历城县府前经商，他耳闻目睹了日寇的暴行：

1944 年 1 月的一天，寒风凛冽，滴水成冰。周村籍医生徐某，被日寇松浦队平白无故抓去，剥光上衣并绑在院中专用木桩上，然后扎住裤腿，往裤内灌冷水至水盈冰固，可怜这位一直为别人解除病痛的大夫，就这样被日寇活活折磨至死。

一日，正逢沙河集，像往常一样，集上人不甚多，老远处围着一群人，至近前，才看清原来中间被观者是一位约 40 岁的中年汉子，只见他口中流涎不止，顿足捶胸，痛苦异常。他见大家都以好奇的目光盯着他，良久，他顺手从地上拣起一块石头就地写道：“我的舌头被日本人割去了。”写罢痛哭不止，观者无不哀其不幸而深憎日寇之残忍。

日寇侵华期间在济南设有多处“公馆”，泺源公馆和凤凰公馆等都是日本侵华的特务组织，被抓进去的中国人活着出来的很少。贤文庄的董汝涛曾被抓进去，据他说最轻的刑罚是坐在水泥地上不准动、不准讲话，否则就痛打一顿或处死，一连数天甚至数十天，屁股便溃烂发臭，浓血不止，痛苦之状难以语言形容。大小便限时，每日给三个发霉的三合面加糠的团子。这种猪狗不如的生活不知夺去了多少无辜中国人的生命。董汝涛的家属东奔西借凑了些钱，通过关系好不容易才把他保释出来。每谈及此事，董便声泪俱下，咬牙切齿。

① 政协济南市历城区委员会文史资料委员会编：《历城文史资料》（第 7 辑），第 142 ~ 145 页。

日寇在所谓“公馆”内设刑名目达数十种，如灌凉水、灌辣椒水，最残忍的莫过于他们挖空心思搞的一种阉刑，事实上是一种不用刀的宫刑，即将男性裸体紧捆在木凳上，用湿毛巾猛力抽击阴部，致使外生殖器红肿甚大，睾丸被毁，终生不能繁衍后代。日寇之穷凶极恶，可恶可憎，天理难容！①

五、日军的性暴力罪行

日军侵占历城期间，对妇女施行的性暴力、奴役犯罪不计其数。1942 年 4 月—1945 年 3 月，日军五十九师团指示各大队设“慰安所”127 个，其中部分“慰安所”设置在历城的西彩石、西营、县城等地。日军三十二师团三十二步兵团四十三大队第三中队分遣队驻扎西彩石据点，队长中野濑供认：“我们 15 人对两名中国妇女进行了长达一年零一个月的淫污。”战犯林茂美供认：1941 年 9 月下旬，西营据点的 16 名日军多次对 1 名朝鲜妇女和 1 名中国妇女强行奸污。据统计，日军侵占历城期间，因强奸、轮奸导致伤亡的妇女中，仅具有真实身份的就有 82 人。这些普通妇女是日军侵华战争的最大受害者之一，是民族苦难的重大承载者，是不可忘怀的沉重民族记忆。

串亲妇女惨遭蹂躏　赵延华先生在《日寇在华山的两件罪行》中讲道：

1943 年春节后，华山东河村冲街口的一座坯墙草房的小院里，有几个从黄河北来串亲的小媳妇走了出来，与街上的老人唠着过年的吉祥话。她们穿红着绿的非常显眼，算是给这方穷乡僻壤添了一点色彩。

华山东河村是个不足百户的小穷村，村落虽然不大，但有一条直通济南的官道从村南通过。这时，一辆三轮挂斗摩托车载着三个日本兵从村头路过，他们看见了这几个穿红挂绿的小媳妇，于是调转车头朝村里驶来。

这几个小媳妇，见日本兵朝她们冲来，便向院子里跑去，结果被三个日本兵全堵在赵三甲长的屋里了。赵三甲长赶忙敬茶敬烟，鬼子毫不理睬，一枪托子把他砸昏了过去。

三个鬼子“哇啦哇啦”地叫着，把男人孩子用枪拨拉到另一屋里，留一个

① 政协济南市历城区委员会文史资料委员会编：《历城文史资料》（第 7 辑），第 140 ～ 141 页。

持枪看门，然后轮换着将这几个小媳妇全部蹂躏。①

六、日寇盘踞西营罪行

杨景树先生、王青兰女士搜集整理了《日寇盘踞西营罪行》：

从1939年2月12日，日寇铁蹄踏进了西营地区，到1944年4月23日，八路军烧掉日军在西营的炮楼，在这长达五年的时间里，日本侵略者在西营地区烧杀抢掠、奸淫妇女，无恶不作，犯下了滔天罪行。现摘录于此，以启人们莫忘国耻，牢记民族仇恨，更期后人热爱祖国，珍惜今日幸福，致力于振兴中华。

罪行之一：1939年2月10日，日寇200余人来西营“扫荡”，在罗伽峪外口和西营村东南两处分别架上机枪，无故向村民扫射，当场打死24岁的寇振海（孙立合之妻）和8岁的儿童王长平，打伤孙立太之妻李氏。用煤油引火，将村民姚学著的6间房屋全部烧掉，又抓走东岭角村民姚学厚等10多人，他们受尽毒打、侮辱，又花了很多钱，才被放回来。

罪行之二：1939年3月28日，名叫诸侯的日本队长，骑马带领日伪官兵约220人到东峪“扫荡”。在山岭上架设两挺机枪，朝东北、西北方向扫射，将正在春耕的白炭窑村民田延文（18岁）、李志斗（61岁），枣林庄的村民刘怀志（43岁）、王学彦（61岁）、李永庆之妻（62岁）、王庆汉（39岁）、宋氏（80岁）等7人打死。

随后，日伪军进白炭窑村“扫荡”，村民李志忠（56岁）和15岁的儿子刘登（乳名）被日寇用刺刀捅死在村民任良成的地窖里。

另一路日伪军进枣林村“扫荡”。一日寇将村妇王庆兰的右乳房用刺刀豁开，鲜血洒满身，又将王的两个儿子分别捅了一刀。两个孩子一个13岁、一个才7岁，当时两个孩子因受惊吓就疯了，到处乱窜乱跑，吃喝拉撒全不能自理，不久便夭亡了。

日寇在白炭窑、枣林两村“扫荡”，共有9人被杀，4人被折磨毒打受重伤，

① 政协济南市历城区委员会文史资料委员会编：《历城文史资料》（第7辑），第135～136页。

还抢走猪、羊百余只，抢走粮、物等难以计算。

罪行之三：1939 年 3 月 29 日，日寇在西营村天齐庙前修炮楼，四处抓丁、抢物，派工派饭，周围村庄民不聊生。

炮楼修完，日寇在西营安设据点，驻有 30 多名鬼子和 40 多名汉奸。村东住着伪警备队，队长姓刘，约有 30 人；村西有警察所，所长是宋杰三，共有 24 人，配有手枪 4 支，步枪 20 支。

日寇、伪顽和汉奸串通一气，将西营村的各个道口封锁堵死，只留下东、西两头的阁子让人进出。阁子门内设有日伪岗哨，进出的人必须对站岗人脱帽行礼，常有人因没及时行礼而遭毒打。1940 年 3 月的一个西营集日，天晴峪一王姓老汉，从庄东阁子下的小门钻进，忘记给鬼子行礼，被日本人打得口鼻出血，经间长周圣起前去赔礼说情，才算了事。

罪行之四：1939 年 8 月中旬的一天，日寇将下罗伽孙学堂、上罗伽的乳名叫土石子的李某以窝藏土匪罪名抓到日本人住处，严刑毒打。孙学堂乘机逃跑至西营庄东，被日寇一枪打死在河里，当时他只有 20 岁。第二天上午土石子也被日本人用绳子勒死。

罪行之五：1941 年 2 月 11 日夜，我军游击队偷袭驻扎在西营大街据点的日本鬼子，混战中，鬼子爬上天齐庙的钟楼放射毒瓦斯，并将正在夜间回家的村民李书泉打死在大街南侧，时年 19 岁。

罪行之六：1941 年 10 月的一天，黑峪村村民张文茂到西营村办事，因学说了几句日本话，被日寇误以为“毛猴子”（八路）的情报员，用刺刀刺死在黄土岭下，时年 43 岁。

罪行之七：1942 年 4 月中旬的一天，西营庄 8 岁儿童王永和早饭后背着书包去上学，路过东寨子时，用手摸了一下铁丝网，被日本岗哨打了一枪，子弹穿透了他的腮帮。

罪行之八：1943 年 4 月 2 日上午，西营镇长周圣起到日本宪兵工作队（济南泺源公馆来西营工作的特务组织）的住处送馒头，看到鬼子们用馒头喂狼狗，忽把馒头捡起来带回去让挨饿的老百姓吃，当即遭到日本宪兵的毒打，身上多处受伤。周回到镇公所后痛哭流涕，百思难解其恨，第二天中午即含恨服毒而死。

罪行之九：在日寇盘踞西营期间，时常到周围四峪“扫荡”，每到一处，除杀人、放火、抢夺财物外，还骚扰百姓，奸淫妇女。仅西营村就有30多名妇女惨遭蹂躏，很多村民房屋被烧，亲人被杀，有家难归。[①]

七、汉奸陈崇山部的恶行

陈崇山原是章丘县宁家埠区向高村人，幼年出继于白云湖乡陈家庄陈玉会之子。1934年，陈崇山在国民党章丘县公安局工作。济南沦陷后，陈崇山当了乡长袁星五（兼自卫团团长）的护兵。袁嗜毒又溺于酒色，不能指挥军队，便委任陈崇山为副团长。之后，陈的武装势力逐步发展壮大，便弃袁投靠翟毓蔚部。1938年10月，陈崇山包围了八路军山东抗日游击队第三支队十一团独立连（三十七中队）驻地李官庄。双方激战三天，陈未能攻下，遂下令：若打开李官庄，官兵自由三天。三十七中队奋勇突围而出，陈匪占据，奸淫抢夺，惨不忍睹。王剑桥家的房屋及资产付之一炬；郭耀华、郭茂元两家被抄。四门设岗禁止出入，抓夫拉丁在北门里赶修碉堡。凡抗日家属都挂黑牌，以示凌辱，并限制人身自由；一般百姓下地干活，要持出入证。每天被绑押的、枪毙的难以准确统计。陈崇山命令坐镇李官村的宫逢瑞：一律实行保甲连环制，即所属村保长要每天一次向指挥部报告“匪情”，严禁任何人与三十七中队来往，违者严惩不贷。李官庄人民终日惶惶，陷入苦难的深渊。

1941年春，陈崇山公开投降日寇，成为“货真价实”的汉奸。他的团部初设石珩村，后迁至刘家巷。其原因是石珩村既大又是南北通衢，过往人多，他的糜烂生活容易暴露，于他不利；刘家巷为石珩东邻，僻静易守。在日寇保护和豢养下，陈崇山广征民夫，修圩墙，筑碉堡，建楼室，大力经营安乐窝。其内设有秘书处、副官处、给养处、军械处。陈有四个太太，原配是旧式农村妇女；二太太是高桥镇张殿宫之闺秀；三太太是济南势要翟换章的姐姐，粗通文墨，系城市摩登；四太太系名叫马玉华的中学毕业生，为陈崇山的随身秘书。陈之部队纯系乌合，什么人物都有，毫无军纪，每次出动部队，所到之处，敲诈掠淫，无辜捕人，随意加之罪名，令其家属重金赎人，是公开绑票式的土匪行为，以劫不义之财，供其挥霍。

陈崇山为了巩固政权，在其所辖地盘内，遍设据点，形成了一个日伪组织网络。

① 政协济南市历城区委员会文史资料委员会编：《历城文史资料》（第7辑），第146～149页。

从石珩村到龙山镇，沿途除设据点外，还修了平坦的公路并架设了电话，使陈部各点之间便于往来和沟通情报。龙山据点由二营营长王凌霄把守，王为人奸诈多谋，善于投机钻营，与日寇及伪区长王子文狼狈为奸，给陈崇山出谋划策，是陈的外交官和狗头军师。李官村据点由宫逢瑞统治，他在这里成立了学兵连，专门进行特务训练。驻扎唐王镇韩家庄据点的是李泮魁，握有重兵，控制了整个历城四区。驻五里堂子据点的是老奸巨猾的梁鹤龄，负责保护胶济铁路的畅通。此外，在董家庄、大辛庄、党家庄、傅家店、西沟头村也设有据点，各据点之间公路相通并有电话连接。

1942 年，陈崇山任命周腾亚为执法队长，队部设在石珩村大马庙里，此处便成了抗日军民遭受酷刑的阎罗殿，每天每夜惨叫之声不绝于耳，血腥污腐之味令人掩鼻。周腾亚是个高级特务、杀人不眨眼的魔鬼。他残害人的刑具有皮鞭、铁丝绳、老虎凳等，酷刑有灌凉水、喝煤油、灌辣椒水、“打秋千”、上杠子、跪硫渣、用火烧、开水烫、锥子刺、尖刀割，等等。有一次，执法队从石珩集上抓了一个卖草纸的于张庄人，名叫宋继五。他因受刑不过胡招乱供，称于张庄村有 16 户抗日家属。周腾亚立即捕人，抓来的都是些老妇少女，其中有一孕妇，不审不问一律用刑，打得个个皮开肉绽，血迹斑斑，并于当晚将这些无辜者押至白云湖边砍头处死。周腾亚恶狠狠地说：“我宁错杀一千，也不放走一个。”这就是“于张惨案”。周腾亚上任两个月，杀害群众 30 多名。

1944 年 4 月，陈崇山在任家庄俘获并杀害了中共历城县委书记苏勋卿及刘梅村、王占元等同志。1945 年 10 月，陈崇山以“八路”嫌疑的罪名把无辜群众朱哲光一家 7 口全部杀害，其中有朱的八旬老母和一个 9 岁的儿子。

第四节　日寇的经济、人力资源掠夺

日寇统治历城期间疯狂地进行经济掠夺、人力资源掠夺。掠夺的对象主要是矿产资源、大米、小麦及青壮年劳动力。日军掳掠青壮年到伪满洲国、日本等地做劳工，负责机构先后有大东公司济南分公司、山东劳务公司、伪华北劳工协会济南办事处等。在伪华北劳工协会济南办事处协助下，1941 年 10 月，从历城掠夺劳工 250 人，到伪满业[①]（昭和制钢）和抚顺煤矿做工；1942年7月，又从济南道掠夺2000名劳工至东北；1943年1月，伪南满铁道公司在历城县强征劳工250人。1944年8月至1945年3月，伪华北政务委员会制定《战时重要劳力紧急动员对策要纲》，济南道计划提供劳工20100人，提供给日本国内10500人，在伪华北劳工协会关于1944年9月至1945年5月“劳工计划与实施统计表”中，济南道分配到劳工数额6700名，实际提供453名。2009年，历城区党史委按姓名、性别、年龄、伤亡时间、原因等五要素统计，仅伤亡劳工就有88名。被掳掠的劳工，在恶劣的劳动环境中，承受着高强度的劳动及非人的折磨，给后人留下了刻骨铭心的记忆。

“安野中国人受难之碑”位于日本广岛县安艺太田町的西松公司安野发电站。这块建在山丘上的纪念碑高3.6米，由中国产的石料建成。在碑上用中文和日文刻有强掳和诉讼的历史以及360名原中国劳工的姓名。

历城区彩石镇西彩石村王明本、王相韩、党振三等村民，在抗战期间，为八路军章丘县大队第十区区中队战士。1944年麦收季节，龙山据点日军纠集汉奸王启祯部对南山抗日根据地的宅科、大龙堂、虎门一带“扫荡”，3位战士被俘并关押在“新华院”集中营。日本西松公司在“新华院”选出300人，编为“中国人东亚建设队”，3位被俘战士编号依次是：王明本150号、王相韩（误为王相汉）151号、党振三270号。1944年7月25日晚，建设队被押往青岛大港火车站；1944年7月29日，乘货船“锦隆丸”号于8月5日到达日本下关港，6日，抵达安野发电站工地。中国劳工从事繁重的挖山洞劳动，每天工作12小时以上；以豆饼和橡子混合面为食物，配有极少的咸菜和蔬菜，每天只能吃半饱；西松管理人员视劳工们为牛马，随意辱骂、殴打。1945年11月，331名幸存劳工集体乘船返回祖

该碑位于日本广岛县安艺太田町的安野发电站，由中国产的石料建成。碑文载有强掳劳工历史及360名中国劳工的姓名。

① 伪满业指伪满洲重工业株式会社。

国天津港。王明本、王相韩、党振三回到西彩石村。

2010年10月23日，约40名原中国劳工及家属，出席“安野中国人受难之碑”揭幕仪式，并向纪念碑敬献了鲜花。西彩石村幸存者、88岁高龄的党振三作为幸存者代表，在儿子陪同下参加揭幕仪式，王明本因病未能参加，由儿子代行。当蒙在纪念碑上的洁白幕布被拉下的瞬间，年迈的幸存者历尽沧桑的脸上流下热泪……

一、日寇在柳埠镇桃科村开矿

刘洪洋、何品三两位先生长期在柳埠镇从事教育、文化工作，刘洪洋先生即为桃科村人，曾担任该村小学校长，两位先生通过走访经历人、见证人，以田野调查的方式，记录了日寇在柳埠镇桃科村开矿的始末：

1938年，济南的南部山区已为日寇所控制。日寇操纵的维持会、自卫团等组织相继建立，区、乡、保、甲等伪政权也陆续建立起来。日寇铁蹄所到之处，便强拉民夫修公路、筑碉堡，随便砍伐老百姓的树木，折腾得民不聊生，广大群众都处于水深火热之中，日寇在武装侵略的同时，又打着“中日亲善”“大东亚共存共荣”的幌子，窜到柳埠镇龙门乡桃科村修筑据点，开挖我们的地下宝藏——铜镍矿，进行疯狂的经济掠夺。

这一矿井地处桃科村东南的山谷中，人称“矿洞沟”。相传清末民初，有一个南方的资本家，人称朱总办者首开此矿，后不知何故停开。这次开矿的是日寇驻桃科村的一个日军小队（小队长敖昭）和一个伪警备小队（小队长刘洪义）。他们将桃科村西的一片土地划作据点区，抓民夫圈围墙、修据点，在据点的4个角上，修筑4个碉堡；分金炉修在据点附近。村头修一岗亭，群众称作卡子，由日伪军各一人站岗，这是本村群众出入村庄，泰安陈村、白家庄一带的农民赶柳埠集，或去济南卖山货的必由之路。人们经过岗哨必须向日伪军行鞠躬礼，一旦忘记，不由分说，先挨两耳光，或是一顿毒打。

日军小队长敖昭凶狠残忍，对看不顺眼的民夫说打就打，不管砖石瓦块，摸起来就往人身上砸，有时用木棒对民夫劈头盖脸乱打一气，边打边骂：“你的偷懒，你的心坏。死了死了的！”民夫被打得鼻青脸肿、头破血流者，天天都不乏其人!

当时龙门乡的青壮年，都被强行编入自卫团，轮流为据点和矿石分金炉站岗。有一次，因伪军的警备队员将水桶等几件东西偷送到姘头家中被敖昭发觉，他硬是说自卫团团员偷走了这些东西，便将那天值班的农民张德宝、李春明等4人抓了起来，严刑拷打，又是灌辣椒水，又是坐老虎凳，折磨死了几个人。这些人后虽被保释，但由于遍体鳞伤，一个多月不能正常劳动。

一天，农民刘洪贵正在半山腰的梯田里套着牛耕地，被敖昭望见，举枪便向其射击，子弹穿透了他的躯体，当时虽未被打死，然而由于缺医少药，无钱医治，不久便含恨离开了人间。以敖昭为首的日军小队，在桃科村期间，奸污妇女，打骂群众，为所欲为，所犯罪行和欠下的血债真是擢发难数。敖昭调走后，警备队又换防，来了个伪保安团的小队长，人称“温大麻子”，此人土匪习气甚浓，其坏的程度与鬼子敖昭不相上下，对群众随便打骂，敲诈勒索，无恶不作，看到谁有点油水就敲谁的竹杠。农民刘洪勋干小买卖，与食不果腹的贫苦农民相比，日子过得还算是活泛一点，便成了温大麻子的敲诈对象，硬说人家私通八路，将人抓走，连他家的一架座钟也给抱走了。后经人说情，他交上不少钱才算了事。

1941年的初夏，我武工队在泰安打了个漂亮的伏击战，转来历城边缘窝铺乡榆科村休整。由于榆科村会道门头子告密，柳埠据点的敌人用电话命令驻桃科村的日伪军前往讨伐。于是桃科日伪军立即翻山越岭来到窝铺乡，调集红枪会直扑桃科村。夜间刚作过战的武工队员正在休息，没有料到会有敌情，当他们发现情况转移时已晚，日寇用脚踏炮向转移的队伍发射炮弹，将我们的武工队员炸死7人，炸伤1人，又欠下了中国人民一笔血债!

日寇为警卫矿区，在矿洞的山顶上筑了一座炮楼，上边驻有日军和警备队长，设有瞭望哨，可以鸟瞰周围的一切。

铜镍矿的经理是日本人，叫作神山。矿上共有矿工与办事人员一百来人，除管理人员外，矿工全由当地青壮年民工组成。矿工的待遇非常低下，饭不让吃饱，但是活很重。每顿饭每人发给两个小得可怜的高粱、糠谷面窝窝头，一碗稀粥，一块咸菜；而干的活却是抡大锤、打炮钎、运矿石。每筐矿石不下200斤，两人抬一筐，每人的肩上要担负着100斤的重量，很少让休息，稍一迟缓，就要挨工头的木棒。

矿井分为4个平坑，坑内几乎无加固措施，各种设备都非常简陋，经常出现塌方伤人事故，砸坏手脚、砸破头脸的工伤不断出现。桃科村矿工刘怀居就是在井下被塌方砸死的。

他们将开采出的矿石，先运到桃科村分金炉提炼，经冶炼将石质分离出去，剩下较纯的铜和镍，搞成长方形毛坯，装汽车运走，据说运到东北再提炼。从1940年下半年开始，到1943年上半年结束，将这里的地下宝藏稀有铜镍矿掠夺罄尽，三年时间不停地将闪着金光的半成品运走了何止千万吨！这种经济掠夺，使我们蒙受的损失，简直无法计算！①

二、掳掠、奴役劳工

“我”曾被日寇抓壮 丁孙凯山老人是历城区唐王镇北殷村人，1995年回忆了被抓当劳工的经历：

1942年3月18日（农历二月二日），驻历城县的日寇密令伪县长项石荣、老僧口区区长娄文轩，配合铁杆汉奸自卫团团长杜子和，在老僧口区一带大肆抓捕劳工。我是此次事件的受害者，也是一名幸存者。我将此次事件的经过简要叙述一下：

农历二月二日黎明，当人们扛起农具走出家门、正要下地干活时，不料，早已布置好的鬼子、县警备队、自卫团的联合抓丁队，如狼似虎地一拥而上，将我们几个无辜青年绳捆索绑系成了一串，中午时分押送到伪历城县政府大院。傍晚各路抓丁队都来了，将抓来的150余人，关进了警察大队的拘留所。

拘留所是一个西屋往北的套间房，分东、西各两间，中间是走廊，有一名持枪上刀的警察看守。每间都有一堵墙，下设有半米见方的小洞，人们只能爬行而入。墙角有一尿桶，臊味刺鼻。我们这150余人被关到最北面东西两对间里，人挤人挤作一团，还不准随意说话，只憋得呼吸困难都要面朝上。至于饭食就更惨了，每日一人两个牛眼大的窝头，两碗冷水。鬼子小队长敖昭经常手握匣

① 政协济南市历城区委员会文史资料委员会编：《历城文史资料》（第7辑），第124～127页。

子枪，顶上子弹恫吓我们："死了死了的顶好！"就这样整整熬了两个多月。

4月上旬的一天早饭后，我们被放在院子里，持枪的鬼子、汉奸布满了院子周围。伪县政府秘书长把我们分成两类：一类是18岁—24岁比较健壮的青年共36人，要送往伪治安军当兵；一类是送往日本国及东北抚顺龙凤坎牟家大矿下煤井，共120人。我当时17岁，属前一类被送到治安军当了伪兵。

当劳工的人走后的那天下午，我们在日本鬼子的押解下，到了济南南大营治安军营房。

南大营是新兵接收处，司务长叫我们喝冷水，喝开水必须交1元钱的水费，我们这些人是抓来的，哪里有什么钱交呢？伪军用刺刀背逐个痛打我们，并骂道："胡说八道！你们区长说，你们每个人都挣了800元钱，纯属耍滑头。"这时我们才醒悟过来，敌伪勾结出卖了我们。按150人计算，他们就发了12万元的大财（这笔款他们以花钱雇人的名义，分到各乡镇，再摊派到户搜刮到手）。这样他们既抓走人，又从老百姓手里刮到钱，其手段之恶毒达到令人发指的地步。

在南大营住了4天，就把我们送到北京北苑进行新兵训练，由于连日喝冷水吃不饱，我们开始泻肚拉痢疾，不到10天，36人就死去了9人。4个月后，我们被送往河北省冀东迁安、滦县一带去充当日伪治安军反人民的炮灰。1949年1月，我投入了中国人民解放军的怀抱。1951年，我复员回到了家乡，细心地访问当年被抓走的难友，抓去当兵的只回来了8人。送到日本国及东北下煤井还活着的刘延平、娄泗珍、高学仁对我谈，他们每人一天吃两个橡子面窝头，抬240斤重的煤筐，日本鬼子还手持木棍不时地毒打他们，不到半年，他们这些人就被折磨得快死光了。死了的被拖出去喂洋狗。他们几个人是在一次偶尔停电时，借上厕所之际爬出了铁丝网，跑到东山里，辗转了8个月才回到了家乡。[①]

"我"给鬼子当木工 郭店镇流海村王春生老人，生前口述了被日寇掳做劳工的所见所闻：

1938年春，日寇在胶济铁路的郭店车站北面安设了据点。鬼子们常到附近

① 政协济南市历城区委员会文史资料委员会编：《历城文史资料》（第7辑），第131～133页。

村上寻衅滋事，祸害乡里。

1942 年夏季的一天，鬼子在郭店车站大路上，截住王怀汤，说他是“毛猴子”，把他捆起来，拷打他，逼他供认。王怀汤回答：“我是东边流海村人，叫王怀汤，在济南火柴厂做工，因家中有急事，借了同事的车子回来看看……”鬼子不信，将他关进小黑屋，并声称明天早上活埋。他痛苦地呻吟着。看守他的人姓曹，郭店人，因王的外祖母是郭店人，二人自幼相识。曹某暗暗地给王松了松绳子，下半夜，王怀汤挣脱绳子逃跑了。第二天鬼子到流海村找人，放火烧了王兴泉等人的房子，把在街上卖姜的 3 个莱芜人抓住捆起来，说要活埋，当场吓死一人，其余二人被带到郭店去，生死不明。

1944 年春天，我和本族的王福本、王怀儒等正在济南做木工活，一起被日本鬼子抓去，送往军营。在军营里为他们干了几天木工活，又用火车把我们拉到兖州，驻在一个叫东营园子的地方，周围有铁丝网，门口有荷枪实弹的日本兵，还有张着血盆大口的大洋狗。不用说人，就是老鼠也不会轻易跑出去。木工中有几个是当地人，他们每日傍晚回家，都要被搜身。一次，从一个当地人身上搜出几颗钉子，可了不得了，一顿毒打，把那人打得皮开肉绽。我们又是气愤又是害怕，那心情真是难以用语言表达。有什么法呢？眼看着自己的同胞被打得昏死，又被用 5 个大钉子呈“大”字形钉在大影壁墙上（颈部、两手掌、两小腿各钉一只钉子），每日叫我们去看。起初那人还动，后来被晒发了，油渗进墙壁，腥臭之味刺鼻，一连数日，直到鬼子们认为把我们镇住了，才收拾了那具残尸。万恶的日本鬼子在我们中国的土地上如此残杀中国人，真比野兽有过之而无不及。

第二年（1945 年），我们被押往徐州，还是为他们干木工活，有的染上痢疾，日本人最怕传染，一旦发现有人患此病，立即拉出去活埋或用火烧死。这些该死的鬼子，不知害死多少善良的中国人。

有一天，我亲眼看见，营房外南北马路上驶来一辆日本载重军车，只听“哧”得一声，汽车从正在马路上行走的一小孩身上轧过，小孩的脑子迸出老远。当时，那日本车稍一停，车上的鬼子狞笑着开走了。天哪！一条人命在鬼子眼里还不如草芥，他们哪里还有半点人性！[①]

① 政协济南市历城区委员会文史资料委员会编：《历城文史资料》（第 7 辑），第 137 ～ 139 页。

三、抓平民到日本做劳工

历城区董家街道时家村村民张奉秀老人，在2000年自述道：

我叫张奉秀，今年74岁，董家镇时家村人。1942年，当时我16岁，夏季的一天，我正在葱地里拔草，被几个伪军用绳子绑起来，抓到龙山，与我同时被抓的还有本村的张奉典和刘长法。到龙山时，被抓的村民有600多人，伪军用枪把我们押到历城（王舍人庄）火车站，塞进闷罐车拉到济南，关到一个大院里，待了有半个月，又用火车把我们送到青岛劳工协会。又待了十几天，把我们装上了一只大船，走了七天七夜到了日本，在船上饿死和掉到海里淹死的不少。下船后，又换军舰坐火车倒汽车，最后到了北海道，押到山沟里的一个制铁厂，日本兵看着我们搬矿石。当时的日子很苦，天不亮就干活，很晚才收工，每顿饭只给八个牛眼大的干饼，有病的就更惨，只给一个干饼，病重的就只给一碗粥喝，每天都饿死、病死五六人，人死了就拉到山沟里烧掉。冬天也不发棉衣，冻的没法，我们就脱死人的衣服穿。想逃跑的就更麻烦，抓回来就打，张奉典跑了被日本鬼子抓回来后，百般折磨，揍了三次才揍死。在那里卫生很差，满身长虱子、长疥疮。日本人根本不给治，他们不把我们当人。就这样我熬过了三年多，一直到日本鬼子投降。这三年当中死了有一半多人，也随时有被抓去的再补充上。

日本鬼子投降后，我们被美国兵接管，又过了三个月，到了冬天，美国人给我们发了一身黄衣服，还有毛衣和钱，用船把我们送回天津港，在天津交给了国民党兵。国民党收编了一些人，我和刘长法因为脚上长疥，没有被抓当国民党兵，但是身上的钱全被国民党兵搜了去。我们要着饭，跑着回的家，回到家，当妈的都认不出来了，我哥认出我来后，全家哭了一场。

新中国成立后，1951年我当兵参加了抗美援朝战争，在东北当后勤兵。1956年复员被分配到淄博昆仑陶瓷厂当了工人，现退休在家。①

① 政协济南市历城区委员会文史资料委员会编：《历城文史资料》（第12辑），第123～126页。

历城区郭店街道五里堂村巩玉章老人，在2000年自述道：

我今年84岁。1945年2月被日本鬼子抓到日本国北海道的羽川县当劳工。日本鬼子投降后，被“国联”解救，当年腊月回到家乡。

记得那是1945年2月，那年我29岁已成婚，为养家糊口以贩卖布匹为生。过年后，我和裴家营的王佩营、章丘县大城后的王守义、明水的董保泉4人一块去潍坊起货。在潍坊西边的朱刘店火车站刚下火车，就被伪军抓住，因为我们没带证件,硬说我们是给八路军买盐的,把我们扣押在朱刘店,总共有50多人。当天下午，伪军把我们用绳子绑起来送到昌乐火车站，第二天上午，把我们押上火车向东开。在火车上有人跳了火车，也不知死活。我们一直坐到青岛，被押进了青岛“劳工协会”，听说像这样的“劳工协会”，天津塘沽和连云港也有。我们在青岛被关押了17天，这期间，王佩营在一个挖厕所拉大粪的帮助下逃了出去。后来知道，抓我们的是汉奸头子张天佑的兵，那时日本人向汪精卫要20万中国人去日本当劳工。

我们在青岛港坐上船向日本出发，船上有五六百人。原说是7天能到日本，结果走了22天，后来船上少吃没喝，饿死人就被丢进大海，到达日本长崎时还剩一半人。再后来又从长崎把我们转运到北海道的羽川县。日本人拿来表格让我们逐一填写，并被日本兵看押着劈山填海造码头，因为我有点文化，所以安排我记工。在那儿干活的劳工吃不饱穿不暖，还经常挨打，日子太苦了。当时日本人戒备森严，谁也跑不出去。有一次，一个高丽人组织逃跑，被抓回来3个，日本人把我们集合起来，当着我们的面用刺刀把3个人挑死，太惨了。我的老乡董保泉生了病，不能干活，日本人就不给吃的，我偷着给他一点吃的才活下来。在那里被饿死和打死的人不少，开始有500多人，到释放时还剩了200多人。我们也想逃跑，一是日本人看得太严，二是听说美国向日本扔了大炸弹，日本鬼子快投降了，才没跑。到了8月，日本鬼子投降了，美国人代表“国联”接管了工地。后来，张治中坐飞机到了日本，还到工地给我们讲了话，说要接我们回中国，我们这才放了心。11月，我们又从日本长崎坐上船，5天后到达天津塘沽，下船后国民党兵接收了我们，劝我们当兵，我们想，九死一生才从日本回来，谁也不愿意当兵。我就又穿上在日本当劳工时的破衣服，脸上抹上灰，没被国民党兵相中。这些剩下的人跑着回家，跑了好几天才到沧县，见到了八路军，八路军对我们非常热情，让我们吃饱饭，还护送我们从沧县跑到禹城上了火车。我从龙山车站下车回到家，已经进了腊月。①

第五节　日本“满铁”情报机构在历城的调查

日本在济南的情报调查活动，在清末已经开始。丰田神尚在济南创办东文书院，亦称东鲁中学，宣传亲日思想，培养亲日分子。民国初年，浦上叔雄在济南创办《民国日报》，搜集情报，迷惑群众，大造亲日舆论。广濑森次、宫田真吾在济南经营东和公司，控制胶济铁路沿线矿产，搜集地理、社会情报，广濑森次是日军 1928 年 4 月、1937 年 12 月两次进入济南的带路人。日本驻济领事馆指导日侨团体，搜集情报。“满铁”调查部的河野通一，在 1937 年 7 月前，通过济南的青帮会，广泛搜集情报。抗战期间“满铁”在历城的调查，与前述不同的是：调查社会结构，改造法律和经济制度，对华进行长期、有效的殖民统治。

一、调查的背景

随着军事上的逐步推进，日军占领了中国的大片领土，如何在被占领区内实行有效的殖民统治，以满足自己在战略、物资等方面的需要，成为摆在日本侵略军及法西斯政府面前的一大问题。针对此问题，1938 年秋，日本数家研究机构开始制定一个庞大的有关中国大陆政治、经济的研究计划。其中“满铁”调查部提出了一个为期十年的调研计划，建议在中国华北地区进行农村惯行调查研究，“弄清中国社会概况，以便改造它的法律和经济制度，并为日本贯彻其中国政策制定一个范围广泛的计划”。

“满铁”是“南满洲铁道株式会社”（株式会社，即“股份公司”之意）的简称。1905 年日俄战争结束之后，日本帝国主义获得在中国东北驻军的权利，并开始一步步加强对东北的控制。为更好地进行侵略与掠夺，1906 年 12 月日本在辽宁大连成

① 政协济南市历城区委员会文史资料委员会编：《历城文史资料》（第 12 辑），第 123 ～ 126 页。

立了南满洲铁道株式会社，1907 年 4 月开始营业。“南满洲”，即对中国东北地区南部及其附近区域的称呼。从名称上来看，满铁只是一个“铁路公司”，但经营铁路只是个幌子，实质却是一个担负着政治、经济、文化侵略与掠夺的殖民统治机构。在“满铁”内部，一个非常重要的机构即是“满铁”调查部，其主要任务就是从事中国调查、搜集相关情报。调查部成立后，在中国东北地区进行了一系列调查活动，为日本帝国主义在东北的侵略活动与殖民统治提供了大量情报资料，成为日本情报工作的一个重要组成部分。

二、日本调查的计划与要求

冷水沟调查报告由日本岩波书店出版（复旦大学图书馆提供）

“满铁”调查部的华北农村惯行调查具体由东京帝国大学法学教授末弘严太郎负责施行，他强调“这次调查的目的是考察中国社会的法律实践和习惯”。为此，他制订了具体的计划和要求。在末弘严太郎的具体指导下，1940 年 11 月—1944 年 8 月间，“满铁”调查员对分属于不同作物种植区的河北、山东的 6 个县实施了农村惯行调查活动，并在每县选择一个“标准村庄”进行全方位的详尽调查。这 6 个“标准村庄”分别为河北省顺义县沙井村、昌黎县侯家营村、良乡县吴店村、栾城县寺北柴村以及山东省恩县后夏寨村、历城县冷水沟村。冷水沟，即现在的历城区王舍人街道的冷水沟村，是一个以水稻种植为主的村庄，代表了一种作物种植模式。另外，冷水沟村临近济南市与历城县公署（驻地即为王舍人村），属日本帝国主义军事控制比较强的地区，“治安”维持比较好，因此便于方便、安全地开展调查。冷水沟村外，“满铁”调查员还选择了一个名叫“路家庄”的小村庄做了短期调查。路家庄即现在的历城区王舍人街道路家庄，当时属历城县董家区梁王乡管辖，是一个以小麦、谷子、高粱与大豆种植为主的村庄。

三、调查的时间、人员与方式

“满铁”情报人员对冷水沟村展开调查的时间，分别为 1940 年 11 月至 12 月、1941 年 10 月至 12 月，在路家庄调查的时间为 1942 年 2 月。具体调查人员：冷水沟村为村田久一、山本义三、旗田巍、内田智雄、早川保、本田悦郎、佐野利一、杉浦贯一、安藤镇正、盐见金五郎、小沼正；路家庄为旗田巍、内田智雄、本田悦郎、盐见金五郎、安藤镇正。为便于开展情报搜集与调查，每位调查员均配备了一名中文翻译，如刘均仁（村田久一）、郭文山（旗田巍）、刘峻山（本田悦郎）。调查由当地日本驻军及日伪政府机关配合展开，进行调查的地点一般为村公所（相当于现在的村委会）内。

调查采取谈话记录的方式，由调查人员召集部分村民进行询问式访谈，现场通常站立有持枪日军士兵。调查员在翻译的帮助下，围绕事先拟定的调查细目与被访谈对象进行交谈，并将谈话内容全部记录下来。到后来，则采取根据调查项目，现场临时发挥的形式进行调查。被访谈对象，一般为庄长或保甲长，另外还有一些普通村民，如冷水沟村的杜凤山（庄长）、任富申（甲长）、张增俊（保长）、李某（副保长）、李佩衡（乡长），路家庄的陈继荣（甲长）、杨景林（甲长）、宿莙乡（村长）、杨凤海（普通村民）。

四、调查的内容

调查内容，涉及村落社会生活的方方面面：

第一，村落概况。具体如村庄历史、名称由来、位置、气候状况、人口数量、交通状况、行政隶属等。

第二，农业生产与土地制度。如土地种类与面积、作物种类及具体播种面积、每种作物的具体播种环节与技术流程、单位面积产量、土地占有、土地买卖、租佃制度、劳动力互换与帮工、长短工雇佣、农具与耕牛借用与合作等。副业发展，如副业生产种类、从业时间、物质收益、原料及产品的购买与贩卖、外出务工等。

第三，金融与商品贩卖。如金钱借贷、债务纠纷、粮食买卖、日用品购买等。

第四，村落组织及运作。如保甲等村落行政机构设置、保甲长及庄长的选举与任职资格、保甲长的具体职责与权限、庄稼看护组织的具体运作与规则、村落治安维护、纠纷解决等。

第五，家族构成。如村庄姓氏、不同姓氏所占村庄人口的比例、家族关系、不同亲属间的称呼、家长职权、祖先祭祀、家谱修撰、分家析产、财产处理、儿子过继与收养等。

第六，衣食住行。衣服样式、制作方式，食物种类、制作方式、三餐食制、具体食俗，房屋式样、内部结构、建筑材料、建筑习俗、房间安排与分配，出行方式、出行频率、出行范围等。

第七，婚丧嫁娶，如结婚年龄、婚姻缔结的具体流程（订婚、结婚、回门等）与相关习俗、通婚范围、夫妻关系、姻亲关系、丧葬的具体流程与习俗、灵堂设置、坟墓修造、埋葬方式、服丧规格等。

第八，神灵信仰。如庙宇名称与位置、神灵供奉、庙会举办、具体祭拜活动等。

第九，岁时节日。一年中的各个节日情况，如月份时间、仪式活动、节日饮食、相关习俗等。

调查内容虽然都是看似平常的生活俗事，但却反映出中国乡村的社会形态、组织结构、经济形态、民众日常生活与思想情感等，对于制定相应的殖民政策、以更好地掠夺与奴役中国人民具有极其重要的参考价值。因此，这一情报搜集的“终极目的”比单纯的军事情报搜集还要险恶与别有用心。不过，对于日本帝国主义的此一情报搜集，冷水沟保甲长及普通村民并没有真心配合，而是采取了诸多暗中抵制的做法，现在“满铁”调查资料充满了大量自相矛盾之处就是明证。

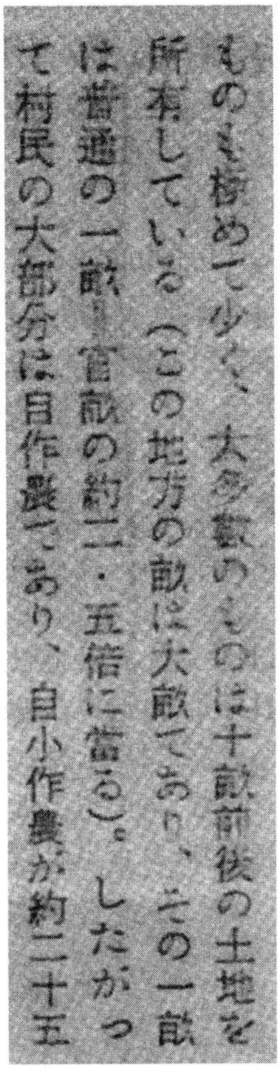
ものも極めて少く、大多数のものは十畝前後の土地を所有している（この地方の畝は大畝であり、その一畝は普通の一畝＝官畝の約二・五倍に當る）。したがって村民の大部分は自作農であり、自小作農が約二十五

冷水沟调查内容（复旦大学图书馆提供）

五、调查的结果

“满铁”华北调查的最初计划是为期十年，但后来因为战局的急剧变化，这个预期十年的庞大调查计划并没有全部完成。在中国抗日军民的不断打击下，1944 年 3 月这一调查项目正式停止。全部选定村庄的调查结果被编成 123 份专题调查报告，送至东京，于 1958 年在东京以《中国农村惯行调查》为题结集出版。其中历城县冷水沟与路家庄相关调查资料，被编在了《中国农村惯性调查》的第 4 卷。这些结集出版的调查成果，成为日本“满铁”情报人员在华北进行情报调查为侵略战争服务的罪证。

第六节　日伪统治下的历城社会状况

日伪军在历城进行残酷的军事统治。为统治济南，日军先后将第二军、第四十三军司令部及直属部队，第十师团、一一四师团、五十九师团等部的精锐旅团部署于济南市区及历城铁路沿线、重要乡镇。伪山东警备总队、伪济南道警备队、伪历城县警备队和保安团,在历城的12个区设有据点,绝大多数乡、镇设有伪警察所。1940年春，日军在胶济铁路两侧修建既深又宽的“护路壕”；夏季，又在铁路两侧1000米内，实施清除“青纱帐”行动，不准百姓种植玉米、高粱等高秆农作物。日军将铁路两侧2至5公里之内的村庄定为“爱护村”，2至5公里之外的定为“扫荡村”。1941年3月24日—1942年12月10日，日伪军先后组织5次“治安强化运动”，简称“治运”。第1至2次“治运”的目标是“肃清共产党，剿灭八路军”；第3次“治运”的目标是实施“三光政策”，建立情报网、封锁网，封锁抗日根据地经济；第4次“治运”的目标是绞杀抗日力量，集中消灭岳伯芬部；第5次“治运”的目标是强化反共自卫组织，蚕食根据地，肃正思想，笼络民心。

日军通过扶植伪政权实行殖民统治。为统治济南，周鼎、帅景略、何闻天、项石荣、郝清泉等5位汉奸，先后出任伪历城县长（知事）。区有伪区长，乡有伪乡长，村有伪村长、伪保长、伪甲长，在全县推行保甲制。像老僧口区、仲宫区的伪区长娄文轩、陈鸿年等伪职人员，集汉奸、恶霸、地主于一身，横行乡里。日伪军巧立名目，增加田赋，各种苛捐杂税，多如牛毛。日伪军在县境内强迫小学设置日语课，进行法西斯奴化教育。1939年3月10日，伪山东公署将历城、章丘划为“县政模范区”。

胶济铁路上的日军炮楼

抗战期间，历城经济陷于崩溃，人民群众挣扎在极度贫困与死亡的交界线上。土地集中在少数人手中，全县地主富农人均占有耕地 7.5 亩，贫农、中农人均占有耕地 0.79 亩，相差 10.5 倍。1941 年—1942 年，罕见的旱灾、水灾、蝗灾先后袭击历城，百姓生活更加困苦。参加过抗战的“小八路”、原历城县委副书记朱孝铭回忆说：

在困难的时候，根据地部队每人每天口粮仅有 14 两（437.5 克），生活没有保证，只好以野菜、树皮、草根为食，由于严重营养不良，不少人得了夜盲症、水肿病，战斗力严重下降。灾难之年，真的是民不聊生，大批群众外逃谋生，卖儿卖女、卖地典妻、自卖自身甚至饿死者不计其数。百姓为了生存，吃光了树叶、树皮、野菜。

2006 年 12 月历城区组成专门机构，以调查、取证的方式，总结的居民个人财产损失情况。据统计，1937 年—1945 年，历城居民财产损失为：房屋 51700 间，树木 16395 棵，禽畜 28203 头，粮食 197318 斤，服装 104951 件，生产工具 95504 件，生活用品 214348 件。日军索劫其他财物 4855 元，银元 16000 块，棉纱 10 捆。其他损失 196000 元，社会财产损失无法计算。①

日伪的残暴统治，引发的社会矛盾空前尖锐。井延奎、王德生等口述，吴怀生整理的《难熬的苦，不白的冤》，反映了当时的社会状况：

事情发生在历城县泉泸区西南乡的西仙村（现属市中区十六里河镇）。

民国三十年（1941），这里闹粘虫灾，第二年又闹蚂蚱（蝗虫）灾，又加上大旱真是灾上加灾。当时全村近 200 户人家，700 余口人，其中富户 27 户，占有全村土地的 80%，85% 的贫困户只占 20% 的山岭薄地。天旱无雨，颗粒不收，连续三年虫旱大灾，再加上日本鬼子和伪军的烧、杀、抢、掠，到处向穷苦百姓要粮、要钱、要物、抓人，真是灾难重重，民不聊生。民国三十二年（1943）春天，是穷苦大众最难熬的时候，绝大多数的人家已经断炊了，能吃的树叶摘没了，能吃的树皮扒光了，能吃的野菜挖净了，所有能吃的东西都一干二净了。

---

① 参见《历城区抗战时期人口伤亡和财产损失调查报告》。

抗战期间逃难的群众

财主们却囤满仓流，存积着大批的粮食，有的高价出售或高息借贷，有的则干脆不向穷人出售和借贷，眼看着穷人挨饿。穷人们别说没钱，就是有钱也买不到粮食。王德生的母亲拿着钱转遍了整个村子也没有买回一粒粮食，眼看着已饿了三四天的全家七口人直哭，被逼无奈，只好全家逃荒要饭，背井离乡。多数户被逼得走投无路，只好卖儿卖女，妻离子散。如王玉泉、蔡永成都是要饭要不上吃，将自己的亲生儿女送给别人的。王德印的母亲和王怀本都是活活饿死的。很多人吃谷糠、小干柿子、杂草、野菜、地瓜秸子，有的得了水肿病，有的大便不通，有的肚子痛得打滚。王德生的伯父、王德发的父亲及叔叔，还有蔡聋子等人，要饭逃荒下关东，至今音信无踪。全村背井离乡逃荒要饭的就有 81 户，占全村总户数的 40%。在这叫天天不应、喊地地不灵，走投无路、取借无门的时候，穷苦大众自发组织起来，要造反吃大户。井延奎、井延明、王道荣、张金发等人领头，组织了上有 60 多岁的老人，下有抱着吃奶的孩子，男女老少 60 余户 100 多人，商量决定先一起到大户家去借粮，如不借给，就吃他们家的饭，挨家吃。大家异口同声地说："好！这办法好，不能等着活活饿死。"

行动开始，首先到了号称"棒槌"（因遇事无主见）的本村伪保长王怀修家中。这天正巧是大涧沟集，副伪保长王道三赶集回来，看到这百余人的队伍，人多势众的架势，脸一沉，接着又皮笑肉不笑地对人们说："兄弟爷们回家听信，我给你们借粮食。"忠厚老实的穷人都信以为真，却上了当。王道三玩的是缓兵之计，他和王怀修偷偷地告到七贤庄伪警察局。告了两次都没动静，随后便托本村在文庄教书的先生王德华拉上了关系（王和伪局长是拜把兄弟）。正巧，吃大户前财主王道广的粮食，一天夜间被他家姓郭的长工领着大涧沟的一部分穷人偷了去，便无端说就是这伙穷人干的。伪局长李兴武信以为真，下令派人夜间把吃挨饭的领头人的房子围起来，先后把王怀本、王怀利、张金发、王道俭、井延奎、王经发、王道荣7人抓了起来，先用皮带，后用马鞭子毒打一顿，企图强迫他们承认偷了王道广家的粮食。结果用刑无效。特别是王经发平时没粮吃、骂财主，这次更表现了人穷志不短的骨气，虽然伪警对他加重体罚，在用皮带、马鞭抽打之后又用了两次压杠，最后他还是大声说："没偷！凭什么承认偷！"就这样，问了个不明不白，又将他们带到了局子里去。第二天，伪警给他们每人在背后插上纸糊的牌子，上写"西仙村×××强盗"，让他们敲着铜锣在井家沟集上喊着游街。他们谁都不喊，不喊就遭毒打，但仍然没一个喊的。这时狡猾的王道三、王怀修假惺惺地对着他们7人说："我俩也不知道为什么把你大伙抓起来，受了这样的苦，真是不应该。"又使出了当保人收买人心的伎俩把7人保了出来。

大户们怕这些穷人受了屈辱再造他们的反，王道三、王家栋为首的财主们又使出了毒计。他们秘密发动所有的大户在夜间出门时都提着红灯笼，以示与穷人的区别，扬言："夜间出门不提红灯笼的打死白打死！"以此使穷人们不能再组织起来吃大户。他们还贴出布告，内容大意是禁止穷人上坡拔菜、打柴等，违者处罚。老贫农王玉泉看了布告气愤地说："谁定的这章程，还叫咱穷人活吗！"财主们为此把他抓到村公所，吊到柏树上用皮带打得皮开肉绽，死去活来。幸亏王玉泉的兄弟王玉友托人说情赔礼保出来，才算捡了一条命。如此无故压迫欺侮穷人的事情经常发生。①

① 政协济南市历城区委员会文史资料委员会编：《历城文史资料》（第4辑），第97～102页。

第二章

国民党武装及历城籍官兵的抗日活动

1929 年 7 月 1 日，国民政府设立济南市，将历城县城及附近村庄约 150 平方公里的面积划出，作为济南市政区。历城县辖 12 个区，921 个村庄。马家区辖 70 个村，泺口区辖 9 个村，清宁区辖 60 个村，遥墙区辖 40 个村，老僧口区辖 90 个村，张马区辖 81 个村，董家区辖 77 个村，党家区辖 89 个村，邵而区辖 65 个村，泉泸区辖 67 个村，东梧区辖 102 个村，仲宫区辖 171 个村。辖域面积共 1950 平方公里。市县范围划定之后，历城县公署仍在市内办公。1936 年，国民政府实行“省辖县”体制，历城县治于 1937 年 4 月 14 日迁入新建县城王舍人庄（现济南市第三人民医院院址）。

1938 年，国民党山东省政府划全省为 17 个行政督察区，历城属第十二行政督察区。1945 年，改属鲁中办事处第十二行政督察区。抗战期间，或出于民族气节，或出于守土有责，或出于不堪日寇的残酷压榨，或出于中共抗日民族统一战线政策的感召，历城境内和历城籍的国民党官兵，勇赴国难，留下了感人的抗日事迹。

民国时期，位于济南市县门前街的历城县政府

县治迁移碑

第一节　县境国民党抗日武装

1937 年 12 月 26 日历城沦陷，至 1945 年 8 月 18 日县城光复，历任县长为：郝家骅（1938 年任职）、岳伯芬（1941 年任职）。抗战期间，国民政府在县境的主要武装力量有：

国民革命军六十九军先遣第二梯队　该梯队为 1938 年 8 月底六十九军军长兼山东游击总司令石友三改编孟昭进群众武装而成。1938 年 9 月，先遣第二梯队又被国民党政府改编为国民党第十军团暂编第一师，孟昭进任师长。下辖 3 个步兵旅和 3 个独立营，共计 20000 余人，驻防在邹平县西部、齐东县、章丘县、历城县境内。1938 年 12 月初，蒋介石调石友三部进驻河北，石友三命令孟昭进率部随其换防，引发混乱，大部分官兵纷纷回家。1939 年 5 月，孟昭进在部队四分五裂、不受统一指挥的情况下，率领两个旅随石友三移防进驻河北。

国民党翟毓蔚部　抗战初期，该部为章丘人民抗日救国军一部；1938 年 9 月改编为六十八军先遣第二梯队第十三支队、六十九军一师二旅；1940 年改编为山东保安第二旅；1944 年春改编为山东挺进军鲁北军区第二十一纵队。翟毓蔚先后任参谋、支队长、旅长、司令。翟毓蔚（1915—1950），字丕畔，今章丘市相公庄镇桑园村人，出身于地主家庭。1928 年始，先后在济南正谊中学、山东省立一中、省立高中等校学习，1935 年考入北京师范大学。抗战开始后辗转回章丘参加抗日，1938 年 4 月，趁日军主力矶谷师团南下参加台儿庄战役之机，率部倾注全力收复章丘县城，消灭汉奸潘子衡的自卫团，缴获大量武器弹药和 75 万公斤盐，声势大振，各乡民团纷纷投靠，势力陡增，由此成为章丘县境内最大的实力派。翟部主要依托长白山，在章丘北部及章丘、历城、济阳、邹平边区进行抗日活动。

国民党岳伯芬部　该部始起于村自卫团，1938 年 4 月，被整编为山东人民抗日救国军第五军第十支队第三十四中队；1938 年 9 月，被编为六十九军独立一团一营；1940 年秋，被编为山东保安第十六团；1943 年扩编为保安第十三旅；1944 年春，改编为山东挺进军鲁北军区第二十五纵队。岳伯芬先后任中队长、营长、团长、旅长、司令。岳部主要在历城、章丘、济阳、邹平一带进行抗日游击活动。

岳部活动的区域（俗称济南的“东北乡”）“水浅土沃，利于稼穑”，翟部据长白山之险经营章丘北部平原，亦是富庶之地。上述地区“民风质朴，尚文重教”，为岳、翟抗日活动提供了较好的社会基础，老百姓时称岳伯芬、翟毓蔚为“老岳”“老翟”。日军为保障和巩固胶济铁路及济南东大门的安全，极力扶持伪政权，设立据点，部署重兵，推行“强化治安运动”，采用“分进合击”战术“扫荡”抗日力量。1938 年 9 月 13 日，日军 3000 余人“扫荡”长白山区，翟毓蔚部阵亡官兵 300 余人，其胞兄翟毓蕙战死。1942 年 4 月至 5 月，历城日伪军、伪山东警备总队第一大队、第二大队，在东北乡“围剿”岳部，岳部 200 多人阵亡。

抗战中，国民党地方政权、武装之间，为争夺地盘常常“内斗”。岳部与翟部之间矛盾加剧，战端迅升，国民党山东省政府派王益三亲临调停。经双方谈判，划石珩村为界，并在石珩村建立章历联合办事处，各派代表驻此办公，岳方代表王剑桥，翟方代表韩鉴宏。在严峻的抗日形势下，为保存实力，岳、翟暗中与日伪有关人员勾搭，指使、默许部下集体投靠日伪政权。

第二节　鹊山之战

日军矶谷师团侵占历城县泺口区时，在鹊山附近遭到韩复榘手枪旅一部的顽强阻击，胡士杰、马光远先生记述了经过：

> 1937 年农历十月十三日拂晓，在黄河北山后陈村至鹊山东麓津浦铁路与黄河大坝接头地带约一公里长的战场上，国民党山东省政府手枪旅一个营的爱国官兵同日寇先头部队展开了一场白刃战。双方激战两个小时，日寇死伤六七百人，我方勇士也伤亡了近百人。这场战斗规模虽不太大，但这是我省黄河以北广大的抗日战场上，以少胜多的战例之一，其影响较大。
>
> 当时的国民党当局，抛弃华北大片国土和广大人民，大批的国民党中央军不分昼夜地向南败退，日寇的飞机在沟杨家、邢家渡几个黄河渡口上轮番轰炸、扫射渡河的国军。十月初十，国军在津浦路黄河大桥下的桥墩上凿洞放炸药。大铁桥北端，由韩复榘的手枪旅一个营来维持南撤军队的秩序。手

枪旅是韩复榘为保护自己而精心装备、训练的一支战斗力很强的部队，官兵们个个练就一身武术，枪法也好。每人配有一支短枪、一把大刀和数枚手榴弹，班有轻机枪，连有重机枪、掷弹筒等装备，这个营还有辆铁路装甲车，车上有机关炮和重机枪。

十月十二日上午，南逃的国军大部分都撤到了黄河以南。当时济南来令，让手枪旅的这个营也马上撤回济南，但这个营的官兵接到命令却没有撤走。他们见到狼狈溃败的大批国军，还未朝过鬼子的面，更未放过一枪一弹，就丢盔弃甲的逃窜，无比气愤，异口同声地说："这样的军队真给中国人丢脸！日本鬼子难道不是血肉之躯吗？莫非钢头铁臂吗？我们非得同小日本鬼较量较量不可！不杀日寇难熄胸中的怒火！不杀日寇决不撤退！"就在这天下午，勇士们正在纷纷议论如何杀敌之时，"轰隆"一声巨响，黄河大桥中间被炸塌了。

大桥被炸毁，截断了南退之路，但更坚定了勇士们的心，毅然决然地要和鬼子们较量一番。侦察得知：沿黄河这路鬼子来得很快，正北方那路鬼子还相距较远。于是，勇士们就在鹊山之麓的东北角，将铁甲车停在通西北方向的铁路上，主要兵力放在伸向东北的黄河大坝上，官兵们奋力突击构筑工事，就在这一公里多的钳形地带，挖下了埋葬日寇的陷阱。猎守在阵地上的勇士们，个个斗志昂扬，摩拳擦掌，急待杀敌报国。

十月十三日凌晨，黄河北岸的几十个村庄全驻满了日寇。敌人的先头部队一律乘着汽车，疯狂地向西南推进。拂晓，日寇肆无忌惮地长驱直入时，在山后陈村南的黄河大坝下，遭到了勇士们的迎头痛击。有些日寇还没等跳下汽车，就被手榴弹炸得血肉横飞，被打得晕头转向的鬼子，很快就组成反扑队形，端着上有刺刀的枪，"哇呀哇呀"地嚎叫着往大坝上冲。训练有素的手枪营勇士们都善于打交手仗，这时，大刀可有了用武之地，手枪也发挥了更大的杀伤力，官兵们一手用大刀砍，一手用手枪点射，他们真是以一当十，奋勇异常，连续杀退了鬼子的多次进攻。大坝的北坡上下摆满了鬼子的尸体，狂傲的鬼子见我军虽人数不多，但战斗力极强，能把装备精良、兵多将广的"天皇武士"杀得横尸遍野，骄横的日寇恼羞成怒，急忙调集大批后续部队组织反攻。

勇士们见鬼子人数太多，自己的弟兄也有不少伤亡，敌众我寡悬殊太大，再不能同几十倍于我之敌硬拼了，便在铁路装甲车的机关炮和重机枪掩护下，边打边撤，沿大坝南坡河滩的低洼地撤到鹊山东侧，又绕到山南，才甩下日寇，沿黄河北滩向西，撤到距鹊山25公里之远的齐河渡口，胜利地渡过了黄河。①

第三节　振奋全国的济南攻击战

为配合武汉会战，国民政府令敌后抗日力量主动攻击，打击日军。1938年8月13日，孟昭进率领抗日义勇军，发动了震惊全国的济南攻击战，受到全国民众的赞扬和国民政府的通令嘉奖。历城县董家区一带的江兆德、江兆明部，孙村镇彩石、顿邱（时属章丘县管辖）一带的王德武部为参战主力，王部一直打到院前大街。是役，庄科村的李正臣、贾致裕在南门战死殉国，贾和梅受伤。邹平县政协原副主席、时任攻击战总指挥的孟昭进先生回忆了战斗经过：

1938年抗战之初，在济南以东以南进行抗日活动的中国军队，除受国民党领导的抗日民众义勇军外，还有中国共产党领导的八路军三支队。抗日战争初期，在抗日民族统一战线旗帜之下，国共两党所领导的部队在互相协作打击日伪方面，配合得还可以。当我接到武汉大本营要我破坏胶济铁路、袭击济南的电令后，我即开始做兵力上的部署。当时八路军三支队马耀南的一个加强营奉命归我节制指挥，进攻济南。除这支部队外，我又选拔了精锐能战、武器犀利、敢打敢拼的官兵凡5000人，做以下之作战部署，各部行进路线如下：

我为作战司令。

马耀南营走胶济铁路北边桃花山、平陵城一线，直到板桥、黄台一带。13日进攻敌人，相机活动，掩护我大队之右翼。

我带领主力部队走胶济铁路以南的埠村、孙村一线。

历城之江兆明营，沿龙山、郭店直逼济南东关，隐蔽西进，13日拂晓进入东门，以东关为战场，与敌伪做猛烈战斗，对东关敌伪坚决予以消灭。

章丘之王德武营，走东西梧、港沟、张家山一线，直扑南关。13日天明后，

① 政协济南市历城区委员会文史资料委员会编：《历城文史资料》（第7辑），第56～58页。

歼灭南关敌伪，尔后扩大战果，进入院前大街作战，所遇日寇要彻底消灭。欢迎市民协同杀敌。

齐东之张复乾团，走东西彩石、东西泉泸、商家庄一线，逐步接近龙洞、佛峪一带。13日天亮时到达八里洼一带。进入南圩子门后，与敌伪在杆石桥以南展开战斗。尔后向商埠推进，与敌人拼搏。

章丘宋京山团，随张团跟踪西进。13日天亮推进到赐儿山以北商埠，与敌人战斗并截断飞机场来援之敌，作街市血战。

其他部队随我作预备队，保卫司令部，并支援不意之需求。这些部队，沿锦绣川西进，13日天亮后，我带领这批部队到千佛山附近指挥，并接受各部汇报。

政治部长王次方，带领后方团队担任破坏铁路的工作，12日要齐集胶济铁路以北村庄，备好大批破坏工具及大小车辆，准备运载铁轨、电杆、电线等。13日夜间开始破坏，从龙山车站到枣园、明水、普集、大临池，同时行动。在100公里长的铁路线上，要让枪炮射击声、桥梁爆破声、电杆拉倒声，一齐发作，造成铁路线上的混乱，使敌人的机车不敢出动。

1938年8月12日，我在商家庄召集各团长、营长开军事会议，下达攻城命令，明确各部战斗任务，风雨无阻。如有畏葸不前、不努力完成任务者，厉言定以军法处置，并宣布8月13日早晨，我在千佛山指挥所听候捷报。会后各回所部。

8月12日夜，天气忽变，雷声隆隆电光闪闪，突然下起倾盆大雨。雷声、风声、雨声在空中咆哮，地上汪洋一片，如天崩地裂般似大祸将临。这时不但风雨阻门，就是呼吸也觉得费力。我在房中走来走去，心急如焚。幸亏天快亮时雨渐渐停了。我看高空云薄，便登山观望，但见济南仍是云笼雾绕，无法视察。11时许，我在千佛山听到东关响起枪声，并且渐渐猛烈起来，似双方正在酣战，机枪也连续扫射不止。有两处大火突起，黑云冲天，枪声逐渐南来，像在青龙桥一带激战。继之又听到南关一带发生激烈战斗，杀声四起。继而战斗向院东大街一带发展，枪炮声密集。正在双方鏖战之时，我看到西门大街附近有坦克部队冲来。我急派卫队营下山助战，向南关、西关之间攻击上去。正午时间，双方战斗更趋猛烈，东起青龙桥，西至普利门，到处混战，分不出战线前后。远看火海一片，不少民房起火，烟雾弥漫。午时过后，我军张团、宋团均在杆石桥一带与日寇发生遭遇战。双方攻击，胜负难分。

如此战斗，竟拖延了两个昼夜之久。市民同胞自动前来支援我军，有送水送饭的，有给负伤士兵包扎伤口的，有掩藏和护送伤员的，这种神人同感、天地为动的民族亲爱精神，真应写之于历史。

日夕之前，各团长、营长先后到千佛山向我汇报竟日战斗情况。我除对他们的勇敢善战表示慰勉之意外，并命全部官兵后撤一段以解除疲劳。而他们却仍是斗志高昂，主张原阵地不动，与敌人彻夜对峙，并扬言三日之内要灭尽济南之日寇。我力劝他们要略事休息，先于日落后撤退一段距离，利用夜间堵塞马路设置障碍物狙击敌人。各营抽出轻伤人员，协同市民找出我军重伤及阵亡人员，当夜送出城外，抬到后方医院或直接送至其家中。我部当日阵亡营长王凤昆（齐河县人）、刘采庭（蓬莱县人）及战士百余人。

在黄台、板桥之间战斗的马耀南营，自13日午时与敌人激战之后，在冷水沟、郭店北山又与敌人发生战斗。他的任务是掩护我部右翼安全，不受敌人袭击。他们圆满完成了掩护主力进攻的任务。

第二天我各部队仍在西关、南关一带坚守阵地，预防敌人再来进犯。10时后，敌机起飞侦察，并在板桥、东关、千佛山附近，滥肆扫射、轰炸。我部均在原阵地对敌猛烈射击，沉着应战。

正午时，忽听商埠西部战车叫啸，铁轮“喳喳”杀气腾腾而来。日寇之汽车、坦克车队兵分两路，对普利门、西门一带肆意扫射并杂以炮弹轰炸。我部因弹药少不能抵抗。汪营、王营分散在城内和东关、南关，各连独立战斗。张团、宋团有的在商埠，有的在西关，各自单独作战。敌人捉不住战斗对象与固定目标，只好在马路东西，滥肆轰炸、扫射，制造恐怖气氛，扰乱人心，但却无多余力量扩大战果。在段店担任掩护左翼之王乐之营，原地警备战斗，两日之内敌人不敢前来侵犯我军左后方，使我军前后方安然战斗，王营完成了掩护任务。

第二日在半战半休的战斗形势中过去了，到第三日，敌人增加了攻击部队。早饭后，敌人从商埠西头分三路直扑西关、南关而来。他们猛放炮弹，先以武力搜索。我部无力对抗，各营做撤出准备。午时忽降猛雨，历时两小时之久。我部利用这个有利时机，令江营、王营迅速集结，取道东关、南关的舍坊门，顺大小山水沟，直往张家山方向脱险而去。张复乾团由杆石桥以南的起伏地带，向兴隆山东南方向撤退。宋京山团赶快向八里洼方向撤退，尔后沿锦绣川顺水而东。各团营均无遗留人员物品，在日落前后先后胜利地离开济南，归还章丘县。

我率领辛建涛营、王乐之营，跟宋团东去，并负掩护各团后尾之责。

此次我部在济南大战三日，给敌伪以极大打击，但由于日本宪兵队采取迅速火葬办法，敌人确实死亡数无法调查。据见证人说，在这几天内鬼子汉奸共伤亡有一两千人。我部死伤人员不到500人，阵亡者有七八十人，如营长王凤昆、连长李盛堂等。但因天气炎热，未等开追悼会即仓促埋在家坟内。一切负伤人员，以后陆续治疗复原，继续做抗日工作。

在后方担任破坏铁路的各团队，也回原地休息。政治部长王次方，组织慰劳队，举行庆祝胜利大会，对胜利归来的官兵分别慰问。除齐东、邹平、章丘的县政府和机关学校外，人民群众纷纷来慰劳者，络绎不绝。

部队回章丘后，六十九军发来对我部在济南袭击敌人的贺电、慰问电；武汉大本营犒赏我部奖金2万元、子弹10万发，并通令嘉奖。后来听说奖金和子弹都被石友三派人代领了，我部没见到一元钱和一粒子弹。

据了解，8月上旬上级通令责成进攻各面敌人的部队，大都没有认真执行命令，如六十九军奉令攻击泰安、兖州，专员秦启荣奉命攻击兖州、滕县等，均未执行命令。他们如此惧怕敌人，不但欺骗了武汉大本营，也欺骗了各友军，真是抗日史上的耻辱。我们这些邹、齐、章、历的抗日义勇军，虽无精良的武器装备，却能在国难当头日寇猖獗之时，以大无畏的精神攻进日寇重兵设防的济南，在城里与日伪大战三昼夜，又大摇大摆的甩手出城，这在八年抗日期间，应是我们山东人民舍身爱国的光荣一页。①

第四节　大佛寺伏击战

由仲宫向东沿327省道行进至风光秀丽的锦绣川，再由锦绣川办事处商家村折向北行4公里，即到三面山岭环绕的大佛村，从村北沿山道拾级而上便是大佛寺，号称“齐鲁第一大佛”的石凿佛像慈祥地注视着芸芸众生。1938年12月，国民党

① 济南市政协文史资料委员会编：《20世纪济南文史资料文库·军事卷》，黄河出版社2004年版，第88页。

大佛寺村伏击战遗址

历城县县长郝家骅率部50余人，在周围群众的强力支持下，全歼日军一个小队，击毙小队长小林，击伤并俘获伪县长周鼎。时任“铁血锄奸团”重要成员的卢化西参加了此次战斗，下面是卢宝生先生记录的卢化西先生的口述：

日寇侵占我历城后，在王舍人庄设了伪县政府，伪县长是周鼎，日本警备队长小林是杀人不眨眼的刽子手，当时的气焰极其嚣张。他们得知历城南部山区有抗日势力，立即倾力侦察、策划进行残酷的“扫荡”，企图将我历城境内抗日反奸的力量扼杀殆尽。

1938年农历十一月的一天，小林、周鼎及伪保安队长谢光辉（外号“谢八万”）率领日军50余人、汉奸百余众，并带重机枪、六〇炮等装备向西营罗伽、大佛寺进军“扫荡”，目的是消灭郝家骅所率部队（郝是国民党政府的县长，当时尚率部抗日，与我有一面之交）。然而郝部已得知情报，便充分发动并让所部50多支枪及红枪会、民团300多人，在大佛寺村外的山头、道口及隐蔽处埋伏好。拂晓，日伪军大摇大摆地来到大佛寺附近，郝部及叶冠英、赵立仁所率的红枪会、民团乘敌不备，一起猛打，日伪军被打得晕头转向不知所措，激战两个多小时，小林被砸死，周鼎被活捉，敌伪军全部覆灭，可惜谢光辉逃跑了。在这次战斗中，郝家骅的机要秘书张子洪献出了生命。

大佛寺战役后，谢光辉仍充当铁杆汉奸又窜回了伪历城县政府。郝家骅告诉我此情况后，我与梁明义商定由益都借调4名机智、枪法好的勇士（铁血锄奸团成员），我亲自策划并带领他们看好有关地形，让他们看照片认清谢的模样，又通过关系与伪区长李少毅联系，由李邀请谢到他处打牌。深夜，益都的4名勇士闯入李少毅处，果断地将谢光辉拉出，在村东北坟地里处决了这个汉奸。①

---

① 政协济南市历城区委员会文史资料委员会编：《历城文史资料》（第7辑），第67～68页。

第五节　抗日将领方范

方范将军31岁血洒抗日疆场，是历城的骄傲，更是济南这座美丽泉城的骄傲。2014年9月1日，国务院公布了第一批80处国家级抗战纪念设施、遗址名录；民政部公布的第一批300名著名抗日英烈和英雄群体名录中，就有方将军英名。据沂源县政协文史委的同志介绍，将军1940年葬于沂源县石桥镇石龙官庄村“陆军第五十一军抗日阵亡将士公墓”，1944年建成烈士陵园，但历经战争破坏及政治风云侵蚀，现已荡然无存。我们将刊载在《历城文史资料》第9辑中的《抗日将领方淑洪》转述如下：

——四师师长方范将军
（沂源县政协提供）

方范，字淑洪，山东济南市历城人。生于1908年，有兄弟姊妹7人，方范居长。他自幼好学，渴求真理；性情刚强，宁折不屈。父母均钟爱之……南京、济南先后陷入敌手。无辜百姓遭杀害，方家女眷多人逃亡到徐州砀山一带。当淑洪得信来到砀山与家人见面时，看到韩复榘不战而逃，将大片土地拱手让给敌人，致使人民流亡他乡的情景，悲愤万分。此时，淑洪有一挚友王仲升，在于学忠的总部任职，听说淑洪在家中休养，遂亲自往访，征得他同意后，介绍他到于学忠处。于与淑洪交谈后，对他印象极好，当即留用。不久于学忠任鲁苏战区总司令，淑洪被委派到五十一军一一四师任参谋处长，后又升任参谋长、团长、旅长、副师长、师长。

入鲁后，淑洪坚持团结抗日，反对蒋介石卖国罪行和法西斯独裁统治，赞扬共产党和八路军英勇抗战的行动。此时淑洪已与于部中进步官兵及我地下党员有了密切联系，如当时于部财政处长郭维诚（中共地下党员）、一一四师参谋长解步川（中共地下党员）都与其友谊很深。淑洪追求进步，坚决反对蒋介石“反共反人民”的政策，尤其对山东的沈鸿烈、秦启荣等破坏团结抗战，排挤八路军，制造摩擦，杀害共产党干部的种种罪行，进行了坚决的抵制和反对。

1939年6月初，日军以3个师团的兵力“扫荡”鲁南，淑洪指挥其所属部队，对抗莱芜、蒙阴、鲁村三面之敌。他亲临火线，率领部下辗转冲杀，突破日军数次包围，与日军进行了十余次战斗。他战斗中勇敢、沉着、处置得当，使日军攻势未能得逞。6月下旬，日军两次大举进犯一一四师防地。他先后将师部主力大部转移出敌包围圈，并亲率师部特务连、战斗营（战士由工兵、通信、卫生、运输、骑兵各部混合编成）及六十九团（欠一营），由下高村向东南转移。6月23日凌晨，师部到达丞石沟一带宿营，早4时发现敌军一部300余人携炮两门进抵邻近太平官庄。他决心将这些敌人歼灭，遂令六十九团前去包抄，激战竟日，但敌人凭借碉堡继续顽抗，淑洪当即决定夜袭。不料傍晚6时，日军又有五六百人携炮4门由东里店进抵石坑峪，企图解救太平官庄被围之敌。在六十九团警戒部队及战斗营阻击下，增援敌人被阻于冯家场，与太平官庄残敌以炮火遥相接应。23日夜，六十九团夜袭太平官庄未能奏效，24日战斗继续进行，激战终日。25日晨，获悉太平官庄之敌有突围迹象，淑洪认为时机已到，立即严令六十九团务必完成歼敌任务，并亲自率直属部队到达老洼子督战。6时，太平官庄之残敌向俊家场方向溃退。我军奋勇冲杀，敌方伤亡惨重。淑洪又亲自指挥直属部队向彭家场阻击营救之敌。此时，附近彭家场、冯家场、公家场、阎家场等地布满日军，集中火力向我军指挥部射击，并将直属部队包围。将士们与日军展开血战，激战三个多小时，我军官兵伤亡过半，淑洪本人头部、腰部中弹数处，敌人的包围圈逐渐缩小，日军向他逼近，突围已成绝望之际，为不落入敌人魔掌，淑洪用他佩戴的六轮手枪，向已中弹负伤的头部补击一枪，壮烈殉国。时年仅31岁。

淑洪忠骸，后由一一四师派员觅得，由于学忠总司令主持料理善后。在当地（蒙阴县坡里以北的一个山坡上）埋葬，并为他立了石碑。经于学忠申报，国民党政府批准方淑洪将军为烈士。①

① 政协济南市历城区委员会文史资料委员会编：《历城文史资料》（第9辑），第247～252页。

第六节　卢化西刺杀伪省长唐仰杜

原山东抗日铁血锄奸救国团骨干成员卢化西先生

卢化西（1914—1996），历城县孙村镇卢家寨村人，出生于耕读之家，其父卢成文一生务农，卢化西是其家中唯一男孩。他自幼生性聪颖，性情刚烈。20世纪30年代初，卢化西在济南私立爱美中学读书，受到抗日爱国思想教育；毕业后成为小学教师，加入中国国民党。1937年七七事变后，他以教书为业，成为“山东抗日铁血锄奸救国团”成员，以济南、青岛为活动中心，搜集日伪情报，打击日伪势力，成为享誉济南的抗日英雄。1943年春，因日本特务严密搜捕，卢化西离开济南，辗转到重庆复旦大学学习法律。1949年，他赴台湾任职农业部门，以研究中国农业科技史著称。20世纪90年代，曾三次回大陆、故乡参加学术活动及探亲。先生晚年计划写《历城血泉》一书，回忆抗日的峥嵘岁月，心愿未酬，于1996年10月22日病逝于台北，享年82岁。

卢化西之族叔卢宝生先生，曾任孙村镇中心小学校长、历城区政协文史委特邀委员，记录并整理了卢化西先生的口述：

刺杀伪省长唐仰杜　唐仰杜于1939年任山东省伪省长，并先后兼任山东省警备总队队长、山东省剿共委员会会长、山东省保安司令等伪职，是日本侵略者残害山东人民的忠实走狗。当时，由爱国青年自发组成的“山东抗日铁血锄奸救国团”（以下简称“铁团”）决定严惩唐仰杜，铲除这一为虎作伥的大汉奸。于是他们便秘密筹措，为达刺唐目的，计划用土膏（大烟）作饵，引诱敌伪、了解敌情，首先搞了个“火烧土膏店”。济南地区“铁团”主任毕复生（益都人）、“铁团”成员小学教师卢化西（历城县卢家寨村人，现居台湾，已两次回乡探亲）多次到济南麟祥门外日商经营的×昌土膏店侦探，待全部掌握店情后，决定以暴力强取土膏，事后放火焚店。一天下午，卢化西以土膏商身份到该店北屋选货、讲价钱，以拖住店员，继而毕复生、“铁团”成员康友三（惠民人）迅入院内，“铁团”成员刘杰（历城县彭庄人）在门口为岗哨。毕、康飞速入西屋，用手枪指住两名营业人员，这时卢化西用枪将北屋那人逼至西屋，将三人锁在屋内。毕、康、卢三人急忙进入北屋西间仓库，提出8包土膏原件（重约20公斤），迅即将北屋点火，三人急速撤出，一人骑自行车，两人坐人力车悄然而去。将土膏全部运到经一路纬四路仁美里日商经营的尾原洋服店。该店副经理楚振卿（历城县卢家寨人）会讲日语，会做洋服，他积极支持卢化西等人的抗日活动，当时给予了可靠的掩护。

“铁团”利用这批土膏作诱饵，贯通伪山东省公署人员，及时了解到许多准确的情报。卢化西、李景禹（“铁团”成员，章丘县人，现居北京）结识了伪省公署专员潘兴福、常驻济南的伪嘉祥县长周某，由他们弄到了两枚省公署人员佩戴的证章，并领着卢、李二人两次进入省署内侦察地形，了解岗哨部署情况和安全撤出路线。李、卢二人还经常练习由高处跳往低处的缓冲动作，以防到时发生意外。

1940年11月的一天，“铁团”从内线获悉可靠情报，得知翌日唐仰杜等省署要员举行接待华北日军指挥官集会。“铁团”领导人认为这是一个打击日本特务、汉奸的好时机，应当立即动手。这天卢化西、李景禹二人身藏武器，着赭色呢料西服，戴上小假胡子，化装成参加集会的日本要员，乘租来的卧车来到省署，昂然进入集会厅，见唐仰杜和日伪高官已齐集会场，便机敏掏枪，二人同时向唐仰杜开枪，卢又扔出一颗手榴弹，顿时场内哗然。不料“嗞嗞”声响后，手榴弹因受潮未爆炸，枪也没有击中唐仰杜，场内日军、汉奸却吓得狼奔豕突，乱作一团。李、卢二人趁敌人混乱之机，迅速奔向已选好的后院西北角越墙而去。墙外接应的刘百川（后被敌人捕去）已备好自行车，二人骑车飞驰而去。

卢化西骑车至东流水街南头路东，其族叔卢成亮开的德聚昌成衣店（现为山东省文物总店西部占地），迅速脱去西装，摘下假胡子，换上便衣，带上事前备好的喜帐和银箔纸做的双喜字，往西北出迎仙桥卡门。这时已开始戒严，因卢、李二人行事时戴假胡子，一时街上便到处抓留小胡子的人。卢化西到达城门时，岗哨已盘查很严，卢再三说明是商埠某店的伙计，为表弟结婚到城里购买物品，并拿出喜帐、喜字作证，岗哨才信以为真，放他出了城。卢化西离开德聚昌成衣店，卢成亮很快将手枪埋在屋内方桌底下土中，将那套西服也埋在炉灰里。第二天，日伪警察、宪兵就对德聚昌进行搜查，幸而未发现什么迹象。几天后局势稍为平静，李景禹才秘密地把手枪取走。

因有人告密，不久，日本特务机关“泺源公馆”的汉奸杨洪顺（历城县升官庄人）又领着日本宪兵、警察、特务搜查了卢家寨人在济南开的大小店铺。各店铺的主人均被敌人捕去。德聚昌成衣店是卢化西经常落脚的地方，店主人卢成亮、卢成福兄弟二人也未幸免。所有因卢化西刺唐案被捕进日本宪兵队的卢家寨人，无不受尽了日本特务灌辣椒水、坐老虎凳等种种酷刑。但是无论在敌狱中受到多长时间的折磨和多严重的摧残，他们怀着满腹的民族仇恨，坚贞不屈，无人说出卢化西的情况。卢成福仅身着一件夹袍和裤头，在狱中煎熬了冬春三个半月，出狱后身体已极度虚弱。在尾原洋服店学徒的卢化芳，狱中受尽折磨，出狱后不久即死去。济南的日本特务还到卢家寨将卢化西的父亲卢成文及该村的学校教师卢新科也抓到了日本宪兵队。后因敌人抓不到把柄，只好让其取保释放了。

卢化西等周密策划，英勇刺唐，虽义举未果，但对日伪反动势力是一次沉重打击，使他们终日惶惶不安，而广大同胞则拍手称快、扬眉吐气。

勇炸敌群　位于济南经二路纬三路路东的山东映画馆（现在的前卫电影院），是专供日本人看电影的地方，出入者多是日军官兵。卢化西看在眼里，深深思忖，此处是给敌人点“颜色”看的好场地。于是他观察地形，考虑进退，做好细致准备。

1939 年 3 月的一天晚上，卢化西在映画馆附近等候电影散场。10 时许，日寇从馆内蜂拥而出，卢趁人群混乱，借夜幕掩护，向往南走去的日寇稠密之处扔出了手掷炸弹，只听一声巨响，顿时日寇乱作一团，嚎叫着东奔西闯，路上秩序大乱。不久警察、宪兵赶到，如临大敌，然而毫无所获，这时卢化西已安然回到作掩护的住处——尾原洋服店休息了。事后得知这次行动炸死日寇 3 人，伤 10 余人。

炸毁敌台　七七事变前，经七路纬五路有处进德会（现济南第一机床厂处），是一处游艺场所。日寇侵占济南后，将进德会一度改为“昭和园”公园。济南抗日铁血锄奸救国团主任毕复生与卢化西经常在昭和园内接头，互通情报。1939 年初夏的一天，他俩在园内接头，漫步至公园南部静谧处，发现南门侧二楼上有日寇电台（后来得知属日军驻济警备司令部的一处电台）。这一意外发现，使他们俩心潮起伏，又有了打击日寇的新课题。两人经过反复商讨，决心拔除这个“钉子”。

随后，毕、卢二人多次到昭和园详细观察环境，测量距离，回去后商议用何种炸弹、选定什么时间等行动计划，并且在市郊秘密联络处练习投掷，以求掷弹准确。

数天后的一个傍晚，毕复生、卢化西各带两枚手掷炸弹，进入昭和园，与往常一样漫步行进，当行至端详了多次的日寇电台楼北侧时，环视附近无人，两人镇定而迅速地向二楼窗户投去炸弹，两颗炸弹准确地由窗户进入楼内立刻爆炸了，两人急速离去。敌电台遭袭击后随即戒严搜查，结果一无所获。事后得知敌电台要害部位被炸毁，并炸伤两名日寇通信兵。

血染妓院 1939年秋的一天晚饭后，卢化西邀在济从事成衣业的卢成福外出散步，当行至经三路纬八路一妓院外（旧称“八卦楼”），见门前停放着两辆挂着太阳旗的日本摩托车。卢化西让卢成福稍候，他装作嫖客大摇大摆地进入妓院。片刻，妓院楼上鬼哭狼嚎，女人的尖叫声夹杂着日本人的“叽里呱啦”的哀鸣。卢成福闻听后，异常惊惧，遂由小巷急促走回店铺。事后得知，那天晚上两名日寇军官丧命于卢化西的匕首之下，卢化西却安然无恙。

剧院杀敌 济南旧军门巷的大济南电影院（新中国成立后改为“新华电影院”），有时演戏剧。每演好戏时楼下池座（靠近戏台正中的座位，因座后及两侧有挡板形成池状故名）均为日伪警宪占据。1939年冬的一天，卢化西邀复兴街（原名“五三街”，为纪念“五三惨案”定名。日寇侵入济南后改为“复兴街”，现改为“趵突泉北路”）诚祥益鞋店的卢圣滩去看夜戏，两人坐在楼上前排，往楼下一看，池座满员，果然是些敌伪军警人员。当戏演至高潮、观众兴味正浓时，卢圣滩隐约感到坐在他右侧的卢化西的右臂高扬一下，接着楼下池座内轰隆一声巨响，原来是卢化西扔下去的炸弹爆炸了。霎时戏院内沸腾起来，惨叫声、呼喊声响成一片……观众纷纷夺路而逃。卢圣滩侧首一看，已不见卢化西的身影了。随之，戏院大门紧闭，逐人经搜身后才放出。此次事件敌伪死伤10多人。①

① 政协济南市历城区委员会文史资料委员会编：《历城文史资料》（第7辑），第69～72页。

第七节　抗日志士秘密联络点：励志书社

历城沦陷后，曾在郭店小学任教的卢耀生先生，在家乡卢家寨闲居。本村部分家长唯恐其子弟贻误学习，遂请卢耀生任“先生”。他便在自己的书房为12名学生讲学，并将书房名为“励志书社”。卢耀生以此为掩护，肩负着爱国志士及抗日铁血锄奸救国团人员的秘密联络工作。

卢家寨村属董家区管辖，这时，区汉奸队与日军经常入村催粮催款。村东北3公里处为龙山火车站，日寇驻守重兵，将该村划入“爱护村”范围，经常到村中骚扰，宣传“大东亚共存共荣”；村南4公里为日寇设在孙村的据点；村西头有铁杆汉奸陈崇山的炮楼据点，励志书社处于四面受敌监视与控制的环境中。无论环境多么恶劣，都未能阻止励志书社的主人与爱国志士进行抗日救亡活动。

该书社既是刘梅村、卢化西等抗日志士的秘密联络点，又是四方来往爱国抗日志士的秘密中转站，担负“四线”的秘密交通：南线——驻临朐县南部的国民政府山东省主席沈鸿烈处；北线——鲁北专署；东线——周村、益都、潍县、胶县、青岛；西线——济南。

许多打击日寇的活动都是在励志书社策划的，如1939年卢化西刺杀日伪省长唐仰杜的计划。经常往来的抗日志士及“铁团”人员有：梁建章（山东省鲁北专署专员），任玉福（河北省人，保定军校毕业），薛儒华（后任鲁北专署专员），山东省“铁团”主要负责人、青岛地区“铁团”主任李景禹，济南地区“铁团”主任毕复生、秘书梁鸿（后为济南地区“铁团”主任），“铁团”骨干曹梅村（郭店村人）、卢化西等。国民政府历城县长郝家骅等均是励志书社的“常客”。

卢家寨村励志书社旧址

“常客”有时单行，有时相约而行，在励志书社互相通报日寇的活动情况，及时传递“铁团”的活动计划。凡是来往于此的“客人”，住宿用饭均由主人卢耀生及家人招待。“客人”来时总在天黑后，走时总在黎明前，慎重而巧妙地避开了敌人的耳目，以免使主与“客”遭受不测。

书社东头过屋通向其北闲园子，出园子北门即为野外，出入较安全。若躲不及时，可躲入西屋的地窖中，窖口盖严再摆上东西，地窖与另院的水井有小通道贯通。

卢耀生的母亲与妻子常说他：“咱家来来往往这么多外人，万一让日本人和汉奸知道了，咱一家老小可活不成啊！”先生总是对家人说：“你们不用怕，也不用管，反正都是为了打日本鬼子。一旦有了乱子，无论怎么着，你们就说啥也不知道……”① 敌人的严密监视与控制，局势的险恶都未能动摇卢先生的抗日决心，他总是义不容辞、乐观地承担着爱国志士们的往来联络任务。

第八节　岳伯芬部的抗日活动

岳伯芬（1910—1950），历城县唐王镇岳家寨人，名嗣芳，字伯芬，1941 年至 1948 年任国民党历城县县长。出身于地主家庭，家有土地 130 余亩，并经营酒店、油坊，少年时接受过良好教育，毕业于历城县立师范讲习所（设在济南孔庙后院）。曾在济南估衣市街天德生药店当学徒，后回本村岳家寨小学任教师。因策划、发动群众，赶走负责桥头镇（今临港街道桥头村）集市税的税官娄本义，而闻名乡里，加之教师身份、富裕家庭背景，被推任桥头镇镇长。

一、1937 年底至 1941 年春：三度受改编，三方受夹击

建设自卫团　1937 年 12 月 26 日，历城沦陷，地方上一片混乱，抢劫、绑票屡屡发生，东北乡的财主们个个人心惶惶。1938 年 1 月 9 日，日军制造“韩官村惨案”后，韩官村成立了自卫团，由李汝华、李子恒负责，团员戴袖章，白天扛土枪，夜间用钢枪站岗、护村，匪患尽除。其他村庄乡绅先后效仿，建立自卫团，以求自保。

① 政协济南市历城区委员会文史资料委员会编：《历城文史资料》（第 6 辑），第 109 页。

岳伯芬认为，这种以村为单位、昼散夜聚的自卫方式，缺少联合、机动性，于是联合娄家庄大地主娄文轩成立自卫团，按照正规军方式建立桥头镇自卫队。各户按每30亩地出1人、1枪，无人无枪者雇人或折成钱缴纳费用，选拔30名精壮中青年，组成镇自卫队，驻桥头小学。岳伯芬兼任队长，张建贵具体负责，警官学校毕业并在国民党军队中担任过连长的娄克生负责训练，其余村自卫团为预备队。娄家乡长娄元栋、殷八户副乡长张崇智，分别建立了30余人的乡队。这样，岳伯芬拥有了一支训练有素的近百人的地方武装。

三度受改编 1938年5月，驻邹平、长山一带的山东人民抗日救国第五军①司令马耀南，派张景南、马晓云率部1500余人来历城，在娄家、老僧口、李官庄一带开展抗日游击活动，宣传抗日救国和中共抗日民族统一战线政策，建立了具有统一战线性质的历城县抗日救国总动员委员会，岳伯芬受到教育，愿接受改编，遂被整编为十一支队三十四中队，岳任中队长。

同年8月，马耀南司令员率由山东人民抗日救国第五军改编成的八路军山东抗日游击队第三支队第七团，在韩家庄将十一支队整编为十一团，岳部整编为八路军山东抗日游击队第三支队第十一团一营，岳为营长。

9月，八路军第三支队司令部命令十一团以营为单位赴淄川轮训，齐振东团长命令秦延林副营长率领二营两个连参训。十一团属于刚刚接受八路军整编的地方武装，成分复杂，没有经过艰苦、严峻生活的考验，在根据地受训不到两个月，思乡心切，大闹情绪。杨国夫副司令员察觉他们不是可靠的抗日部队，一天拂晓将其包围，解除武装，遣散回家，秦副营长毫无思想准备，惊慌中跳井自杀。齐振东、岳伯芬等人知情后，大为不满，岳将一营带到小清河北一带，脱离了八路军序列，十一团团长齐振东，因儿子被汉奸张复乾所害而弃职，十一团解散。

不久，岳部回到桥头镇，孤军难支，投到国民党六十九军孟昭进部，被改编为独立团一营，岳仍为营长，后孟部奉石友三命令北调河北省，岳部拒之，仍留历城。

① 1938年6月中旬前，山东各地人民抗日武装起义部队，先后使用八路军、山东人民抗日救国军等番号，称谓不统一；6月中旬后，部队恢复使用八路军游击支队番号，先后整编为5个支队、两个义勇总队和1个自卫团，共3万余人；8月27日，八路军山东纵队成立，辖10个支队又3个团。1939年3月至1941年11月，山东纵队先后进行5次整军，整编为4个旅、4个支队和两个直属特务团，共22个团，5.4万余人。1942年，山东纵队进行整编，纵队机关改为山东军区。1943年3月，中共中央决定一一五师与山东军区合并，罗荣桓为司令员兼政治委员，辖鲁中、鲁南、胶东、清河、滨海、冀鲁边6个军区及15个军分区，部队统一整编为13个主力团，对外保留第一一五师和山东纵队的番号，山东纵队各旅番号撤销。

期间，岳部在唐王镇张家圈村建立秘密兵工厂，由李庆云负责，造手提式机枪30余支、匣枪10余支，因汉奸告密，日军将工人、车床设备一块掠走，烧毁岳家油坊。

1938年10月，岳伯芬化装成经商者到莱芜，经韩官村商人李恒元托人介绍，见到了国民党山东省政府主席沈鸿烈。岳称自己有钢枪800支、官兵千余，并献上娄克生画的地图，沈非常满意，将岳部编为山东保安十六团，委任岳为团长，娄克生为副团长，下设3个营，共计300多人，一营营长为岳崇岭，二营营长先是杜子河后为王子春，三营营长张好义。

三方受夹击，十六团几近覆没 1938年11月，日军第十二军在济南组建，疯狂强化济南城郊的军事统治，历城的抗战形势变得险恶。岳部被编为山东保安十六团后，急于与在锦绣川一带抗战的县长郝家骅会合，途中，在西彩石村遭山东“剿共”军高松坡部的包围，阵亡30多人，突围后折返唐王镇韩家村。1939年春，日军一个小队、伪军一个中队，分别在鸭旺口、韩家村、老僧口设立据点，不断“扫荡”岳部，岳部被迫化整为零，坚持打游击。在残酷的环境中，岳部内部分化，二营营长杜子河率60余人投降日寇，沦为汉奸，杜子河在老僧口强拆民房38间，修建据点。

玉米、高粱等“青纱帐”起后，岳部开始集结，岳命王子春重新组建二营，约计100人，秋天，岳率二营在傅家村（现属章丘市高官寨镇）小清河段，伏击日军运盐船队，大获全胜。秋收后，日伪在各区、重点乡普遍安设据点、伪警察所，岳部再次化整为零、分散潜伏，汉奸杜子河引领日军，在东北乡逐村搜捕，枪支弹药多被搜去，多数官兵被搜捕遭残害。二营营长王子春率部投奔翟毓蔚部，岳部处于全军覆没之势。1940年春，岳与传令兵侯兆祥潜至章丘埠村舅舅李山处，化名李子信经营顺成酒馆，在此结交章丘南部地方顽匪王连仲。

重组十六团 1940年清明节前，岳潜回历城召集骨干娄凤池、张其友、任廷松、李庆福等组织、恢复余部，并成立执法队，任廷松任队长，主要任务是暗杀铁杆汉奸、打开抗日局面。在胶济铁路以南的港沟、彩石、孙村交界地区，潘庄人刘振东进行抗日活动，岳伯芬亲自找刘商议重组十六团、共同抗日事宜，然后潜回埠村。8月，岳第二次回历城时，娄凤池等已组起40余众的武装，岳会见刘振东收编其部为十六团三营，刘为三营营长。不久，驻孙村镇鸡山据点的章丘程学通部，将刘骗至据点，收缴其武装，刘振东侥幸逃脱，程学通部霸行孙村、彩石、港沟一带，岳十六团失去铁道南立足点；在铁道以北，日伪严加防范、围捕岳部，执法队队长任廷松被汉奸杜子河捕获，并交老僧口据点日寇，被狼狗吃掉，壮士惨烈殉国。岳令娄凤池、张其友率部留在历城招兵征款、坚持游击，亲率由李盛三任队长的执法队，在伪地方实力派王润生掩护下，驻扎于济阳县曲堤镇大张村，岳率少数随从来往于济阳、历城之间。

二、1941 年春至 1944 年春：坚持抗日，与翟部内斗加剧

1941 年春至 1944 年春，历城抗战形势由最艰难时期开始向有利于抗日力量的时期转化。日伪在历城连续实施五次“治安强化运动”，采用“扫荡”“分进合击”“剔块”等方式，试图扑灭抗日烈火。中共领导的章丘县民主政府、泰历县民主政府相继成立，中共基层组织在游击区普遍建立，南山抗日根据地创立并得以扩展。岳部秉承国民政府的体制，不可能发动、依靠群众建立政权和稳定的根据地；翟、岳之间的内斗消耗了彼此的力量，而岳部与中共领导的抗日力量保持着良好的关系。

重整十六团，组建县政府 1941 年春，日寇“扫荡”济阳曲堤镇，王润生怕引火烧身，急催岳部转移，队长李盛三当即率部返回历城老僧口地区与岳会合，岳部与日寇发生几次遭遇战，但伤亡不大。韩仓村廪生李振唐（字桐藩），为私塾先生，在私宅大院聚众讲学，曾与名士谢瀛震创办鲍青文社，奖掖青年，岳与李私交甚笃；为保存实力，经董明轩与伪历城县长何闻天暗中串通，2 月某日，岳、何二人在李家密谈；双方商妥，岳派娄凤池、董明轩投靠何闻天，编为伪保安大队，娄任大队长掌管军权，董任副大队长，负责与日伪联系，部队驻唐王镇韩家庄，穿日伪军服；在伪保安大队的掩护下，岳部又迅速扩大。经薛儒华的传令兵韩成绍介绍，岳伯芬投靠国民党山东第十区行政专员兼保安司令薛儒华，薛为了扩大自己的实力，向国民党山东省府电保岳伯芬任历城县县长。岳伯芬重整十六团，重组国民党历城县政府。

重新组建的十六团，岳伯芬任团长，郭茂元任副团长兼二营营长，政治部主任娄克生，军需处军需长冉少亭、陈建环。辖 4 个营：一营营长娄凤池、副营长刘瑞五，名为伪保安大队，暗是岳部一营，主要跟岳活动在娄家、桥头一带；二营营长是副团长郭茂元兼任，副营长魏子明，三营活动在李官庄一带；三营营长刘振东，主要活动在铁道以南港沟一带；独立营营长江兆明，主要活动在董家一带。

县政府设置简单，人员较少，昼聚夜散，无固定住址，主要活动在王家、韩家、司家、颜家一带。机构设置：县长岳伯芬，国民党县党部书记党景曾，秘书杨卓如，

教育科长李孝堂，民政科长先是王滨清，后是杨先秋。此时，岳重视部队建设：

一是重建兵工厂。1941年4月，岳伯芬在唐王镇颜家村重建兵工厂，有30余人，由徐九泉负责，主要维修枪和制造手榴弹。

二是由政训处创办《历下吼声》和《七七新报》。王益三（董绶青）任主编，征稿、编辑、采访联络、制版等事务由郭耀华（中共党员）、王次芳、曹剑秋、赵少杰、傅封璞（中共党员）等办理。内容形式主要有论文、诗歌、文艺、特写、通讯、战报评论转载等，目的是团结抗日。这些刊物共发行7期，当时对宣传抗日救国起了一定的作用。傅封璞回忆道：

> 我家是一个劳力少、收入低、一年不接一年的困难农户。我本人则又是一个因日寇侵华战争和家庭困难失学为农的青年。我一不做工，二不经商，为开展党的工作而常常离家外出，起初无人注意，但时间一长即引起一些人的猜测和怀疑。为了有“合法”身份作掩护，经与苏勋卿等同志商量同意，经王剑桥介绍，我于1942年秋到岳伯芬部的政训处工作。
>
> 环境的改变锻炼了我，使我虽身在虎穴却能随机应变。政训处里的人年纪都比我大，他们中多是逢场作戏混日子，有的则堪称“老奸巨猾”，使我深知与之共事需十分谨慎。我在那里站住脚后便开始了活动，当时我根据情况团结了几个同仁，创办了《历下吼声》月刊，我和一位姓董的（即董绶青，当时化名王益三）负责编辑，刻制腊版，又和一位当过印刷工人的党明全搞裁剪纸张、印刷和发行。我们曾登载过《蒋委员长庐山谈话》，揭露过日寇“大东亚共存共荣”的骗局，前、后方抗日战争的胜利消息，还有一些有益的故事、歌曲等。当时的岳伯芬还表示坚持抗日，对这个刊物也表示称赞。
>
> 《历下吼声》的诞生使我在岳部有了一件“合法的外衣”，我的行动便利了，得以有更多的时间秘密开展革命活动，宣传抗日救国的道理。后来不少人都踊跃写稿（特别是一些学校的老师），使这个刊物深得群众欢迎，据说连济南一些“名流”都连连点头称：“历城的笔杆和枪杆同样厉害。”岳伯芬得知这一消息后更是自豪异常。[①]

① 政协济南市历城区委员会文史资料委员会编：《历城文史资料》（第2辑），第92页。

小徐家战斗　1941 年 10 月 18 日，岳部刘振东率三营，在唐王镇小徐家村创造了消灭日军 1 个小分队及伪军 1 个小队的战绩。1990 年《历城县志》载：

刘振东性格刚直，有强烈的爱国热情。日军侵占历城后，他组织周围村庄的青年，于 1940 年组织起了 100 多人的抗日武装，在胶济铁路沿线打击日军。同年 7 月，他的武装接受岳伯芬的整编，编为保安十六团三营，他任营长。1943 年，保安十六团扩编为保安十三旅，他任三团团长。刘振东抗日坚决，作战勇敢……刘振东的抗日活动，极大地震动了敌人，日军悬重赏捉拿他。一次，刘振东将自己假捆起来，带两个传令兵，把他“押往”日军黄台据点，声称拿住了刘振东。日军信以为真，纷纷走出炮楼。刘振东拔出双枪，打死打伤日军多名。刘振东的抗日活动，受到群众拥护，势力越来越大。1943 年 9 月，岳伯芬利用汉奸李子元，将他暗枪杀害。①

2012 年《西顿邱村志》载：

刘振东是一个白面书生，像个文人。个头不高，在 1.7 米左右，讲话铿锵有力，且有理有节，受到村民的称赞。

邢得荣先生回忆了小徐家战斗的经过：

1941 年农历八月二十八日，老僧口据点里的日寇和汉奸队组成的“扫荡”队出动了。这次出动和以往有点不同，8 个日本鬼子骑着大马走在前头，35 个汉奸兵骑着自行车跟在后头，头一个骑马的日本鬼子，打着膏药旗，自行车上满载着子弹和手榴弹。43 人组成的“扫荡”队鱼贯而行，摆了一支长长的队伍。这支“扫荡”队，从据点里出来，向南行进，走到大徐村北，一个日本鬼子在马上咕噜了几句，大队便朝着李官庄一带进发。

这时，刘振东的一部分队伍，正驻在距李官庄只有一里之遥的胡家庄，刘

① 山东省历城县志编纂委员会编：《历城县志》，济南出版社 1990 年版，第 491 页。

振东本人也在这里。刘振东是当时有名的抗日干将，有一手百发百中的绝技，不仅有过人的胆量，而且有刀山敢上、火海敢闯的勇武精神。强将手下无弱兵，他带领的队伍也特别能战斗。刘振东部队来到这里已三天，他听说老僧口据点里的鬼子和汉奸时常出来伤害民众，他决心要消灭这些丧尽天良的日寇。他和大家一齐研究过抓住有利时机、消灭敌人的问题，并且派出多人去侦探敌人的动向，收集敌人的情报。

这支"扫荡"队在李官庄一带发了一阵淫威后，取道胡家庄往回窜。路经胡家庙时，正遇上出来探听敌人消息的刘振东的传令兵孟庆昌。鬼子把孟庆昌抓住，在胡家庄没有停留，就急匆匆地向西北方向走去。

刘振东得知孟庆昌被抓走的消息，立即做出了消灭"扫荡"队的决定，并进行了严密的部署：派5人尾随敌后，注视敌人去向，有情况，随时报告；派一小支队伍，在敌东侧监视，发现情况，也立即报告；自己暂留住处，等候消息，再做部署。

上午11点左右，"扫荡"队到达小徐村，在观音堂前小学门口停下来，要在这里吃午饭。他们把孟庆昌吊缚在徐位孝家大门上，派两个汉奸兵持枪看守。把自行车停放在观音堂外东山墙下面，战马拴在小学门前的北墙下面。鬼子到小学里去休息，汉奸兵在观音堂前的街上散乱地站着，都随身带着武器。

刘振东得知"扫荡"队在小徐停下吃午饭，立即派人火速通知住在附近的抗日兄弟部队，从小徐西面和北面围击敌人。把自己率领的部队的大部分部署在小徐的南面和东面，自己亲率一支精干的小分队，潜入村内小学附近。12点左右，"扫荡"队正待吃饭。刘振东率领着小分队，已从交通沟里潜入到小学附近的徐继华家。他了解了一下情况，便向小分队下达战斗命令：副班长带3人去解救孟庆昌，其他都随他来……

开始攻击的枪声一响，四面的枪声便响成一片。街上的汉奸乱作一团，扔掉大枪，四散逃命。日本鬼子听到枪声后，都拿起枪从教室后窗向外射击。在教室后面沟里的游击队员，从下面往教室后窗里扔手榴弹，有两颗手榴弹在鬼子身后爆炸。8个日本鬼子慌忙逃出校门，到处躲藏。那个扛机枪的逃到路中心向南射击，有个使大枪的便躲在一头牛的身后，有两个鬼子拖着枪，弓着腰逃到徐全孝的北宅子里，一个躲进大北屋，一个藏在小北屋。还有两个日本鬼，从学校爬出来，想到徐全孝南宅子里去躲藏，还没进大门就去见阎王了。另外两个小个子鬼子，最后从学校逃出来，藏在徐凤孝的东屋里。

枪声一阵紧过一阵，喊杀声在空中回荡，游击队员们端着枪逼近了小学。解救孟庆昌的游击队员，随着枪声飞奔到徐位孝的大门口，用斧子砍断绳子解救出孟庆昌，让徐宗常把孟庆昌带到安全的地方去。刘振东在徐继华家，听到日本机枪响，从门缝里往外看，见一个鬼子向南射击，便一枪打死了那个机枪手。那个在牛后头躲藏着的日本鬼，在牛死后钻进秫秸堆里，还不住地向外打枪，刘振东发现后，一枪就结果了他。那两个躲在徐凤孝东屋里的小个子日本鬼子被打败了，便拉响了仅有的一颗手榴弹，实践了“武士道精神”。躲在徐全孝小北屋里的日本鬼子，冒着烟火往外窜，被在门口的一个游击队员抓住，咬掉了一个耳朵带走了，这个日本鬼子说什么也不走，便在村外被结果了。

战斗进行了一个小时左右就胜利结束。抗日游击队带着战利品撤离小徐村。那个躲在徐全孝北宅子北屋里的日本鬼子，从火堆里爬出来，胁迫着一个叫小虎子的把他背走了。以后一段时间里，老僧口据点里的日寇和汉奸没敢再出来“扫荡”。[①]

扩编为十三旅 小徐家战斗后，娄凤池的伪保安大队难以掩盖其真相，正式脱离日伪军。为避日伪报复，岳伯芬率部到齐东休整。岳伯芬带着刘振东、杨卓如、董绶青、李盛三等50余人及小徐家战斗的战利品，到齐东县台子镇向国民党专员薛儒华请功。薛大加赞赏，随即向国民党省府电保岳伯芬部，以原省保安十六团扩编为山东省保安十三旅。任命岳伯芬为旅长、副旅长王滨清、参谋长江兆明，参谋处主任娄克生、副官长王仁村、军需长岳蔚堂、冉少亭。辖5个团：第一团团长郭茂元；第二团团长张茂清，该团是岳收编的济阳汉奸队，仍驻济阳，明为汉奸队，暗是岳部二团；第三团团长王启祯，活动在铁道南；教导团团长由旅参谋长江兆明兼任，活动在董家一带；特务团团长张长安，驻齐东一带，是岳收编的齐东汉奸队。

1942年—1943年春，岳伯芬的一团和教导团先后两次打黄台车站、两次打盐船、一次打板桥仓库、一次打郭店车站、一次炸火车，都取得了胜利，缴获了不少武器、

① 政协济南市历城区委员会文史资料委员会编：《历城文史资料》（第7辑），第73～76页。

弹药和物资。

应该说，岳部在以平衡各方势力图生存的艰难环境中，坚持抗日并取得战斗成绩，实属不易。主要原因有：一是岳作为接受现代教育的乡村知识分子所固有的爱国情操；二是岳部中有相当数量的中共党员成为骨干力量，并被岳委以重要职务，中共党组织影响着岳部，如：1942 年 4 月，岳同意其师范同学、中共历城县委领导人之一尹天佑，组建十三旅特务大队，活动于胶济铁路两侧，打击日伪，以岳的精明不可能不知尹天佑的背景；三是中共党组织、民主政权执行抗日民族统一战线政策，尊重、爱护、策应岳部。1944 年 6 月，岳部在铁道南方家村，遭日寇包围，突围后不足 500 人，中共党员郭正元带领的二营有 160 人，郭请求党组织派主力部队围击岳部，泰山军分区林乎加政委指示：我们与岳还没有决裂，你怎样搞是岳内部的事情，把部队带过来即可。李习（1920—1991），孙村镇庄科村人，1941 年入党，以小学教师身份为掩护从事秘密交通工作，1942 年—1943 年，负责联系中共孙村区委与章丘县委，建立庄科党支部并任书记；1944 年，从事中共济南工委、章丘县委、孙村区委秘密联络工作。1989 年 9 月，他在《我所知道的一支抗日游击队》一文中，回忆了有关岳部抗日情况：

抗日战争初期，在章历边区的白云湖畔出现了一支抗日游击队，这支队伍是国民党保安十三旅即国民党历城县县长岳伯芬部的一团。我方地下党组织从济南地区历下一带往东发展，由小到大，由笔杆子到枪杆子。党的力量就潜伏在这支队伍里，并且控制、主导着这支队伍。

1940 年，日寇大举“扫荡”时，这支队伍南移到庄科村一带。庄科村是开展游击战的好场所，村子东西长 3 里，三面环山，北靠平原，敌人若想包围庄科村，是不容易的。它南临泰山山脉，能攻能守。岳部一团里我有两个红色关系：一个是龙山镇孙家庄的孙金生（也叫丽泉），另一个是李官庄的郭耀华。他们打入岳伯芬这个部队里，孙金生任一团情报侦察队队长，他人品好，队员没有不敬佩他的。他平易近人，脾气和蔼，扮作道徒，背着写有“敬惜字纸”字样的背包，手持铁棍，见到字纸即用铁棍插起装在包里，群众叫他“孙魔道”。他是以这种打扮掩人耳目，谁也对他不加注意，进而对地下活动很有利。队伍在庄科村驻防时，为便于研究工作，他住在我家。他是我抗日时期最亲密的战友之一，俺俩的感情很好，亲如兄弟。有一次，他把儿子带到我家认识我这个义叔。我们彼此熟了，便谈些知心话，他把他的政治主张、中国共产党党员身份向我谈了，我的政治倾向也向他谈了。他又告诉了我郭耀华的党员身份，说郭耀华是一位出色的地下革命者，他气派过人，能力超群。与孙金生的结识，为我参加革命奠定了基础。

孙金生为革命出生入死，奋不顾身。日寇投降后，他公开身份，在章丘县龙山区担任区委干部。1946 年夏天，国民党反动派从济南出兵，沿胶济铁路向东进攻，他不幸被敌人捉获，在龙山大桥上，被国民党反动派杀害。这个没死在日寇枪刀下的好同志，却死在了国民党的屠刀下。

郭耀华是章丘李官庄人，抗战初期参加革命，他利用副队长的合法身份将抗日工作干得有声有色，每天集合队伍训话，作抗日宣传，演讲抗战道理。我也去听，听他的讲话。他每次来驻防，我就隐蔽在群众中，帮着看房子、搞铺草、筹给养。1942 年，渤海军区派来两个同志，在我家召开地下党的会议，布置研究工作。有一次他们走后，贾书中在李法福家的铺草里拾到一本《怎样做一个共产党员》。我发现后收回来，等他们又来时，我还给了他，并建议他提高警惕，严格保密。

抗日战争中，章丘县的党政军机关，就在庄科村以南的山区里活动，庄科小学、我家先后成为联络点。所以，孙金生、郭耀华等章历边区北部人员与南山根据地的联系，我都参与其中。白云湖游击队与我方结为统一战线。在我家，章丘县委胡寅政委曾亲自与这支游击队接头，也与其他人员接头，共同研究抗日大计。有一次，这支部队在极端恶化的情况下，南移到大龙堂宅科村一带。章丘县抗日民主政府为这支部队筹备给养，并以细粮、猪肉慰问。

郭耀华与章丘十区区委书记李启民、区长张子健等负责人关系密切，我还介绍县敌工部夏寒部长与孙金生、郭耀华接上关系。在整个抗日战争期间，除王启祯的三团外，章丘山区八路军与白云湖这支部队从未发生摩擦，统一战线一直搞得很好。抗战胜利后，岳伯芬“崇蒋反共”思想严重，顽固不化，走上了反人民的死路。郭耀华、孙金生回到八路军队伍。[1]

---

① 周和平、杨建荣主编：《松骨梅韵》，中国戏剧出版社 2011 年版，第 23 页。

岳伯芬开始右转 1943年春，日伪对岳部进剿，形势日趋恶化。岳伯芬同意一团团长郭茂元投降伪县长项师荣。岳伯芬又策划江怀乾教导团投靠日伪，7月份，江怀乾与郭茂元同去济南时，在青莲阁被日本特务扣押，下落不明。岳与日寇代表大岛居勾结，拿出3个连200余人以毕子洪为首，编为日寇的一四八〇部队，驻防黄台车站，以图掩护自己活动，日军将一四八〇部队调防泰安城，又被调往河北昌黎县城驻防，该部多次随日军“扫荡”冀东八路军部队。岳“曲线抗日救国”的策略落空。

十三旅实力衰弱，奔波济阳、齐东、章丘。1943年春，教导团驻章丘三区罗家庄，被翟毓蔚的特务团包围，团长江兆明被打死。岳翟矛盾加剧。5月，郭正元、王剑桥、郭跃华、张守道等联合岳的亲信侯兆祥，处死执法队长娄凤池和汉奸李子元。岳伯芬大发雷霆，因其亲信侯兆祥参与，只好忍痛流泪不了了之。岳部一团副团长魏子明被汉奸枪杀于韩家庄桥头。岳伯芬随即任命张其友为一团团长，副团长刘瑞五、郭跃华，一营营长刘瑞五后为王慕韩，二营长郭正元。9月，岳集中一团的一、二营和教导团王庆吉的二营，在章丘三区打了几仗，岳受伤后到港沟镇雷达三家养伤。

三、1944年春至1945年8月，光复历城县城

改编为二十五纵队 1944年春，十三旅改编为山东挺进军第二十五纵队，岳为司令。1月，翟毓蔚调集10个团的兵力，在沿庵镇一带与岳部激战一天，岳部损失很大，即转移到济阳县曲堤镇一带。6月份，岳带部队回到历城，驻铁道南孙村镇方家村，被日寇包围，突围到孙村镇四鹊山村时，已经不足500人。由四鹊山村北撤济阳县时，共产党员郭正元带领二营160余人脱离岳部。岳转奔章丘、济阳，到邹平县张景南处时，岳部已不足300人。

岳部光复历城县城 1945年4月，岳看到日军末路已到，与把兄弟章丘县顽匪王连仲联系，岳部由邹平到章丘，驻扎狼沟村一带，司令部设在山阳庄。7月，岳派一团一营营长刘瑞五率40余人，到历城七区草山岭村收编韩希贡伪自卫团，又派王慕韩带1个连进驻小韩峪、胡家庄一带，从南面图略县城王舍人庄。

1945年8月15日，日寇宣布投降。岳伯芬怕翟毓蔚以专员名誉向历城派县长，决定速回历城县城，并派人带亲笔信通过杨仙秋做伪县长郝清泉的工作，劝

郝将伪县政权移交岳伯芬；岳亲统部队由王连仲一个大队护送武装接收，行至梁王村东与翟毓蔚部遭遇并激战，王连仲留一个排兵力，其余撤回。岳于8月18日晚11点进入历城县城，办理了伪县政府的交接手续，第二天早，汉奸、伪县长郝清泉即去济南。翟部由济返回王舍人庄，进攻县城，岳部借助防御工事进行抵抗，翟部伤亡300余人，岳派曹义斋去翟部，告知历城县城岳已接收，翟部退至章丘。

9月1日，岳带岳蔚堂、王慕韩、董永庆率一个中队去接赴济接收省主席的何思源，至历城鲍山坡东，与护送何的先头部队见面，最前面的是日军300余人，后是徐振中的人。双方见面后互相做了介绍，方知何思源带张景月已从龙山乘车去济。就在这时，八路军由东面追击，截俘张景月部一姓关的旅长及800余人，岳伯芬令日军依托鲍山阻击，日军不听即退至王舍人车站。这时徐振中组织部队由岳部一中队配合打了一个反击战后，一块撤退到县城。天黑时，八路军围攻历城，经一夜激战，八路军主动撤走。第二天下午，岳随徐振中部一同去济。岳部队撤至张马屯、大辛一带时，县城已空。

9月间，岳部重返历城，这时只有3个中队：一中队队长是张明斋，二中队队长是张明德，三中队队长是赵凯祥。总计不足300人，一切由岳蔚堂指挥。不久，原岳伯芬二团张子谦部2000余人，从济阳城退驻在王舍人庄一带。1944年春，原岳伯芬派出投日的一四八〇部队300余人，由毕子洪、娄克生率领从河北省昌黎县返回王舍人庄。

岳伯芬在济南住在大资本家金汉三家。岳经常去广智院与张景月联系，12月份通过金汉三介绍，结识了日本特务的上尉巫山并常在一块攀谈。巫山从日寇仓库里给岳子弹20箱、短枪10支。1946年2月，岳由济回到历城。

1946年6月，李延年接收大员来济。李说："山东这些部队是游杂部队，窝窝头部队，统统不予承认，番号一律取消，予以改编。"据此，岳伯芬原二团张子谦部全部编入铁道总队，归了项传远部，其余归岳伯芬整编，原计划编个团，但上司不允许，后编为历城县自卫大队。大队长岳伯芬（兼）、副大队长岳蔚堂、娄克生，下属5个中队，第一中队长张明斋、第二中队长张明德、第三中队长徐万发、第四中队长聂忠诚、第五中队长李珠泉。警察局设武装警察大队，大队长为警察局局长王慕韩（兼）、副大队长崔兴民，下设3个中队，第一中队长郑希林、第二中队长赵凯祥、第三中队长李文明。人员是从六区李少毅区队编来的，总计300余人。

历城县县政府设在王舍人庄北围子里，其机构设置是：县长岳伯芬、秘书杨卓如、民政科长谢峙东、财政科长金熙如、建设科长郭华亭、教育科长张益斋、军事科长先是刘瑞五后是单长平；县党部先是张国藩后是党景曾；三青团主任岳伯芬、书记李茨周；县参议会会长任冠山、郭文海，秘书卢耀生；征收处主任郭盛三；金库主任亓延俊。

第三章

宁为战死鬼，不做亡国奴：1937年7月—1942年4月中共领导的历城抗战

1937年7月—1942年4月，为历城抗战的初期。在日军主力南下参加徐州、武汉会战之机，历城抗日武装揭竿而起，打击日军。1938年11月，日军第十二军在济南组建，罪行累累的一一四师团等是其主力。1939年11月，日军三十二师团集中11个县的2000兵力，分8路合击泰山根据地。1940年9月，日军开展“九一八大扫荡”合击泰山根据地，伪高松坡部配合日军沿胶济铁路封锁、分割根据地。日军全面加强了对济南周围的军事占领，对泰山、泰西、清河根据地进行反复“扫荡”。残酷的形势，使得历城、章丘的抗日武装开始分化，翟毓蔚部开始向右转化，翟部、岳部的部分武装公开投降日军，充当汉奸。

在中共清河区党委直接指导及中共清西地委和泰山地委的领导下，历城党组织得到恢复、发展，并逐步建立起统一的区域性党工委。1942年4月，中共历城县委成立，组建了历城党组织领导的第一支抗日武装——山东人民抗日救国第五军第三支队第三十七中队，提出“宁为战死鬼，不做亡国奴”的战斗口号，喊出了历城人的豪迈，喊出了历城人的血性，打开了历城人民抗日斗争的新局面。

第一节　中共清河区党委及泰山地委对历城抗日战争的领导

历城抗战，初期主要是在中共清河区党委领导下，重点恢复、发展党的基层组织；中后期主要是在中共泰山地委领导下，重点开辟、建设南山根据地。

1938年5月，中共山东省委决定建立中共清河特委，负责小清河流域包括历城

县在内的18个县的党组织，创建清河区抗日根据地；1939年9月，改建为清河地委；1940年10月，成立中共清河区党委；1944年初，清河区与冀鲁边区合并为渤海区。根据地实行党的“一元化”领导，党委书记景晓村、公署专员李人凤、军区司令员杨国夫，史称“清河三杰”。景晓村是历城县彩石镇宅科村人；杨国夫司令在抗日战争、解放战争期间，数次征战于今历城县东北地区，与历城党组织保持秘密联系，当地百姓亲切地称之为“杨司令”。1939年4月，中共邹长中心县委成立，负责邹平、长山、章丘、历城、齐东（邹平县西部）等县的工作，原历城县特支书记王心崇任组织部长，兼管历城县的工作，先后派刘博泉、刘梅村、牟杰到历城工作。

1939年1月，中共山东分局决定成立中共泰山区特委，负责泰安（东）、莱芜、新泰、章丘、历城等县党的工作。夏辅仁任特委书记，刘莱夫任组织部部长，董琰任宣传部部长，吴瑞林任军事部部长，周蓝田任统战部部长，彭子芳任青年工作部部长，刘军任妇女工作部部长。8月初，中共山东分局决定将泰山特委改为泰山地委。1942年8月，八路军山东纵队第四旅机关与泰山军分区合并，称“鲁中军区第一军分区”，亦称“泰山军分区”，廖容标任司令员，汪洋任政治委员兼泰山地委书记。10月17日，日军4000余人“拉网”合围泰山区党、政、军机关驻地莱芜茶叶口镇一带根据地，军分区政委兼地委书记汪洋率部掩护机关突围，在吉山以南遭敌伏击，汪洋等200余人壮烈牺牲。1943年3月，林乎加任泰山地委书记兼军分区政委，廖容标任军区司令员，欧阳平任政治部主任，刘国柱任参谋处长。林乎加政委直接领导历城党的建设、建立和巩固抗日民主政权工作；廖容标司令率领八路军主力及地方武装转战历城南北，百姓亲切称他们为“林政委”“廖司令”。

抗战时期的林乎加政委

在中共泰山地委的领导下，历城军民开辟了南山根据地，扩大和巩固了泰山根据地，从战略上威逼日军统治中心济南。1939年1月，泰山特委组建章历工作团。5月，建立泰（安）、莱（芜）、历（城）、章（丘）四县联合办事处。9月，泰、莱、历、章、淄（川）、博（山）、新（泰）七县联合办事处（即泰安专署的前身）建立，原四县联合办事处同时撤销。1941年1月，泰北县建立。1943年11月，建立了泰历县抗日民主政府。1944年9月，重建中共历城县委，成立历城县抗日民主政府。1939年

11 月，中共章丘县委、县抗日民主政府成立，今天孙村镇、彩石镇、西营镇一带属章丘的第十区。1943 年 4 月—1945 年 8 月，毕业于山东大学的胡寅任县委书记，在上述地区进行抗日活动，为南山抗日根据地的建立做出了贡献。

第二节　历城中共党组织的恢复、发展

历城党组织的恢复与发展首先从学校开始，发展对象主要是小学教师、青年知识分子。发展方式主要依靠可靠的同学、朋友或亲戚关系，进行秘密串联，个别介绍。党的活动是单线联系，不准发生横的关系。对入党对象审查非常严格，党员必须达到并遵守 5 项条件与纪律：

1. 抗日爱国和信仰共产主义。

2. 在政治上必须是绝对可靠。

3. 积极工作，不怕牺牲，能很好地完成党交给的各项任务。

4. 要绝对保守党的秘密。做到上不告父母，下不传妻子儿女，在任何情况下永不叛党。

5. 按期交纳党费。

中共历城特别支部的建立　1935 年，历城县第六区，即现在董家镇、郭店街道和孙村镇北部一带，被山东省教育厅确定为“国民义务教育第一试验区”。该区共有 80 多个村庄，有村小 85 处，其中区属小学 83 处，县直属完小 2 处，教师 100 多人。1936 年，中共山东省委组织部长赵建民派王健民到刘家小学以教师身份开展党的工作；同年秋，共产党员陈尧贤、沈秉今分别进入姚家小学、王辛小学任教。1937 年春，历城特别支部在刘家小学成立，陈尧贤任书记。特支以“合作社”“读书会”等形式，宣传抗日救国，先后组建了“抗日救国会”“抗日民族先锋队”。王健民在刘家小学开办了 80 多人参加的农民夜校。特支先后发展程海舟、王心崇、尹天佑、刘化忠为党员。历城沦陷后，根据市委指示，特支大部分同志转移，留下王心崇坚持工作。

中共历城县支部的建立　1938 年 3 月，王心崇在历城县五区（今属章丘）李官庄，组建历城县支部，王心崇任书记，尹天佑、刘化忠任委员。支部派苏勋卿、郭正元到邹平、长山一带寻找党组织，与时任山东人民抗日救国第五军政治部组织科长王

若杰取得了联系，并受到马耀南司令、廖容标副司令的热情接待。马司令听取了历城支部组织的抗日活动介绍，指示建立抗日武装，要求支部提供历城县地图。自此，历城县党支部找到了上级组织，历城人民的抗日斗争汇入了中共山东分局领导的敌后抗战大潮。1938年4月，历城支部组建了“历城县抗日游击队”，不久被整编为山东人民抗日救国军第五军第十一支队三十七中队；8月，又改编为八路军山东抗日游击队第三支队第十一团独立一连。这支年轻的人民武装，经受了血与火的考验，1938年底，由于日伪、国民党翟毓蔚部的围剿、挤压，被迫向邹平根据地转移，遭受重大损失，中共历城支部的工作更加艰难。

马耀南烈士（1902—1939）

历城县政治工作团 1938年4月，在历城县北康而庄小学任教的孙志超回到南洼村，联合孙庆堂、孙方德等开设“平陵饭庄”，团结进步青年，开展抗日活动，形成了抗日小团体。孙志超遵照山东人民抗日救国第五军政治部主任赵明新指示，成立历城县政治工作团，很快发展到60多人，以青年学生、小学教师为主。由于没有作战经验，在当地生存很难，孙志超率部到邹长根据地，被改编为八路军山东抗日游击队第三支队第十一团独立二连，孙志超任连长。8月，独立二连随主力部队返回历城，参加孟昭进组织的济南攻击战，独立二连在石珩、白云湖一带，组织担架队、运输队支援前线。战后，独立二连留在历城抗战，不久，在伪顽、叛徒的联合绞杀下，独立二连损失惨重，孙志超率12名战士突围，回到八路军三支队。

中共章历工作团的建立 1939年2月，根据泰山特委指示，孙志超在历城县政工团的基础上，成立了中共章历工作团，孙志超任书记，孙云泉任秘密交通员，负责与泰山特委联系。工作团主要活动范围是：历城县七区的积米峪一带，八区的北康而庄，五区的南洼村、苏官庄、西沟头、苇陀、龙山、孙家庄、城角头、南小庄，六区的武家庄、郭店，章丘县八区的梅家庄，十区的东西顿邱、邢村、塔窝、虎门，济南市内的芙蓉街、正觉寺街、辛庄等地。工作团的主要任务是：深入农村开展对敌斗争，举办村自卫团训练班，帮助建立乡村盘查站、自卫团等群众组织；发展党员，帮助建立基层党组织，开展党的点线活动，建立乡村抗日政权；开展统战工作。由于孙志超的积极工作，工作团很快建立了5条通往特委机关的交通线：

1. 南洼村—北毕杨庄—埠村—青石关—上游庄—特委机关；

2. 南洼村—权庄—李福庄—曹范—垛庄—大王庄—特委机关；

3. 武家庄—塔窝—虎门—官营—特委机关；

4. 武家庄—济南—泰安—特委机关；

5. 武家庄—济南—北康而庄—仲宫—柳埠—特委机关。

第三节　统一的中共党组织的建立、发展

一、中共章历齐工委的建立与发展

1939 年 10 月，王心崇调任邹平中心县委任组织部长。清河区党委派邹平中心县委宣传部长刘博泉，到历城秘密恢复党组织，主要任务是积蓄力量，发展武装。刘博泉领导苏勋卿、郭克勇、郭正元、郭耀华等同志，开办“永昌号”杂货店，以此为掩护，宣传抗日，搜集情报，在青年骨干中发展党员，先后发展了冯百川、倪长明、张守道、王占元等十几位党员。12 月，刘博泉、孙志超、苏勋卿在苏官庄苏勋卿家中，商讨建立统一的党组织。会后，刘博泉代表历城支部、孙志超代表章历工作团，分别请示清河地委和泰山地委，准备成立章历齐工作委员会。

1940 年 1 月，经泰山地委和清河地委批准，章历齐工委正式成立，隶属泰山地委和清河地委双重领导；刘博泉任书记，苏勋卿任副书记，尹天佑、孙志超、郭克勇任委员；孙志超除担任章历工作团书记外，还负责与泰山地委联系。章历齐工委主要活动范围在历城的东部地区。开展的主要工作包括：

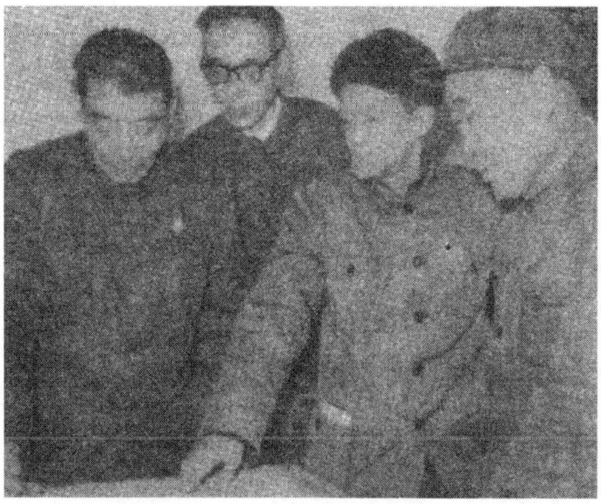

复旦大学副校长刘博泉研究基建工作。由于时代久远，无人能够指认哪位是刘副校长（复旦大学档案馆提供）

组织培训　1940 年 4 月，工委书记刘博泉在尹天佑家西院北屋举办党员培训

中共清河区委书记、军区政委景晓村

班，学习毛泽东的《论持久战》《新民主主义论》《目前形势和党的任务》，向党员讲授党的基础知识。

参加清河行政公署成立大会 1940年5月5日，清河区国民参议会、清河区行政专员公署成立大会，在广饶、临淄边区李家踞高村隆重举行。历城、邹平、齐东、章丘、长山、桓台、临淄、高苑、博兴、蒲台、青城、益寿临广四边、寿光、广饶等县的代表参加了此次大会。会上选举产生了清河区国民参议会，景晓村任参议长，李人凤、李鸣岗任副参议长。会议还选举产生了清河区行政专员公署，李人凤任专员，王国兴任副专员。

确定军事任务 1940年6月，章历齐工委召开会议，会议根据上级关于“隐蔽精干，待机而动”的指示精神，研究决定由苏勋卿掌握岳伯芬部的军事情况，并派人打入岳部；尹天佑掌握刘振东部的军事情况，并派人打入刘部；孙志超掌握刘鼎臣部的军事情况，并派人打入刘鼎臣部。

发展村级党组织 经过工委一段时间的工作，党组织有了较大发展。据7月统计，建立村支部5个，有党员52名。其中南洼村支部，由孙庆丰任书记，党员12人；苏官庄支部，由苏勋卿任书记，党员8人；李官庄支部，由郭克勇任书记，党员12人；龙山村支部，由孙伯奎任书记，党员5人；武家庄支部，由尹天佑任书记，党员15人。

参加清河区“一大”，加强工委领导 10月下旬，中共清河区第一次代表大会在博兴县纯化镇召开。来自益都、寿光等13个县，代表着全区16万名党员的180名代表，参加了会议。傅秀清代表章历齐工委参加大会。会议成立了清河区党委，景晓村任区党委书记、苏杰任组织部长兼社会部长、马巨涛任宣传部长、李文任统战部长、刘洪轩任秘书长兼敌工部长、吕洗尘任工运部长、刘群任群委书记。大会结束后，清河区党委书记景晓村找到傅秀清谈话，对章历齐工委的工作做了部署，并充实、调整了工委领导班子：苏勋卿任工委书记，傅秀清任组织和社会委员，孙志超任宣传委员，尹天佑任民运委员，郭正元任军事委员，郭耀华任统战委员，王占元任青年委员，张守道、傅封璞任候补委员，刘博泉调任邹平县委书记。

二、中共铁路南联合支部的建立

1940 年，日军强化胶济铁路的防卫，在铁路两侧挖壕沟，白天有伪军护路，夜间有日军铁甲车巡逻，南北交通往来非常困难。1941 年初，清河区党委和鲁中区党委决定，章历边区铁路以北的党组织仍由清河地委领导，铁路以南党组织划归泰山地委领导，泰山地委派何曙光（后叛变）领导这一地区党的工作。

1941 年 2 月 10 日上午，何曙光、尹天佑秘密联络各支部，以祭山神为名，在西沙沟村以南的凤凰山顶上的山神庙里，召开支部书记联席会议。参加会议的有李绍师、何曙光、尹天佑、刘化忠、陈达等。尹天佑传达了泰山地委派何曙光来领导开展工作及人员分工的意见。会后不久，泰山地委批准建立联合支部，尹天佑任书记并负责组织工作，何曙光负责宣传工作，陈达和刘化忠为委员。联合支部研究确定了今后两方面的工作：一是积极发展党的组织；二是根据敌强我弱的形势，确定向敌人内部渗透的工作重点。联合支部成立后，积极在孙村、彩石、港沟等地开展工作。老共产党员高若星，由尹天佑介绍，于1940年2月加入了中国共产党。1986年，高老回忆了当时的抗日活动：

> 恶贯满盈的西顿邱乡伪乡长卢文英，因在1939年向敌人告密有功而领此衔。卢任职后忘乎所以，他依仗敌人势力横行乡里，派捐派粮，鱼肉人民。更有甚者，他死心塌地的反共，认贼作父，勾结日伪和地方上的杂牌军，对我党工作人员和武工人员进行围截，使我党在西顿邱一带的工作一时损失较大。他还挖空心思大打出手，将我们动员的部分参军、参干的家属逮捕起来，严刑拷打，致使他们的人身和财产蒙受了极大的损失。
>
> 敌人的疯狂为我们开展工作造成了困难。1941 年春，泰山地委早先派来领导工作的何曙光（后叛变被处决）召集李启民、李加福和我开了个会，会上研究决定，及早除掉卢文英以杀一儆百，具体办法是：我们四人各自带上短枪利用夜间，先到乡里抓到工友（勤杂人员）诈称有大部队要来，要乡长快出面安排。一旦抓到乡长就将他捆起来带到野外干掉，如有意外，鸣枪为号。我们如此这般地做了周密安排，后来果真利用此法捉到卢文英。我在门外放哨，其他三人很快将卢捆起来，我们把卢带到村外一个坟地干掉了。

为进一步动摇敌人的军心，让那些为虎作伥之人有所收敛，我们写信给那些执迷不悟，为敌人效劳的伪乡、保长和驻在孙村、东顿邱、小龙堂一带的伪军官兵。信的大意是："你们不要再死心塌地地为日本人卖命了，若是一时不能退下来的话，也应该明保曹操暗保刘备，为八路军多做有益的事，立功赎罪，留条后路。如若不然，你们的卢乡长就是样子，你们不能不为家中父母双亲、妻子儿女想想！及早回头才有光明前途……"落款是"八路军敢死队"。这一招果然有效。铁路南北一带，孙村、邢村、小龙堂镇的一些伪乡、保长比先前老实多了。他们表面上应付敌人，暗中也为我们通风报信，支持我们，成了两面政权。利用这个时机我们加强了党的政策的宣传，动员青年参军、参干。县大队和区中队也在夜晚活跃起来，一时呈现出革命大好的局面。

1942年的冬天，在孙村一带领导革命工作的何曙光准备去根据地汇报工作，他大摇大摆地走在路上，心里却祷告着别碰上敌人。但事有凑巧，一队进山"扫荡"的敌人却意外地将他逮起来，大概敌人在他身上看出了什么，经过一番严刑拷打，何曙光竟辜负了党的培养，辜负了人民对他的信任，做了日寇的走狗。敌人将他带到济南宪兵队（泺源公馆）受训后放出来，想利用何在这一带破坏我们的党组织，将我们的党员一网打尽。

何曙光叛变投敌的事很快为我们所知，尹天佑同志迅速召集我们几个同志研究，当即决定一面将此情况报告给上级，一面通知与何有直接联系的同志及其家属立即转移。我们则先将部分文件、书籍、报纸（《大众日报》《泰山日报》）收藏好，当晚在武家庄集合，然后到南顿邱村去，那里有县委负责人吕子仪带武工队等我们。是夜，我们9人被护送去根据地（9人除我外，尚在世的有陈达、高振清、赵立达、李家福等）。

果断的转移措施保全了组织、保全了我们和家属。事后得知：就在我们及家属转移后，何即带敌人去南顿邱李家福家查剿，他们到后见院内未有一鸡、室内空无一人，始知晚矣。因叛徒素知我们行动神速，推想其余家属必皆如此，故未再去别处查剿，即回老巢。后来党组织派人将何曙光这叛徒处决了。①

① 政协济南市历城区委员会文史资料委员会编：《历城文史资料》（第2辑），第10～12页。

三、中共泰北县委及在南部山区的抗日斗争

为适应根据地被日伪分割的斗争形势，泰山地委划小行政区域。1941 年 1 月，将泰安县以泰（安）新（泰）公路为界划分为泰北、泰安（东）两个县。泰北设泰北行署。泰北行署在山口镇宣告成立，隶属鲁中区一专署（泰山专署）领导，孙明任行署主任兼管泰北党的工作，组织负责人邱曙光（秋景），宣传负责人方正，各救会会长赵汉三，公安局局长李金吾。行署派了部分人员到历城南部山区开展党的活动。泰北行署建立时，泰北县党的工作由行署主任孙明兼管。9 月，泰北斗争形势开始恶化，为了加强泰北地区的领导，鲁中区党委决定建立中共泰北县委，董林汉任书记，陈杰负责组织工作，郑绍文负责宣传工作。泰山地委决定将历城县南部的柳埠、仲宫、邵而 3 个区划归泰北县领导。仲宫是济南的南大门，也是山东分局从鲁东到鲁西通往延安的交通要道，所以泰山地委很重视这一地区革命活动的开展情况。早在 1939 年泰山地委城工部就派赵亦安到仲宫区进行革命活动。他以卖茶叶为掩护，在突泉村办起了农民夜校，对群众进行阶级教育和抗日爱国教育，团结了一批爱国青年，发展放牧工赵士信为党员。赵亦安又通过刘德武（王志武）的关系，到南高而村开展党的活动，发展了刘元庆（焦延椿）为党员，后来又发展傅振河（张一仑）、焦延材（李冠三）、刘德玉入党，建立高而村党支部，刘元庆为第一任支部书记。赵亦安还在出泉沟、济南城内等地建立联络点，发展党员。

1941 年 4 月，中共泰北县仲宫区委成立，泰北县委书记董林汉和地委组织部长蒋方宇派陈杰担任仲宫区区委书记，其任务是：开展党的建设、政权建设和武装斗争，做好统战工作，组织群众，团结抗日，把仲宫地区（仲宫区包括仲宫、柳埠、高而、泉泸）开辟成中共抗日根据地。

泰北县、泰北行署学习使用的《论持久战》

1942 年 7 月，泰安日军三十二师团一部及仲宫日军纠集伪军 4000 余人，南北夹击，集中“扫荡”泰北县区达一个月之久。全县 35 个党支部，一个月内被破坏 31 个；泰北县大队二中队在麻塔乡杏花峪村与合围的 1400 余日伪军展开激战，25 名战士壮烈牺牲。10 月，为加强情报工作，泰北县敌工部在高而核桃园村成立，

刘立民任部长，张子良任秘书，赵太、张建友、张月秋等为工作人员。泰北县委和行署及县大队主要在历城南部山区的核桃园、高而、出泉沟一带，进行抗日活动，为中共泰历县委、县抗日民主政府成立及泰山根据地的北拓奠定了基础。

四、中共历城县委的成立

全面抗战四年以来，清河根据地不断发展、巩固，邹平县西部、济阳县党组织日益壮大，泰山根据地扩展到章丘南部山区。清河、泰山两大根据地的发展，为历城打开抗日斗争局面、建立县级党组织，创造了客观条件；刘博全书记领导的章历齐工委，经过两年的艰苦工作，培养、锻炼了一批历城干部；村级党支部的建立，使党组织有了相当的群众基础；建立的多个、多条可靠安全的交通站、交通线，成为联结清河、鲁中、冀鲁豫三大根据地的重要节点；章历齐工委建立，隐蔽掌握抗日武装，逐步开展军事斗争，打击日伪军，为中共历城县委的成立提供了现实基础。

1942 年春，清河区委派组织部干事刘梅村、青年营营长牟杰到历城，其中刘梅村以特派员身份协助苏勋卿工作。4 月，中共清河区党委决定，在章历齐工委的基础上，建立中共历城县委。

5 月，刘梅村代表中共清河区党委，在苏官庄苏勋卿家的小南屋里，宣布中共历城县委员会成立，苏勋卿任书记，尹天佑、郭正元、傅秀清、傅封璞、孙志超、张守道等任委员。自此，历城人民的抗日斗争有了坚强的领导核心，历城抗战进入新阶段。

中共历城县委是在相当严峻的形势下艰苦工作的。时任县委委员、负责宣传工作的老八路傅封璞回忆了做宣传工作时的艰辛：

> 历城是山东的首县，地处济南近郊。我党很早就在济南东部、南部一带开展革命活动。1939 年初，17 岁的我参加了“抗日民族先锋队”，同年 8 月经傅秀清同志介绍加入了中国共产党，并在党的培养教育下，逐渐成长为开辟历城东部、章丘西部边界地区工作的主要活动分子中的一员。我在敌占区和打入敌人内部时，都主要做宣传工作。现应历城县政协文史资料委员会所约，谨将还能回忆起来的几个活动片断，向历城县人民汇报如下：
>
> 1940 年，我从清河地委受训回来，与苏勋卿、尹天佑等同志接上关系，我

苏勋卿家（中共历城县委成立地址）

们就酝酿成立县委，在几次酝酿过程中，我曾分工做宣传部长。虽名“部长”，却一无机关，二无干部，只有一个历城县委“地下”印刷所（我家的两间麦草小南屋）。当时党的传单、入党志愿书、各种表格、地委《支部生活》上的文章摘抄，以及从根据地听来的报告摘记等，都是在这个“印刷所”印刷的。当时的印刷工具只有一块钢板、一支铁笔、一个油滚子以及少许的油墨和部分蜡纸。印刷时，把刻好的蜡纸粘贴在木尺上（木尺中间挖一个口，塞上个木柄），再附在裁好的白纸上，左手按住木尺，右手握住滚子直接在蜡纸上滚动，然后左手提起蜡纸，右手提取一张印刷品。这全套工作程序，多由我一人完成，稍不小心，蜡纸就会损坏，有时印一二百份材料不得不刻三十几次钢板。工作是我在父母和邻居都熟睡之后进行的，常常通宵达旦。当时历城离清河、泰山根据地较远，活动经费比较紧张，为了做好党的宣传工作，我们常常自己凑钱购买印刷用品。记得有一次，上级提出：“今年打败希特勒！”“明年打败日本鬼！”在印制这个口号时，正好没有纸张，我只好悄悄地从家里摸了几个鸡蛋，卖了钱，买了纸，才印制的。

1941 年初，皖南事变刚刚发生，就在国民党大肆造谣惑众、污蔑新四军的时候，我们党中央的电文、声明的传单，很快就在历城白区传开，及时戳穿了蒋介石的谣言和阴谋，使广大人民群众了解到事实真相。

善良的人们只知道这些传单是共产党散发的，但不知是谁干的，更不会想象到它是多么来之不易。

在艰苦的岁月中，我们利用这个小小的茅屋“印刷所”及时翻印了党的指示、八路军消灭鬼子的捷报，还有一些号召人民团结抗日等具有鼓动性的标语口号，及时宣传了党的方针政策，鼓舞了群众的斗志。[①]

---

① 政协济南市历城区委员会文史资料委员会编：《历城文史资料》（第 2 辑），第 89 页。

第四节　1937年7月—1942年4月的人民武装抗日斗争

一、人民群众自发的抗日斗争

国民政府在历城统治的崩溃，极大地伤害了群众的民族自尊心，日寇制造的“鹊山惨案”“田庄惨案”“稻池惨案”的血腥气氛包围着历城大地，使民众意识到“亡国灭种”的危机。不少区域的社会上层人士中的有识之士，组织武装，开展抗日斗争，如唐王一带的“自卫团”，董家一带的江兆德、江兆明，彩石、顿邱一带的王福祥、王德武，港沟一代的“白无瑕”。高文志先生的《为抗日流尽最后一滴血》，记述了王福祥战死彩石镇宅科村西山的情况：

抗日战争初期，王福祥揭竿而起，高举抗日大旗，在宅科、彩石一带组织抗日武装，其番号为“抗日游击支队”。王福祥任支队长兼第一中队长，王德武任第二中队长，赵常业为第三中队长。这支抗日队伍经常活动在鸡山、小冶、张庄、宅科、彩石一带，打富济贫，铲奸除霸，杀死汉奸彭玉金，严厉打击了敌伪分子的反动气焰，振奋了群众的精神，坚定了抗日必胜的信心；也引起了敌伪对抗日支队的刻骨仇恨，他们企图对抗日支队进行疯狂的报复。

1938年5月中旬，日伪敌特对宅科地区实行了严密封锁。他们在通往宅科的道路上，秘密搜捕在外打工的农民，就连有亲戚关系的人也受到特务的监视。

农历五月十七日深夜，日寇调集胶济铁路沿线据点1000多名日伪军，分头从宅科北岭和黑峪岭两路包抄而来，包围了宅科村。有几名外出打工的农民，刚出村便被日寇抓了起来。后面的一看形势不好，扭头便跑，边跑边喊：“鬼子来了，快跑啊！”这时，枪声大作，一片混乱。

此时，王福祥率领的抗日游击支队第一中队正驻扎在北宅科村。发现敌情，他立即组织战士抢占有利地形，狙击敌人。王福祥向战士们发出号召：“弟兄们，宅科的父老乡亲为我们付出了代价，我们拼命也要坚持两个小时，掩护老百姓转移！”说着率领一排战士强占北山口马脖子，向敌人猛烈扫射。不幸，一颗子弹射中了王福祥的右腿，鲜血直流。他对排长孙光来说：“我不行了，誓死不投降，我不能落在敌人手里。你帮个忙给我一枪吧。”孙光来痛苦地说：“队长，我死也要把你背下山去，要死我们死在一起！”这时大部分群众都安全转移了。王福祥对战士们说：“我不行了，我掩护你们撤退。要记住这个教训，这个仇一定要报。”他又对孙光来说：“告诉王德武队长，要想法补偿宅科村的损失。”战士们含泪告别了自己的队长。王福祥同志为人民反侵略、反法西斯流尽了最后一滴血。

日寇对宅科村村民实行野蛮的“三光政策”，他们像野兽一样侮辱妇女，恶狼般地掠夺群众的财物，肆无忌惮地枪杀手无寸铁的百姓。一瞬间，宅科村变成一片火海，哭声连天，鸡飞狗跳，一片狼藉，令人惨不忍睹。

此次“扫荡”，张相坤、陈若登、安长贵、左大妮、左祥林、李照杰等 11 名群众被杀害，孙光福、江兆昌等 9 名群众受伤致残，有 3 名群众精神失常而离乡背井；还烧毁房屋 300 间，抢走大牲畜 40 头，杀死大牲畜 17 头。

日寇撤走后，抗日游击支队第二中队长王德武率领战士帮助群众扑灭大火，安置难民，掩埋了尸体，并且对死难家属进行了适当安置和照顾。死者抚恤百元，伤者 50 元，牛、驴每头 30 元，房子每间给予损失费 10 元。①

二、从三十七中队到独立连：宁为战死鬼，不做亡国奴

三十七中队的成立　参加过三十七中队的老战士孙澍之、郭耀华、张守道于 1995 年撰文《历城第一支抗日武装——三十七中队》，深情回忆了三十七中队成立经过：

1937 年秋后，抗日烽火燃烧在全国各地。这时，在历城东部从教的爱国志士郭秀实先生，看到中原大地即将沦入日寇之手，义愤填膺，积极寻求爱国抗日途径。他想起长期以来一直崇敬的地下党员王心崇同志，于是冒险将王心崇

① 政协济南市历城区委员会文史资料委员会编：《历城文史资料》（第 7 辑），第 64 ～ 66 页。

坐落在唐王镇龙泉寺的八路军三十七中队纪念碑

请到李官庄，住在他家中，并介绍儿子与王心崇一道秘密进行抗日活动。其间，发展地下党员数名，其中有韩仓小学刘振清，武家小学尹天佑，李官庄小学郭克勇，爱国青年郭耀华、郭正元、苏勋卿、苏冠英等，在李官庄建立了历城第一个地下党支部。

翌年初，党支部决定成立抗日武装，组织抗日游击小组，以全部地下党员为骨干，后来又发展了张守道、安林等同志。根据抗日“十大纲领”“有人的出人，有钱的出钱，有枪的出枪”的原则，深入各阶层组织发动以除奸为主、从敌人手里夺取武器武装自己的行动。这时，正赶上汉奸党铁军家办喜事，组织上决定趁此机会，化装混入其院内，出其不意，夺取枪支。果然党铁军毫无防备，我们智取成功，缴获了几支枪。首战告捷，大快人心，真是鼓舞了群众又壮大了武装。

1938 年 2 月，由王心崇写介绍信，派郭耀华、苏勋卿到邹平找“山东人民抗日救国军第五军”汇报情况。马耀南、廖荣标、杨国夫等首长派政治部王芳杰同志接见，并听取了他们的汇报，决定派部队西进历城，整编历城的地方部队，进而在历城成立了“山东人民抗日救国第五军三支队第三十七中队”，这是历城第一支在共产党领导下的抗日武装。领导人是队长苏子元、副队长郭跃华、政治指导员王心崇、司务长苏冠英、政治干事安林。①

三十七中队的战斗口号是：“宁做战死鬼，不当亡国奴！”王心崇率领 20 多名战士，先后到娄家村、梁王村打击“维持会”，缴获长、短枪 13 支。

① 政协济南市历城区委员会文史资料委员会编：《历城文史资料》（第 7 辑），第 38 ～ 39 页。

整编为十一团独立连 1938 年 8 月初，八路军山东抗日游击队第三支队第七团到历城，在唐王镇韩家庄召开大会，马耀南司令宣布改编命令：将由自卫团收编而来的十一支队，改编为八路军山东抗日游击队第三支队十一团，由亓振东任团长；下设 3 个营，岳伯芬为一营营长，郭湘亭为二营营长，袁兴五为三营营长，支队司令部的高漳源、刘子举和原三十七中队指导员王心崇分任各营教导员。三十七中队被整编为十一团独立连，苏子元任连长，尹天佑任指导员。另外，马耀南司令还为十一团授旗。

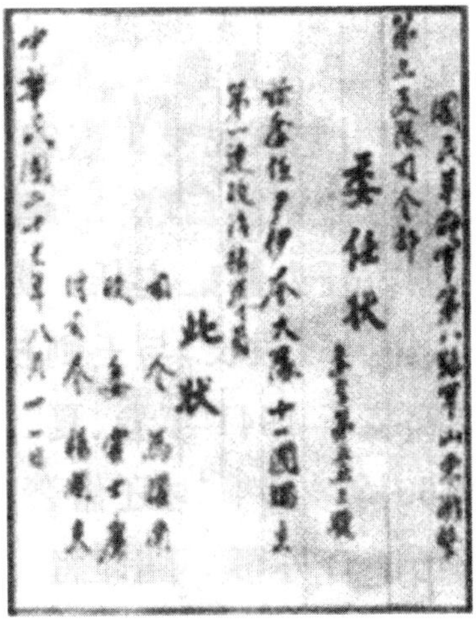
委任状

此状

马耀南司令签署的任命尹天佑为指导员的委任状（济南市博物馆提供）

日伪闻十一团建立，十分震惊。一天拂晓，日军纠集伪军 1000 余人，突然包围了驻扎在韩家庄的三支队七团一部和十一团二营营部。二营派人向独立连报告，要求快速增援，独立连立即赶赴韩家庄，从庄外往里打，七团副团长宁叙五从庄里往外冲。日军一时弄不清情况，仓皇撤退。此战，消灭日伪军 100 多人，三支队伤亡 33 人，其中一名战士被日军烧死。这是抗战初期，历城县抗日民族统一战线武装，打击日伪军嚣张气焰的第一次大规模战斗。

不久，马耀南司令率三支队七团返回邹长地区。8 月，为配合武汉保卫战，三支队在胶济铁路西段进行大规模的破袭战，十一团独立连参加了夜袭胶济铁路龙山车站日军据点的战斗。

翟毓蔚围杀独立连 10 月初，翟毓蔚指派其部下周长富，纠集数倍于独立连的兵力，包围李官庄独立连驻地。在连长苏子元、指导员尹天佑的指挥下，战士凭墙固守，临危不惧，打退了顽军数次进攻，战斗一直坚持到傍晚，独立连突围时伤亡严重，元气大伤。此战后，八路军第三支队司令部参谋赵云飞，率 20 余名战士辗转回到清西根据地，编入支队司令部警卫营，多数战士在保卫清河根据地的战斗中牺牲。苏勋卿、尹天佑、郭正元等一部分骨干隐蔽于岳部，继续进行抗日斗争。连长苏子元在转移根据地路上，被翟部捕获，英勇牺牲。

从三十七中队到独立连，这是历城县党组织领导的第一支人民武装。在环境恶劣的形势下，共产党员发挥了先锋作用，王心崇、三十七中队、独立连在章历边区撒下的革命火种越燃越旺。

三、中共章历齐工委领导的战斗

抗日人民自卫大队 1940年，翟毓蔚、岳伯芬的内斗，严重削弱了抗日力量，引起国民党山东省党部的重视并派员调解，历城四、五、六区成立章历联合办事处，机构设在石珩村，缓和岳、翟地盘之争的矛盾，共产党员王占元之兄、进步人士王剑桥任办事处主任。苏勋卿书记积极领导地下党的活动，在办事处任民政股长，与王剑桥建立起抗日人民自卫大队。苏勋卿、王剑桥带领这支武装于1941年春、夏、秋三次偷袭了驻枣园的日伪警务段三分哨，缴获步枪60余支。同时还偷袭了章丘水寨翟毓蔚部下的一个据点，获枪20余支。章历联合办事处随即将抗日人民自卫队扩编为自卫大队，王剑桥任队长，苏勋卿担任三中队的队长。1942年5月，刘梅村、苏勋卿率领抗日自卫大队三中队在朝阳道口截击日军盐船，俘获日军2名、伪盐警10余名，缴获大枪11支。

尹天佑领导的战斗 尹天佑同志的战友、老八路孙澍之、张守道、郭耀华，回忆了1941年尹天佑的抗日事迹：

> 这年春天，一个漆黑的夜晚，尹天佑同志带着王福亮、江怀栋等几位同志，手中紧握匣枪匆匆地出发了。他们来到龙山（平陵城）车站西边的雪花桥，这里有一座炮楼子，住着龙山据点的鬼子安在这里的汉奸队。天佑同志布置好任务，大家便爬行至炮楼后面，趁敌哨转背时冷不防扑上去缴了他的枪，大家一拥而上冲进岗楼，睡梦中的汉奸队就这样乖乖地做了俘虏。此次共缴获大盖枪6支、杂牌枪29支。天佑同志命令汉奸队员们集合，向他们晓以大义，启发他们爱国，还讲明了俘虏政策，他们大部立即回家，余众帮助我们将战利品运往安全地区。天亮后鬼子们来查防，才发现炮楼是空的。
>
> 夏天的一个雨夜，天佑同志集合同志们，向大家讲明趁雨夜敌人麻痹，偷袭设在曹家馆的鬼子据点，大家信心百倍，斗志旺盛，整齐地在雨中前行。由于雨下得很大，敌人哨兵用雨衣裹住自己，怕雨水淋着，当天佑同志走到敌人近前时，敌哨兵仍未发现。天佑同志带两个同志一跃而上制服了哨兵，接着冲进炮楼，3个鬼子尚在梦中，天佑同志一枪一个将3个鬼子打死，其余汉奸队完全没有抵抗，

全部缴械投降。这次行动缴获步枪 40 余支，子弹千余发，军用物资一批。

是年秋末，天佑同志接受上级指示：打掉鬼子设在桑园的碉堡。任务的艰巨可想而知。桑园地处交通要道，离黄台车站又近，离济南也不远；碉堡修得很坚固，四面高墙，碉堡在中间，交通沟间、战壕纵横交错，又无内线提供情报，只好冒险虎口拔牙。

天佑同志终于琢磨出一个办法：挑选 9 名英勇善战的同志，化装成出殡的，有的拿着纸钱漫天撒，有的披麻戴孝，另有 4 名壮汉抬一口棺木，身上各带武器。由西向东走，当走到据点门口时，大家停下来装作休息。此时天佑同志佯装向哨兵请示，当哨兵走近时立即用枪抵住他，令他交出武器不要叫喊，其余同志一起冲进碉堡，汉奸队一枪未发全部缴械，5 名妄图反抗的鬼子当场被打死 2 名、重伤 3 名，缴获机枪 1 挺、步枪 40 余支，短枪 2 支、子弹若干。①

四、八路军山东纵队第四支队主力在历城的战斗

反击日军“九一八大扫荡” 1940 年 9 月 18 日，日伪军 14000 余人“扫荡”泰山区和沂蒙抗日根据地，其中一半兵力反复合击泰山根据地，妄图消灭八路军第四支队主力和泰山地委党政机关，史称“九一八大扫荡”。

主力一团转战外线，打击日伪军 第一团单洪营长率第一营，进入历城南部仲宫、柳埠一带，攻克杏园敌伪据点，俘伪军 60 余人；又转战章丘南部垛庄、南明、曹范地区，连续拔除大小龙堂、彩石等据点，俘伪军 300 余名，进逼孙村，威胁胶济铁路线；打退济南 200 余名日军、300 余名伪军在两架飞机掩护下进行的报复“扫荡”。单洪第一营的连续作战，沉重打击了伪高松坡部的嚣张气焰，支援了内线作战。

组建八路军泰历大队 1941 年 1 月，在津浦铁路沿线骚扰、打击日军的第四支队二团，派赵太率部队进军历城南部山区，定名为泰历大队，苏衡太任大队长，赵太任指导员，尹乐善（后投敌）任副队长。泰历大队主要活动在高而、尹家、宋家、汤家一带。在不到半年的时间里，泰历大队由一个中队扩大为两个中队，开辟了以高而为中心的抗日根据地。

---

① 政协济南市历城区委员会文史资料委员会编：《历城文史资料》（第 7 辑），第 79 页。

袭击西营据点及木营村歼灭战 1941年2月，第一团在西营地下党配合下，围攻西营据点；3月，在泰北县上港附近木营村歼灭西营据点日军一个小分队。杨景树、李现阳先生回忆了两次战斗的经过：

李官尊，1922年出生于历城西营村一个普通农户家中。他17岁时，日本侵略军从仲宫开进西营，对百姓烧、杀、抢、掠、奸，无恶不作。日本鬼子的暴行激起了李官尊的强烈痛恨，当年春，他就投身共产党八路军当情报员，时常将日本鬼子的活动情况报送我党组织。

日伪警察所宿舍就在他家西邻不足百米处，他利用这一有利条件观察敌情，随时同党组织联系。1941年2月10日，伪警察所长宋杰三回济南过元宵节。他得知这一情况后，及时报告了章历县领导。11日晚，由情报员宋庆茂带路，章历县夏喜章带领武工队，从西营村西南角马长庆家的南墙上进村，李官尊从村南吕安太的场院外越墙而过，夜袭警察所宿舍。警察们正在睡梦中，武工队员堵住门口一声令下："不许动！"伪警17人未来得及穿衣服就被抓获，同时收缴步枪15支，子弹、手榴弹等若干。这时已是午夜1点左右，武工队从南胡同转到大街，向鬼子据点摸去。离据点还有百米时，被炮楼的鬼子兵发现了，一打枪鬼子乱作一团，小队长杜边吓得急忙爬上大钟楼（天齐庙有一间挂大钟的小高楼）放毒瓦斯，迫使武工队不能前进，造成这次摸打据点未能成功。但叫群众暗喜，并编了一首顺口溜：

鬼子住在天齐庙，我联络员送情报；
武工队员摸碉堡，吓得杜边放毒炮；
恣得百姓哈哈笑，喜得儿童高高跳；
叫声鬼子别瞎闹，早晚把你都干掉。

1941年3月下旬，住西营的日本鬼子小队长钟野三郎，带领鬼子兵13人、警备队与警察所人员50余人，去抓西营村农民李贤尧、韩灿洪、吕素孝、徐加海等10多名壮丁，给他们扛着机枪，抬着子弹箱，到泰安县港四峪，对解放区进行"扫荡"。李官尊从本村自卫团长周圣起那里得知消息，他急速将情况报送泰山地委。当日本鬼子从藕池翻山越岭至木营庄西时，被泰山区赵杰副司令员和单洪章领导的一团，有计划地包围，将13名鬼子堵截到村南道的帽子山上。双方激战不到半小时，一团打死鬼子 11 名，打伤 1 名，小队长钟野三郎被活擒，伪军也被全歼，缴获机枪 2 挺，长短枪 30 余支，子弹若干，取得在泰历山区首次歼灭日本鬼子一个小分队的战绩。[1]

西营聚歼战 1941 年 4 月下旬，埠村据点日军纠集伪军，偷袭驻西营的八路军四支队第一团，在赵杰副司令员指挥下，八路军从南北两侧包围日伪军，激战 2 小时，聚歼日军 1 个小队，俘获日军 3 人、伪军 30 余人，缴获轻机枪 1 挺。首创歼灭日军一个小队的战例。

摧毁鸡山据点 10 月，泰山军分区警卫营长方明胜带领一个连通过内线配合，巧取鸡山日伪据点，俘虏汉奸一个中队 70 余人，缴获大枪 10 余支，子弹一批，敌炮楼被摧毁。

解放军装甲兵原副司令员赵杰少将（1913—1996）

五、中共领导的乡村抗日战斗

深入乡村，发动群众，组织群众，依靠群众，建立民主政权及抗战团体，打击日伪统治，是中共历城党组织领导的敌后抗战的基本特点。港沟镇神武村的“抗日无给自卫团”抗日斗争，是历城抗战初期乡村抗日的典型案例。2009 年 8 月 18 日，历城区政协文史资料委员会王乃岷记录了韩在渭老先生的口述：

当时的神武村属章丘县第十区。1938 年，中共地下党员张金石（原名张宜诚，字伯炎，本区孙村镇东顿邱村人，1950 年去世，曾荣获章丘县“双抗双勇”光荣称号），与抗日爱国人士韩茂堂（西彩石乡伪乡长）、韩在温（神武村伪村长）、韩兹芳（神武村东牌人）等人以神武村北沟牌（庄的一部分，类似现在的选区）为主体，组织成立了抗日无给自卫团。成员中有青壮年 58 人、能拿枪刀参战的儿童 9 人，共 67 人，就连韩兹友、杨立朝等七八十岁的老人，听说打日本鬼子，也积极要求参加自卫团。张金石同志为自卫团制定了宗旨、行动纲领、抗捐抗粮等斗争策略，并亲笔写制了大旗。

① 政协济南市历城区委员会文史资料委员会编：《历城文史资料》（第 14 辑），第 37 ～ 38 页。

韩在渭先生在神武村家中口述时留影

抗日无给自卫团成立了，大家一致认为没有好牙吃不了硬东西，没有枪炮打不败、灭不净洋鬼子，所以首先聘请了多名铁匠（章丘寨子村的李照清等老师傅），在韩兹臣的空院里安了数盘洪炉，打造土炮、线炮、五子炮等10多门，土长、短枪数十支，大刀、长矛、匕首若干把。再一个是积极开展统战工作，争取伪区长王鹤亭一道抗日，但几经做工作未果。抗日无给自卫团便转变斗争形式，进行斩牙（掳流窜敌人）、挖心（命敌人家属劝告敌人或兑换敌人）工作，直至围打。

1940年3月7日上午，抗日无给自卫团一气之下打下了西彩石日据点、伪区公所，破坏了敌军用物资、电话等，溃败的日伪军逃往孙村日据点。当时孙村日据点鬼子头（小刺内）见喽啰个个狼狈不堪，大发雷霆，恼羞成怒。纠集驻庄科据点的高松坡“剿共”军等数百人，下午两点左右，兵分三路直扑神武村。最初，有人发现沟头（村东旁）十来个区狗子、汉奸，便鸣锣集众。敌人知道被发现了，大部分畏畏缩缩，停留不前，只是大叫大骂，似进欲撤。我方轻视了敌人，“几个汉奸干了他”——一个彻底消灭来敌的念头涌上心头。大家便猛追出庄，撵至沟头东窑高岗处，忽见三面隐敌大批蠢动，向我方围拢，此时方知上当。当时局势是进退皆不利，只好孤注一掷，组织所有力量杀向南路来的洋鬼子，此时侧后恶狠的敌人陆续赶来（战后方知来者是铁杆的汉奸“剿共”军）。转瞬间我方就受到众敌的围击，枪林弹雨，杀声怒吼，攻攻守守，进进退退，闪展腾挪，经过一个多小时的浴血奋战，因敌众我寡，为保存实力我方突围回村固守。激战中韩景文、韩兹芳、韩家平、韩茂堂死后又被砍刺多刀，尸不整体，韩兹孟中弹牺牲，陈庆云被刺死后又将其脑子挖出。韩家珍、韩兹友、张金石、韩兹霖、李爱莲等同志受伤。日伪军紧追侵入村庄。韩兹章同志最后一个退进家门，还没来得及上门槛，就把门闩好，转身举刀待敌。霎时群敌赶到，见大门未上门槛，一个敌人便趴下伸头向里爬，韩兹章见机已到，咬牙使劲挥刀猛砍。“唰”敌人闻声随喊“不好”，随急向后缩头，“好”字还没喊出口，大刀已将他的狗头剁下。韩兹章又一刀砍下，刀尖把门枕石砍去一个角，门下留下一大道刀迹。门外边其他敌人见该敌扒着不吭不动，大喊：“不好！里面有人。”韩兹章雷鸣似的怒斥：“我等着你们呢，进一个我砍一个！来吧！”这一豪语震碎了敌胆，吓得众敌呆呆远离，再也未敢靠近，只在远处向院里瞎甩手榴弹。院里的韩兹泉、马呈珍等同志，在高架上瞅准目标向敌人猛扔石头砖块，部分怯敌借放火为由转向宅后，余敌也都慢慢地跑向他处。这一刀守住了此宅，保住了院内杨立朝、马呈珍、韩兹泉、陈庆玉、韩老奶奶等 10 多个老幼病弱身残者。敌人满街追寻，他们用枪、刀逼李爱莲（韩茂堂之妻）交出韩茂堂和抗日无给自卫团的人员来，暴虐之极的毒打没有得到回答，敌人就一步一枪托子打着她出去找，她被逼着走了两条街，直至倒地昏迷，她苏醒后趁敌乱而跑掉。张金石同志挨刺多刀，已成血人。遇上敌人时，他急中生智，变被动为主动。他忍着疼痛，沉着地盯着敌人，大声追问：“你们想干什么？杀我无理！我去告你去！”接着又抢上一步，拉着为首的说：“找你们头子去。”敌问：“你是什么的干活？”张金石回答：“我是外村人，杀我不行。你们还讲不讲理？自古道一人犯罪一人当！”他怒训道：“乱杀乱砍是小人！你们胡作非为，良心何在？你们也有家也有老有小！”敌人听了频频点头，又见他身残体弱（腿脚瘸拐）、手无寸铁，确信他与此战无关。在敌人的忙乱下，他转巷绕道而去。此事后张金石被党组织调莱芜工作。日伪军获悉韩茂堂等人已死，其他抗日人员都跑避难寻，天色已黑才撤兵。

之后，敌人以收弹药钱为名对神武村横征暴敛，还多次查抄遇难人家，斩草除根。血与火的考验，不仅没有使神武村人民屈服，反而激起了全村（神武分东、西二村）人民抗日高潮，更加坚定了抗日信心，大家化悲痛为力量，把挫折变为大干、巧干，青壮年们参加了抗日游击队，惩治内奸，除掉了叛徒何曙光等。全村以杨志祥等同志为主积极抗日，人人争着在村头放哨、山巅站岗，监视敌情。我方同敌人周旋，到敌区示威，有机可乘就袭击敌人，逼得彩石、孙村据点的鬼子、汉奸坐卧不安，大白天也不敢下楼要粮、逞狂，更不敢出庄作恶。他们于是派伪敌头子张国臣通过绳化北（被瓦解投诚的伪区队头子），一同来神武大寺庙（现神武村委会）同我抗日组织洽谈求饶。我方要求他们缴械投降，立功赎罪，否则坐飞机（炸他的龟窝——岗楼），死路一条，有力地支持了彩石、孙村抗日工作。

1940年10月10日，他们调兵遣将，日伪、“剿共”军数千名，凌晨3点左右，又杀气腾腾地向神武村扑来。神武人民早已时时刻刻处处严防，不等敌人进村，我巡哨人员就与敌人接上了火，村庄的四面八方接连响起了枪炮声，街巷村口都成了战场。战斗异常惨烈，昔日的庄稼汉英勇不屈，尽显大无畏的精神。西村刘修勇同志牺牲前怒喊：“要把日本鬼杀净！”并狠狠地将刺刀扎入敌人胸膛，拔枪时被背后来敌枪杀，倒在血泊中的他怒睁双眼，张着大嘴，那是一腔愤怒和慷慨激昂！东村杨万山、梅士昌在弹药耗尽之下，不离阵地，气势勇猛地站在岗架上，用砖、石、刀、棍左击右打，时时高喊：“谁来我就杀谁？”使临敌不敢向前，守住了东南巷口，保住了两条南北大街。杨万山确有万夫不当之勇，他一直高喊：“杀！杀！杀！”在巷口左拼右博，杀死、杀伤数敌，敌人始终未敢从此巷口进入。他是在激战中遭后面（从村里来敌）袭击牺牲的，他牺牲后敌人还是怕得要命，远远地躲着，最后，敌人们缩手缩脚、小心翼翼地将他的遗体抛入深湾里。王学书与敌搏斗被活活打死，敌人见他鲜血在淌，手在活动，怕他死不了，又绑上石头扔入石人沟井里（井址在神武小学门前路口处）。这次战斗中牺牲的还有韩文银、刘小旺、王庭动、刘振善、韩文金、王七十（西村）、石顺诚（抗日游击队队员）、韩家栋、刘曾武之母亲、王十五等10人。

战斗持续了九个多小时，不幸的是西村南巷口防御欠妥而失守，使敌人从这儿侵入，并向村里的各个角落蔓延。东村的人民还在严防死守，而突然发现西村枪声渐绝，鸡狗不宁，多处浓烟滚滚、火焰冲天。形势突变，我方只好组织撤离，故土难离，大家既紧张又迷离、不时地回头泣望神武村的惨景。至今曾经的战斗阵地墙上，仍然存留着勇士们咬牙握刀刻的“民国二十九年十月初十日本‘剿共’军焚杀神武”字样，神武村英勇不屈的精神、对日本帝国主义的仇恨，也--并深深地镌刻在人民的心中。

第四章

黎明前的黑暗：1942 年 4 月—1944 年 9 月
中共领导的历城抗战

日军对敌后抗日根据地的严酷“扫荡”，由单一的军事统治向政治文化等综合殖民统治转变，再加上自然灾害的频发，使根据地面临空前的苦难。中共中央毛泽东主席及八路军总司令朱德、副总司令彭德怀号召军民齐心协力，度过“黎明前的黑暗”。1943 年 3 月，罗荣桓任山东军区司令员兼政治委员，一一五师政治委员、代师长，中共中央山东分局书记，统一领导山东抗日民主根据地的党政军工作。1942 年 4 月—1944 年 9 月，第一届中共历城县委，依托八路军清河及泰山根据地，在日伪军严密统治的济南东北乡艰苦抗战，终被反动势力绞杀，历城抗战处于严重困难时期。在中共泰山地委、清西地委的领导及八路军泰山军分区主力部队的支持下，中共泰历县委、中共章丘县委分别从泰历、章历边区，开辟济南南部山区抗日根据地。1943 年 5 月，中共济南市工作委员会成立，依托章历边根据地，向近郊发展，全面展开市区的秘密党组织建设及情报工作。中共历城县委在北部平原，不惧艰险坚持斗争，在日伪的残害下解体。1944 年 9 月，中共历城县委的重建、历城抗日民主政府的成立，标志着泰山抗日根据地的扩大与巩固，是济南南山抗日根据地建立的标志，是历城抗日战争进入反攻的转折点。

第一节　艰苦的抗战时局

1942 年开始，日军对山东根据地实施“总力战”，普遍分割、封锁、蚕食、“扫荡”各根据地，配以政治、经济、文化等全面进攻。军事上，整编和扩大伪军、改编警备队，修筑封锁沟、封锁墙、遮断壕，采用“铁壁合围”“拉网战术”“长途奔袭”等战法，企图消灭八路军及人民武装。政治上，挑拨国共关系、军民团结，篡改三民主义，以欺骗群众；破坏地方党组织及民主政权，强迫、引诱党员干部“自首”。经济上，抓捕大批青年送往东北和南洋服劳役，伪造法币、北海币，盗买粮食，以图破坏根据地商业、手工业，对根据地实行“三光政策”。9月，日军以7000兵力围攻泰山根据地。1942年7月—1943年7月，日军对清河根据地进行多次“扫荡”，5000至6000兵力3次，8000至10000兵力3次，1000至5000兵力5次，20000以上兵力1次。

日军五十九师团调防济南及历城县域重点村镇和铁路沿线重要据点（1942年4月—1945年5月），该师团所属五十四旅团长长岛勤兼任济南城防司令官，进一步强化对济南周边的法西斯统治。1942年5月，日军在历城东部平原，扩大在龙山镇的据点，驻1个中队，加强汉奸陈崇山部在章历边区的匪式统治；1943年秋，日军抢占慈氏禅院和孙村小学，扩建孙村据点，日军由1个小分队增加到1个小队；经营西彩石据点，构筑胶济铁路安全线及对南部山区根据地的封锁线。在南部山区，加强驻1个日军中队的仲宫据点建设；1943年6月，建南高而村据点，驻日军1个小分队，形成以仲宫为中心连接西营据点、柳埠据点、高而据点、邵而据点、长清县武庄乡据点为支点的南部军事统治网，与驻泰安日军主力遥相呼应，威胁泰山根据地，保障济南，并增强了驻县城日军中队、伪县警备大队的机动性。驻历城日伪军常配合驻济的日军主力，到清河根据地的济阳、邹平及泰山根据地的泰北、章丘、莱芜、淄博等地进行“扫荡”。

国民党地方武装进一步分化，岳部三团王启祯部、翟部陈崇山部公开投日，沦为汉奸；陈部疯狂地攻击岳部，使其在章历边区北部几乎无立足之地，残忍地“围剿”中共党组织，构筑了一条防范八路军清河军区，北起小清河南到龙山镇的防线；王启祯部依靠孙村、西彩石、潘庄、草山岭等据点，依托胶济铁路，重点防范八路军泰山军分区。

1942年—1943年，自然灾害频发，《章丘县志》载：“1942年，飞蝗蔽日，秋粮绝产。”“1943年，蝗蝻成灾，尺地数百只，麦无收。”《西顿邱村志》载：“1942年7月15日，普降大暴雨，连阴。谷穗未熟，发霉变黑。群众称之为黑漆谷，秋粮绝产。”日伪军在各集镇市场，采取强制征收手段，无论粮食好坏，全部抢掠一空，粮食奇缺，饥民遍及城乡，历城人民处于生存危机之中。抗战形势及根据地进入极度困难时期。依仗日军的伪军势力更加猖獗，中共党组织遭到破坏，部分不坚定分子脱党甚至叛变，根据地范围缩小。1942 年 5 月，泰山地委负责章历边区党组织的何曙光叛变，经济南日军宪兵队训练后，派到孙村、彩石一带破坏党组织；1944 年 2 月，县委主要领导、济王工委书记尹天佑牺牲；4 月，苏勋卿、刘梅村等被汉奸陈崇山残忍杀害，中共历城县委解体。章丘县抗日根据地缩小到西营镇的佛峪、道沟、白炭窑、拔槊泉等 4 个村，泰北县根据地情况更加艰难。

面对困难，罗荣桓、黎玉发出了“我们能坚持，我们也能胜利”的号召，在中共山东分局的领导下，军民以山东人特有的吃苦耐劳精神，创造了敌后抗战的辉煌业绩。1942 年 8 月，根据地开始实施“精兵简政”，大幅度减少征集公粮，“下半年征收公粮额仅为上半年的 48%”①，并开展大生产运动。1943 年 9 月 7 日，《大众日报》发表题为《抢救泰山地区灾难同胞》的社论，号召全省军民节衣缩食，支援灾区，坚持抗战。南高而村 200 多名青年，响应党组织开展大生产运动的号召，成立开荒队。按连排编制，集体行动，从庄北的“水牛腚”向西山峪开发荒地数百亩（每亩约合 666.67 平方米），当年收粮 5000 余公斤，连续两年被鲁中区评为开荒救灾的模范村，江延明、黄宪成两次出席鲁中区党委在沂水县召开的劳模大会。《鲁中日报》专题报道了高而村开荒生产的模范事迹，民主政府奖励大黄牛一头。根据地各级民主政府，号召军民打破日伪经济封锁，活跃集市贸易。1942 年春，东梧区抗日民主政府在西营、枣林等村建立集市，促进贸易。杨景树、李现阳先生的《战争时期枣林立集》对此进行了详细的描述：

西营庄当时是济南的大集镇之一。自古就是每月逢“四、九”五天一个集。赶集的人有泰安、莱芜、章丘和济南一带的，远近百里的商家、农民带着群众所需的日用品和农民自产的农副产品，到西营集上买卖，生意兴隆，市场繁华。

自日本鬼子安下据点后，便封锁了路口，不管农民下地干活还是赶集的人，都必须从东、西阁子的小门出入。小门内有日本兵站岗把守。出入的人要对日本兵行脱帽鞠躬礼，一旦忘了行礼或稍有迟缓或日本兵看着不顺眼的人，就被日本兵抓捕、扣压和遭受他们的毒打。因此，赶集的人就越来越少，繁华的集

① 杨积清主编：《章丘县志》，济南出版社 1992 年版，第 18 页。

市变得凋零冷落。

当时流传着这样的话:“宁愿转着走山头,不在西营庄里走”,“宁愿不经商,不进西营庄”。这样一来,西边村庄的人有事要上南去,就从秦口峪、南坡、罗伽一带翻山越岭去。北边的人就从石岭翻山到岭角、枣林一带过路,交通十分困难,人们望着西营愤愤不平。

1942年前后,我方中共抗日济南市委办事处的武中奇、陈图、张子建等领导同志,经常活动在历城南部、章历边沿、西营日本据点周围的花金箐、红岭、葫芦峪、上下降甘村一带山岭、深沟等村庄,开展抗日工作。

为便利与济南市地下党的联系,在西营镇红岭村召开会议,由章历县(应为章丘县——编者注)县委书记吕子仪同志主持,泰山地委决定于1942年春,以赵立达、赵文举为区长的东梧区抗日民主政府为首,与敌人开展经济斗争。在我解放区设立集市,对敌占区实行经济封锁。面对日本占领的西营大集,山区的经济中心,必须在经济上对敌人实行封锁,决定在西营东6公里处,我方解放区地势优越、山高沟深、树林密集的枣林村立集。经东梧区抗日人民政府研究,定于1942年3月28日开集。这天章历县县长吴建章同志亲临枣林村讲话,祝贺开集。县委宣传部长卓子民亲自在开集日,自编自演了锔大缸小调《打倒日寇野心狼》:

哈腰拾起轱辘担子,双手托在肩膀上。
今天不上别处去,过岭要到枣林庄。
枣林庄里立了集,要到集上去观光。
吴县长亲临枣林村,祝贺开集把话讲。
动员群众齐抗日,团结一致有力量。
各界人民团结紧,齐心赶走日本狼。
“三·八”枣林立了集,欢迎四方来经商。
互通有无民方便,经营文明好气象。
封锁粮食不出境,逼迫鬼子闹粮荒。
前方军队打胜仗,后方支援理应当。
统一战线要牢记,打得日寇一扫光。
全民动员齐参战,打倒日寇野心狼。
军民团结一条心,中国早日得解放。

全国人民齐抗战，赶走日寇野心狼。

全国人民齐参战，打倒日寇得解放。

全国人民齐参战，打倒日寇得解放。

枣林立集后，广大群众非常拥护，因摆脱了赶西营集受日本鬼子、汉奸的欺压和殴打，消除了赶西营集提心吊胆的精神压力。

枣林立集是咱解放区共产党抗日民主政府主持开设的，所以有抗日武装力量保卫，群众可以放心大胆地赶集，这样人们越来越多。市场上有粮食、蔬菜、山果、农副产品、日用百货、农具等，泰安的姜、莱芜的麻、章丘的大葱都来集上销售。市场越来越大，一片繁荣兴旺景象，西营大集市却冷清空荡。

在枣林解放区设集的同时，东梧区抗日人民政府在日军敌占区的边沿交界处、大水井北山桃花岭、十八盘山北的朱头岭、复家庄北的大涧岭等向敌区过往的主要道路设检查站，布岗放哨。对解放区的粮食禁止向敌区贩运，如有偷运者没收归公，并对商贩进行抗日教育，有力地打击了不法商贩，封锁了粮食运出的途径，使敌区闹粮荒来打击日军。

在政治上，枣林立集后，当时形成章历县（应为章丘县——编者注）和济南市委办事处抗日活动的重要地区。有些重大事情都是通过赶集合法身份来完成的。如1944年4月20日上午，泰山军区司令员林乎加同志亲自签署写给西营伪警察所长宋杰三、警备队长王延森、积米峪乡长李芳荣、西营镇长王殿东等七封信，要他们23日晚上8点钟准时到西岭角村姚法夏家的北屋——解放西营指挥部，商谈解放西营的大事。信件是由当时东梧区抗日人民政府干部郭庆五同志，从枣林集交给周化鹏先生转发的。章历县抗日人民政府给我军抗日家属的优待粮，也是通过集上以合法身份发到家属手里的。[1]

经过军民长达两年多的共同奋斗，历城抗战度过了极度艰难时期，党的组织建设、民主政权建设、人民武装建设、经济建设等诸方面都取得了长足进步。南山根据地的开辟与巩固，从战略上构成了对日伪统治中心济南的威逼，为进行抗日大反攻奠定了基础。

---

① 政协济南市历城区委员会文史资料委员会编：《历城文史资料》（第14辑），第123～125页。

第二节　中共泰历县委开辟泰历边区根据地

一、中共泰历县委、县抗日民主政府的成立

1941 年 9 月，中共泰北县委成立，历城县南部的柳埠、仲宫、郜而 3 个区归泰北县管辖。

1943 年春，泰山地委决定将泰北县改为泰历县，泰北县委改称“泰历县委”，董林汉任书记，泰北行署建制未变。11 月，泰北行署撤销，建立泰历县抗日民主政府，亓伟代理县长。

1944 年 5 月，泰历县参议会在核桃园村召开，会上通过民主选举程序，选举亓伟为泰历县抗日民主政府县长，范立中为参议长，姚新甫为副参议长。泰历边区人民在中共泰历县委、县民主政府的领导下，为开辟南山根据地、巩固泰山根据地做出了巨大贡献。

二、1004 领导的仲宫区抗日斗争

仲宫自古为扼济南南大门之重镇，日军在此驻有 1 个中队重兵。泰历县时期仲宫区包括现在的仲宫、柳埠、高而、泉泸等地。1942 年春至 1944 年 4 月，陈杰任中共仲宫区委书记；1944 年 4 月至 9 月，尚文东任书记；9 月，中共历城县委、县政府成立，仲宫属柳埠区，区委书记为宫协斋。

陈杰任书记时，代号 1004，区委的主要分工是：陈杰负责党的建设及全面工作；赵亦安为区长，掌握敌伪政权方面的情况，搞好统战工作；赵太负责侦察敌情，开展对敌军事斗争。

整顿、建立党的基层组织　陈杰领导区委采取四项措施：一是主要依靠贫雇农党员，对不够党员条件，经过教育仍不合格的，不再分配任务，不再发生联系。二是凡有 3 名以上党员的村庄，均建立党支部，由支部领导开展活动。三是继续发展党员，壮大革命队伍，并建立党的外围组织——“民先”“妇救会”和“农救会”等群众组织。通过外围组织，培养入党对象，壮大党的力量，支持、保护党的工作，

发动群众开展抗日斗争。四是在较大的村镇发展党员，在有条件的村镇建立党支部。

老八路陈杰的抗大一分校三期毕业证

陈杰建设南高而村和突泉村党支部，以两个支部为基点，积极向外扩展，南高而村支部建立后，在外村发展了30多名党员。突泉村支部由杨玉庆任支部书记，刘佃武任组织委员，刘克林任宣传委员。区委安排给这个支部的主要任务是：搜集柳埠、仲宫、门牙伪区及乡公所情况，通过宣传党的抗日政策，发展了党的力量。支部先后发展了刘加行、赵丰友、赵丰刚、赵丰祥及西坡村的孙怀珠，里石村的杨全福、张曰山等人。到1944年，突泉支部已有12名党员。10月，泰历县委书记董林汉，主持成立了泥淤泉村党支部，王子斌任书记，赵克财、卢孝友、赵乐海分别任组织、宣传、民运委员，王配忠任公安员。

经过区委两年的努力，泰历县仲宫区的大多数村庄都有了党的支部、小组，党员由七八名发展到80多名。同时，在济南市内也发展中共的关系，与中共济南工委、中共邵而区委建立了联系，取得了密切的配合。中共党组织的广泛建立，尤其将乡村党支部建设成抗日堡垒，为开辟、巩固根据地奠定了坚实基础。

开展除奸反霸斗争镇压恶霸地主、会道门头子、汉奸 中共仲宫区委先后镇压了高而的李洪范、窝铺的董守谦、北高而的苏三、西沟的翟廷美、泥淤泉的地主周化善、穆家庄的郭富宝等反动恶棍、地头蛇。叛变投敌的汉奸雷子敬，出卖抗日家属，带领日军和地痞流氓到处搜捕抗日群众，破坏党的秘密联络点，搜集党组织的情报，犯下了不可饶恕的罪行。清除叛徒雷子敬的任务交给了高而村党支部，张书孝先生整理的《智杀雷子敬》记载了除掉叛徒的过程：

> 1942年7月，泰历县委为掌握高而村的伪政权，决定派高而村党支部成员张一仑（即傅振河，应为副镇长——编者注）担任高而的伪镇长，便于以合法身份开展党的工作。这个镇公所共有8人，其中有4人是中共党员。因此，这个伪镇政权实际上已经掌握在共产党人手中。

张一仑出身于富裕家庭，毕业于历城乡村师范学校，在社会上和群众中有较强的影响力。自接受任务担任伪镇长以来，为了迷惑敌人，便于开展党的工作，他整天打扮得像个阔少，举止言淡，派头十足，显得格外威风。不仅在其管辖区域内的24个村庄里可以说一不二，就是到仲宫的伪区公所里，伪区长等人也都敬他三分。

雷子敬是泰山军分区派往卧龙区一带负责征兵工作的募兵队长，他到高而镇后，大吃大喝违法乱纪，并且与辛庄的“安清道义会”的头目刘玉泉勾结，欺压群众。当地群众对其行为极为不满。泰历县委根据其所作所为和人民群众的强烈要求，要逮捕他。但这家伙诡计多端，听到消息，见势不妙，就一头扎进万德火车站的日军据点，成了叛徒。不久，他又到仲宫干了宪兵队，公开领着日伪军和汉奸、特务搜捕我党、我军的革命干部和战士，并且袭击了县委设在出泉沟村的地下联络点，将地下党员刘春来同志的家抢劫一空。他还多次到高而等村庄敲诈勒索钱财，群众对其恨之入骨。

泰历县委、张一仑等同志对雷子敬的叛国投敌行为掌握得一清二楚，决定惩除这个叛徒。

一天早上，张一仑等五人被传唤到仲宫伪区公所去，并被关押在警察所的西屋里，当日本宪兵队长常琪质问张一仑是否勾结八路军、共产党时，张一仑不动声色，态度坦然地说：“我对皇军非常忠诚，说实在话，我勾结过八路军的干部，他就是雷子敬。因为不勾结他不行，他手里有枪，是共产党的征兵队长，不知道他为啥跑到皇军这里来了。”当时，日军宪兵队长不知道张一仑是共产党，但是知道他是个不好惹的镇长，也知道雷子敬干过八路军，因而也弄不清真假，就把张一仑放回高而，但对雷子敬起了疑心，不再那么信任他了。

张一仑见一计不成，又研究出第二个计策。他联络了周围十几个伪乡、镇长联名给仲宫伪区公所和日本宪兵队写信，告发雷子敬是假装投诚日伪，实则是搜集情报，为共产党和八路军通风报信，还告发他专门欺压伪乡、镇长，使他们无法为皇军效劳等；又列举雷子敬两次带领日军到高而、出泉沟抓捕共产党人都扑空的事实，来说明雷子敬制造假情报，欺骗皇军（实际上是我军得到情报后进行了及时转移）。日本宪兵队长和伪区长看到这些信件，信以为真，没几天，就把雷子敬处决了。这个叛党投敌的民族败类落此可耻下场，实乃罪有应得，群众无不拍手称快。[①]

对民族败类的镇压，赢得了百姓的拥护，使人民群众更加相信共产党、支持共产党。同时，吸引了越来越多的人参加革命，也争取了一些士绅、部分伪保长等中间势力。

争取中间势力，壮大抗日民族统一战线 陈杰领导的仲宫区委，在争取中间势力、分化敌伪力量方面做了大量艰苦的统一战线工作，采取各种方式对仲宫、柳埠两个据点的伪军进行爱国主义教育，提出的口号是“我们不当亡国奴，中国人不打中国人”。另外，还重点做了仲宫据点伪自卫团长刘允广和伪警长王冠三、柳埠伪据点中队长高绪远等人的工作。

刘允广是仲宫据点伪自卫团的团长，发展成泰历县在仲宫据点搜集情报的内线人物。仲宫区委利用他掌握仲宫据点日军的情报、散发抗日传单、代购物资。雷子敬叛变投敌后，从长清县万德带来日伪军，企图通过仲宫据点，破坏党的组织。刘允广连夜送信，仲宫区委接到信后，立即通知已暴露的干部马上转移，日伪只破坏了出泉沟村药铺联络点。有一次敌人袭击高而庄，刘允广来不及送信，便在敌人进村前，先鸣枪为地下党组织送信号，地下工作人员安全转移。后来，刘允广为掩护柳埠区委书记宫协斋脱险，被日军逮捕，壮烈殉国，残暴的日军将其心脏挖出，头颅悬挂于仲宫城墙门示众。

高绪远是柳埠据点伪中队长，仲宫区委负责军事斗争的赵太，根据柳埠药铺联络点提供的情况，给高绪远写信讲道：“中国处在危急的时刻，国家兴亡，匹夫有责，现在抗日时局已有好转，你们干伪军的要‘身在曹营心在汉’，为自己留条后路。”不久，陈杰书记与通信员邱登文到高绪远的家中谈判，陈杰指出：“日军是兔子尾巴长不了，你们再继续为敌人效劳与人民作对，绝没有好下场，只有立功赎罪，才有出路。”高绪远表示愿意接受教育，并定了第二次见面的时间、地点和见面不带武器的条件，亲送陈杰两人离开柳埠。高绪远被争取过来后，在保证党组织在柳埠一带开展工作的安全方面起了重要作用。高绪远常叮嘱部下：“以后赶集，

① 政协济南市历城区委员会文史资料委员会编：《历城文史资料》（第 7 辑），第 105 ～ 107 页。

要少管闲事，谁惹出事来，谁倒霉。”老百姓进出柳埠据点，盘问、检查不那么严了。1943 年，仲宫区委拔除高而据点时，事先通知了高绪远，战斗开始后，他为了应付日军，带着队伍出来走了一两公里路，虚晃了一下，就回去了。秋季，柳埠据点合并到仲宫，高绪远更是消极应付日军，常装病住在济南。

警告仲宫伪警察所长王冠三 赵太找伪警察所长王冠三谈过两次话，都没有效果。陈杰带领战士在并渡口村将其抓获，带到尹家店村进行教育，向他宣传共产党的抗日主张与政策。陈杰给王冠三提出了三项警告：一是不再做坏事；二是将敌人活动情况及时报告地下党；三是通过他做仲宫伪警察人员的工作。

建设仲宫秘密情报网 在泰历县敌工部的指导下，仲宫区委建立地下交通线，与泰山地委、八路军山东军区设立的济南情报站、中共济南市工委、邵而区委联结，形成了一个站、点、线相结合的秘密情报网。仲宫到高而交通线传送的情报，大部分来源于仲宫伪据点。仲宫镇日伪的活动情况，由刘允广传给罗园村小学教师温立贤，温又传给尹家店村赵明义（赵是南高而庄支部书记刘允庆的姐夫），再由赵把情报送到南高而庄。仲宫的情报，有时也直接送到南高而庄，交给支部书记刘元庆，再转给陈杰，陈再转给泰历县委、泰安地委。与陈杰联系的两个交通员：一个是傅佃会，一个是少年傅佃三。傅佃会、傅佃三有时以走亲戚为名直接找仲宫的刘允广、王一东索取情报，有时把区委的要求和意见再传给刘允广、王一东。出泉沟村药铺是地委和县委的联络点，设在刘春来的西屋里，负责人是江耀南。

开展减租减息斗争和开荒大生产运动 为克服 1942 年—1943 年的自然灾害，度过艰苦的抗战时局，仲宫区委号召基层党组织，开展减租减息斗争。高尔村党支部领导群众，向地主周登云开展了借粮运动，党支部又发动减租减息斗争，参加的群众大概有 1000 人；1943 年冬，区委在亓城村召开减租减息大会，陈杰书记当场命令通讯员邱登文，将抵抗“双减”运动的地主分子绑起来，震慑了顽固分子，许多地主主动实行“双减”，打开了亓城峪的局面。南高而村及泥淤泉村的开荒大生产运动开展得有声有色。泥淤泉村党支部，积极发动群众开荒生产，成绩显著；在仲宫区委支持下，支部书记王子斌到离村 15 华里的常家庄，发动群众，组织开荒队，被亓城峪老百姓美誉为“开荒十五里”。

黄承芳冒险救陈杰 以陈杰为书记的仲宫区委的抗日斗争，赢得了淳朴、耐劳、爱憎分明的山区人民的支持。历城区老党史工作者展昭星先生的《军民鱼水情》，生动地再现了南高而村妇救会会长黄承芳智救陈杰的过程：

1943年8月初的一天清晨，仲宫据点的日军偷袭高而庄，10余名日军端着枪冲进了区委书记陈杰的住处——邢海然的家里。当时，陈书记刚要起床，已来不及穿衣服便手持盒子枪站到西门后边，准备着与敌人拼杀。几个鬼子在院子里抓住了通信员邱登文同志，说他是土八路，连踢带打叫骂着要把他带走。正在危急时刻，妇救会会长黄承芳（邢海然的妻子）急中生智，抱着2岁的儿子冲到敌人面前，指着邱登文对日本兵说："他是俺男人，孩子的爹！怎么成了土八路？"说着把孩子递到了小邱的怀里，并灵机一动说："八路是来过，俺看见就住在东南角的大庙里了。"这寥寥几句话，使邱登文如梦初醒，他也将计就计，心领神会地说："孩子他妈说得对，八路就住在大庙那里，清晨我到庄外拾粪还见到他们呢！要不信，我领着你们去找。"边说着又把孩子递给黄承芳，意思是要领着鬼子出去。日军见此情景，半信半疑，朝门口走了几步，又停下来咕哝了几句，一个鬼子把明晃晃的刺刀对准黄承芳的胸膛，恶狠狠地威胁道："八路军到底在哪里？老实说！如果胡说八道，就先捅了你！"在敌人的刺刀面前，她沉着冷静、面不改色，心平气和地说："我亲眼看到八路军到大庙里去的，如果不是真的，我怎敢让俺男人领你们去？"邱登文紧接着说："皇军，赶紧去吧！要不，八路军就跑了。"这时，日军中一个横眉竖眼的家伙走到小邱面前，揪住他的耳朵，并把刀架在他的脖子上，咬牙切齿地说："八路军要不在大庙里，我就挖出你的心肝来，砸烂你这个狗头。"邱登文坦然自若的说："中国人不会撒谎，到大庙里一看，一切都会明白了。"日军这才信以为真，跟着邱登文朝村外的大庙方向去了。

1983年10月，吉林省电子工业厅原厅长陈杰（右一）回访南高而村时与黄承芳的丈夫在卧虎山水库留影（历城区档案局提供）

邱登文是区委通信员，经常在这一带活

动，非常熟悉这里的地理环境。他领着日军走街串巷，三转两转，趁日本兵提心吊胆、东张西望、不注意他的时候，把敌人甩掉，翻墙越屋，奔向西山的根据地去了。敌人被引开后，陈杰同志转危为安。黄承芳同志机智勇敢、舍生忘死，冒险掩护革命亲人的英雄模范事迹至今在南山区广为传颂，成为佳话。[①]

三、南高而村：鲁中根据地的抗日模范村

从省城济南南外环路，沿着103省道到达重峦叠嶂的锦绣川、锦阳川、锦云川交汇的仲宫镇；折向西南方向，四面群山环抱的山谷，白云飘逸；波光潋滟的锦云湖映衬下的山村，显得格外静谧。这个山村即是历城区仲宫镇南高而村，村中至今保留着祭祀泰山诸神的民俗，来此做客，朋友会豪爽地说："我们先到药山看泰山极顶吧！"敬畏泰山、崇尚泰山，泰山的坚强、豪迈已经融入村民的血液中。南高而村地处泰山北麓，南接泰安的大津口、黄前镇，西连长清县的万德镇，是三县的交接地带。抗日战争中的南高而村，受到中共鲁中区党委、鲁中行政公署的表彰，1945年，南高而村被授予"抗日模范村"称号。南高而村的抗日斗争，是中共领导的敌后抗日根据地建设中的乡村样板，是历城记忆中辉煌的篇章。

中共南高而村党支部 1940年，赵亦安（化名陈秀文）以卖茶叶为名，在突泉村、南高而一带，宣传抗日，秘密发展党员。赵亦安以"大成永"杂货铺为掩护开展工作，先后发展南高而村焦延椿、傅振河、焦延材、刘德玉、陈兴军等5名党员。1942年，仲宫区委书记陈杰，率领区机关主要在南高而一带活动，先后发展傅佃会、傅永亮、陈立顺、陈立诚、刘春来、黄安民、马庆禄、焦延泉、傅佃元、傅振法等10名党员。1942年底，中共南高而村党支部建立，焦延椿任支部书记，傅振河、焦延材为支部委员。1944年，朱孝铭、李瑞法、葛云芳、黄恩太、王玉前、王同元、陈传文等加入南高而村党支部，朱孝铭出任村长。在艰苦、严峻的抗战中，中共高而村党支部逐渐锻造成领导村民抗日的战斗堡垒。

在党支部的领导、组织下，相继建立了妇救会、儿童团、业余剧团、夜校、抗日民主学校等群众组织。妇救会会长刘德玉带领妇女做军鞋、缝制慰问袋、推磨、碾米、照顾烈士军属等。儿童团团员们查路条、查粮食北流（敌占区）和站岗、放

① 政协济南市历城区委员会文史资料委员会编：《历城文史资料》（第7辑），第100～101页。

南高而村三官庙，党支部在此办夜校，宣传抗日思想

哨。以儿童团为主，建立高而业余剧团，编演了抗日小戏。泰历县民主政府在核桃村成立时，儿童剧团表演了两个晚上的节目，并随部队在游击区活动了两个多月，获得“人民之声”锦旗一面。全村青年男女都参加了夜校，每晚集中在大庙里学文化，学抗日革命道理，传达学习上级文件。亓伟县长、县抗联农救会会长王大军等县领导到夜校讲课，为革命培养了一批骨干力量。1943 年，南高而抗日小学成立，学生发展到 300 余名。学校有两套课本，日军来了，就拿出日伪课本；日军走了，就念抗日政府课本。后来，抗日小学培养出来的学生大部分成长为党的干部。

斗恶霸地主，减租减息，实施生产自救　南高而村有 1200 口人，耕地有 1400 余亩，大都被地主霸占。1942 年—1943 年，历城县发生了严重的自然灾害，加之苛捐杂税，群众生活十分困苦。除少数地主外，村民靠吃树叶、糠菜来维持生命，人们的脸肿得像泥菩萨，瘟疫蔓延全村，东街上一户黄姓家庭几天内死了兄弟 3 人。党支部领导群众，向地主开展了借粮运动。南高而村剥削穷人最厉害、欺压人民最残酷的是地主周登云。党支部安排党员分头、挨家挨户串联，搜集周登云的罪恶事实，列出罪状，贴在墙上，昭告全村。在此基础上，党支部组织村民，将周家粮仓打开，把粮食分给了广大贫苦农民。

傅振汉是南高而村的大恶霸，外号“哑巴蝎子”，十里八村都知道他的臭名和厉害。桥南头许爱谦为人忠厚老实，傅振汉看上了许家的院落，就强行霸占，逼得许爱谦几次上吊寻死。党支部发动群众，与傅振汉面对面地斗争，揭露了傅振汉的罪行，令其搬出许家院，将宅院归还原主，并向许赔礼道歉。此事长了贫苦农民的志气，灭了地主的威风。群众议论说：“冤有头，债有主。八路军真为咱老百姓办事，有盼头、有指望了。”

南高而村党支部的斗争震动了其他地主老财。在“锦阳川”这条峪里，二五减租、分半减息、增加雇工工资普遍实行得比较彻底，一些开明人士也主动献田分给穷人。

为渡难关，党支部组织近200名青年参加的开荒队，连续两年被鲁中区评为开荒救灾模范村，江延明、黄宪成两次出席鲁中区党委在沂水县召开的劳模大会。开荒生产的模范事迹受到《鲁中日报》的表扬，并奖励大黄牛一头。

组建民兵，武装抗日　党支部秘密组织了“武装游击小组”，有傅佃会、傅永亮、陈立顺、傅振法、黄恩太、傅佃元等人，区委书记陈杰为游击小组配备“土压五”“单打一”土枪及一支“湖北造”钢枪。在此基础上，正式建立了武装民兵。第一任队长是黄恩太和傅振法，傅队长是有名的神枪手，指导员是黄安民。民兵队从黄河北请来铁匠杨冠庆师傅，在地主周登云的北院里支起烘炉打“镢把子”“单打一”。民兵队武器有3支钢枪，部分土枪、抬杆、大刀和长矛。民兵背上自造的“镢把子”，系上红绸子，显得格外威风。

有一次，4个汉奸从西山下来，路过南高而村，被民兵围在南河沟里缴了械。一次，一日伪特务来南高而村活动，被民兵捉住，缴了两支20响的盒子枪。仲宫日伪偷袭我方，捕去焦延材同志，区委书记陈杰带领民兵，一直追到尹家店村，解救了焦延材；追击敌人时，用的是“抬杆”，发射出的铁砂子呈扇面形，杀伤面积大，日军都摸不清用的啥武器。党员民兵焦延泉在战斗中负伤，忍着伤痛，继续战斗。

南高而村民兵的地雷战　江延青等4名民兵参加了泰山军分区在莱芜举办的地雷战技术训练班，结业后带回10颗地雷。江延青等人组织全村的石匠打造石雷，一个月内，打出了“绊雷”“踩雷”“吊雷”等100多颗。每到傍晚，民兵们就在八达岭北头、东山山根、土地庙以北、孙家崖庄南的路口布上地雷。一次仲宫的日伪夜袭南高而村，没走到村边即踏响地雷，地雷连续炸响，日伪撤回。高而村满山遍野布满石灰水写的“小心地雷”字样，日伪不敢贸然进犯。在地雷战中，民兵也付出了一定的代价，负责地雷战技术的江延青，在一次埋雷中献出了年轻的生命。民兵们的模范事迹受到泰历县委的嘉奖，并奖给步枪12支。到1944年，南高而村民兵已有30多支钢枪、两

1942年高而村民兵利用石雷与敌人作战，这是垒到墙中的一颗石雷

支 20 响的匣枪。

组建民兵“联防队” 以南高而村的民兵为主建立了东到泥淤泉，南到拔山、黄豆峪、张房庄、刁庄、马厂、玉皇庙、侯庄（现属长清）、核桃园、出泉沟、邱庄、石灰沟一带，北到孙家崖等 20 多个村庄的民兵“联防队”，负责人主要有黄恩太等。联防队的战斗力比较强，配合县大队破袭津浦铁路；泰历县调集南高而联防队的 40 余名民兵，在泰安城东关驻守一个多月，参加了围困敌人的战斗，《鲁中日报》对南高而联防队的这次战斗予以表扬。另外，作为当地武装民兵预备队的“青年抗日先锋队”在南高而村成立，负责人主要有黄恩太、傅振元。

控制伪镇公所，建立“两面政权” 1940 年前，伪高而镇公所建立，管辖 24 个村庄，镇长是财主康德宝。泰历县委决定派人打入伪镇公所，以合法身份开展抗日斗争。县委书记董林汉亲自领导，积极发动群众，大造舆论，采取群众选举的方式，将康德宝撤换，党员傅振河（又名张一仑）当了副镇长，邱庄的一位民主人士陈传典当了镇长，党员焦延材当副镇长兼村长，多年从事教育的爱国人士焦延森当会计，党员郭秀廉当跑腿送信的镇丁。高而伪镇公所，成为泰历县委活动的阵地。有时敌人在公所吃饭，同志们就趁机把饭菜留出一部分，送给住在户家的伤病员。打入伪镇公所的人员，利用合法身份，在接送来往干部、转送情报、供应军队物资、除奸反霸等方面做了大量工作。

一次，仲宫的“宣抚班”特务来南高而，发现进步教师焦延荣看《泰山时报》，以私通八路为名，执意逮捕焦延荣。在这关键时刻，傅振河以伪镇长的身份挺身而出，义正辞严地向特务据理力争。当敌人坚持要带走焦时，傅振河拍案而起，厉声说道：“要是弟兄们不留情面，别说咱高而镇不客气！”特务们一看阵势不妙，就软了下来，以“误会”为由了事。

在那艰难困苦的抗战岁月，泰历县委、泰历县独立营和泰山军分区的部队同南高而人民建立了鱼水之情，黄承芳冒着生命危险智救陈杰传为佳话。在最艰难的日子，村民宁肯自己挨饿，也让八路军吃上饼子、窝窝头。长清县的党政干部和部队，也经常住在高而，高而地区成了干部和部队吃住的大后方。鲁中与晋冀鲁豫两大根据地交通线在这里中转，江华夫妇曾经过南高而村，被护送到长清县的黄家峪，再转去延安。

抗战期间，南高而虽是仅有 200 余户人家的山村，却有 300 多人参加八路军和县大队、区中队、独立营、自卫团等抗日武装，其中 20 多名儿童，离开了母爱和家庭的关照，奔赴抗日前线。焦士荷、焦士贞都是15岁的小姑娘，傅佃三、陈庆吉（陈清）、焦士昌等人才14岁，也远离家乡，投身于抗日战争的烽火中。全村凡一家有两个青年的，就有一个参加八路军，不少户都是全家干“八路”，“一门双英”“一家三抗”者就有30多家。全村有25名革命烈士，7名同志曾光荣负伤。1944年冬，焦延荣同志被日军逮捕后，于长清县万德火车站被洋狗活活咬死，其夫人在出泉沟村被日军包围，突围时牺牲。

南高而村人民群众以泰山般的意志、担当，以自己的鲜血、生命，为保卫泰山根据地、开辟济南南山抗日根据地做出了贡献。

四、拔除南高而日伪据点

泰历县委、抗日民主政府泰历边区的活动，引发了日伪的恐慌，高而不保，柳埠难保，仲宫则慌；仲宫慌，济南不稳。

1943年6月，在高而村建立据点，驻扎日军一个分队和一个伪军中队。日伪军住在村西南角的民房里，伪军住在西南角焦家店里。敌人驻地，房上房下都设有岗哨，晚上比白天把守还严，天不黑就关上大门，房子四周吊着桅灯，照得透亮，日伪军带狼狗侦察巡逻。白天，日伪军经常在村里查户口，盘问行人，叫喊捉拿“八路”。日伪军从周围20多个村庄抓来200余名百姓，在村西南角的制高点上赶修炮楼。此时，陈杰一直住在村里的焦延椿和傅佃会家，领导着南高而人民进行革命活动。面对新的斗争形势，陈杰对党员和骨干分子做了具体分工：支部书记焦延椿负责全面工作兼锄奸小组长；支部委员傅振河、焦延材以伪职身份出面应付敌人，掌握敌人内部动向；傅佃会负责指挥民夫修炮楼，设法拖延施工，等待时机；傅永亮和老贫农黄献德打入日军院内当马夫、勤务，黄安民给日军做饭，从内部了解敌情。陈杰在白天还不断地化装到炮楼附近观察地形，并派年龄较小的傅佃三查点敌人的武器和岗哨位置。建据点时，日军亲自监工，看谁不顺眼，就是一顿毒打。民工们采取多种方式拖延进度，当时编了个顺口溜：“磨洋工，磨洋工，拉屎、尿尿三点钟。”白天修炮楼的同时，晚上发动群众拆除一部分，一个炮楼修了一个多月，还没盖一半。驻仲宫的日军中队长吉田来检查时，大为恼火，在修炮楼的工地上，把日军小队长揍了一顿。

炮楼修到近两个月的时候，陈杰根据敌我双方的情况，到出泉沟给县委书记董林汉做了具体汇报。经研究决定，里应外合，拔除高而据点。7月27日夜，由董林汉、陈杰指挥，县独立营及泰山军分区的一个连参加战斗，部队由地下党员带领埋伏，12点总攻开始，八路军集中投掷手榴弹，把敌人炸“懵”，他们还没有清醒过来，就当了俘虏。仅用半小时就结束战斗，一个中队的汉奸，除跑掉两个外，全部被俘。缴获大枪100余支，匣枪3把，子弹一批。遗憾的是，日军小队就在这天晚上撤回了济南。为了使镇公所继续灰色下去，保住党的活动基地，组织决定，派党员副镇长傅振河，到仲宫据点向日军报告：“昨晚上来了铺天盖地的八路军，把营房给端了。”

1943年7月，泰山军分区、中共泰历县委摧毁南高而日伪据点意义重大。这标志着泰历县抗日斗争度过了艰难时期，使日伪军受到中共章丘县委、济南工委开辟的章历边区根据地东西夹击，迫使日伪在南部山区收缩势力。是年秋，日伪放弃柳埠据点，合并到仲宫据点，泰历、章历边区连成一片，泰历边区根据地形成并得到巩固。

第三节　中共章丘县委、济南工委巩固章历边根据地

抗战期间，今天历城区的孙村、彩石、西营一带为章丘县的第十区，东接曹范、垛庄镇，南靠泰山根据地核心区域雪野镇，是典型的章、历、泰、莱四县交界边区。在泰山地委及济南工委的领导下，中共章丘县委、历城县委领导群众进行了艰苦卓绝的斗争，八路军泰山军分区主力第十团、章丘县大队、孙村区中队在此展开武装斗争，开辟、巩固章历边区根据地，是南山抗日根据的重要组成部分，对日军占据的济南城及胶济铁路造成极大压力。

李玉泉（1921—1998）出生于历城区彩石街道西丝峪村一个贫苦家庭。抗战期间曾任村民兵队长、县爆炸队队长，以土法研制各种地雷，在彩石、孙村一带打击日伪军。李玉泉参加大小战斗500余次，创造地雷18种，先后18次立功，是华东地区有名的“爆炸大王”，其英勇事迹曾编入小学课本。新中国成立后，在海盐县工作，曾任副县长、人大常委会副主任等职务。

一、胡寅领导章历边抗日斗争

1941 年 2 月，中共铁道南联合支部成立后，何曙光、尹天佑继续秘密发展党组织，积蓄力量，孙村、港沟一带抗日斗争展开。1942 年 10 月，地下党员孟昭武、孟昭铨打入国民党保安十三旅三团王启祯部，由陈达负责单线联系。孟昭武、孟昭铨组建了一个连的兵力，后扩建成一个营，孟昭武任营长，孟昭铨任连长，孟昭武在党组织支持下，通过多方努力，由营长提升为团副。

1942 年秋，中共泰山地委负责章历边区党的工作的何曙光，回泰山地委汇报工作时，在章丘南部垛庄镇一带被“扫荡”的敌人逮捕，在章丘城叛变投敌，日伪将其送到济南日军宪兵队受特种训练。12 月，日军派何曙光到西彩石据点，准备大肆破坏章历边区地下党组织，中共铁道南联合支部处于危险之中。泰山地委得到情报后，于 29 日夜，派中共章丘县委书记吕子仪，带领县大队一部到孙村镇南顿邱村，将 7 个村的 9 名党员接出，护送到泰山地委党校学习。他们分别是：武家庄的尹天佑、吕荣生，南顿邱村的李绍师，东顿邱村的张伯炎，西顿邱村的王建初，高而村的高若星、高振卿，大官庄的赵立达，东邢村的陈达。

1943 年 4 月，泰山地委、泰山军分区调十二团政委胡寅，任中共章丘县委书记兼县大队政委，时年 31 岁。胡寅，出生于寿光县古城村，毕业于山东大学，在中共领导的抗日力量中可谓高级知识分子。胡寅十分重视章历边区的对敌斗争，任命有丰富经验的杨东亮任十区区委书记，提拔孙村干部张子健为区长，指示县敌工部部长夏寒在庄科、东彩石、土头村等地建立敌工站，逐步打开了章历边区的局面。

胡寅烈士

了解敌情，每战必胜 胡寅善于研究情报，能够准确判断敌情。1945 年初，时至春节前夕，有 100 多名日军特种部队从章丘县普集火车站，向南直奔观音村，对章丘地方武装的袭扰并不恋战，胡寅判断日军的目的是从背后出其不意突袭驻佛峪村的济南工委。他晚上即把情报由白炭窑村送至市工委书记张洪涛处，天亮敌至扑空。胡寅率县大队配合军分区主力攻克垛庄、孙村、庄科、小龙堂等据点，指挥数十次的战斗，每次必胜，大长抗日军民志气。敌伪闻之丧胆，以致汉奸之间争执中，互相诅咒："让你出门就遇上胡寅，不得好死！"

重视统战，团结抗日 坚定的革命意志锻造了胡寅的人格魅力。他了解上层人物的政治态度，据情分别致信。有的慷慨陈词，晓以大义；有的列其罪行，指明出路；有的解除疑虑，阐明政策……胡寅与国民党籍虎门乡长刘兰圃交朋友，启发他抗日。岳部抗日遭受重创，到孙村、彩石一带时，胡寅给予礼遇。

严于律己，爱护同志 胡寅在章丘抗战期间，常受胃病折磨，体质渐衰，警卫员邵延臣（在宅科村附近一次战斗中不幸牺牲，县大队战士与民众将烈士安葬于宅科村东水坝附近的坡地上）等 4 人，用个人结余的粮食，到群众家里换来 1 只小鸡，给他补养身体，胡寅知道后严肃批评警卫员与秘书说："你们想到没有，我们的粮食是哪里来的？是群众给的，粮食真有节余，首先退还给群众，时刻想到群众，是八路军的宗旨。"1943 年冬，孙村区区长张子健向胡寅汇报工作，留宿胡寅处，两人合盖一床被子，书记将张子健双脚抱于胸前，度过寒冷一夜。

日理战事，夜读马列 除非紧急情况，胡寅常挑灯夜读，研究党的文件、政策，还选马列著作让秘书毕向荣伴读。在他的带领下，县委机关读书学习成为风尚。解放战争期间，胡寅任解放军二十八军五十二师政治部主任，参加辽沈战役后，1949 年 1 月率部入关，在喜峰口遭车祸殉国，年仅 37 岁。

二、稳步北进：中共东梧区委、区政府的建立

1943 年 3 月，中共东梧区委、区抗日民主政府成立，标志着章历边区抗日根据地的稳步北拓。东梧区的范围从今天的西营镇枣林—积米峪—夏家庄，至港沟办事处的马家庄—东梧村—西梧村一带。时任东梧区区长、83 岁的赵立达老八路，在《难忘的几段革命经历》中，激动地回忆道：

> 我 1918 年 12 月出生于历城区（原历城县）港沟镇大官庄村……1940 年 10 月在大官庄村参加了党的组织，从此走上了革命道路。
>
> 我从 1941 年夏至 1946 年春在历城开展革命斗争达近五年的时间，这一段时间是我难以忘怀的岁月。1941 年夏，组织送我到革命根据地泰山地委党校学习，在党校学习一个多月后，组织上派我回家乡大官庄村以教员的身份从事党的地下工作，主要是搜集日伪敌人的情报。泰山地委派何曙光与我进行单线联

郑州市人大常委会原副主任赵立达（历城区政协提供）

系，并向地委传送情报。1942年，何曙光被敌人逮捕后叛党投敌，组织上为以防万一，派章丘县委书记吕子仪把我们章历边区7个村的9名地下党主要负责同志接到泰山地委。当时记得有武家庄的尹天佑、吕荣升同志，南顿邱的李绍师同志，东顿邱的张伯炎同志，西顿邱的王健初同志，高而庄的高若星、高振卿同志（原名高延甲），东邢村的陈达同志，大官庄的我。我们9人中，数高振卿的学历最高，他是北京师范大学的学生。过了一段时间，看看没发生什么事情，又把我们中间的7个人（当时都属章丘人）派到章丘一带组织武装打游击，留下了我和高振卿两人，高有文化，让他到《泰山时报》当了记者；把我留下后，组织上让我回历城西营一带开展工作，我去有个有利条件，因我家是地主，和西营龙湾一带一些有钱有地的人都有关系，当时的伪乡镇长我也认识。如龙湾的伪乡长范而恕、积米峪的伪乡长李方荣、枣林的伪乡长崔登高等我都熟悉，这对我在那一带开展工作很有利。1943年春天成立东梧区政府，当时成立大会是在西营红岭村召开的，到会的有伪乡长崔登高和李方荣，还有其他村的社会贤达、知名人士以及群众积极分子80余人。县委书记吕子仪同志首先宣布东梧区政府成立，并宣布我为区长、赵文举同志为副区长，随后地委又派来了刘品三、李军、吕森林、何文、郭庆武等同志加强了区政府的领导。区政府刚成立时没有区委书记，后来，泰山地委考虑到历城南部山区工作的重要性，派来了具有丰富民运工作经验的泰安军区民运科长周明（是位老红军，后任历城县敌工部部长，并与尹天佑的女儿尹秀英结为夫妻）和陈图两位同志，周明同志任区委书记兼管武装斗争；我任区长，分管政权建设和统一战线工作；陈图同志为区委组织委员，负责与上级党组织联系。

我从1943年春成立东梧区到1944年4月组织上调我到鲁中区党校学习，整整在东梧区工作了15个月，这段时间，是我在历城革命斗争中最值得回忆的一段经历。我们东梧区政府在泰山地委的正确领导下，依靠广大党员群众，坚持党的统一战线，团结一切可以团结的力量，与日伪敌人进行了各种形式的斗争。

他们与敌人进行了经济斗争，如在解放区设立集市，对敌占区实行经济封锁。西营是日伪占领的大镇，是附近一带的经济中心。为了达到在经济上封锁敌人的目的，我们在西营东十几里的解放区枣林村设了集市。设集市后，群众非常拥护，因为过去群众赶西营集，经常受日伪的欺压，每次赶集总是提心吊胆，在枣林设集市后，群众都感到赶集安全放心。所以，周围二三十里以内的群众都愿赶枣林集，在集上买卖粮食、蔬菜、各种农副产品和日用杂货等，使枣林集呈现出一派繁荣景象，从而使西营集市越来越冷落。我们在设集市的同时，在东梧区与敌占区的接界边缘处设岗卡，对到济南去卖粮食的一律卡住，不让他们到济南去卖粮，让日寇闹粮荒，在经济上达到了封锁敌人的目的。

坚持党的统一战线，团结一切可以团结的力量，与日伪展开坚决的斗争。首先，我们团结利用了无极道会门（红枪会）的力量，粉碎了王启祯的猖狂进攻。国民党山东保安十三旅三团是胶济铁路以南章历边境地区的土匪武装，团长王启祯勾结日寇反对抗日力量，并到处敲诈勒索，杀害革命群众，无恶不作。当我们的主力部队奉命外调时，他想趁我们主力部队不在的情况下，进犯解放区，在敌强我弱的情况下，我们采取了团结利用无极道会门的力量，来共同抗击伪三团的进攻。我们认为无极道虽然是地主阶级的武装，但是他们看不惯伪三团勾结日寇，到处抢、掠、奸淫无恶不作的行为，他们之间也存有一定的矛盾，他们看到我们的队伍纪律严明，对群众、对社会各界的利益秋毫不犯，所以，他们愿意和我们来往，我们也按照党的抗日统一战线政策，注意团结和利用那些抗击日伪的无极道会门人员。因此，我们区中队在人数较少的情况下，充分利用无极道会门的力量先后成功地粉碎了伪三团王启祯三次攻打区政府所在地龙湾的阴谋。二是为了共同抗日，对日伪政权内部的代表人物，坚持党的统一战线，采取分化瓦解、区别对待的政策。我们首先对一些具有爱国思想的伪乡长和伪军队长，采取团结和利用的工作策略，利用一切机会向他们宣传我党的抗日政策。如西梧乡的王道儒、东梧乡的亓晓平、龙湾乡的范而恕，我们经常采取开会和登门拜访的方式接触他们，并教育他们说：“你们都是中国人，给日本人干事是迫于无奈，但要有中国人的良心，要支持我们抗日。”经过宣传和教育，他们都主动表示：一定不忘记自己是一个中国人，要不失去起码的民族气节，并拿出实际行动来，给我们送公粮送钱，支持我们抗日。日伪西营据点中有个叫宋杰三的伪军队长，我们通过经常写信的办法教育争取他，经过多次写信教育，他认识到当汉奸是一条死路，想为将来找条出路，于是经常用写信的方式和我们联系，为我们开辟抗日根据地提供了不少方便，并为我们送来了很多重要情报。如1943年夏收前，西营日伪据点的60多个日本鬼子和汉奸，准备向我方解放区进行“扫荡”，宋杰三就通过积米峪的伪乡长李方荣为我们送了信，让我们区政府赶快转移，我们得到这个消息后及时地隐蔽起来，使日本鬼子和汉奸扑了空。对于这些真心支持和帮助我们抗日的日伪人员，我们通过各种方式鼓励他们，表扬他们这种“白皮红心”的抗日爱国行动。我们经常对他们这样讲：“你们做了好事，共产党、八路军是忘不了的，广大群众看得也很清楚，希望你们要坚定不移地这样做下去。”对于那些汉奸顽固派，我们采取经常写信的方式警告他们，信的内容大体是：日本鬼子的日子不长啦，你们做的坏事，总有一天人民是要和你们清算的，希望你们悬崖勒马，弃旧图新，等等。这样做既打击了顽固分子，同时也鼓励了向我们靠拢的人。

为保卫新生的人民政权，开展了锄奸斗争。当时东梧区刚刚成立，革命根据地刚刚开辟，环境比较复杂，伪三团王启祯利用奸细，对解放区进行刺探情报和对我方内部伺机搞瓦解破坏活动。龙湾村一个安清道义会的头目叫范希圣，成天游手好闲，老百姓称之为“光棍”，是伪三团王启祯的内线，他经常拉拢我们区中队中的不坚定分子，刺探我区中队内部的情况，并暗地里向王启祯报告。王启祯在掌握了我区中队的情况后，派了两个奸细到我区中队假投诚，想乘机瓦解我区中队，并伺机把区中队拉去投靠王启祯。但很快被我方打入王启祯内部的地下党识破，并及时把情况秘密报告给了时任县委书记的胡寅同志。胡寅同志当机立断决定在大龙堂召开紧急会议，在会上逮捕了两名奸细，并当场枪毙了其中一个比较顽固的奸细。在这一事件中，因为范希圣起了很坏的作用，因此，我们也把他抓了起来。大官庄村一个地痞流氓叫孙寿远，他经常借到龙湾来赶集卖盐之机，专门搜集我方军事情报，向日寇和王启祯报告。我们反复调查证明他确实是奸细后，经过我和大官庄地下党组织慎重研究，决定除掉这个奸细。我们把这个决定通知了当时打入王启祯内部的地下党员孟昭铨（公开身份为王启祯部独立连连长），孟昭铨就派部队在孙寿远赶集回家的必经路口，开枪把他打死，铲除了这个与人民为敌的日伪奸细。

1944 年 4 月西营敌人据点拔除后，组织上派我到济王（济南、王村）工委工作，在济王工委的领导下，主要是在胶济铁路上搞情报。我利用一个亲戚在铁路局检修科工作之便，经常和他来往，掌握了敌人在胶济线上的大量情报，特别是我搜集到的敌人在胶济段上的整个检修计划，为我济王工委在胶济铁路线上同敌人开展斗争提供了重要的依据，受到了济王工委领导的表扬。①

三、章历边山区根据地的巩固：三次摧毁日伪孙村据点

八路军泰山军分区司令员廖容标

虎门的两次战斗 1943 年 4 月，泰山军分区司令员廖容标率警卫连、十团三营，转战章历边山区，支持地方抗日。一日，泰山地委召开章丘、莱北、淄川等县委负责人会议，日军用 1 个中队 200 余人的兵力偷袭虎门。廖司令得到情报后，决定利用中泉村至虎门村之间的有利地形伏击敌人，其中最险要的一段，老百姓称为“撇石崖”，南、北、西三面环山，北、西悬崖峭立，沟深路窄，地势险峻。廖司令伏兵于此，敌至，攻击突起，毙伤日军 50 多人，与会者顺利转移，再创八路军主力消灭日军一个小队的战例。7 月，日伪军再次偷袭虎门，十团三营、县大队、孙村区中队在虎门北山与敌战至天黑，日伪逃走，三营七连刘连长殉国。两次虎门战斗后，十团三营、县大队、孙村区中队积极向宅科、大龙堂、四鹊山等村推进。1944 年 4 月，章丘县委提议，经泰山地委、军分区决定拔掉孙村、顿邱、西彩石日伪据点。胡寅与王法山营长指挥，泰山军分区十团三营、章丘县大队、孙村区中队参加战斗。其中，孙村之战尤为重要。

孙村之战 日军在孙村驻一个小队及部分特种作战人员，因臂章有“Δ”形，人们俗称“三角部队”，专门窜扰根据地，从事情报、绑架、暗杀等活动。孙村日军经常配合垛庄、曹范、西营等据点日军“扫荡”章历南山根据地。时任孙村区民主政府副区长的季心田参加了战斗，他回忆道：

① 政协济南市历城区委员会文史资料委员会编：《历城文史资料》（第 13 辑），第 57 ～ 62 页。

地处中泉村与虎门村之间的撇石崖战斗遗址

悬崖上日军迫击炮轰击的痕迹依稀可见

1938年，日寇曾在孙村据点驻过一段时间，敌人后因战线太长，兵力不足，遂将日军撤走，只留下汉奸驻守，1942年被我军全歼。1943年秋，日寇为控制这一要地，又带部分汉奸进驻该据点。日寇接受了上次汉奸被全歼的教训，重新做了部署，让汉奸驻在村内，自己占据了村南的慈氏禅院。日寇在这里驻有一个排的兵力，还有日本特务部队——“三角部队”。他们迫使村民将禅院大殿和周围的民房拆除，在空旷的殿基上筑起碉堡，四周修起围墙，墙外挖了宽1丈、深1丈的壕沟，沟上设有吊桥，沟边架着刺网，网上系着铃铛。在日军眼里，这固若金汤的工事，对付八路军是万无一失的。

日寇重建孙村据点后，频繁外出活动，除配合西营、垛庄、泰莱一带的敌人到根据地“扫荡”抢粮以外，“三角部队”还常化装后到各村活动。一次，夜间偷袭了我军驻河口的一个连队，打死该连连长。又一次窜入八区的山圈，将八区区委书记张俊打伤俘获，带回孙村据点。有时还在地方抗日武装常走的路口设伏，到孙村赶集的农民，也常以密探为名被抓。敌人气焰十分嚣张。

县委为拔掉这个钉子，在地下党员田延曾的配合下，对敌活动规律、设防情况做了调查。于1944年5月一天的夜晚，军分区十团三营，加上县区武装，共两个多营的兵力，来灭孙村之敌。指挥这场战斗的有三营营长王法山、县委书记胡寅。他们按孙村的地形和周围的敌情，将部队做了分工：分区部队，一部部署在孙村东北三里以外，备打龙山来的援兵，其余主攻村南慈氏禅院的日寇；县大队负责消灭村里的汉奸，区队做向导。

在我军接近日寇碉堡的时刻，日寇从一闪一闪的探照灯光中发现了我军。

鬼子队长急忙拿起电话，令村中汉奸队长高健武死守。话未说完，电话已被掐断。接着，冲锋号声、枪声、喊声、爆炸声响成一片，顿时震撼了整个孙村上空。村里的汉奸认为村南有日军，村北龙山车站又有援兵，八路军再能也熬不到天亮。接火之后，还蛮有信心要坚持作战，就在敌人幻想天明来临之际，我爆破组已将炸药送到碉堡之下。这时，我军反复喊话，劝告汉奸放下武器，立即投降，不然就坐飞机去见阎王。个别不知死活的顽固汉奸，竟大言不惭地回说："土八路！你们敢待到天亮才算有本事……"还没等说下句，"轰"的一声，碉堡被炸塌一大块。战士们紧接着冲进碉堡，不多时，一个大队的汉奸，除死伤外，全部成了我军的俘虏。

守在村南碉堡的鬼子，也以为只要能顽抗到天亮，八路军就会自退。村内汉奸全部被消灭的消息令人倍受鼓舞，我军很快越过壕沟，炸了围墙，攻占了日寇的部分住房。接着又炸掉了最牢固的碉堡，把残敌逼到庙里钟楼之下。这时鬼子已剩不多，几个鬼子凭借钟楼尚在抵抗。炸弹的弹片崩的大钟"嗡嗡"作响，像在给鬼子敲丧钟。经过最后一阵激烈拼搏，日寇全部被击毙。这时天已大亮。

战斗结束以后，分区三营和县大队押着俘虏，撤出孙村。区队留下，一面派人监视龙山之敌，一面组织群众抢运战利品。运不完的粮食，就地分给村民，直到区队清完战场，撤走之后，龙山、郭店的鬼子才一面打枪，一面搜索着进了孙村，沮丧地抬着鬼子的死尸退回了龙山、郭店据点。[①]

孙村之战是一次攻坚战，八路军主力、地方武装、民兵协同作战，全歼日军1个小队、1个特种作战小分队共计50余人，消灭伪军高健武大队。此战后，日军退至龙山、郭店据点，派伪军重据孙村；10月，又被八路军消灭。孙村之战标志着章历泰莱边区抗日根据地的巩固和济南南山抗日根据地的初步形成。

消灭汉奸王启祯部 1943年9月，刘振东被汉奸李子元枪杀后，岳部三团在刘振东母亲的领导下继续抗日。不久，刘的警卫员、匪痞王启祯使用各种手段当上了三团团长。随即公开投靠日寇，成为汉奸，在内部排除异己，用残忍手段杀害坚持

① 政协济南市历城区委员会文史资料委员会编：《历城文史资料》（第7辑），第89～91页。

抗日的官兵。到1944年，王部已发展到1000多人，辖3个营、一个配备20响匣枪的特务大队、一个马队，还有一处修理步枪、制造手榴弹的枪械修理所。王部勾结日军经常袭扰章历边根据地，在港沟、顿邱设据点，封锁八路军北进道路，王率团部及特务大队活动于据点周围。1944年上半年，军分区十团三营及章历地方武装，先后摧毁港沟、顿邱据点，在小龙堂、庄科、宅科一带多次重创王部，消灭其第二营。1944年7月泰山地委在西营召开各县委书记会议。

胡寅在会上提出："进一步发动群众，乘胜追击，扩大战果，坚决消灭章丘的'三王'王连仲、王云庆、王启祯。"1944年7月27日，军分区参谋主任刘国柱、胡寅率部围歼王部。老八路季心田回忆了战斗经过：

由于王的驻地不定，有时驻铁路南，有时驻铁路北，有时跑到历城的官庄，有时窜到顿邱，加上他的部队又多，要一下全歼，有些困难。不给予打击，又不解人民之恨。经计议，伤其身不如断其一，擒贼先擒王，只要树倒猢狲自散。我军决定先歼王的团部，然后再肃残敌。

1944年7月下旬，由泰山军分区参谋长刘国柱率十团三营，章丘县大队，虎门、孙村的两个区队，按地下党员提供的当日情报，天不黑即由根据地驻地开向王启祯的老巢——西顿邱。

泰山军分区参谋主任刘国柱（右）与欧阳平

部队经过几十里的行军，抵达距西顿邱尚有3公里的小龙堂，正要分兵前进，在西顿邱监视王启祯的地下党员满头大汗迎面而来，报告说王启祯当晚8时已移驻邢村灵鹫寺大庙。刘国柱同志当即改变作战方案。由区队做向导，避开大路沿着无人走的山麓，转向邢村。

在我军将邢村包围后，敌人还在那里"碰白板""哥俩好"大喊大叫地打牌、喝酒。当我军先头部队眼看就要与敌人接火时，被敌发觉，随即枪声大作。那些分散在各家、正在赌博和寻欢作乐的敌人，纷纷连滚带爬地直奔邢村大庙。

邢村庙，建筑牢固，院墙既高又厚，分前院后院，又院中有院，要攻下来，得需一定时间。敌人认为，只要坚持一会儿，驻在相距不到一公里的官庄、唐冶的同伙，定会来救援。相距 3 公里的日军，也会赶来。在敌人翘首盼望援兵前来解围之时，我军爆破组已将庙北面建筑最高、墙体最厚的大殿，炸了一个大洞，守在该处的正是被王俘虏后当了机枪手的我方战士季书汉，他扛着机枪投奔我军。王启祯带着几个卫兵窜上屋顶，正想突围时，被我军一枪击中，这时的王启祯像死狗一样从房上滚了下来。接着南北两面，全被我军突破。部队攻入庙内，经过一番激烈争夺，王启祯经营多年的特务大队全部被歼。副官王希文（变节），光着膀子，满身灰尘，也当了我军的俘虏。

王启祯驻官庄的部队，在战斗打响之后，不仅未来支援，反而向济南方向溜走。郭店、唐冶的敌军，一直等到日上三竿，才一面打枪，一面搜索着，小心翼翼地赶到邢村。驻在郭店的日本鬼子根本没敢出动。这时已过 9 点，我军早已搜完现场，翻过了邢村南面的小山。

战斗次日，击毙王启祯的消息像长了翅膀，很快飞向四方。各村村民听了无不拍手称快。残敌闻讯则垂头丧气如丧考妣，顿时军心大乱。至此，这个在济南东门猖獗一时的日寇守犬王启祯和他的三团，烟消云散，彻底完蛋。[①]

位于唐冶办事处的灵鹫寺战斗遗址

在消灭王启祯伪三团战斗中，潜伏于王部的中共党员孟昭武、孟昭铨积极配合，战后编为东梧区区中队，孟昭铨任队长，孟昭武任东梧区抗日民主政府区长。

① 政协济南市历城区委员会文史资料委员会编：《历城文史资料》（第 7 辑），第 81 ～ 83 页。

四、宅科：一个山村的抗日事迹

历城区彩石镇宅科村，是中共清河区党委书记、八路军清河军区政委景晓村的故乡。1937 年，景晓村回到宅科村，以小学教师身份为掩护从事党的工作，发展邢攸仁、景琳（景晓村之父）为党员。1941 年上半年，党组织派张扬到村中做地下工作，先后发展孙光义、邢攸良为中共党员，后又发展王书美、李清弟（在战斗中牺牲）等 6 人为党员。1943 年，在中共孙村区委领导下建立党支部，邢攸良任书记，孙光义任组织委员，陈若来为宣传委员兼抗联主任。

建立村级政权 1943 年 6 月，宅科村成立农救会，陈若来任总会长，副会长由吕自文、马九山担任，总会下设 4 个分会，分别由邢俊范、贾文中、邢念三、张志刚担任。农救会在动员群众参加抗日斗争、开展减租减息、反奸诉苦、生产自救等工作中发挥了重要作用。

组建民兵队 1943 年下半年，宅科村建立民兵队，队部由 5 人组成，邢攸良任民兵指导员，左德明任民兵队长。民兵队由 20 多人发展到 60 多人，编了 4 个排。另外，民兵队有 46 支枪、200 多颗手榴弹、30 多颗手雷和 40 多颗拉雷。民兵组织性强，纪律严明，受到老百姓的拥护和支持。民兵的主要任务是站岗放哨，传递情报、保卫村庄，打击日伪。宅科离西彩石的日军据点只有一山之隔，为防御敌人，民兵在宅科北山放了 3 道岗：一道在小北山峪大顶，一道在西岭，一道在黑峪口。不管哪道岗发现敌情都以扔手榴弹为信号，全村民兵就紧急集合准备战斗，组织群众安全转移。日伪来得多，民兵就隐蔽，来得少，民兵就顶着打。

宅科村党支部书记、民兵队指导员邢攸良（邢介安先生提供）

建立村自卫团 宅科村自卫团由孙光义任团长，刘庆吉、王书干任副团长。自卫团主要任务是放哨、盘查可疑人，帮助群众反“扫荡”，空舍清野，学习制造地雷、埋地雷，利用地雷战打击敌人。组织支前工作，如抬担架、护伤员、运给养、送子弹等。

成立妇救会、儿童团 妇救会由吕本英任会长，组织妇女做军鞋，碾米磨面，为军队织布，支援前线。妇女李忠英送郎参加八路军一事，在全村传为佳话。儿童团协助自卫团站岗放哨、传递信件。

开展说理斗争 北宅科村王京友、张长福等人勾结日伪、贪污腐化、鱼肉群众，进步青年李腾雨仗义直谏，王、张等人以八路军“坐探”为名，向伪三团王启祯部举报，1942 年 12 月，24 岁的李腾雨被折磨致死。1944 年 4 月的一天，宅科村党支部组织诉苦大会，参加大会的民兵代表 500 多人、群众 600 多人，与坏分子展开面对面的说理斗争，胡寅书记率县大队保卫会场；会上，李腾雨家属诉说了事情经过，坏分子被迫坦白认罪，愿出资万元披麻戴孝、重新送葬，并在集市一侧立碑纪念。大会的召开增强了民众抗日的决心，提高了党组织的威信。会后，宅科村成立抗日民主政权，孙光义任村长。

1943 年的三次英勇战斗 宅科的抗日斗争，引起日伪军的仇视，先后数十次“扫荡”村庄，英勇的山村军民同仇敌忾，开展了殊死斗争。一天，日伪军 700 多人“扫荡”宅科村，胡寅政委指挥县大队与民兵奋力还击，民兵防守黑峪口到山王峪一带，敌人从清早到中午多次冲锋，都遭到民兵阻击，敌人不得不撤回，此战打死、打伤日伪军 20 余名，民兵仅王书国一人受伤。麦收刚过，日军“扫荡”宅科村，县大队、区中队及民兵，在村北山与敌激战，县大队战士、胡寅政委警卫员邵银彪冲入敌阵，夺得机枪 1 挺，邵银彪等 12 名战士壮烈牺牲。秋，日军纠集伪王启祯部，再次袭击宅科村，此时，八路军泰山军分区警卫营驻扎黄歇村；民兵哨兵见敌人多、来势猛，派人到黄歇村给警卫营送信，民兵与警卫营占据有利地形，相互配合，打死打伤敌人 40 余人，八路军与民兵无一伤亡。

1944 年 12 月 9 日，济南日军 54 旅团一部长途奔袭，合围宅科村，民兵奋勇还击后，撤至南泉村大桥，日军已在此封锁退路，危机考验着民兵，队长左德明率全体民兵奋力攻破敌人防线，突围成功，张志厚英勇牺牲；队长左德明因指挥战斗，未

邵银彪等 12 名八路军无名烈士安息在宅科村西山脚下

能突围，他跳下桥借桥墩隐蔽，被一日军发现，日军随即跳下桥抓住左德明，在这生死关头，左队长毫不畏惧，与日军搏斗，运足全身力气把日军摔倒，趁机脱身。

第四节　中共济南市工委、八路军山东军区济南情报委员会开辟、巩固西营、邵而、泉泸根据地

1943 年下半年，山东敌后根据地抗战形势逐步好转，中共山东分局及八路军山东军区从华北战略态势着眼，重建济南工委，建立济南情报委员会，以济南南山根据地为依托，展开对日伪统治中心济南市的秘密工作，同时，济南工委、情报委员会又为开辟、发展南山根据地做出了贡献。

一、济南工委重建

1943 年 5 月，张洪涛、武中奇、商景才三人组成中共济南市工作委员会，张洪涛任书记兼任泰山地委副书记。后又建立济南市抗日民主政府办事处，武中奇任办事处主任。济南工委由鲁中区党委直接领导，有时山东分局也直接给工委下达任务。

工委建立工作组　工作组在章历边山区开展工作，任务是巩固扩大根据地，开展济南的城市工作。干部由泰山地委调配，工委宣传部长兼地委秘书长商景才任组长。工委确定了以下几项具体工作：

泰山地委副书记兼济南工委书记、原第一机械工业部设计院党委书记张洪涛与妻子王真（曾任西营区抗日民主政府区长）

1. 由商景才负责，领导周明、陈图、丁干、张纯等工委工作人员开展工作。从泰历、章丘两县抽调干部，充实、加强工作组；在四角城、道沟等地发动群众，开展减租减息斗争。

2. 建立济南工委管辖的区政权。

3. 建立、发展济南市区的秘密关系。物色、发展在市内有可靠社会关系的干部群众进入市区，秘密联系亲朋好友。对即将进入市内的干部群众，进行保密教育，严格执行城市工作纪律，对市内关系分散领导、单线联系，坚决避免发生横向关系。

4. 提高政治警惕性，防奸反特，防备日伪长途奔袭。请泰山地委派武工队保护、配合工委的工作。

建立区级政权，摧毁西营据点 工委在历城南山区建立 3 个区政权，直属工委领导：西营区，李方平任书记兼区长，后王真接任区长；邵而区，任肃亭任书记，孙戈峰为区长；泉泸区，丁干任区长。

在八路军泰山军分区主力及地方武装的震慑下，孤悬于章历边根据地中心地带的日军西营据点，岌岌可危，1944 年 2 月 12 日，日军被迫撤到仲宫据点，其统治济南的防线大大收缩。1944 年 4 月，林乎加政委、胡寅率军分区主力及县大队两个连，在罗俊武工队配合下，摧毁西营据点，并拔除商家村伪警察所。章历边与泰历边根据地连成一体，西营区成为济南工委工作的基地。

任肃亭、孙戈峰（孙志超）领导的邵而区，争取了 3 个乡的伪乡长，区中队发展到 50 余人。1944 年春，配合长清县大队消灭了邵而伪区中队 70 余人，缴枪 60 多支。丁干领导的泉泸区，在罗俊武工队的支持下，渗透到济南近郊。

建立中共济王工委 何曙光叛变后，中共铁道南联合支部的主要负责人，被泰山地委转移到根据地学习，另行分配了任务。1942 年 4 月，尹天佑以岳部“特务大队”的名义，战斗在胶济铁路附近。为恢复、加强该地区党组织的领导，增强“特务大队”的力量，尹天佑请求地委调派一位党组织负责人。1943 年 11 月，泰山地委副书记兼济南工委书记张洪涛派尚子文协助尹天佑工作，以尹天佑领导的铁道南联合支部为基础，建立从济南到王舍人庄的工作委员会（简称“中共济王工委”），尹天佑任书记，尚子文化名王裕民任组织委员。具体分工是：尹天佑抓全面工作，王裕民做地方党的组织工作和部队的政治思想工作。1944 年 2 月，尹天佑牺牲，特务大队与王剑桥的自卫大队、郭正元的一团二营，先后脱离岳部合编为八路军历城县大队。王裕民调任中共东梧区区委书记。

二、济南工委的城市工作

济南工委城市工作以中央确定的“隐蔽精干，积蓄力量，长期埋伏，以待时机”16 字为方针。1944 年 6 月，中共中央向各地党的领导机关发出关于城市工作的新指示，提出占领大城市、交通要道，驱逐日军出中国的任务。7 月，山东分局传达贯彻中央“六五”指示的城工会议。面对新形势、新任务，工委信心百倍地加紧工作，加强对市内320多个关系的领导，积极、稳固地在工厂、铁路和伪军中发展关系，为解放济南积蓄“内应”力量。8月，张洪涛不再兼任泰山地委副书记，专职负责济南工委工作，武中奇除任济南市政府办事处主任外，兼任历城县长，调派张扬来济南工委任组织部长。工委主要工作：

1. 秘密宣传抗日。有步骤、有计划、有目的地组织市内秘密宣传。陈图、李进东、李进宝组织当地群众利用进城卖水果的机会，输送宣传品，同市内商贩、市民、学生、工人中的进步人士建立了联系。春节期间，市内的工人、学生、商贩等群众回根据地过春节，工委利用这个机会进行宣传工作，引导他们投入抗日工作。为接待市内来访群众，工委建立招待所，由陈图负责。招待所备有简单的生活用品，配有进步报刊、书籍和宣传材料，供住者阅读；招待所还担负了解来往人员情况及到根据地的意图等情报工作。

2. 建立青年学生、爱国进步人士训练班。吕戈龙、林烈负责训练班工作，根据学员的不同情况和要求，确定学习期限，人数不限。为避免发生横的关系，学员分散在周围几个小山村居住、上课。训练班主要讲解党的各项政策、抗日战争的形势、城市工作的重要意义、工作纪律以及防奸反特等。训练班一直办到1945年夏，培养了近百名干部人才，学习结束后，大部学员分到地方或部队参加工作。

3. 加强市内地下党的建设。进入市内隐蔽斗争的干部，多数被选调，经山东分局、鲁中区党委专门训练，一般是有独立工作能力、对敌斗争经验丰富的县、区级干部。这些同志是党的宝贵财富，打入市内后不惧艰险，积极慎重地从事艰苦的地下工作。坚持市内秘密工作的干部主要有于建华、干将、傅子玉、张茂林、王平、宋铮等70余人；发展了480多个地下工作关系，除7个群众关系遭受破坏外，其他人安然无恙；发展党员30多名，没有一人发生意外。济南工委在市内开展的工作，引起了日伪警觉，7个秘密联络点连续遭破坏。日伪多次派出特种部队长途突袭济南工委，敌特深入根据地侦测情报，伺机袭击、绑架工委工作人员。工委通信员小夏与5个鬼子搏斗，在将要被俘之机，义无反顾地拉响最后一颗手榴弹，以17岁的生命壮烈殉国。

1945年8月16日，中共山东分局宣布在工委基础上组建中共济南市委，杨一辰任书记，赵笃生任济南市人民政府市长。

济南工委是如何巩固根据地、依托根据地展开城市工作的？工委干部、西营区抗日民主政府区长王真回忆：

张洪涛同志（我爱人）和我于 1942 年 5 月从延安来到山东。洪涛同志任中共济南工委书记，我被派到章历县（现在的历城区）西营区任区长。当时抗日斗争形势非常艰苦，到处是据点。西营区是个偏僻的山区，虽然也有据点，但是敌人鞭长莫及，正是我们建设根据地、发动群众开展抗日斗争的好地方。我来到西营以后，遵照上级指示，和地方上的同志们一起，首先领导西营人民铲除了伪政权，继而开展了减租减息运动，斗争了大地主王世友，贫雇农分得了田地，还开展了反封建迷信活动，审理了天主教堂的神父和大姑。我们真正把群众发动起来了，建起了民兵、青抗先、妇救会、儿童团，形成了抗日的根据地。我在西营区工作的三年中，接受市委下达的任务，为了开展济南城里的地下工作，我曾四次化装巧进济南城。

第一次是 1943 年 10 月。目的是找到洪涛同志原来在新城兵工厂时的同事，以及他的亲戚、朋友，动员他们参加抗日救亡活动，再通过他们开展广泛的地下群众工作。为了便于工作，组织上通过地方上的关系，给我借了一个年龄、长相接近的农村妇女的“良民证”（日寇统治时期，强发给居民的身份证，便于其控制中国人的活动）。我就照着“良民证”照片上的模样化装，穿上花衣服，蒙上头巾，扎上红腿带。但我是山西人，口音和山东人不一样，如果遇到卡子盘查，一说话就会露出破绽，这是一个大难题。送我进城的王广义同志出了个主意，让我一路不要说话，“良民证”由他带着。就这样，我骑着小毛驴，提着山货，装出新媳妇走亲戚的样子。每逢到卡子，都是王广义拿着“良民证”指着我，说：“她是个哑巴，不会说话。”并主动拿出山货送给他们吃，岗哨见到苹果、山楂，抢着拿，也就放松了检查，我们也就顺利地混过了盘查。

我进城后的落脚点选在洪涛同志的干妈家。一是因为这个关系最近，不会出问题；二是干妈家住舜井街里的小王府。小王府街地形错综复杂，五股八杈，有四五个出口，好几个死胡同，三四个转圈，万一发生问题，也好逃脱。组织上为我做了充分的考虑。张、洪两家过去是同院，往来亲近，洪老太太就是洪涛的干妈。洪振英自然就是洪涛的干妹子，她长得风流，家境也很好，嫁给了一个伪警长。我这一身南山打扮，是不能进她家门的。所以，我与王广义同志过了八里洼的卡子分手后，就迅速打扮成普通的城市妇女，雇了一辆人力车，买了一点孝敬干妈的礼物，直奔小王府街干妈家去了。到了洪家，我向干妈和妹妹诉说了与洪涛在西安如何相识、结婚，这次是专程来看望干妈的。但从她们的表情来看，将信将疑，又惊奇又紧张。洪振英的丈夫回到家，更是以异常的目光打量我，露出一副警惕的神情。晚上我和干妈睡在一起。干妈说："你别糊弄我们了，洪涛本是共产党，你还能不是八路军？"我只得把我们在南山做抗日工作的情况告诉她，也乘机向她介绍了根据地人民的生活情况，做些宣传工作。同时也向她讲明利害关系，对我的来意要保守秘密。第二天，干妈把我送到了北园边庄，找到了洪涛的表哥赵洪生。赵是一个贫民，靠贩卖青菜为生。他帮我从黄河北接来了洪涛的妈妈。我们婆媳俩，住在边庄，就开始做地下群众工作。这次，我在边庄待了一个多月，走访赵庄、洛口等 10 多个村子，联系上了洪涛的工友赵洪滨、赵尔柱，进步工人魏福成，农民刘连生、吴春生，学生王禹惠、王禹录，搬运工人刘鸿烈等十几人，交了好多朋友，打开了在济南北关、北郊开展工作的路子。

第二次进城，是 1944 年 4 月。目的有两个：一是为向济南打入干部选择落脚点；二是了解北关、北郊群众工作开展情况。我因为有了边庄的"良民证"，便扮成一个近郊贫穷妇女，穿一件普通旗袍，挎一个小篮，里面放点核桃、鸡蛋，而且把大的好的放在上面，以吸引伪军的馋嘴，减少盘查的麻烦。走到卡子跟前，伪军看我"良民证"是边庄的，问我到这里来干什么？我说："到姐姐家伺候月子"，并主动拿出吃的给他们，伪军看到了吃的，顺手就拿，也就放我进了城。我顺利地找到了表哥赵洪生，也顺利地找到了上次进城时交上的朋友。听他们介绍，半年来的群众工作进展很快、很活跃。刘家桥、新城、苇闸、赵庄等几个村已有较好的群众工作基础，赵洪滨还在水上警务段发展了伪警分队长和一个掩护过我方运输枪支弹药和干部过境的伪警察。刘家桥的刘鸿烈，聪明能干，会烧菜、会针灸，周围群众常找他看病和帮着料理红白事，很有群众威信，再加上他既卖菜又搞搬运，接触的人多、流动性又大，掩护几个干部没有困难。苇闸王禹惠，思想进步，在做工人，和她的家人一起联络了同学石金星、王禹录，进步青年王玉清、王禹臣等 10 多人，经常在一起，以种菜、卖菜为掩护，谈论抗日救国的爱国抱负。我向上级如实汇报了北郊的工作活动情况，为工委派郑修范同志打入刘家桥和进一步开展抗日工作创造了条件。

第三次是 1944 年秋。任务是争取干妈的女儿，做她那个伪警长丈夫的工作，为我军驱逐日寇做些内应工作。

我化装混进城后，到了干妈家。干妈和振英一见我，立时精神紧张起来。我也预感到情况的不妙。干妈神情紧张声音颤抖地说："上次来，振英的男人就怀疑你了，他盘问了振英很长时间，这次可能要出麻烦！"正说话间，听到振英的男人和几个伪警进家的声音，干妈赶紧把我藏进里屋。振英装出笑脸迎到门口，并对丈夫撒娇，要他陪着去看戏。伪警长经不起她的软磨，只好领她去了戏院。我看到这种情景，觉得绝不能给干妈她们带来麻烦，赶紧离开了干妈家。到了边庄，三天后我才回到西营。

最后一次是 1945 年 6 月，任务是传达鲁中区党委城工部的指示，通知济南工委副书记蒋方宇同志立即由济南市内撤出。当时，蒋方宇同志住在五里牌坊汤秦的家里，因为种种原因，他的工作无法开展起来，他的安全影响到整个组织的安全，因此组织上决定由我去完成这项任务，而且要当天返回。可见这项任务的紧张与严肃。

当时我生过小孩不久，身体尚未恢复，虽已是初夏，我还不能脱掉棉衣。这次任务紧急，我身为共产党员，再大的困难也要克服。像前几次一样，化好了装，天不亮，骑上毛驴就上路了，凭着老经验顺利通过了大涧沟、八里洼等卡子，到了五里牌坊汤秦的家，向蒋方宇同志转达了上级指示，连碗水也没有喝，急忙离开了汤秦家。我回到西营时，已是过半夜了。第二天中午，看到蒋方宇同志安全地回到了工委驻地，我心情感到分外的高兴。[1]

三、济南情报委员会开辟根据地及抗日活动

早在 1941 年底，王瑞、王平父子受中共山东分局城工部的派遣，在老家锦绣川的后沟村建立秘密联络点，主要任务是：接送地下党的联络人员，传递济南工委的情报，通过莱芜县大槐树庄联络点的陈俊良向领导机关报告。为进一步开展工作，王瑞组建后沟村党支部，王瑞任书记，王平任组织委员，张怀君任宣传委员。

① 政协济南市历城区委员会文史资料委员会编：《历城文史资料》（第 7 辑），第 50 ～ 55 页。

情报委员会的建立 1943年，八路军山东军区决定建立济南情报委员会，牛瑞符化名王均，担任主任兼支部书记。1944年，亓西钊担任支部书记，曹芳廷任副书记，郭宜亭任委员，下设济南、张店、泰安3个情报站，曹芳廷负责泰安工作，郭宜亭负责张店工作，牛瑞符和亓西钊负责济南的工作。任务是开展三点（济南、张店、泰安）、两线（津浦铁路、胶济铁路）的战略情报工作。

以泰历边为基地开展工作 在泰历县委及仲宫区委帮助、支持下，牛瑞符和亓西钊发展了几十个关系，建立了几个联络点，在高而和邵而一带初步建立了情报网。亓西钊沿津浦线，在历城和长清的边沿区建立了3个情报点，有纸房的焦延录、孙家庄的魏守恩、党家庄的张廷勋。交通员吴凤城和石磊在邵而北部，争取了一个伪乡长，石磊当了伪乡长的秘书，伪乡公所就成了传递情报的保护所。

发展情报员，建立市区情报网 情报站重点以高而、邵而一带在济南市做工者为对象，秘密发展情报员。姜仲三是手工工人，以打铁壶、烟囱为生，受组织派遣，打入济南铁路大厂开展工作，在此，发展了动力车间技术员王印增。王印增冒着生命危险，绘制济南火车站和铁路大厂的详图，并标出重要设施，提供给济南情报站。半个月后，济南火车站和铁路大厂遭到袭击，铁路大厂的动力车间遭到严重毁坏。不久，王印增病故，后被追任烈士，葬于金牛山烈士公墓。其弟王根增、儿子王俊雄也参加了抗日斗争。石磊打入市内后，在一个纺织厂当了会计，并结交了一位比较开明的神父，获得日军许多情报。李利成打入市内后，隐蔽在原籍核桃园村的刘守兰家里。以当搬运工、干杂活为职业串遍了市内的大街小巷，搜集日军的军事情况和济南的社会情况，为我方提供了大量情报。

设立电台 1944年2月，情报站在高而的单家安设电台。宋勤是一个十七八岁的青年战士，每次行动，由他背着发报机，由于保密，宋勤只知背着个沉甸甸、黑乎乎的家伙。后来当牛瑞符告诉他真相时，宋勤才恍然大悟。收发报多数是在离住户较远的场园屋或小棚子、农具室等地点，午夜发报，拂晓结束。牛瑞符得到情报，日伪已发现济南附近有信号不明的电台，派敌特侦查。仲宫的日军突然到高而“扫荡”，意在破坏电台，情报站形势危急，我方决定转移。情报站人员与县委书记董林汉研究，转移到泰山北麓的泰安、历城交界处一个偏僻的峪沟里。此处山高沟深，草木丛生，人迹罕至。为缩小目标，将电台工作人员缩减到四人，台长是李惠民，工作人员有宋勤、魏佃三、徐文有。在艰苦的岁月里，他们夜以继日地工作着。

建立“抗日反攻潜伏队” 潜伏队的任务是团结敌占区青年，开展各种抗日反攻活动。凡是参加者，均发证件。李子亭是潜伏队的负责人，他善于团结进步青年知识分子，在仲宫敌据点周围发展了几十人，建立了几个潜伏中队。党家庄张廷勋领导的回民中队是其中一支，主要任务是：建立打入济南的关系，发展革命力量；掌握党家火车站敌人兵员和军用物资的调运情况。1945 年，日军失败已成定局，情报站把长期培养的部分青年派出潜伏，迎接新战斗。徐青在机关工作，以审查为名进行谍报教育，被派到津浦铁路张夏至济南段工作。徐化装成小商贩，担着小挑沿津浦线的白马山、党家庄、张夏等车站侦查，搜集日军的兵力部署和调运情况。机关里一些不明真情的人暗中议论，有的说，徐青犯了错误，被关禁闭后开除了；有的说，徐青弯腰了，不干革命干小买卖去了。

原济南市果品公司离休干部吴凤城曾在情报委员会工作。离休后的吴老回忆起了这段“红色特工”的经历：

我于 1943 年 8 月参加革命工作，先后在山东军区济张泰战略情报工作委员会、济南市委情报部领导下，在我的家乡历城县仲宫镇及济南周围地区，侦察敌情，搜集情报，争取瓦解敌特人员，建立城乡秘密情报网点。后又担任情报部武工队副队长，一直到 1948 年济南解放。我想通过这段亲身经历的记述，反映抗日战争后期和解放战争时期，在济南南部山区，我党与日伪蒋军进行的艰苦卓绝的斗争，反映当时严酷的斗争形势，以及党和人民群众的血肉联系的一些侧面。这些经历使我终生难忘。

打掉伪军据点，组织抗日武装力量

1943 年，历城县邵而区地下区政府活动重点地区是东西老仙村、旋风店、石厘、瓦峪沟、土屋、相公庄等地区。这些地区，仲宫镇敌人最多，七贤庄有伪邵而区政府武装区队 80 多人，分驻寨而头庄一个区分队，约 30 人。我们插入敌区心脏石厘、瓦峪沟活动，再转入宅科村，必经寨而头庄，如寨而头庄敌人发现，我们就要受损失。因此，我们决定打掉寨而头庄的伪军据点。这年年底，邵而区政府孙戈峰区长把了解寨而头伪区分队情况的任务交给了我。我借过年之际，于正月初二到了二仙村给娘舅拜年，又给伪区分队长王玉生的好友张继凤拜年，并约张一块去给王拜年。和王见面后，互相客气一番，我讲了些做小买卖的难处，受日本人和汉奸的欺压等情况。王说：“日后请老弟到队部大院玩玩。”我说：“一定去队部看你。”年初九是东渴马集，我去赶集，快散集时，我借故返回寨而头庄，找到伪区分队部，王玉生热情招待我吃饭。我借机观察他们的情况。区分队不过30人；武器是破旧步枪，有2支短枪：1支十子连，1支手枪。王玉生搞训练，带兵打仗都不行；他是个土匪，晚上经常带一两个心腹外出活动。我向孙区长汇报后，当月18日晚我军攻打了寨而头伪区分队。除王不在队部外全部伪军被俘，教育后释放，拔除了这个伪据点。随后，我又通过邵而区伪区长的内弟，亲自到七贤庄邵而区伪区队部察看，了解了伪区队的人员、士气、武器装备等情况。我向组织汇报后，大约农历三月二十九日我军攻打了该区队，打死、打伤、俘虏共20多人，从此这个区队一蹶不振。1944年10月，我到山东军区济张泰战略情报工作委员会工作，在该委员会主任王均（原名牛瑞符，沂水县人）和李子亭（原名宗效坤，临淄县人）直接领导下，深入济南和市郊邵而区、仲宫镇地区了解敌情，瓦解伪军政特人员，建立地下情报网点，发展敌占区的抗日爱国力量。我跟李子亭在敌人重兵驻守的仲宫镇地区开展了积极的工作，发展了30多人的抗日武装力量，后编入历城县独立营。

争取伪军政人员，使伪政权为我所用

邵而区是济南市的西南大门，其西南是长清县，东南角是仲宫镇，一个是敌人封锁极严密的津浦铁路线必经地，一个是敌人重兵驻守的仲宫镇。日伪军经常骚扰这个区的一些村庄。1944年6月，上级要我们把邵而区的工作进一步做好，把这个市郊区变成根据地，把伪政权变为我们的政权。当时形势对我们很有利，除邵而伪区队曾被我们打击外，西营镇、高而镇的敌伪军据点也两次被我军摧垮，柳埠镇的伪军也惶惶不安。整个济南南郊地区共7个敌伪据点，被我们拔除4个。形势对我们做好瓦解伪军、壮大敌占区的抗日爱国力量极为有利。我们采取政治攻心，进行形势教育，拉出来、打进去的办法，先从伪村、乡、镇政权和伪军中入手，使他们明为日伪服务，暗为我们工作。我们决定先从朱家镇下手，经王均主任和李子亭同志多次谈话教育，把伪朱家镇公所秘书吴纪元、通信员王化儒发展成我们的地下秘密交通员，只要日伪军有行动，他们就及时传报给我们。但朱家镇镇长赵延昌是大地主，对我们很害怕，不敢接近我们。当时我们解决地方领导权问题的办法，一是争取，二是换掉，三是杀掉。王均主任决定亲自找赵谈话做争取工作。一天晚上，我带路插入敌区赵延昌家的场院，因我是秘密身份，就立即离开了，王均主任和其他同志闯入赵延昌家，对赵进行了一番严厉的教训。王均主任事后要我观察赵的动向。我借赶集的机会，到了赵延昌家，赵对我说："前天晚上突然有几个八路闯到我家，我很害怕，还不错，教训了我一顿就走了。一个姓王的说，抗战必胜，日寇必败，已成定局，日本快完蛋了。你看怎么样？"我把当时的抗战形势谈了谈，我说："对别人咱可不敢乱言，日本是快完蛋了！"赵说："日本完蛋了，我看八路军也成不了事，没有大军队；国民党掌握着国家政权，有强大的军队。"我反复向他讲了一些道理，他还是认为国民党可靠。这就暴露了赵延昌是个顽固派。我把谈话情况向王均主任和李子亭汇报后，都认为赵已不可争取，只好采取第二种办法，把他换掉。我们分别对朱家镇各主要村的村长做工作，以要求分为两乡一镇为由重新进行选举，迫使伪区长表示同意。结果各村长以选举的形式重新选了镇长和两个乡长，整个朱家镇变成一镇两乡。乡长、镇长和37个自然村的村长，都成了我们的人了。敌占区变成了我们的根据地，伪政权变成了我们的政权。接着，领导上又要我们做邵而区伪区长周贻谋的争取工作。为适应形势需要，我穿上大褂，戴上礼帽，骑上自行车，和新选的朱家镇镇长吴纪元（我们的地下秘密交通员）一起，到邵而区找伪区长周贻谋。一次我们去后，周贻谋和伪区队队长李星五都在，寒暄了一阵，李告辞走了。我们和周交谈，发现他们两个人矛盾很大。李是个阴险毒辣的坏蛋，周态度比较老实，只是说他这个区长实在不好干。我们确定争取周，李子亭同志亲自找周谈话，进行爱国和形势教育。他表示干伪区长有罪，要立功赎罪。我们要他辞去了伪区长职务，把他安排在井家沟担任我们的义务情报员，以开小铺作掩护，侦察敌人重要军用物资仓库和运转等情况（济南解放后又给他分配了工作）。组织上又让我们继续做新上任的伪区长徐子言的争取工作。我们曾化装，买上礼物，到济南市魏家庄徐的家里看望他，并和区的徐文书多次交谈（他是徐的侄子，徐上任后安排的），也买上礼物去看徐文书的父母。徐的侄子对我们谈了很多情况，说区政府人员思想很混乱，他叔叔怕八路军，整天住在济南。伪区队两次被八路军袭击，剩下的队员说他们只是混饭吃，八路军再来，他们就扔了枪藏起来。这样，区政府和伪武装区队实际上不起什么作用了。

只身潜入敌占区侦察敌情

日军侵占济南后，在仲宫镇驻有重兵。1944 年，据我们侦察，当时仲宫镇有：日军 1 个中队、汉奸 2 个中队、特务队 1 个、剿共班 1 个、清乡队 1 个、警察所 1 个，共 300 多人。他们经常派兵四处骚扰。为了打击敌人的气焰，这年 4 月上级领导要我化装进入仲宫镇侦察敌情，争取伪军政人员，了解敌人兵力、武器配备、指挥系统等情况。仲宫镇旧习惯是 10 天 4 个集，逢集三川四峪的老百姓来赶集的很多。一天逢集，我化装随赶集的人进入仲宫镇。那天镇上的一条南北大街上挤满了人，墙根、屋角、店门口、街两旁摆满了农副产品，真是一摊挨一摊，一排挤一排，连脚都插不下。有些小摊把被单撑起来遮太阳，集上都在拼命叫卖。一排排穷人、老人、残疾人跪在街旁，向来往行人乞讨。看到这种惨景，我禁不住流出了眼泪，痛恨万恶的旧社会，痛恨万恶的日寇汉奸卖国贼。我在集上转了一圈，就走到汉奸队驻地门口，观察了他们的工事，这里用麻袋装土作掩体，行人路过，都要向站岗的汉奸鞠 80 度的躬才能过去，否则不是训斥就是打骂。我又到镇北头日军驻地，仔细察看了他们用条石、水泥构筑的三层圆形炮楼，炮楼周围全是铁丝电网，门口还有日本兵站岗。随后我又到大地主周茂瑞家（因我父亲给他干过活，所以我认识他），通过他可以和伪军人员接触。我正和他闲谈，汉奸队长高绪远和自卫团长刘允广来了，周给我作了介绍，我们四人打起麻将。经过接触，我了解到他们两人出身、经历及政治态度，一个是死心塌地的汉奸卖国贼，一个是可争取的人。我回来后立即向组织做了汇报。我又和汉奸一中队的韩 ×× 交了朋友，他向我提供了汉奸队的人数、武器和队长的指挥能力等。我又通过在日寇炮楼伙房干活的人，了解到这个三层圆形炮楼的构造，每层都有射击孔，最上层射击孔最大，周围架设了好几米宽的铁丝电网，昼夜都有岗哨，晚上岗楼门口用电网堵着，中国人不准到炮楼附近。日寇配有机枪、小炮、三八式大盖枪。我将情况向上级汇报后，1945 年 3 月，我军派部队攻打了仲宫镇的汉奸队，把汉奸队驻守的二层楼东北角炸倒，打死打伤伪敌数十人，缴获了一批武器弹药和物资，使日伪军不敢轻易外出骚扰。

巧取情报毙俘伪军千余人

1945年6月，伪治安军一个旅突然窜进邵而区大涧沟村，闹得全村1000多户人家人心惶惶，不得安宁。组织上要我配合鲁中军区侦察参谋李学敬和历城县大队的侦察参谋张汉杰一起到大涧村进行侦察。当时治安军进村后，一切食宿供应都由附近各村分摊，轮流送到指定地点。我娘舅崔庭扬是二仙村送东西的代表，他和大涧沟镇长胡德胜很要好，考虑到我们进村熟人很多，万一碰上坏人危险很大，就决定通过崔送东西了解敌情。我们向他交代了任务，崔接受了。他到了大涧沟胡德胜家，对胡说："这是八路军交给咱俩的任务，是为了解放咱们这个地区，完不成怎么向八路军交代？这任务别人不知道，虽然有危险，做好了就不会出问题。"胡闭口无言，只好接受了任务。胡把崔留在镇公所帮助办事，自己亲自外出察看，经过几天的观察，把敌军的旅部、团部、营部、连部部署和道路情况绘成草图交给崔。崔说："还得请你送我出庄才保险，你不送我，被敌人搜出来还得了，咱俩都得死！"胡只得送崔过了最后一道岗哨，才将图交给崔带回。鲁中军区研究决定由南平政委带领部队，于1945年6月中旬攻打大涧沟。泰历县大队配合，各区队带各区的担架队。山东军区济张泰战略情报工作委员会的同志，在王均、曹芳庭主任的带领下参战。这天下午4点钟左右，部队集合在锦绣川的东西路家庄外南河滩里，都坐在河滩的石头上等候命令，头上是烈日晒着，脚下是热石头，真是坐不住。正在这时，南平政委骑着一匹红鬃马来了，他下马走到队伍中间，大家一阵掌声、欢呼声。南政委讲："我们的敌人是治安军一个旅，实际是两个团、一个警卫营，共2000多人，他们吃了败仗跑到大涧沟驻守，人心惶惶，战斗力不强。我们有县大队配合，各区队参战和山东军区战略情报委员会指导，我们能取胜，一定能取胜，为人民除害，为党和人民立功。"大会动员后，部队向大涧沟进发，走到仲宫镇时，天下起大雨，越下越大。我军冒着倾盆大雨，急行15公里，到了大涧沟的南岭。这时雨停了，天也黑了，黑得伸手不见五指。指挥部设在上店子村，我军开始攻击。根据地形，我军主攻在村东面，南面佯攻。由于敌人没有防备，刚下过大雨，天又很黑，我军攻入敌军阵地后，敌人顿时惊慌失措，溃不成军，狼狈逃窜。这时南面的我军也开始猛攻，但由于沟深，土崖头又高又滑，爬不上去，于是我军便三个战士人踩人往上爬。此时在崖头上的敌人一面射击，一面往下扔手榴弹，落在最下面一个战士的脚下爆炸了。这个同志倒下了，上面的两位同志也摔下来。我们立即冲上去抢救，放在担架上抬回。同志们火冒三丈，终于轮番冲上崖头，敌人从崖上桥头夺路逃命。枪声惊动了桥东南场院里的一群牛，牛群也狂奔着冲上桥头。桥上乱作一团，有的敌人被牛撞下桥摔死。我军跟着牛群冲到桥头，堵住了敌人的逃路。敌人冲不过去，向后退退不回去，只好举枪投降。这一仗打得很漂亮，打死、打伤伪敌1000多人，缴获了大批武器弹药物资等。我军打了半夜仗，每人得背5支枪，担架、牲口等运输工具运的都是胜利品。我军也伤亡30多人。这一仗打击了敌人的嚣张气焰，鼓舞了群众。①

四、八路军泰山军分区武工队在绣川、涝坡、泉泸开辟根据地

1943年冬，为配合泰历、章历边区武装斗争，保卫、掩护济南工委开展开辟根据地及市区秘密工作，泰山军分区派罗俊为队长的武工队进入历城，主要战斗在绣川、泉泸、涝坡等地，即今天的仲宫以东、绣川以北、港沟以西的山区。老八路罗俊在《开辟历城南部山区抗日根据地》一文中回忆：

当时，我们山东纵队第四旅（此时八路军山东纵队第四旅已整编为泰山军分区，下同——编者注）活动在泰山根据地。为了保卫泰山革命根据地，巩固和壮大抗日力量，支援济南党的地下斗争，旅部决定组织一支武工队，深入敌区，到敌人心脏里开展工作，开辟历城根据地。

接受新任务

我原是四旅政治部的协理员，组织起武工队，我任队长、刁玉芝任指导员，李烈炎任副指导员。武工队员都是从部队选拔来的一些精明能干、有勇有谋，能单独执行任务的连排干部。泰山地委书记兼四旅（泰山军分区——编者注）政委林乎加同志、政治部主任李梅青同志、敌工科长张秉玉同志，就如何开辟历城根据地做了详细的布置和指示，林政委指示："历城是山东的首县，它连着山东政治、经济、文化的中心济南，开展这一地区的工作，不仅保卫了泰山

① 济南市政协文史资料委员会编：《20世纪济南文史资料文库·政治卷》，黄河出版社2004年版，第98页。

革命根据地，而且为从根据地到济南开展工作打开了一条通路。”又说：“你们武工队的任务是：一要认真执行党的抗日统一战线政策，对敌、伪、顽势力和杂牌军及封建道会门，要利用他们之间的各种矛盾，进行分化瓦解，团结进步的、争取中间的、打击最反动的顽固分子；二要建立抗日民主政府，宣传党的抗日政策，扩大党的影响，保卫济南市工委；三要接送从泰、莱到济南来往的地下工作者和秘密联络员。你们的活动方式是由秘密到公开，先用文，后用武，要文武结合。”

泰山军分区武工队长罗俊（右）与战友

根据林政委的指示，我们武工队召开了由分队长参加的党支部扩大会议，对领导交给的任务和历城南部山区的具体情况进行了认真的分析和研究。大家一致认为：开展这一地区的工作，有其有利的条件，但也有不利的因素。历城南部山区（即仲宫、西营一带），山峦重叠，地形复杂，敌人的大部队很少到这一带活动，这对我们开展工作十分有利。我们党已在这个地区有了点、线活动，王瑞、王平同志在绣川的后沟村建立了联络点，赵亦安同志早在柳埠的突泉和高而、出泉沟等地建立了联络点，发展了党员，建立了党支部。这些都是我们开辟历城工作的有利条件。但是，由于这里交通不便，文化落后，也给日伪军的勾结造成可乘之机。他们在群众中大搞愚民活动，发展各种封建道会门组织，如无极道（红枪会）、一贯道、三番子等。反动地主、保长、坛长利用这些封建道会门，以维持治安为名，组织反动武装，并与汉奸暗地勾结，形成抗日的反对派。所以，我们到这一带的首要任务，就是与反动道会门展开斗争，揭露其反动本质，启发群众觉悟，建立巩固的抗日根据地。经过一段时间的准备工作，我们开辟了历城的南部山区根据地。

直插大佛寺

根据对敌情的初步分析，我们决定先从商家庄下手。1943 年秋天的一个深夜，武工队像一把利剑，直插商家庄对面的大佛寺庙内，秘密隐蔽起来。我们直插大佛寺，是因为它位于西营的西部、仲宫的东部，是鬼子据点的空当处，是敌人统治的薄弱环节；这里三面环山，地形复杂，如遇紧急情况便于转移；大佛寺庙内有25个和尚，还配有用来防卫的三五支驳壳枪，一般人不敢到这里来。进驻以后，我们亮明了身份，说明了来意。他们看到我们这突如其来的百余人的队伍，身配三大件（驳壳枪、三八式马枪、四个手榴弹）也无可奈何，再加上我们秋毫无犯的纪律，给他们留下了好印象，所以，他们对我们热情相助。为了尽快地开展工作，我们决定第二天下午4点，召开附近村庄的三长（乡长、村长、保长）会议。因为4点以后敌人龟缩在据点里不敢出来，这个时间开会比较安全。上午，我们给艾家庄、后沟、北坡、大佛寺、小佛寺、东崖村等十几个村的保长、村长、乡长、绅士名流发出了通知。通知的内容大意是：各位乡长、村长、保长，请你们于今天下午4点钟，来大佛寺有要事相商。署名是鲁中军区武工队。以前，不是皇军通知他们开会，就是伪军通知他们开会，而这次是鲁中军区武工队通知他们开会。接到通知后，他们有的害怕，有的高兴，有的惊奇，有的想来探听虚实，所以，他们到得特别早，特别齐，而且衣帽整齐。会上，我们说明了武工队来历城南部山区的任务，宣传了八路军抗日主张，并向他们布置了任务。随后又把我们带来的《抗日救国十大纲领》《泰山日报》等宣传品散发给他们，带回去造舆论。这次会议，是我们以公开的身份召开的，为防备坏人告密，晚上11点钟我们又转移到偏僻的村庄青杨峪住下。

突闯泉泸乡

经过一段时间的工作，我们在商家庄一带扎下了根。商家庄以北是泉泸乡和涝坡乡，这两个乡道会门势力比较大，工作难开展。

为了摸清敌情，我们决定由三五人组成一个小分队，分头到各村活动。我和马山民、宋学修两名同志组成一个小分队，直奔泉泸乡公所。晚上7点多钟，我们见到了乡长、保长和坛长。他们表面上很客气，把我们带到乡公所的一间大屋里，又泡茶又递烟，十分殷勤，背地里却集合起五六十个教徒，手持大刀长矛，想给我们个下马威。其实这已在我们预料之中。

我们三人坐定不久，就听外面一个人故意吆喝说：“师兄，今晚来了几个老八？”另一个人回答：“三个。”又一个声音说道：“今晚上咱不祭祭刀吗？”来势好不嚣张！我不动声色，心里想，看来不给他们点厉害看看是不行了。于是我向窗外说：“这是哪位师兄说的话？会动刀枪的说在明处，别在暗地里吓唬人！我们八路军不怕这个！”说着，我扭头看了马山民一眼，对他说：“八家（马山民同志的别号），刚才那位师兄想祭祭刀，先叫他们开开眼！”说完我抓起一杆竖在墙角的长矛扔给他。马山民参军前练过武术，也曾在莱芜梆子戏中扮过武生，所以他对刀、枪、剑、戟无所不通。他轻轻接着我扔过去的红缨枪，一个箭步跳到屋中央，先来了个出手亮相，紧接着便“嗖嗖”地耍将起来。只见他出枪似箭，回枪带风，那红缨穗在空中划出无数红圈圈，使围观者眼花缭乱。他收住枪，脸不红气不短，镇定自若。我趁势又拿起一把大刀扔过去说：“八家看刀！”马山民上前一步接住刀，转身又耍起刀来。只见刀光闪闪，寒气逼人，前刺后劈，威风凛凛。马山民耍的刀枪使这些教徒大惊失色，他们都从窗棂往里偷瞧。有的还情不自禁地发出“啧啧”声。马山民刚停住手，我接着又对宋学修说：“小宋，这里的围墙不算矮，看看它能挡住咱了吧？”宋学修一听就明白了我的意思，他一个箭步窜到院里，朝围墙打量了一眼，那墙足有两米半高。只见小宋几步小跑纵身一跃，右臂就挎上墙头，然后，左腿一个蹁马，飞身就站到墙头上。一会儿，又一个鹞子翻身跳下墙来。他神态自若，动作麻利，身轻如燕，落地无声。只惊得在场的教徒目瞪口呆，大气都不敢喘。

这时，我就大声说：“我们八路军是来做抗日工作的，只有抗日才能得到人民的拥护。不像王启祯（王启祯的部队是伪历城县长、伪警备旅长岳伯芬手下的汉奸武装）那伙，他们打着抗日的旗号，暗地里跟汉奸勾搭，当汉奸是没有好下场的！”说到这里，我看了一眼那些乡长、保长们，他们面面相觑，啼笑皆非。我接着对他们说：“我们的政策很明白，只要是真正拥护抗日，我们就欢迎，就团结。你们回去考虑考虑当岳飞还是当秦桧，你们自己决定。”

罗俊率领的八路军泰山军分区武工队

我说完后，乡长和保长们都很慌张，有的点头道歉，有的假装生气地呵斥窗外那些教徒，还有的阿谀奉承说：“八路军真是天兵天将，个个都会飞檐走壁，我们真是有眼不识泰山……”我看时间不早了，就提出告辞。乡长马上说：“我们隆重欢送！”便领着我们往外走。这时，大门外早有五六十个全副武装的无极道徒排成两列，名为夹道欢送，实际上想在我们面前抖抖贼风。看着这个阵势，我心里暗想，今天是第一个回合，他们并不真服，看来还得与我们来上几个回合，真正较量较量呢。

白土岗痛打汉奸队

果然，不出几日，他们就到处放风说：“武工队是来创牌子的，创出牌子来还要共产共妻，别信那一套！”还有的说：“兴隆镇的汉奸已经来到白土岗了，八路军要是真抗日，他们敢去打吗？”面对这种情况，我们考虑，只有打一次胜仗，才能彻底揭穿敌人的谣言，用事实教育群众。经过侦察，我们得知白土岗的汉奸只有20多人，但非常狂妄。我们决定出其不意，打他个措手不及。

一天，我们武工队二十几个人悄悄接近了白土岗，刚到村东头就发现了敌人哨兵。我命令刘庆田、刘英两同志上前干掉他。他俩简单地化了装，挎了个篮子，大摇大摆地向前走去。不一会儿，听到敌人哨兵喊：“站住，干什么的？”“到村里走亲戚。”他俩一边说，一边继续往前走，等走到岗哨跟前，手疾眼快，就把那哨兵的枪缴了。我们从这个俘虏口里得知，村里确实只有20多个汉奸，正在庙前的大槐树下喝酒。这正是将他们一网打尽的好机会。

我们迂回进村，隐蔽在大庙附近，看见大槐树底下，一张八仙桌旁，坐着一个30多岁又瘦又黄的家伙。他腰挎盒子枪，嘴上叼着香烟，脚放在八仙桌橖上。从他这副神态上断定，这准是汉奸中队长。就在这时，一个汉奸发现了我们，惊慌地喊了声：“八路来了！”吓得汉奸中队长的脚从桌子橖里抽不出来，拖着桌子跑了好几步，其他的汉奸就更乱了阵脚。这时候，我们手枪、步枪、手榴弹一齐开火，把20多个汉奸打得死的死、逃的逃，最后我们还抓了四五个活的。

这一仗我们取得了很大的胜利。八路军的声威传遍村村户户，封建迷信势力收敛了些。群众出了气，增强了胜利信心，也擦亮了眼睛，道会门的谣言没人信了。我们依靠贫下中农，宣传党的抗日主张，揭露反动道会门的鬼把戏，提高群众的觉悟。不久，就在涝坡、泉泸等大村，成立了以贫下中农为主体的抗日自卫团，并从贫下中农当中选出了团长。而无极道等反动道会门组织则慢慢瘫痪，名存实亡了。抗日自卫团为我们八路军站岗放哨，传递情报，掩护我方抗日工作人员等，为抗日做了大量工作。从此，南部的泰历县和东部的章历县连接在一起，并使西营、商家庄、仲宫、大涧沟这 4 个敌伪据点被孤立起来。

1944 年春，泰山军分区政委林乎加同志和章历县委书记胡寅同志率领两个连，和我们武工队攻克了西营、商家庄两个敌伪据点。在进攻的当夜，我们把西营伪中队长宋杰三（以前和我们有关系）叫了出来，林政委和他谈了话，并让他向伪军们讲清楚，这次打西营，不要造成双方伤亡，听到枪响，就开门排队出来反正。宋杰三答应："一定照办。"

伪中队长走后，林政委又吩咐我带两个分队配合两个连参加战斗。我们的任务是：伪军一缴枪，迅速到据点内部收缴敌人的枪支和文书案卷等物。刁玉芝同志带一个分队，将商家庄的警察所拔掉。任务交代后，部队立即行动，当天夜晚两个据点就被顺利地解决了。

1944 年 9 月 29 日，历城县委和历城县政府正式成立。第一任县委书记是傅敦吾同志，第一任县长由济南办事处主任武中奇同志兼任。同时建立了历城县大队，县大队是由打入岳伯芬部的郭正元同志拉出来的一个营和王剑桥同志带领的特务大队两部分组成的，郭正元同志任大队长，王剑桥同志任副大队长。从此，武工队完成了党交给的任务，我们奉命调回，又走向了新的战斗历程。①

五、党家庄：张廷勋领导的回民抗日斗争

历城县党家庄，位于济南市西南近郊，津浦铁路由此南下，西南与长清县接壤，东南与县境郜而区连接，是典型的回族聚居区。日伪军为保西南大门及津浦铁路安全，在此设立日军驻防的重点据点，实行法西斯统治，是日军"爱护模范村"。英雄的党家庄回族人民，在日伪统治中心，英勇斗争，谱写了历城抗战史上的光辉篇章。

---

① 政协济南市历城区委员会文史资料委员会编：《历城文史资料》（第 7 辑），第 40 ～ 49 页。

爷儿四个都抗日 抗战初期，回民金晓村领导的泰西“回民基干队”，经常到党家庄开展活动，宣传共产党的主张，八路军的组织纪律、民族政策、宗教政策等。在回民中有很高威望的张登鳌阿訇，很受鼓舞，与三个儿子张廷勋、张廷信、张效农等都参加了抗日救国的革命活动。1939 年，张廷勋秘密加入中国共产党，以阿訇作掩护，积极参加抗日活动。党家庄伪村长李恩珂是张廷勋的叔伯妹夫，他曾依靠日军的势力耀武扬威，张廷勋经常做工作转化他，使之成为“白皮红心”的庄长，为八路军提供手枪、步枪各 1 支及部分子弹。曾任济南情报委员会主任的老八路牛瑞符（化名王均），1985 年回忆说：张廷勋是高个子，性格直爽，有强烈的爱国主义思想。他不仅在党家庄的回民中有威信，就是在市内、济阳、商河县的回民中也有一定威信。

为根据地提供紧缺物资 泰西根据地、泰历县急需药品、布匹、子弹、纸张等物资。张廷勋千方百计利用关系购买转运，要过三关。第一关是购买关。这些物资都是敌人的禁运物品，日伪管理严密，有的商店潜伏特务当售货员，有的派特务直接监视，没有可靠关系买不到。第二关出城关。物资由城里往外运送，要经过关卡日军、伪军检查。第三关是运送关。由敌占区运往根据地，日伪及伪装成老百姓的特务会严加盘查。由于张廷勋具有丰富的对敌斗争经验和善于结交的特长，从未发生意外。一次，张廷勋把西药购买好，因敌人盘查严密怕被发现，便和抗日救国会的另一个成员周茂林商量，以警察局使用为由，让周茂林的儿子周群以日伪警官的身份送出了关卡。

舍生忘死，建立秘密联络点 1944 年，济南情报委员会党支部书记亓西钊，在张廷勋家里建立秘密联络点。张家为情报工作的开展和同志们的来往，提供了极其便利的条件，凡是往返鲁西、济南的同志，大部分由张廷勋派叔伯弟弟张廷楷接送。在市区执行秘密任务的刘新民，长期住在张家。凡是来往的同志，张家热情接待，积极协助完成各项工作任务，张家的亲戚朋友家也成了革命活动的场所。

张廷勋烈士（历城区政协提供）

张廷勋的抗日活动有极大的危险性。由于叛徒的出卖，日军把张廷勋、刘新民捕去，他们受尽酷刑，依然严守秘密，经周茂林的儿子周群托关系才获保释。张廷信为张廷勋的安全考虑，劝他到根据地参加抗日工作，张廷勋全面衡量后，坚定的要留下来，认为虽然有危险，但更有利于抗日。张廷勋经常叮嘱爱人：要有独立生活能力，把孩子带好；我这个工作不一定什么时候出问题，你要有个思想准备。为了抗日，张廷勋时刻准备献出自己的一切。

建立回民中队 根据建立“抗日反攻潜伏队”要求，在亓西钊的领导下，张廷勋利用在历城、济南、济阳、齐河一带回民中的威望，建立了“回民中队”，张廷勋任队长。张廷勋带领这个中队活动在党家区，宣传党的方针、政策，搜集敌人政治、经济、军事情报，配合了抗日工作，分化、瓦解伪军，动员回族青年参军，支援抗战，为历城抗日斗争立下了功绩。1946 年 3 月，张廷勋惨遭国民党王耀武部杀害。

第五节　迎接胜利的曙光：八路军泰山军分区历城县大队的建立

1942 年 4 月，中共历城县委成立后，刘梅村、苏勋卿、尹天佑、郭正元等领导人，隐蔽于岳部坚持抗战。在县委与日、伪、顽的残酷斗争中，刘梅村、苏勋卿、尹天佑等壮烈牺牲。在泰山地委的领导下，历城人民不屈不挠，积小胜为大胜，熬过了抗战中最艰难的时期，开辟了济南南山抗日根据地。1944 年 9 月，中共历城县委、县抗日民主政府的建立，历城人民迎来抗日战争胜利的曙光。

一、特务大队与尹天佑的牺牲

1942 年 5 月—1944 年 9 月，历城县中共党组织的武装斗争活动分三部分：一是尹天佑领导特务大队，接受泰山地委、济南工委领导。二是苏勋卿、郭正元主导的岳部一团二营和自卫大队。郭正元、郭跃华、张守道、傅封璞等一大批党员主导的岳部十三旅一团二营，郭跃华担任了一团的政治部主任、郭正元担任二营营长；刘梅村、苏勋卿、王占元、王剑桥、牟杰（黎明）主导的岳部自卫大队；苏勋卿、郭正元两部分的活动是中共历城县委主体，归清河区党委领导，县委通过特派员刘梅村和交通员刘德泉与清河区党委联系。三是中共党员孟昭武、孟昭铨等主导的岳伯芬十三旅第三团（王启祯投日后，称“伪三团”）独立连，孟昭武同志担任伪三团的副团长，孟昭铨同志担任伪三团独立连连长，与章丘县委书记胡寅同志联系。以上三部分不发生横的联系，但是互相了解，在对敌斗争中相互配合。

1942 年 7 月，中共历城县县委委员尹天佑凭借与岳伯芬同学关系，组建岳部十三旅特务大队，尹天佑为大队长。1943 年 11 月，泰山地委、济南工委派王裕民协助尹天佑工作，建立中共济王工委，王裕民任组织委员，以特务大队为掩护，主要在郭店、王舍人庄一带，扒铁路、摸炮楼、反奸除霸，给日伪以沉重打击。

智取曹家馆伪据点 汉奸陈崇山在日军支持下，在章历边区建立了严密的统治网，1943 年，陈部设曹家馆据点。尹天佑、刘化忠研究后，决定带领特务大队进行夜袭。派队员刘思九与据点伪军排长徐生、张希文等联系，他们同意与特务大队配合，并争取一部分伪军支持行动，并约定暗号：特务大队先向里面扔石子，里面再向外边扔坷垃。愿意抗日的，右臂绑上白布条，避免误打。行动的晚上，黑云密布，东北风呼啸，天气很冷，伪军岗哨龟缩在岗楼里，几个伪军头目认为平安无事，枪挂在墙上，围在一起打麻将、推牌九。晚上 10 点多钟，按规定的暗号联系好后，据点大门打开，特务大队的七八个战士悄悄地摸进，迅速地将营房门踢开，一个箭步窜到屋里，把枪口对准了伪军。此战，没费一枪一弹便俘获了全部伪军，缴枪 30 余支、子弹一批。特务大队对伪军进行抗日救国的教育，根据自愿原则，回家的发给路费；徐生、张希文等加入特务大队，徐生射击技术好，当了特务大队的射击教练。

年三十夜袭日军郭店据点 老八路陈达回忆了跟随尹天佑夜袭郭店据点的经过：

> 1943 年秋天，吕荣生、尹天佑同志发展的灰色武装已达七八个人，但是枪支很少，无法开展武装斗争。此时组织上又派我回到郭店一带，和尹天佑同志一起，发展武装力量，特别是要搞到枪支。经过一段工作，我们讨论分析以后，将郭店火车站驻有伪军的炮楼作为我们的袭击目标，夺取那里的枪支弹药，武装自己，以便更好地开展抗日工作，震慑敌人。我们便派人到郭店车站附近了解情况，争取群众的支持，并借机勘察地形，设计攻打炮楼的行动路线。经过调查，附近的村民都对郭店据点的鬼子恨之入骨，纷纷向我们控诉鬼子杀害无辜、强奸妇女、抢夺财物等种种为非作歹的罪行，盼望八路军早日消灭鬼子。

同时还了解到，铁路上的扳道工，是个热血青年，又很精明，如果得到他的帮助，打炮楼万无一失。我们找到了这个扳道工，经过攀谈，确认了群众对他的评价后，便直接向他讲明了打炮楼的想法。他非常高兴地讲出了久已盼望驱逐日寇、不当亡国奴的想法。他还介绍说："炮楼里共有 8 名伪军。夜间有一人轮流值班，鬼子的铁甲车一小时一次巡线，我每半小时用信号灯向炮楼发一次信号，表示安全。"根据掌握的情况，尹天佑同志和我们一起，研究确定了一个具体行动计划：利用大年三十夜晚没有月亮、敌人思想麻痹的机会，我和吕荣生、郭正元等 4 人由尹天佑同志带领，带上仅有的 2 支手枪、6 发子弹，借日寇铁甲车过去的黑暗，利用扳道工的安全信号晃住敌人眼睛的机会，飞速跑近炮楼，砸晕哨兵，争取一枪不发，全歼敌人。

年三十夜，12 点刚过，我们便按照设计的方案，接近炮楼，还没等敌人反应过来问声"干什么的"，已被手枪砸在了脑袋上。我们迅速冲进炮楼，夺了 8 支大盖枪。等睡眼惺忪的敌人弄清了怎么一回事，我们已安全地撤出了战斗。当铁甲车里的鬼子用枪炮为我们送行的时候，我们已经满载着战利品急行在车站以南两里多的小路上。①

1943 年上半年，尹天佑及特务大队的活动引起汉奸王启祯的怀疑，令伪三团特务营营长江秀山监视，尹天佑率特务大队夜袭江秀山营部，随后击毙民愤极大的王启祯传令兵江春泉。

尹天佑牺牲　日军强化了胶济铁路的防卫，抗日形势十分艰难，尹天佑与特务大队撤到铁路以南，以南山根据地为依托，继续进行抗日斗争。此时，汉奸陈崇山伙同日军，数次围击岳部，岳部在东北乡已无立足之地，向济阳、齐东一带转移。苏勋卿、刘梅村、王占元、王剑桥，趁机将岳部自卫大队转移到铁道以南，与尹天佑特务大队合编，秘密代号为"八中队"，对外仍是岳伯芬十三旅特务大队，尹天佑任大队长，王剑桥任副大队长，设两个中队，苏勋卿任一中队长，

尹天佑烈士（历城区政协提供）

① 政协济南市历城区委员会文史资料委员会编：《历城文史资料》（第 7 辑），第 87 ～ 88 页。

王裕民任二中队长。合编后的特务大队党组织加强，战斗力增强。

尹天佑及特务大队的抗日活动引起日伪的恐慌及国民党顽固派的忌惮。岳伯芬部下党克明、高兴五，从昌乐国民党省党部带回的密电中称：“以十三旅特务大队的名义，在历城县境内活动，速设法解决，否则，将受严重的处分。”1944 年 2 月 2 日，尹天佑与历城六区（现在的董家镇、郭店街道一带）伪区长李少毅在侯家庄进行谈判，目的是争取李少毅抗日，竟被李的部下郭贵清和段成信杀害。王裕民给历城六区伪区长李少毅写了一封信，大意是：“你口口声声说要抗日爱国，现在爱国的志士被你部下杀害了，对此，你要负一定责任，这个账我们一定要算清！你若不惩办凶手，我们将要杀你全家。”随即王裕民带领特务大队向伪区公所驻地董家庄出击，捉拿李少毅。军事打击和政治压力，迫使李少毅在刘家庄将凶手郭贵清处死，另一凶手段成信在新中国成立后被处决。

尹天佑的牺牲是历城县委的重大损失，县委及八中队在苏勋卿、刘梅村、王剑桥的领导下，继续高举烈士抗日的旗帜，战斗在章历边区，迎接更为严酷的斗争。

二、苏勋卿、刘梅村壮烈牺牲与中共历城县委的解体

中共基层村党支部的普遍建立　1942 年 4 月，中共历城县委成立后，一方面隐蔽于岳部积极掌握、发展抗日武装，一方面在章历边区积极发展党的基层组织。到 1943 年，章历边区共建立了 7 个村党支部，发展了党员 70 余名。南洼支部，孙庆丰任书记，党员 12 名；苏官庄支部，苏勋卿任书记，党员 8 名；李官庄支部，郭克勇任书记，党员 12 名；龙山支部，孙伯奎任书记，党员 5 名；南洼支部，孙庆丰任书记，党员 12 名；武家庄支部，尹天佑任书记，党员 15 名；港沟大官庄支部，孙锡汉任书记，党员 12 名；东王庄支部，李子恩任书记，党员 7 名。

历城县唐王镇东王庄党支部，是在日伪统治严密、岳部经营多年的东北乡地区建立的第一个党支部，该支部在王其藩的指导下，成为八路军清河军区第二军分区的秘密交通站，连接渤海军区[①]和鲁中军区的交通线经过该党支部。

王其藩组织创建东王村党支部　王其藩是历城县东王村人，家境贫寒，少年在胶济铁路当学徒工。七七事变后，王其藩随胶济铁路工人带机车南撤。1938 年 4 月，

① 八路军渤海军区是 1944 年 1 月由冀鲁边和清河军区合并而成，杨国夫任司令员，景晓村任政委，辖 4 个军分区。

加入中国共产党，参加湖北省委举办的地下党员训练班，聆听董必武、吴玉章讲授党史及唯物辩证法。9 月，到达延安，先后在“抗大”、职工学校、职工委员会、中央党校、枣园城工训练班等单位学习和工作。1942 年 2 月，冀鲁豫边区党委安排王其藩返回济南开展地下工作，辗转数月，在济南没有找到合适的职业掩护，回到家乡。王其藩广泛地接触群众，秘密地对有一定阶级觉悟和民族觉悟的贫困农民进行教育，培养了一批骨干分子。是年冬，王其藩在东北乡建立了第一个党支部——中共东王村支部。李子恩任支部书记，王其藩和王其茂任委员，后又发展王其鑫、王其斗、郑锡美、王如升等人入党。

党支部多次领导农民进行抗捐斗争。1944 年春，日军又派捐款。此时，正是青黄不接的时节，许多家庭无隔夜粮，以谷糠、野菜、树皮、草根充饥。伪村长王其丰、保长王尚震把捐款的份额按人头摊派在贫苦农民头上。党支部抓住时机，领导群众进行斗争，王尚震见势不妙，改变了摊派办法，通过这次斗争，群众体会到团结的力量。为了便于工作，党支部利用岳部十三旅少校军需王焕文的关系，村长由王其藩接任。王其藩当村长不久，接到岳部征“荣户捐”的通知，王其藩全部派给了地主、富农，穷苦农民都拍手称快。王其藩的做法引起地主的怀疑和报复，他们纠集伪地方势力，几次抓捕，但由于王其藩有党支部团结的贫苦农民的保护，他们未能得逞。

党支部成为连接鲁中、清河两大根据地的秘密交通站。东王村向北 15 公里过黄河是清河根据地，向南 10 公里过胶济铁路是鲁中根据地，是鲁中、清河之间理想的中转站，彭瑞林司令员、杨一辰部长等领导，曾在王其藩家里住过。东王庄党支部顺利地完成了转送情报、护送干部等任务，从未出过差错。

中共历城县委面临的险恶形势 县委抗日活动，主要在章历边区的济南东北乡一带，日军依靠龙山、孙村、郭店、历城县城的兵力，严防胶济铁路。以汉奸陈崇山部为主力的伪军，从龙山镇到小清河的章历边区遍设据点，1943 年麦收后，已无“青纱帐”掩护，苏勋卿、刘梅村、王剑桥率自卫大队到铁路以南。此时，铁路以南的孙村、东梧区根据地正处于开辟创建之中，中共历城县委没有巩固的抗日根据地作为依托。在恶劣的抗战形势下，中共历城县委与清西地委、清河区党委联系处于中断状态，老八路傅封璞回忆了向中共清西地委传送情报的艰辛：

1943 年春，县委决定派我去清西地委汇报和请示工作。于是，我向岳伯

第一届中共历城县委委员、解放军成都军区原后勤部政委傅封璞

芬请了“病假”。由龙山（平陵城）车站坐火车到周村，再经秘密交通站转送，在小清河北岸陶唐口镇找到了地委。

去时，县委特派员刘梅村要我给地委书记张文韬带一支金星钢笔和一枚铜质坐狮方形图章，并嘱我：“要相机行事，图章带不去就扔掉。”当时我想：敌人只要不了解张文韬其人，图章是不犯私的。在周村出站口日本兵检查时，我把它装在对襟短夹衣外面的口袋里，然后将衣扣解开，使对襟翻卷，向两边敞开，摆出一副随你检查、满不在乎的样子。日本兵仔细地摸了我贴身的单褂、腰间和两腿内外侧，却忽略了外衣口袋，我胜利地完成了任务。

汇报工作后，地委交给我一封秘密指示信和两份宣传材料，怎么带呢？这可不比钢笔、图章了，敌人检查到就麻烦了。我设法搞到一只竹篮子，把文件用竹签塞进篮子底和提系的夹层里，篮子里装满周村烧饼。在周村进站时敌人对我搜身后，又将篮子里的烧饼倒出来，但什么“私货”也没搜查到。后来，我才知道这封密信是传达渤海区党委的指示，十分重要。[①]

长时间的交通、情报的中断，使清河区党委十分挂念历城县委状况，1943 年初冬，清河区党委派闫君到历城检查工作。闫君由秘密交通员刘德泉护送，装扮成家在济南经商的刘梅村的表姐，由清西地委转至龙山镇，住龙山支部书记孙伯奎家，先后听取了刘梅村、苏勋卿、郭正元、郭耀华、王剑桥等县委同志的汇报，指示历城县委进一步掌握岳部的武装，发展这一有利条件壮大县委的基础，展开县委的工作。闫君在历城工作一周，返回根据地，向清河区党委汇报了县委的情况。

刘梅村、苏勋卿坚决贯彻清河区党委的指示，将自卫大队与尹天佑特务大队合编为“八中队”，发展了抗日武装力量，经常率部越过胶济铁路，活跃在章历边区的平原，打击日伪势力。

① 政协济南市历城区委员会文史资料委员会编：《历城文史资料》（第 2 辑），第 93 页。

刘梅村烈士画像（青州市政协提供）

苏勋卿、刘梅村壮烈牺牲 1944 年 4 月 12 日，苏勋卿、刘梅村、傅封璞、王占元等 17 名战士，夜宿龙山镇附近的任家庄，敌人特务王兆庆发现后，即向陈崇山报告，汉奸陈崇山部集中 700 余人的优势兵力，包围任家庄，伪军进村后，先将便衣哨兵逮捕，逐户展开大搜捕，又将战士们所在的院落包围，战士们依据房屋、院墙反击，冲出院落，将伪军攻击出街巷，把守住街巷的南北两端，英勇抗击。汉奸陈部凭借优势兵力和机枪火力，发动了一波又一波的攻击，危机逐步降临到这支英勇奋战的孤军身上。刘梅村、苏勋卿决定向村南方向突围，战士们毫无畏惧地向南冲击，伪军发起更猛烈的围击。苏勋卿、刘梅村被俘，王占元等战士牺牲，傅封璞等 3 名战士成功突围，其余被俘战士遭汉奸陈崇山残杀。原解放军成都军区后勤部政委傅封璞回忆了任家庄战斗的经过：

当时我和王占元同志是第一中队的指导员和中队长，我们挑选了十七八个人秘密到铁路以北去开展活动，在苏官庄、韦坨和傅家店各住了一夜，发现敌伪已听到我们在那一带活动的风声，便决定立即返回根据地。第四天入夜后，我们从傅家店出发往铁路南开，部队到任家庄南约两华里，遇到苏勋卿、刘梅村等三人从铁路南过来。我们将敌情告诉他们，刘梅村说“太疲劳了”，苏勋卿提议“明天再走”，我们当晚又返回任家庄住下。第二天上午，伪顽陈崇山部队，以三个营的兵力到任家庄一带来“围剿”。约 9 点多钟，我们的便衣哨不慎引起怀疑被敌人逮住拷问，但敌人并没有问出我们就在任家庄的口供，进村以后就对老百姓打砸抢，12 点左右，我们借宿的这家有个青年妇女被几个敌人追赶跑回家来，敌兵追来敲门，发现了我们，这时才被迫孤军奋战。这户人家位于村南沿一条胡同的南端，王占元同志没等敌人敲开门，就开了枪，敲门的几个敌兵遭到我们突然的枪击，个个惊慌失措，抱头鼠窜。接着，村内已经乱了阵脚的敌人就组织朝我们的住宅围攻。开始我们扼守着巷道两端，逐渐又弃北守南，一直打到下午 3 点钟左右，部队也没有多大伤亡。但是，我们这些缺乏经验的指挥员却因看到敌众我寡，又远离根据地而沉不住气，决定向南突围。（回头想想，如果坚持到日落突围，是可能成功的。）虽然我们面对的敌人战斗力很差，但是，终因敌众我

> 寡，且战且走，到距离任家庄四五华里的南崔家庄时，部队已有很大伤亡。这时也已傍黑天了，我们队伍中有位同志家住该村，他领我和另一个同志躲进一家水井半截的洞里。这家有位老大娘，十分机灵，她立即用桶汲水，将井口周围浇湿灭迹。入夜敌人撤走了，崔家庄的那位同志把枪交给我，回家不干了。另一位同志叫刘三元，比我大几岁颇讲义气，随我回到了根据地，几天后，他也余悸难消，离队回家去了。所以当地人在好几年内，只知道我一个人虎口余生，不知道另外还有二人。苏勋卿、刘梅村、王占元等十七八人均在这次战斗中牺牲了。其中有七八人是负伤后被敌俘去杀害的。后来有目睹者告诉我们：惨无人道的敌人，将屠刀朝被俘同志的脖子砍去，我们的同志为了抗日战争的胜利，为了壮丽的共产主义事业，个个视死如归，从容就义！共产党员们就义前声声高呼：抗战一定胜利！革命一定胜利！中国共产党万岁！①

苏勋卿、刘梅村被俘后，被关押在石珩村，受尽了日本宪兵的折磨。审讯室是一间宽敞的过厅，屋里站满了凶神恶煞的宪兵特务，日本宪兵队队长拉长了脸坐在一把太师椅上。

苏勋卿瞥了日本宪兵队队长一眼，扭过头去，嘴角露出一丝冷笑。审讯室里肃静得可怕，只有一盏汽灯在咝咝地响着。“为什么还不开始，难道你们的人手还不够？”苏勋卿突然大声发问。满屋的敌人吃了一惊。

日本宪兵队队长皱了皱眉头，操着熟练的中国话对苏勋卿说：“我听说你是个很厉害的青年人，我希望你能说实话。”

“我们革命者从不隐瞒自己的主张，不像你们那样虚伪。”

“那就好，你担任什么职务？”

“抗日的职务！”

“做什么工作？”

“抗日救国！”

“不对，大日本皇军是为了帮助你们中国富起来。”

“胡说！”苏勋卿打断了日本宪兵队长的话，指着他的鼻子痛斥道：“你们日

① 傅封璞：《我在历城东部地区参加革命活动的回忆》，载《历城党史资料》（第2辑），第44页。

本强盗侵占我们的国土，屠杀我们的同胞，想要让中国人民当亡国奴。你们犯下了滔天罪行，你们的鬼话连三岁的小孩也骗不了！我们有共产党、有八路军，一定会把你们赶出中国去！”

“你们有共产党、有八路军，他们在哪里，一共有多少人？”日本宪兵队队长被苏勋卿骂得脸上红一阵、白一阵，却还想趁机从苏勋卿嘴里骗出一点秘密来。苏勋卿识破了他的诡计，冷笑道：“共产党和八路军到处都有，中国 4 万万同胞都要起来抗日救国！”日本宪兵队队长气急败坏地从椅子上弹起来，瞪着血红的眼睛，恶狠狠地吼道：“难道你就不怕砍头吗？”

苏勋卿昂然仰起头，斩钉截铁地说：“来吧，苏勋卿怕死就不抗日了！”他用手指着日本宪兵队队长继续说：“告诉你这个狗强盗，中国人是关不尽、杀不完的！杀了一个苏勋卿，会有更多的苏勋卿站起来！”

这时，一个汉奸翻译见日本宪兵队队长处境尴尬，连忙对苏勋卿说道：“你不要不识抬举，误会太君的好意。太君是很看重你的，只要你跟皇军合作，就大大的有好处。”苏勋卿气炸了肺，指着这个汉奸骂道：“你还是个中国人吗？你有什么资格在中国人面前讲话！”这个汉奸恼羞成怒，抬手就要打苏勋卿。苏勋卿满腔怒火，举起椅子向这个汉奸砸去，吓得日本宪兵、汉奸惊慌失措，躲闪不及。

日本宪兵队队长急忙让人把苏勋卿带了下去。

第二天，几个日本宪兵、汉奸特务等把苏勋卿押到了宪兵队后院的刑讯室里。这里摆着沾满血迹的杠子、铁尺、老虎凳等各种刑具。一个汉奸狞笑着，阴阳怪气地对苏勋卿说：“苏先生，昨天你是好汉，队长给你的面子可真不小呀！”另一个汉奸特务在一边威胁着说：“今天可不比昨天，你要老实招供，免得皮肉受苦！”

苏勋卿毫无惧色，坚定地说：“用不着你们费心，今天的苏勋卿和昨天的苏勋卿没什么两样！”这个汉奸特务一听，气得咬牙切齿，他转身向日本宪兵咕哝了几句，几个宪兵便像恶狼一样蜂拥而上，把苏勋卿的上衣剥光，用皮鞭乱抽起来。

苏勋卿毫不屈服，满腔的仇恨化为阵阵怒骂。敌人又脱掉苏勋卿的下衣，逼他跪在一片碎石子儿上，用杠子压。后来，敌人又牵过狼狗来撕咬苏勋卿。苏勋卿遍体鳞伤，昏倒在地。敌人用冷水把苏勋卿浇醒。苏勋卿在敌人绝望的咆哮声中顽强地挣扎起来，用坚定的声音说：“你们用软办法征服不了我，也休想用硬办法来压服我！”接着，又是一阵毒打。但是，敌人得到的只是从苏勋卿咬紧的牙关间挤出来的痛骂。

苏勋卿在昏迷中被架进木牢的时候已是满脸伤痕，浑身鲜血。难友纷纷围拢过来，给他擦拭身上的血迹，焦急地呼唤着他。苏勋卿在难友们的呼唤中苏醒过来。他睁大眼睛，强忍疼痛挣扎着坐起来，稍停了一会儿，又毅然扶壁而起，用手指蘸着自己身上的鲜血在墙上写下 14 个大字：

严刑利诱奈我何，
颔首流泪非丈夫！

1944 年 4 月 18 日上午，全副武装的日本宪兵气势汹汹地将苏勋卿、刘梅村等战士押上了囚车。那天是石珩村大集，敌人选中在这个日子处死苏勋卿是想恫吓广大人民。中午，赶集的人们纷纷涌来，越聚越多，他们都想亲眼看看抗日英雄威武不屈的气概，敌人不得不派出大批军警开道。一路上，苏勋卿、刘梅村不停地高喊："打倒日本强盗！打倒汉奸走狗！抗日的人民是杀不完的！"

几个伪警察拼命殴打苏勋卿，不让他讲话。苏勋卿挣扎着，用嘶哑的嗓音拼命地喊着："亲爱的老乡们！日本鬼子狗汉奸的日子不会长了！共产党和八路军领导我们抗日救国一定会取得胜利的！"人们抹着泪拼命向前挤着，都想再看一眼抗日英雄。

敌人害怕了，疯狂地抽打着拥近囚车的群众，并催促囚车快走。囚车径直出了石珩南门。敌人惊恐地端着上了刺刀的枪，阻挡跟过来的人流。

苏勋卿、刘梅村被推上了城外的土坡，刽子手强迫他俩跪下。二人昂首挺立，毫不畏惧。苏勋卿说："我们共产党人要站着死，决不给强盗下跪！"苏勋卿、刘梅村高呼："打倒日本帝国主义！中国共产党万岁！"英勇就义。毫无人性的汉奸，用铡刀将英雄的头颅铡下，尸体铡成数块。

苏勋卿烈士的夫人（章丘市政协提供）

刘梅村烈士就义时年仅 27 岁，英雄魂归何地？如今已经无处寻找，"江山处处埋忠骨"，英雄已经融入历城 1500 平方公里的山河沃土，并为这片土地增加了壮美的光彩。苏勋卿烈士牺牲时，年方 35 岁，留下幼子苏封、苏坚，英雄的妻子是中共历城县委的秘密交通员，义无反顾地继续从事抗日活动，艰难地将英雄的后代抚养成人。

时隔不久，牟杰（化名黎明）——八路军清河军区青年营营长，被翟毓蔚部周长富杀害。抗日英雄殉难后，泰山地委在孙村区南泉村召开了隆重的追悼大会。英雄的壮举进一步坚定了战士们的抗日意志和复仇的决心，不久，八路军泰山军分区主力、章丘县大队及王剑桥部一举拔除日军孙村据点，消灭伪三团，给日伪军以沉重打击。

刘梅村、苏勋卿、尹天佑、王占元等英雄的牺牲，给历城县的抗日斗争带来严重的损失，中共历城县委解体。自 1942 年 5 月以来，第一届中共历城县委成立的两年，是山东抗战极为艰苦的时期。县委忠实地执行中共清西地委、泰山地委的指示，战斗在敌后，积极发动群众、依靠百姓，普遍建立党的基层组织，发展党的力量，高举坚决抗日的旗帜，促进了民族意识的觉醒与成长，打开了历城抗日的局面。县委在日伪统治中心，坚持武装斗争，在胶济铁路沿线、小清河两岸、济南的近郊，颠覆火车、打盐船、摸炮楼、烧仓库，惩治汉奸，沉重打击了日伪军的嚣张气焰。县委凝聚、锻炼了历城县第一批优秀共产党员，他们坚如磐石的政治信仰、视死如归的民族气节、吃苦耐劳的性格禀赋，影响、教育、激励着一代代历城人。第一届中共历城县委的业绩连同刘梅村、苏勋卿、尹天佑、王占元、牟杰这些英雄的名字，将永远镌刻在民族抗战史的丰碑上！

三、八路军泰山军分区历城县大队的成立

在中共历城县委的领导下，县委领导及一批党员骨干隐蔽于岳部，影响、主导着岳部的抗日。1943 年，章历边区严峻的抗日形势，促使岳部分化。1943 年春天，三团团长王启祯公开投靠日军；执法队队长娄凤池与杀害抗日志士刘振东的汉奸李子元结为把兄弟，鱼肉百姓，引起民愤，并对郭正元、王剑桥等产生怀疑，形成威胁。刘梅村、苏勋卿、郭正元、郭跃华、张守道、王剑桥经过两次研究，决定联合岳部的警卫营长侯照祥，除掉娄凤池及李子元。8 月 23 日，郭正元在李官庄击毙娄凤池，王剑桥处决李子元，郭跃华、张守道缴了执法队的枪。此次行动，保护了县委的安全，打击了岳部的右倾势力。

1944 年 4 月，刘梅村、苏勋卿牺牲后，郭正元十分痛心、震惊，决定脱离岳部

十三旅。6月，岳伯芬率主力团一团，在铁路南方家村遭日军包围，突围后，岳率团部驻庄科村，郭正元率一团二营驻四鹊山村，岳欲率部北转济阳一带，郭正元借机行动。老八路傅封璞回忆了郭正元率二营脱离岳部的经过：

> 7月，郭正元同志乘岳伯芬的旅部带两个团到胶济铁路南来之机，派傅光文、苏英华两个共产党员带信找我（任家庄战斗以后，历城东部地下县委实际已不复存在）商量怎么办。当时我们曾打算请泰山军分区派一个主力连，协助我们把岳伯芬带到铁路南来的部队“吃掉”，再把二营拉出来。我写上信由傅光文和早来铁路南的一个同志去请示地委书记林乎加，林政委立即写了回信，大意是：“岳部还打着抗日的旗号，不宜派部队去打，你们搞他是内部问题。”不能“吃掉”他，郭营便决定立即脱离岳部。我们还没准备好，岳伯芬即下令开往铁路北去。在行军路上，郭正元派冯百川（排长、共产党员）等两人绕到前面，埋伏在铁路上，朝先头部队打了几枪，扔了几颗手榴弹，部队闻声大乱，迫使他又返回庄科一带。第二天傍晚，岳伯芬又传来过铁路北去的命令，当传令兵到二营时，郭正元扣留了他们，按预定方案带领所属两个连队，和我们早已过来的王剑桥为首的那支部队会合后，一同开往泰山军分区根据地雪野村一带。①

部队在雪野村整编、训练，成立八路军历城县大队。傅敦吾任政委，郭正元任大队长，刁玉芝任副政委，王剑桥任副大队长；郭正元为营长的岳部二营整编为县大队的一连、二连，王剑桥的“八中队”整编为县大队第三连。郭正元是抗战时期历城县早期的共产党员，性格刚毅、果敢，有着丰富的军事斗争和秘密工作经验，章历边区百姓呼之曰“郭（ge）营长”；王剑桥是抗日烈士王占元之弟，为人敦实、宽厚，百姓及八路军战士昵称其为“王粗脖子”。此时，中共泰山地委正筹划重建历城县委，县大队在雪野镇整训一个月后，踏着东方胜利的曙光返回历城。八路军泰山军分区历城县大队，是中共领导的第一支由历城子弟组成的八路军武

青岛市卫生局原副局长郭正元（历城区政协提供）

① 政协济南市历城区委员会文史资料委员会编：《历城文史资料》（第2辑），第95页。

晚年的王剑桥（历城区政协提供）

装，在中共泰山地委、军分区的指挥下，转战泰、章、历地区，为抗日战争的胜利创下赫赫战绩，先后整编为独立营、独立团，其中主力连队，不断升级、整编进主力部队，成为人民解放军二十六军、三十八军的组成部分。

1944 年 7 月，泰山地委、专署、军分区在西营召开根据地各县党政军负责同志参加的群英大会，地委书记兼军分区政委林乎加作了《全体军民为争取优势，争取胜利而奋斗》的报告，总结了两年来坚持和开展敌占区斗争的成绩和经验，部署了对敌斗争的新目标、新任务，号召军民团结战斗，争取抗日斗争的新胜利。大会表彰了罗俊、尚克东、李念林等战斗英雄和模范。

第五章

威逼济南：1944 年 9 月—1945 年 9 月
中共领导的历城抗战

早在 1943 年 2 月，八路军鲁中军区司令员罗舜初就向泰山军分区发出了“下山打虎”的号召，泰山根据地军民经过两年的艰苦奋斗，终于度过了“黎明前的黑暗”。1944 年 9 月，中共历城县委的重建、历城县抗日民主政府的成立，标志着南部山区抗日根据地的建立，也是历城抗战转入战略反攻阶段的转折点。自此，历城军民在中共山东分局、八路军山东军区的统一指挥下，开始战略反攻，威逼济南，历城人民迎来了伟大的抗日战争的胜利。

第一节　中共历城县委的重建、历城县抗日民主政府的成立

一、历城县委与县抗日民主政府的建立

1942 年 5 月—1944 年 9 月，在中共泰山地委、军分区、行政公署的统一领导下，中共章丘县委、县抗日民主政府，在章历边区巩固了孙村、东梧两个区的抗日民主政权；中共济南工委巩固了西营区抗日民主政权，建立了邵而区、泉泸区抗日民主政权；中共泰历县委巩固了卧龙（现在南高而一带）区、柳埠区抗日民主政权，建立了仲宫抗日民主政权；在党家区及章历边区的东北乡地区普遍建立了党组织。南山抗日根据地的巩固和敌占区中共党组织的普遍建立，为历城县委、县抗日民主政府的成立，奠定了坚实的基础。

1944 年 4 月，第一届中共历城县委解体后，泰山地委开始筹备重建县委、建立

县政府的工作，县委、县政府的一些工作部门陆续建立并开始工作。7 月 30 日，八路军历城县大队在莱芜县雪野村成立。

中共历城县委第二任书记傅敦吾（历城区政协提供）

第一任县长武中奇

9 月 9 日，泰山地委在莱芜县茶叶口镇宣布成立中共历城县委、历城县抗日民主政府。29 日，中共泰山地委、八路军泰山军分区、济南工委在西营村召开了隆重的庆祝大会。傅敦吾任县委书记，济南办事处主任武中奇兼任县长。县委设秘书处、组织部、宣传部、敌工部等工作部门。李烈炎任组织部长，郑绍文任宣传部长，许希亭任民运部长，尚化雨任敌工部长。县委辖卧龙、柳埠、西营、邵而、东梧、泉泸 6 个区委。1945 年，唐王、遥墙、董家 3 个区委相继成立，共辖 9 个区委。

县政府设公安局、民政、财粮等科。陈克光先后任公安局副局长、局长，马明达（侯法曾）任民政科长，刘军山任财粮科副科长。机关先后驻西营、商家庄、柳埠、突泉、仲宫一带，辖卧龙、柳埠、西营、东梧、邵而、泉泸等 6 个区公所，402 个自然村，总人口 19.5 万人。1945 年，又增设唐王、董家、遥墙 3 个区。1945 年 2 月，吴建章任历城县抗日民主政府县长。

二、中共历城县委、抗日民主政府初期的工作

县委、县抗日民主政府成立后，以“一切工作在村”为指导思想。组织部、宣传部、武装部、公安部等部门，均在村庄定点调查研究，落实政策，分析工作开展的情况及发展规律。他们深入到群众中去和贫下中农建立感情，取得了群众的信任，与群众建立了相互依存的鱼水关系。在东北乡日伪占优势的区域，党组织在基础较好的村庄，发动群众，进行减租减息。县委、县政府的政治影响扩大到济南近郊。

进行阶级教育 县委、县政府在各级党员干部中进行阶级教育，明确了阶级关系，坚定了阶级立场，统一了党员干部的思想，进一步坚定了党员干部依靠贫雇农的思想，自觉地执行依靠贫农、团结中农的阶级路线，注意访贫问苦，培养积极分子。

加强组织建设 县委在柳埠的羊栏村召开了组织工作会议，展开干部鉴定工

作。会议要求干部通过自我鉴定，发扬优点，克服缺点，坚定斗志；采取以自述为主的方法，查找优缺点，制定今后努力的方向；通过自我鉴定教育，提高了党员干部的思想政治觉悟，增进了团结，形成了比思想、比作风、比贡献的好风气。县委严肃谨慎地使用干部、提拔干部，坚持“德才兼备”和“任人唯贤”的原则，对干部的功过是非只讲原则，不讲情面，表扬与批评并重，有功则赏，有过则罚，纪律严明。县委在培养、提拔历城当地干部的工作上，制定了计划、指标，加强了干部队伍建设。

发动群众开展减租减息、反奸诉苦　县委县政府发动群众，开展“减租减息”“雇工增资”斗争，主要内容是地主富农减少地租、降低债务利息、增加雇工工资；废除“驴打滚”等旧债形式；抗日民主政府按土地多少及人均占有土地数，公开征收公粮。西营区抗日民主政府在东、西、南、北四条峪及西营村设五个点，广泛发动群众参加减租减息斗争，群众经济负担普遍减轻；运动中涌现的100多名积极分子加入了中国共产党，建立了西营、南营、降甘、藕池、西岭角、天晴峪、黄路泉、龙湾等十几个村党支部，村政权及群众团体也普遍建立。结合减租减息，各区开展反奸诉苦斗争。泉泸区委区政府在商家镇，斗争伪镇长楚廷木；卧龙区委区政府，先后在高尔村组织面对面的周登云、傅振汉诉苦斗争，打击了坏中坏，灭了地主威风，大长了贫苦农民的志气，群众普遍议论：“冤有头，债有主，八路军真为咱老百姓办事，有盼头有指望了”。

保卫根据地，向济南附近渗透　县委县政府成立后，将“动员参加八路军”列为重要工作，仅邵而区全区一次参加八路军的青年就有150多人；西营区中队发展到80余人，其中“升级”参加主力部队50余人。县公安局组建县中队和便衣侦查队，各区组建、加强区中队武装力量，与县大队紧密配合，开展广泛的武装斗争。1944年12月，八路军泰山军分区展开冬季攻势，历城县大队及各区中队积极配合，参加破袭胶济铁路的战斗；县公安便衣侦查队与东梧区中队袭击刘智远村的伪区公所，俘获伪区长及所有伪职人员。1945年春节期间，县大队与东梧区中队配合，痛击伪韩希贡自卫团，保证了根据地到济南市里秘密交通线的安全。

1985年4月，曾任历城县泉泸区抗日民主政府区长的老八路丁干深情回忆：

1944年秋，我们在李家庄子存着几万斤粮食，由张兆和小夏两人看守。一天，敌人为搞粮食包围了李家庄子，敌人抓住他们俩，逼问粮食藏在哪里，他俩没有回答，敌人就用拷打和往鼻子里灌凉水等极其残酷的刑法逼他们，他俩始终一字未吐，张兆和小夏表现得十分勇敢和顽强，敌人黔驴技穷，想把他俩带回去再审，小夏死活不走，敌人又拉不动他，凶恶的敌人就在团瓢将小夏杀害了。小夏的群众关系很好，他遇难后，当地群众无不失声痛哭，并把团瓢的一口最好的棺材拿出来装殓埋葬了小夏。张兆也被敌人带到仲宫的河滩里杀害了。群众把他埋在商家庄西边的山坡上。这天夜里，群众把李家庄存的粮食，全部转移出来，敌人一粒也未得到。这两位同志为保住粮食，英勇牺牲的事迹，在当地群众中传为佳话，并增加了当地人民同敌人斗争的勇气。①

县委、县政府全面开展党、政、军、民、学等各项工作，把发展生产、文化、教育等列为重要工作。县政府举办冬学，开办识字班，提高群众文化水平；组织宣传队表演自编文艺节目，利用扭秧歌、打花棍、演活报剧等文艺形式，对群众进行形势、政策教育，提高了广大群众的政治思想觉悟。

三、巩固抗日民主政权

中共泰山地委在济南近郊建立历城县委、县政府，是泰山抗日根据地巩固、发展的结果，引起了驻济日伪当局的恐慌。日军五十四旅团经常以“长途奔袭”“铁壁合围”等方式进入根据地，妄图聚歼泰安地委、济南市委、历城县委的有生力量。日军还派遣特务及特种作战分队潜伏根据地，进行刺探情报、绑架、暗杀等活动，拉拢对民主改革不满的地主、劣绅等封建势力，向民主政府猖狂进攻。县委县政府在依然严峻的抗战形势中，经受住了各种考验。

平息“柳埠反动会道门暴乱”　1944年12月，在伪历城县警察局特务系长王辅正策划下，仲宫区伪区长陈鸿年、龙门乡原伪乡长周恩扬、会道门头子张德一等以抗粮、抗税为名，煽动柳埠区近百个村庄的2000多名道徒和受蒙蔽的群众发动了历城县历史上规模最大的“柳埠反动会道门暴乱”。暴乱中柳埠区抗日民主政府副区长李勤、税务所所长孙公甫等18名同志惨遭杀害。何品三先生的《柳埠会门

① 中共历城县委党史资料征集研究委员会编：《历城党史资料》（第2辑），第130页。

暴动事件二三事》一文记述了暴乱的一些细节：

1943年秋后，柳埠地区较为强悍的一个会门（红枪会）大本营窝铺伪乡公所被我军武工队打垮了，包括伪乡长在内的会首与众多的骨干会徒被打死，极大地震慑了柳埠地区的统治阶层。驻柳埠的伪警备队意识到保护着他们的红枪会有的被打垮，有的自动瓦解，反动势力眼看着就要烟消云散了，不敢再继续在柳埠待下去了，便偷偷地跑到仲宫，与那里的敌伪势力混合在一起，苟延残喘。柳埠地区虽然都解放了，伪乡长、会首、部分骨干会徒也被打死了。但是，当时的龙门乡、宋家乡和柳埠镇的一些反动头目张德一、李和生、葛玉震等人，不甘心失败，总是妄想恢复他们失去的天堂，他们密谋策划，多方串联，在敌特的支持下，终于在1944年初冬，以龙门和宋家两个乡为基地爆发了反革命会门暴动，捕杀我方副区长一人，干部、战士十余人，造成了一起重大惨案。

周恩扬，从1944年冬当地解放后担任我们的乡长，一年间，他贪污小麦2000余斤，后来又干了龙门乡的伪乡长。他贪污的丑事被揭露后，感到末日来临，便与原来的伪乡长恶霸地主张德一勾结在一起，投靠仲宫的敌伪势力，进行负隅顽抗。1944年农历十月的一天，周恩扬在商希玉家秘密召集王兴甲（恶霸地主、村长，已被镇压）、王兴端（坛长）、商希瑞（副坛长）、王兴江、王兴太、王兴山、王兴胜、商希珍开会，给他们打气说："这次是皇军和警备大队配合我们行动，咱们这里就这么几个土八路，只要把他们拾掇了，就太平了。"在周恩扬的亲自布置下，对住在南山村的王兴雨和王克勤家的税务所同志采取突然袭击，将孙公甫、邢子然等五同志全部逮捕。孙公甫同志被带到仲宫日伪据点，活活被狼狗一口口地咬死……

陈法乾是窝铺乡三岔村人，从1944年开始，他伪装成进步人士，到处钻营，曾为我方税务所征税干过有益的事情。但是，他为保全自己，讨好敌人，最终成了诱杀革命干部的罪魁祸首。

红枪会从龙门乡暴动之后，由该乡桃科村的会门头子刘洪琪带领一大帮会徒，手持大刀长矛，越过桃科岭直冲三岔村而来。进村后，他让过去的坛长、副坛长召集群众披法（就是戴上红布兜兜），拿起刀枪，参加红枪会。这时，陈法乾不但没有躲避，反而从家中戴上红兜兜，扛上长矛，加入到会徒中，同会徒们一起直扑川道北峪。到了该村后，指名让群众交出马有道（一个抗日战士，他回家探亲住在北峪的亲戚家），并逼问他的妻子。马的妻子说："没有回来。"陈法乾抢着说："怎么没有回来？昨天晚上我还和他聊了很长时间，就是藏在这里了。"于是在门外高声喊起来："马有道！快出来吧！不要紧，你看我也随上了，不是什么事也没有吗？你不要害怕，有我陈法乾担保，保你没事！"边吆喝、边用长矛向柴草垛猛捅，结果马有道同志被捅了出来。会徒们个个像恶狼一样，一拥齐上，将他绳捆索绑带走了。到了川道村外口的一个崖头下边，陈法乾万万没有想到带队的刘洪琪下令说："先给我收拾了这个小子！"这时，从桃科来的会徒，"哗啦"一声把陈法乾围了起来，夺去长矛，摘下红兜兜，将手倒背绑了。刘又命令说："三岔村的大师兄试刀！"随着这一声喝喊，几个人上去，你一刀，我一枪，一会儿工夫，一个出卖并诱杀我方干部的叛徒，就被结果了性命。马有道同志被带到窝铺村后也被杀害了。

一天拂晓，龙门、李家塘一带的会徒，由会门头子张德一带领着朝柳埠骚动。他们先派会徒到大会村，通知大会村村长先将驻该村的粮库管理员老范抓起来。几个会徒找到大会村村长王廷义，告诉他要抓老范。王说："不要慌，天挺冷的，先到我家暖和一下。"王把几个会徒小头目领进了自己的家中，又对他们说："天还很早，师兄们先坐一会儿，我去找副村长韩守伦来，咱们一块去抓老范。"把他们安顿下，一边让妻子烧水下面条，便急忙找到韩守伦，对他说："上峪闹起红枪会来了，要咱抓老范，人都在我家等着呢！咱可不能丧这个德呀！我看咱们这样办，我回去就说，你昨天到山北走亲戚去了，没回来。你赶快去叫起老范，把他送出去。"二人商量好，王廷义回去照说了一遍。几个会徒，便让王带路，一块去抓人。他们到了老范住的地方，结果没见到人影。又令王廷义带路往村北搜捕，刚出村不远，碰上了送老范回来的韩守伦。会徒便问："你往哪里去？"韩答："我昨天到山北走亲戚，不让我回来，住了一宿，今天起早来的。""看见有人过去没有？"会徒们问。"没有，天刚明，哪来的人！"韩回答说。就这样，他们才把老范救了下来。王廷义虽是地主，但是他当时的所为还是开明的，因此，我们一直保护他。

驻南山村的税务所全体同志被捕了，可是住在刘希祥家的一名县大队战士却被保护下来了。事情是这样的：出事的这一天早晨，刘希祥见到了王兴甲的妻子。王妻对刘说：“刘大哥，听说今天夜里仲宫的日本鬼子来‘扫荡’，你可得多加小心啊！”刘听了之后，认为环境可能要恶化。回家与其子刘春贵商量好，晚上让春贵领着县大队战士张凤鸣（岱密庵人，现已病故）去东南山一所闲院的小北屋去住。这天傍晚的时候，刘希祥气喘吁吁地跑去叫醒他，说是“扫荡”的已经来了，并听到东北方向有胡喊乱叫声。于是他们一起动手，把枪埋在草池子里，把衣服放在屋顶棚上，让春贵把小张同志送到山顶上去了。紧接着，会徒们便围住了他的小院，经过一番折腾，什么也没搜出。刘希祥在南山村也是有身份的人，会徒们也不好说别的，便怏怏而去。当天，该村会徒筹备建坛，扩大会徒，有人提出经费如何筹措时，王兴甲气愤愤地说：“这个不用发愁，总有往外拿钱的就是了。”意思是刘希祥放走了八路军，担着莫大的罪名，钱都要由他出。然而，事与愿违，他们还没有来得及整治刘希祥，这场暴动的闹剧便落幕了。①

李勤同志是莱芜县城南苗庄人，牺牲时年50岁。张玉海先生根据王克友、张振文、张德银、张正军等口述，整理成《以身殉职永垂青史——忆李勤同志》一文，记录了柳埠区抗日民主政府副区长李勤牺牲的经过：

1944年下半年，柳埠区党组织在历城县委的领导下，开展了对敌实行经济封锁、减租减息的英勇斗争。一股不甘心灭亡的反动会道门红枪会向革命人民进行了疯狂的反扑，制造了一起历城县历史上规模较大的会道门暴动。当时，柳埠区18名革命同志惨遭杀害，李勤同志就是其中之一。

李勤同志遵照党的统战政策，对当地伪政权人员做瓦解利用工作。因此，经常出入于伪乡长周恩扬和会门头子张德一、张德厚等人家中，耐心地教育他们要“身在曹营心在汉”。在做了大量工作的基础上，向他们部署了征收公粮、田赋的任务，以补充我方抗日经费和物资的不足。但周恩扬等人却将各村征收来的公粮，不交我方，偷偷地派人送到仲宫日伪据点去了。李勤同志听说后，十分恼火，决心向敌人清算这笔账。

---

① 政协济南市历城区委员会文史资料委员会编：《历城文史资料》（第5辑），第129～137页。

当时，东北峪属柳埠区的龙门乡，全乡行政区划分四个排，每排设排长，排下辖四五个自然村，村设村长，均系伪政权，尚未完全被我方控制。有一天，李勤同志避开伪政权，来到龙门村刘希木的小屋里，召开了由上海罗峪村王永宽等 6 名积极分子参加的会议。在会上他说："我们的部队等着穿棉衣，等着吃粮食。伪乡长却将公粮送去资敌，真是罪大恶极。你们要起来向村长、排长清账，彻底清查收的公粮数，全部交给我们的部队，一斤也不能少，如少了，就扒了周恩扬、张德一的皮。"会后，桃科村的积极分子立即动手清查排长张传润收集的公粮账。在该村的影响下，其他村也行动起来，分别清查村长、排长的账。

周恩扬感到这样查来查去，最后非查到自己的头上来不可。他怕事情败露，对己不利，便采取先下手为强的手段。他以龙门乡乡长的身份，伙同张德一、张德厚四处进行秘密活动，串联柳埠、窝铺的伪乡长、恶霸地主会门坛长等人组织会道门暴动，又到仲宫日伪据点找到日伪军第五中队长高绪元策划杀害八路军的办法，最后在龙门乡黄家庄地主李元孝的三间北屋里召开了秘密会议，拟定了暴动计划并做了具体部署。

在农历十月九日的晚上，柳埠区以东北峪为中心的反动会道门暴动了。伪乡长、会道门头子周恩扬、张德一、张德厚等人从东北峪尽头簸箕掌、桃科村开始向柳埠方向逐村煽动不明真相的群众参加暴动，并且大喊大叫："公粮拿不起了！小买卖不让干了！杀八路、不交粮，把八路军赶出柳埠去。"他们还逼迫每家出一人，戴上"红肚兜"，有枪的拿枪，没枪的拿大刀、铡刀、木棍、镢头等，进行暴乱。

李勤带领区中队战士 7 人，转移到李家塘村，决定在这个村过夜。他们先到过去常去住宿的葛长海家。葛长海（现已死）的态度却与往常不同，借口妻子患疯迷症不让住，把李勤同志和 7 名战士领出来，安排在村中间张、葛两家客店里住下。这两家客店只有一街之隔，每天夜里都住有泰安过来的一些商贩。李勤住进东边的张家店。他们因非常疲劳，躺下便都睡熟了。不料，这时由伪乡长周恩扬，道会门头子张德一、张德厚等率领的一股会门暴徒约 200 人，从桃科庄一路窜来。他们进入李家塘村后，即将葛家店包围了。然后，他们步步逼近。区中队的战士们被惊醒，因毫无准备，紧急自卫，慌慌张张地向外掷出

10多颗手榴弹，多数未响，也没炸着一个敌人。暴徒们便一窝蜂似地冲进区中队住的南屋，将我军7名同志捆绑起来。与此同时，会道门头子张德一、张德厚等一伙人将张家店的大门砸开。这伙人手持多种凶器气势汹汹地冲进大门，一边喊着："杀八路！杀八路！李勤在哪里？哪个是李勤？"一边进屋搜查。这时李勤同志从容地从铺上站起来，他早已藏好手枪，腰间扎了一根麻绳，打扮成客商模样，与同住宿的20多名泰安商贩混站在一起。会门头子张德一从人群中突然辨认出李勤同志，他一努嘴，暴徒们扑过去，把李勤同志抓出来，一膀子扛倒在店外，李勤同志爬起来还未站稳，张德一就从背后下了毒手，举起大刀，一刀砍下李勤同志的头颅，李勤同志立刻倒在血泊之中，以身殉职。还有几个更加残忍的暴徒，喊着"祭刀"，又在烈士的尸体上一阵乱砍，真是惨不忍睹。此后，这伙暴徒又将在葛家店捆绑的区中队7名战士和在南山村搜捕的我方税务局的同志共计17名，分别杀害于柳埠的三官庙、东河滩和仲宫的南河滩。[①]

县委、县政府采取果断措施，调集县大队及民兵参加平暴战斗，本着"惩办首恶，区别对待，教育群众"的原则，迅速平息暴乱，镇压了会首周恩扬、张德一。县委、县政府吸取教训，在各区展开针对会道门的群众性教育工作，采取了预防措施，保卫了新生的民主政权。

四、烈火中不屈的藕池村

万壑千岩一望迷，长城岭上碧天低。建于战国时期的长城岭，蜿蜒起伏于历城与泰安交界处，西起柳埠镇端岭上清凉台，东至西营镇东南岭四万德；此处，双尖山峭壁矗立，沟壑纵横。长城岭下的西营镇藕池村，由南北碾槽、上下藕池、岭子后、算盘等自然村组成，现在人口近1300人。算盘村"马家大院"，曾是八路军泰山军分区医院，坐在保存完好的大院门口，听老爷爷、老奶奶讲述八路军、"武县长"及鬼子"火刑"的残忍……你会重温抗日烽火留给这个村庄的不屈记忆。

1945年2月8日，春节的气氛已经弥漫在小山村，日军特种部队100余人，乘火车从章丘普集站下车，直奔观音村，遇八路军章丘地方武装阻击，稍战即走。情

① 政协济南市历城区委员会文史资料委员会编：《历城文史资料》（第5辑），第61～67页。

报迅至白炭窑村胡寅书记处，胡寅断定日寇长途奔袭的目标是党政首脑机关。晚上，驻佛峪村的济南工委书记张洪涛，分析情报，预计日寇明天拂晓将至。济南工委、章丘县委、历城县委连夜部署转移。

2 月 9 日凌晨，日寇至白炭窑村。俘获民兵、共产党员曹会芝、于东海，逼问八路军去向，曹、于坚称“村中没有八路、民兵”。日寇刺杀于东海，将曹会芝豁开肚子后扔到村东井里。7时许，日寇进入佛峪村，放火焚烧房屋、柴草垛，见人就打，见东西就抢，先后残杀村民李传帧、李在铁夫妇、李传琥及不满 10 个月的孩子，民兵李传禄、耿立殿、耿立忠及村干部宋来芝壮烈牺牲。中午，日寇来到枣林村，抓住桑姓的外地人，将其用开水烫死；日军夜宿村中，多名妇女惨遭蹂躏。

2 月 10 日清晨，日寇经葫芦峪村过岭，血洗设在算盘庄马家大院的泰山军分区医院，13 名工作人员和伤病员被围困在院内。炊事员段克福，15 岁的小马战士，工作人员刘克福、李德建及 2 名受伤的八路军战士壮烈牺牲。张玉宝、13 岁的护士马清水等 6 名同志在群众的帮助下逃走。马家的老长工王书来，被日寇捆绑并吊在树上殴打，数日后离世。

上午，日寇在上、下藕池村实施烧杀暴行。村民孙延水赶集刚出大门，即被枪杀。日寇将马延忠毒打、捆绑后，吊在北岭一棵柏树上，持枪击之，因身躯晃荡，手掌中弹而保命。

日寇将百余名村民掳到一场院，柴草垛燃着熊熊烈火，浓烟笼罩着春节前夕的山村，黑洞洞的枪口、明晃晃的刺刀围逼着村民，凶恶的日寇不断追问：“八路、民兵是谁？”日寇用火烧烤着村民李玉峰逼问。李坚定地说：“这里没有八路！”一日寇观其手掌说：“你就是八路！”将其刺死。马延和被扒掉衣服，日寇看肩膀、手掌，称他是八路，朝脖子后猛刺一刀。日寇反复毒打村长马延明，让他指认谁是八路、民兵。马延明始终坚称：“这里没有一个八路，没有一个民兵！”日寇把他推到燃烧的草垛里，全身棉衣点燃，烈火烧烤着不屈的躯体，他

八路军泰山军分区医院马家大院旧址

依然坚称："这里没有一个八路，没有一个民兵！"日寇将其摁倒在地，压上木板，两个日寇分站两头，另一日寇向他身上铲火灰灼烧，村长宁死不屈，日寇将他捆绑扔入火中活活烧死。

日寇以各种火刑残害群众为乐。日寇逼迫村民李光孝、闵炳富解掉腰带，提着棉裤，日寇用铁锨向他们棉裤里倒火灰灼烧取乐。日寇将18岁的陈玉培卷上多层谷秆草，点火燃烧取乐。我军一名徐姓轻伤员被抓捕，日寇把装满柴草的大筐点着，将他按进筐内火烤，逼问八路军去向，战士闭口不言，日寇又将其按在烧红的煎饼鏊子上，烤灼臀部取乐。

日寇特种部队这次长途奔袭西营根据地的一天半中，杀害八路军战士、村民20余人，重伤30余人，烧掉房屋17间，财产损失不计其数。承受太多苦难的根据地人民，在烈火中锻铸了不屈的品格，在中共历城县委、县抗日民主政府的领导下，势不可挡的抗日怒火继续向日伪统治中心济南燃烧！

第二节　历城抗战的战略反攻

一、末路反扑

1945年1至4月，历城抗战的战略形势发生了有利于根据地的根本性变化，南山根据地从东边的章历边区到西边的津浦铁路连成一片，只剩下日军重点经营的仲宫据点；泰山地委、泰山军分区领导的章丘县委、历城县委地方武装、各级抗日民主政权，团结一致，稳步地向北发展，将日军压缩在龙山、郭店、王舍人等胶济铁路沿线的几个据点。驻济日军第五十九师团，一方面收缩在鲁西地区的兵力部署，强化对伪军的控制，进一步加强济南的防务；另一方面，日军使用特种部队长途奔袭根据地，继续集中优势兵力"扫荡"根据地。1月下旬至2月中旬，日军第五十四旅团长、济南城防司令官长岛勤，实施长途奔袭战略，深入南山根据地的石屋、佛峪、道沟、南高而、虎门、东梧等中心区进行大杀、大抢，离间军民关系，我方经济损失无以计数。

1945年4月，日军为挽救在山东的危局，总兵力增加到10万以上。五十九师团调防朝鲜北部，第四十三军在济南成立，辖四十七师团和第九独立警备队。四十七师团辖7个联队，师团长是渡边洋中将，驻济南。第九独立警备队辖6个独立警备大队，司令官石川忠夫少将，驻防济南及城郊历城的少数据点。1945 年 5 至 6 月，日军再次集中优势兵力，对山东抗日根据地进行重点“扫荡”。5 月，日军深入南山根据地的泰历边区“扫荡”，6 月 7 日，日军千余人包围长清县津浦铁路沿线的靳庄、青杨、万德、官庄等 14 个村庄，围剿抗日民主政府，日本人民解放同盟冀鲁豫协议会副委员长、冀鲁豫边区参议员宫川英男牺牲，50 多名抗日干部、群众被日军抓走。

在重点“扫荡”的同时，日军使用特种部队长途奔袭根据地的行政、军事机关，将特务机构配置于重点区域，进一步搜集情报、捕杀抗日志士。在历城县东梧区边沿的龙洞村，设置济南日本宪兵队龙洞分遣队。于忠先生在 1995 年，回忆了当时的情况：

> 1945 年 5 月，侵华日本宪兵队济南分队，受命派伍长石岛领宪兵加滕、巧坂等到历城龙洞村建宪兵龙洞分遣队，成立后由石岛任队长，栾玉亭担任翻译。月余，日本人又派刘士明来接替了栾。其间发展了队员 6 人。他们主要活动在东梧、西梧、太平庄、鸡山坡等边沿地区，专门从事搜集我方政治、军事及机关活动情况。诱捕和暗杀我方干部和群众。该队于 1945 年 8 月 15 日日寇投降时垮台。主要罪行：该队虽存在了短短的 3 个月，但其罪恶甚重，曾先后搜集我方各种情报百余次，以八路嫌疑捕去群众杨洪树、陈宝元、郑法厚等 11 人，对他们严刑拷打，捕去我地下人员潘树德，对他数次严刑逼供，后押往济南宪兵分队，幸好不久日寇投降，潘树德才保住生命，但已遍体鳞伤。苏立功被捕后遭严刑拷打至死。后抓去我方情报员徐永辉，不久即将其杀害。
>
> 1945 年 8 月上旬日寇投降前夕，在龙洞分遣队内，由队长部署了潜伏任务。其成员下场：翻译栾玉亭、刘士明在日寇投降时逃匿；队员丁子坤在日寇投降后参加了国民党特务组织，在搜集我方情报时被击毙；其他成员于新中国成立后均做了处理。①

在日军猖狂进攻之时，八路军山东军区司令罗荣桓正准备实施 5、6、7 月“三

① 政协济南市历城区委员会文史资料委员会编：《历城文史资料》（第 7 辑），第 151 ～ 152 页。

个月作战计划”。不少同志疑虑：“是不是1941年的形势又来了？”“是否要分散作战，化整为零？”“是不是取消‘三个月作战计划’？”罗司令准确地判断到：敌人这次大“扫荡”，是为实行其重点防御而采取的以攻为守的行动，是借“扫荡”掩护调整部署。我方果断地继续实施“三个月作战计划”，扩大渤海和胶东以及与胶济路以南地区的联系，使胶济路以南的鲁中、滨海、鲁南地区完全连成一片，为大反攻创造了有利的形势和条件。

二、向济南进军

粉碎日伪“一体化”进攻 历城县抗日民主政府的东梧区，南靠南山根据地的中心区，东与章丘县抗日民主政府的孙村连接，西南与泉泸区为邻，西北方向与济南近郊相连。为加强东梧区的领导力量，老红军、济南工委干部周明及王裕民先后任区委书记，地下党员孟昭武、孟昭进带出的部队编为区中队，东梧区建设成为根据地的西北大门。1月5日，在五十四旅团及伪山东省政府指挥下，伪历城县政府组成伪军、政、会、社所谓“一体化”的“政治攻势队”，有600余人的规模，进驻港沟安设据点，实行所谓“扎筏摸鱼”的战术，试图把东梧区作为向抗日根据地蚕食推进的“实验区”。1月8日，泰山军分区部队与历城县大队、区中队，向日伪发起攻击，俘获“政治攻势队”的警察所长张中三、大队副许亚东、特务系长王辅正、“剿共”委员会主任张钧生；击毙伪顾问、指挥官等20余名；缴获手炮3门、机枪2挺、冲锋枪3支、长短枪97支，获重要文件和军用品一宗。策划柳埠会道门暴乱的特务系长王辅正被正法，日伪的东梧“试验区”计划化为泡影。

3月，不甘心失败的日伪，由日军一个分队纠集伪历城县警备队，再次袭击港沟村，八路军历城县大队星夜赶赴港沟迎击，俘敌80余人，获步枪百余支，子弹数千发。12日，泰山军分区十团三营，再次清除孙村据点，消灭伪军45名。至此，胶济铁路以南的章历边区日伪据点全部被八路军拔除。

拔除日伪仲宫据点 仲宫镇是济南的南大门，也是日军与泰安城呼应威胁泰山根据地的战略支点。日军在此部署重兵1个中队，在镇北头，用条石、水泥构筑三层圆形据点，周围架设数米宽的铁丝电网。伪军据点设在仲宫大街附近，主要兵力是两个中队，其中一个中队是高绪远从柳埠据点撤至仲宫，高本人曾受到中共区委书记陈杰的警告、教育。另外还有特务队、剿共班、清乡队、警察所等共计 300 多人。

1945 年 4 月下旬，泰山军分区决定拔除仲宫伪据点，政治部副主任南平指挥泰山军分区特务营、八路军历城县大队及部分区中队参加战斗，西营区由刘三元队长、李官尊率领区中队及民兵队携带 50 付担架参战。特务营一部监视、围截日军据点，一部与县大队攻击伪军据点。济南情报委员会事先通过刘允广摸清了伪军装备情况，又得到内线王进提供的进攻路线图，战斗打响后，八路军展开攻击进展顺利，激战 6 小时，俘伪军 140 余人，缴枪 100 余支，轻机枪数挺。激战中，日军龟缩在据点内，坐视伪军灭亡，始终没敢出来参战。日军预感到自身难保，数日后，雇佣几十辆大车，在重兵护送中偷偷撤回济南。至此，历城南部山区全部解放，南山抗日根据地最终形成。

攻击伪历城县政府 泰山军分区特务营、历城县大队拔除仲宫伪据点后，趁日军五十九师团换防之机，向伪历城县政府驻地王舍人庄展开攻击，伪历城县保安大队、警察局拼死抵抗，激战五六个小时，八路军俘伪军 140 余人，缴获枪支弹药一批。历城县城的枪声宣告了日伪已经走上了末路，引发济南日伪军的恐慌。

县委县政府机关移驻仲宫，领导全县人民积极配合泰山军分区主力部队，向济南进军。5 月，在县大队掩护下，组织西营区、东梧区中队、民兵，破袭郭店到王舍人庄的胶济铁及通讯线路，埋设地雷，炸翻一列火车。

此时，岳伯芬部、翟毓蔚部及国民党专员张景月、国民党山东省主席何思源等纷纷采取投机方式，向济南进军。

大涧沟之战 大涧沟村是济南南面的最后一道屏障，有 1000 多户人家，分东崖、西崖两部分。1945 年 6 月，伪军进驻后，抢东西、抓民工、奸污妇女，无恶不作，已激起民愤。伪军把全村的老百姓赶到外村去住，不准回家，外村的人更不准进入。济南情报委员会派侦察员吴凤城配合泰山军分区侦察参谋李学敬、王秀峰、李志泉侦察敌情。吴凤城借助亲戚关系，与二仙庄的崔廷扬商量侦察办法；崔廷扬通过老朋友、大涧沟伪镇长胡德胜，搞到《治安军军事布防草图》等情报，为战斗胜利提供了条件。

指挥大涧沟战斗的南萍将军（1918—1989）

泰山军分区决定，由政治部副主任南萍指挥鲁中军区一团、历城县大队及各区队参战，情报委员会牛瑞符带领警卫排及其他工作人员配合作战。7 月 25 日下午 4 点钟，部队集合在锦绣川峪的东西路家庄以南的河滩，南萍对参战部队进行战前动员：大涧沟伪治安旅实际上是两个团、1 个警卫营共 2000 多人；他们刚吃了败仗，元气未复，军心惶惶，缺乏战斗力。我们这个团由县大队配合以及其他力量参战，一定能打胜这一仗！动员结束，部队立即向大涧沟进发。走到仲宫天就下起雨来，雨越下越大，部队冒雨急行 10 多公里，到了大涧沟南岭，雨停了，天也黑了，黑得伸手不见五指，战士们浑身湿漉漉的，没有一个叫苦。指挥部设在上店子村，战斗部署是：鲁中军区一团担任主攻，县大队佯攻，各区队掩护各区的担架队、运输队转运伤员和物资。根据地形，历城县大队由南向北攻，一团从东向西主攻，北面是高山敌人无路可逃不用设防，西南面设下埋伏等敌人向西逃跑时消灭之。部署后，一声令下，战斗打响，战士们便奋起冲杀，伪军被全部歼灭。此战，共打死打伤和俘虏敌人 1200 多名，缴获了大批武器、弹药和其他物资。这次战斗，八路军有 7 名战士光荣牺牲，19 名战士负伤。部队当夜撤到仲宫、东西邵而、大小并渡口等村休息，并为战斗中牺牲的 7 名烈士举行了追悼会。大涧沟之战的胜利，给驻济日伪军造成极大压力，自此日军已经无力深入南山根据地“扫荡”了。

第三节　威逼济南

董林汉（1915—1959）中共历城县委第三任书记（1945 年 8 月至 10 月）

吴建章（1904—1968）历城县抗日民主政府第二任县长（1945 年 2 月至 1949 年 3 月），原镇江船舶工业学院行政负责人，“文革”中被迫害病逝

中共中央主席毛泽东于 1945 年 8 月 9 日发表了《对日寇的最后一战》声明，号召“八路军、新四军及其他人民军队，应在一切可能条件下，对于一切不愿投降的侵略者及其走狗实行广泛的进攻”。朱德总司令于 10 日、11 日连续发布第 1 至 7 号作战命令。10 日，日本政府发出乞降照会，15 日，日本天皇以广播《停战诏书》的形式宣布无条件投降。日本宣布投降后，

拒绝向八路军、新四军等人民武装力量缴械。八路军山东军区利用处于抗日最前线的有利态势，迅即向盘踞在山东的城镇及交通要道的日伪军展开大规模地全面反攻，史称“八月大反攻”。

此时，泰历县委书记董林汉调任历城县委书记。中共历城县委、县抗日民主政府、八路军历城县大队在董林汉、吴建章的指挥下，加入大反攻的行列，配合主力部队向济南进军。

一、历城的八月大反攻

8 月 16 日，山东军区司令员兼政治委员罗荣桓、副政治委员黎玉、政治部主任萧华指挥所属部队，编成野战兵团 8 个师、12 个警备旅、两个独立旅共 27 万余人；同时，将 10 万余名民兵组成数十个“子弟兵团”，并动员 10 万余名民工支援前线，兵分 5 路，向敌占城镇和交通要道展开反攻。以鲁中军区部队组成的第一路军，在该军区司令员王建安、政治委员罗舜初率领下，向济南及胶济铁路西段、津浦铁路济南至兖州段沿线的日伪军进攻；至 8 月底，先后解放了临朐、莱芜、益都、博山、淄川、章丘、周村、新泰等城镇，切断了胶济铁路西段，从东南方向逼近济南市。以渤海军区部队组成的第四路军，在该军区司令员杨国夫、政治委员景晓村的率领下，向津浦铁路济南至沧州和胶济铁路西段沿线的日伪军进攻；至 8 月底，解放寿光、临邑、桓台、广饶、博兴、高苑、昌邑、长山、邹平、青城、阳信、吴桥、临淄等城镇，切断胶济铁路中段，与第一路军会合，从东北方向逼近济南市。

廖容标横扫章历边区　八路军泰山军分区主力部队，整编为八路军山东军区鲁中军区第四师，辖第十、十一、十二等主力团，廖容标任师长兼泰山军分区司令员。廖司令、林政委率第四师及章丘县、历城县的八路军地方武装，参加了鲁中部队组成的第一路反攻大军，部队在莱芜北部下游庄吉山抗日烈士纪念碑

廖容标部攻克日伪据点

八路军泰山军分区部队发起冲锋

前，举行誓师大会，做战斗动员，沿胶济线向日伪展开反攻，相继攻克南曹范、山后寨、危山据点，收复重镇明水。廖容标坐镇章丘城，指挥十一、十二团，包围张家林，痛击翟部；先后拔除汉奸陈崇山经营多年的张而、董家、三官庙、桥头、大徐、老僧口、韩家庄等8个据点，消灭伪军2000余人。其中，8月22日夜，清除汉奸陈崇山部设在今天唐王镇的韩家庄据点，围歼陈部李泮魁一个营，此战甚烈，持续到黎明，最后八路军将炮楼炸塌，消灭残敌，牺牲两名战士。

与此同时，八路军渤海军区第六军分区司令员许云轩、政委李曼村，率领独立团攻克刁镇，俘获600人，缴获上千件武器，沉重打击了翟毓蔚部。

消灭龙山伪军据点　日军为确保济南到青岛战略退却的通道，一直费尽心机扼守胶济铁路线上的重要据点，龙山镇是济南的东大门，日军在龙山车站部署了1个中队及1个伪军大队，伪军驻防村内据点。十团团长方明胜、政委张健率一营发起攻打龙山日伪据点的战斗。战斗部署是：三连攻打龙山村伪军据点，一连、二连攻打龙山车站的伪军大队部，并对龙山车站的日军进行监视或给以相应的打击。傍晚战斗打响，方名胜指挥一营三连攻打龙山村的伪军据点，一营教导员丁长中率二连攻击龙山车站的伪军大队部，营长张斌留指挥所指挥，一连为预备队待命。战斗进行得非常顺利，不到夜间12点，三连攻克龙山村的据点，二连也重创了车站伪军大队部，并缴获了重机枪1挺。为迅速结束战斗，丁长中与张斌提议，把一连投入战斗。张斌说："你留在指挥所，我上！"随即命令一连："跟我上！"张斌带一连接近前沿阵地时，他吹响了攻击的铜哨子，战士们听到哨音犹如听到冲锋的号声，知道营长上阵了，都奋不顾身地冲向敌群，连连得胜。就在此时，车站上日军朝哨声方向不断射击，张斌营长不幸中弹牺牲。此战

指挥龙山战斗的方明胜将军（1906—2004）

消灭伪军200余人，活捉陈崇山部的特务陈崇绪（后在李官庄公审枪决）。此战后，日军龟缩在龙山车站内，不敢外出。

二、八路军逼近济南

中共章历县委、县政府的成立 八路军在章历边区的进军，基本消灭了汉奸陈崇山部的有生力量，重创顽匪王连仲部，给予翟部以沉重打击。为巩固军事斗争成果，8月下旬，泰山地委根据抗日大反攻的新形势，决定建立章历县，林乎加书记在莱芜上游庄宣布组建章历县委、县政府，苏克强任县委书记，赵一川任县长，县治章丘城，辖历城县的白云、龙山两区及章丘县的马彭、旧军、临济、刁镇4区，即现在的历城区东部、章丘市的西部。中共章历县委、县政府的建立，贯通了鲁中、渤海两大战略区，为八路军山东军区的抗日大反攻及经略解放战争中的济南市开拓了空间。

八路军逼近济南 8月21日，八路军冀鲁豫部队在长清县大队的配合下，解放了长清县城。31日，新华社山东分社播发济南前线电“驻济南市南郊八里洼一带的伪军部队，在解放大军的政治攻势及军事压力下逃往城内，我控制济南东南山区的部队进占该地区”。八路军第四师十二团在方明胜团长、张建政委指挥下，沿胶济铁路进击，在郭店车站击溃3000名伪军的反扑，生俘伪连长以下官兵500余人，并乘胜包围王舍人庄车站，9月4日占领该车站。9月初，八路军渤海军区一部收复济阳县城。10日，中共渤海区济南工委“黄河大队”在齐河、济阳两县地方武装的配合下，全歼鹊山伪军，拔掉伪镇公所；当晚，济南日伪军配合泺口镇的日伪军向鹊山一带反扑，遭到抗击，激战竟日，日伪军受重创后溃退。八路军鲁中军区、渤海军区及冀鲁豫部队从四方形成了威逼济南的态势。

三、历城、济南的光复

8月18日晚，岳伯芬率部接管历城县城，历城光复。22日，国民党济南市市长张金铭接管伪济南市政府。下旬，刚刚被国民政府任命为省政府主席的何思源，到达历城县龙山镇日军据点，与驻鲁日军官兵善后联络处长、日军第四十三军军团长细川忠康取得联系。9月1日在日军护送下，何思源率徐振中部进入济南，在伪山东公署设立山东省政府，分别任命藏文骏、翟毓蔚为济南城防司令、城郊司令，公开宣布由日军维护治安。4日上午，何思源看望济南“日本陆军医院”内的日军伤病员和从铁路沿线撤回的“日侨民”，分别赠金100万表示“慰问”，并接见“中日记者团”，对日伪当局维持本地“治安”表示“欣慰”，称赞是“日本军队与各方当局努力之结果”。何思源大量收编伪军，维护济南周边的局势；翟部将在章历边残酷绞杀抗日力量的汉奸陈崇山部收编；岳部也将在东北乡残杀抗日志士的铁杆汉奸杜子和部收编，派往遥墙、王家梨行一带驻防，摇身变为政府军，继续从事反共、反人民的活动。国民党政府，毫无原则地整编一批罪大恶极的汉奸武装，极大损害了民族尊严和利益。

第四节　驻济日军的末路

1945年9月2日，在停泊于东京湾的美军“密苏里号”战舰上，日本正式投降签字仪式举行。2014年2月27日下午，十二届全国人大常委会第七次会议经表决，通过了全国人大常委会“关于设立中国人民抗日战争胜利纪念日和南京大屠杀死难者国家公祭日的决定”，确定每年9月3日为中国人民抗日战争胜利纪念日。

1945年10月10日，国民党第十一战区副司令、山东挺进军总司令李延年，率骑兵第二军、第十二军、第七十三军等部进入济南。此时，国民党驻防济南部队达6万余人。

一、山东战区受降典礼

济南日军投降仪式场景

1937年12月27日，日军第十师团骄狂地侵占济南。八年后的1945年12月27日，山东地区受降典礼在国民党第十一战区副司令长官部礼堂举行，地点位于大明湖南岸的省立图书馆藏书楼，受降主官、国民党第十一战区副司令长官兼山东挺进军总司令李延年和日军第四十三军司令官细川忠康中将分别在受降书和投降书上签字，细川忠康及日军四十七师团长渡边洋中将、参谋长寒川吉溢大佐等日军高级军官当场解除佩刀。12 月 29 日，济南郊区日军 2825 人缴械完毕，计缴收步枪 1434 支、轻机枪 53 挺、重机枪 27 挺、掷弹筒 30 门、迫击炮 6 门、步兵炮 1 门、装甲车 4 辆。1946 年 6 月，驻济南的 15000 名日军全部遣返日本。

二、日军第十师团

1937 年 12 月 27 日，日军第十师团占领济南，留少量兵力驻防，主力向南挺进参加徐州会战。1938 年 3 月，在台儿庄战役中遭重创；10 月，参加武汉会战。1939 年 10 月，该师团回日本整编。1940 年，被调往中国东北镇压抗日力量，归属关东军。1944 年 7 月，调往太平洋战场的吕宋岛参与作战。1945 年初，该师团遭到美军毁灭性打击；9 月，其残部向美军投降。1938 年 6 月，矶谷廉介调任关东军参谋长，后历任香港总督、台湾行政司长。1946 年，国民政府在南京军事法庭以战争罪审判矶谷廉介，1947 年矶谷廉介被判无期徒刑，1949 年 2 月开始被关在巢鸭监狱，1952 年 8 月被假释，1967 年死在日本。

日军第十师团长矶谷廉介

三、日军第一一四师团

1937 年 12 月，该师团是进攻南京并制造大屠杀的主力，罪行累累。1938 年 11 月驻防山东，司令部设在济南，师团长是沼田德重中将，担任济南及周围地区的防卫作战任务。1939 年 7 月，沼田德重率一部到鲁西“扫荡”，遭八路军鲁西军区司令员杨勇部的袭击、伏击，伤亡较为惨重。7 月 16 日，沼田德重率部由聊城向东撤退途中，再次遭到伏击，伤亡 200 余人，沼田德重的胸腹部亦中数弹，生命垂危。7 月 22 日，该师团回国休整，8 月被撤销编制。8 月 12 日，沼田德重伤重毙命。

日军第一一四师团长沼田德重

四、日军第五十九师团

1942 年 4 月，第五十九师团以驻防济南的独立混成第十旅团为基础组建，

日军第五十九师团长藤田茂

司令部设在泰安，后移驻济南，师团长先后由柳川梯、细川忠康、藤田茂担任，主要任务是防卫济南周围地区。该师团在山东残酷围剿抗日根据地，犯下滔天罪行。1945年5月，调往朝鲜咸兴地区，8月15日向苏军缴械投降。该师团的师团长为藤田茂和驻防济南的第五十四旅团长兼任城防司令官长岛勤，1945年8月被苏军逮捕。

1950年7月，藤田茂被引渡给中国，羁押于抚顺战犯管理所。藤田茂供述道：

> 1945年5月至6月，他以师团长身份指挥命令所属部队参加“秀岭作战”，在山东省博山、益都、沂水、蒙阴、青岛、历城等地区内，以各种残暴手段杀害我和平居民杜高志、杜在潮、公丕涣、公旭东、公茂生、公朱氏等600余人，其中被他们抓捕强迫探踏地雷而炸死的有60余人。他们还强迫大批和平居民从事军事性劳役，并且纵容部下强奸妇女60余人，烧毁、破坏民房18000余间，抢夺粮食500余吨、牲畜1600余头。[1]

在军事法庭上的日军第五十九师团五十四旅团长长岛勤

1956年6月，经最高人民法院沈阳特别军事法庭审判，藤田茂被判有期徒刑18年。1963年2月，提前释放回日本。回国以后，被选为中国归还者联络会会长，积极开展日中友好、反战和平运动。1965年、1972年两次率领中国归还者联络会代表团访华，都受到了周恩来总理接见。1980年因病去世。长岛勤被判处有期徒刑16年，1959年12月被提前释放回国，1960年死亡。

五、日特的结局

1946年9月23日，原日伪济南铁路局警务段长、战犯冈平菊夫，被第二绥靖区司令部军事法庭判处死刑，12月13日在四里山刑场伏法。该犯任职期间，虐杀

① 《日本战犯藤田茂侵华罪行自供》，国家档案局网站 www.saac.gov.cn。

无辜济南民众，尤以挖取人心佐酒而罪恶昭彰。10 月 15 日，第二绥靖区司令部军事法庭判处日本战犯青井真光死刑，12 月 13 日在四里山刑场伏法。青井系原日伪济南“新华院”院长，在任间残酷杀害、虐待、奴役被俘抗日人员及平民百姓，别号“杀人魔王”。10 月 26 日，第二绥靖区司令部军事法庭以杀人罪、妨害自由罪、伤害人身及健康罪，判处战犯、原济南日军“凤凰公馆”头目田中政雄死刑，1947 年 1 月 13 日在四里山刑场伏法。

六、叛国投敌者的下场

历城境内的伪军，或被八路军泰山军分区、渤海军区部队、历城及章丘地方武装消灭，或被国民党军队收编、整编。

抗战胜利后，高松坡多方钻营，成为山东省参议会参议，经营白泉煤矿、大成铁厂；济南解放后，流窜外地，1951 年被缉拿归案。1953 年 6 月 24 日，在章丘县普集镇被处决。汉奸陈崇山部有生力量被八路军泰山军分区部队消灭后，陈崇山投靠翟部积极参加内战，济南解放后，逃匿浙江省杭县（浙江省杭州市），1957 年 8 月，被杭县公安机关缉拿归案；1959 年 12 月，经章丘县人民法院刑事审判庭审判，以反革命杀人罪判处陈崇山死刑。1960 年 1 月 5 日，法院在石珩村召开 2000 多名群众参加的宣判大会，处决陈崇山。汉奸杜子和，抗战胜利后居住济南，济南解放后，畏罪以缝补破鞋为业潜伏北京；1955 年 8 月 12 日，被北京市公安局逮捕。1958 年 7 月，经章丘县人民法院刑事审判庭审判，以反革命罪判处有期徒刑 15 年。

一批作恶多端的汉奸地头蛇受到惩处。1946 年 4 月 27 日，泰山军分区历城特务营攻克国民党仲宫据点，将长期担任仲宫区伪区长陈鸿年俘获，在柳埠公审后被处决。韩希贡在济南解放后逃匿青岛，1949 年 9 月，被青岛市公安局逮捕，押解回历城县公审，在老石沟村

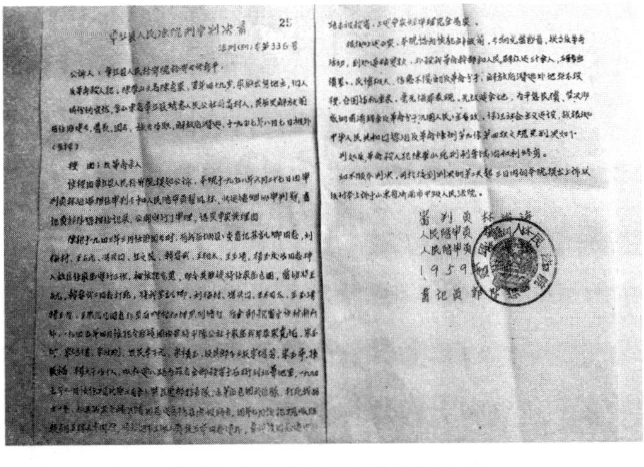

判处汉奸陈崇山死刑的判决书

被处决。伪老僧口区区长娄文轩，原名娄维昺，1951年4月，被济南市公安局逮捕，9月12日，被山东省处理积案委员会判处死刑。

第五节　抗日战争胜利的意义与启示

关于抗日战争胜利的意义及启示，已经多有精辟论述，现结合区域抗战的特点，简述以下几点。

一、中国人民赢得了抗日战争的胜利，改写了屈辱的历史

中国人民抗日民族解放战争的胜利，改写了1840年以来的屈辱历史。

十四年抗战中，中国军队组织22次会战和200多次战役，大小战斗20万次，消灭日军总计130余万人，接收投降的日军128万余人。

十四年抗战中，中共领导的八路军、新四军等武装力量，作战125165次，共毙伤日军520463人，俘虏日军6213人，迫使日军投诚746人，合计消灭日军527422人；毙伤伪军490130人，俘虏伪军512933人，争取伪军反正183632人，总计消灭伪军1186695人。

十四年抗战中，山东抗日根据地军民共作战2600余次，歼日伪军50余万人。到抗战后期，山东抗日根据地分为鲁中、鲁南、滨海、胶东、渤海（由清河与冀鲁边两区合并）等区，拥有12.5万多平方公里土地和2400多万人口，人民武装力量发展到27万余人，为坚持抗战和争取抗战胜利及以后的进军东北展开辽沈战役做出了重大贡献。

48万历城人民的抗战，具有特殊性、残酷性、复杂性，是中共领导的敌后乡村抗日斗争的典型案例之一。历城县是山东的首县，处于日军统治中心济南的近郊区，十四年的持久战中呈现出特殊的战争形态；日军始终在历城部署重兵，占据优势，在伪军的配合下，残酷地绞杀抗日力量，使第一届中共历城县委解体。历城县境广阔，贫瘠的山区、富庶的平原、发达的城郊，使经济呈现严重的不平衡，致使历城民族矛盾、阶级矛盾、经济矛盾、社会矛盾交织，斗争的复杂性始终贯穿在历城抗战始终。历城人民在中共清河区委及泰山地委的领导下，不畏强暴，敢于牺牲，积

小胜为大胜，与日寇“熬”，与伪军“熬”，终于迎来了抗战的胜利。据 1990 年《历城县志》不完全统计，1939 年至 1943 年，中共领导的历城军民与日军作战 20 多次，消灭敌军 300 余人；十四年抗战中，中共领导的历城军民及国民党武装，与日伪军作战 100 余次，消灭日伪军 5500 余人，谱写了县域抗战史的辉煌一页。

二、中华民族踏上复兴的新征程

抗战前，“顺民”意识弥漫于历城，“天下”“家族”的观念根深蒂固。日军连续制造的“鹊山惨案”“田庄惨案”等血案，还有日军对历城的残酷统治，让老百姓实实在在地感到了死亡的威胁。从王福祥自发领导宅科村民聚众抗日，到共产党员秘密组织的神武村无给自卫团亮刀枪于日伪面前，再到南高而村党支部组织民兵队与日军拼杀，历城人民的民族意识普遍觉醒。人们区分“好人”与“坏人”的标准，简单明了——你是不是汉奸？即使是一般伪职人员，也清楚“汉奸”一词的分量。

据《西顿邱村志》记载：

> 日伪时期所办的西顿邱小学……每天下午放学，张济民校长总不忘集合学生唱岳飞的《满江红》歌曲，然后放学；教育局所编的教材无半点亲日内容，就是他们查学，也是睁一只眼闭一只眼。还有那个维持会，是村中伪政权班子，并设有穿黑色警服持有枪支的维持会成员，他们也并非效忠日寇的。西顿邱有个维持会成员叫吕纪忠，常与村民说笑，村民说他是汉奸，他说“我不是汉奸，我绝不向着鬼子而害中国人”。吕纪忠还在街上教儿童唱抗日歌曲。一曲的歌词：“七月初七，日本鬼子大演习。发兵占了绥、察、冀，又来攻我山东、山西。各地里带有奸、抢、夺，不讲理。同胞们，联合起，今日要出口气……”①

民族意识的普遍觉醒，加强了民族凝聚力。抗战爆发之际，多数历城人更多的是血缘亲缘认同和乡土认同，民族危机促进了历城人民族意识的觉醒。回族阿訇张廷勋置家庭利益于中华民族的整体利益之下，义无反顾地组建回民中队，紧跟共产

---

① 西顿邱村志编纂委员会编：《西顿邱村志》，黄河出版社 2012 年版，第 409 页。

党，在日伪统治的中心坚决抗日；岳伯芬、翟毓蔚等出身于章、历富庶的小康之家，率国民党地方武装转战于日寇围击的缝隙之间，始终抗击日军；历城各地的不少乡绅同情抗日、支持抗日、参加抗日。抗日战争把不同民族、不同党派的各阶层民众凝聚在一起，汇集成了抗日救国的洪流，势不可挡。日军“三个月灭亡中国”的计划，是建立在对中国政局“一盘散沙”的分析基础之上的，日军这支充满民族劣根性的军队，目光短视，根本看不到蕴藏于五千年文明史之中的中华民族的强大力量。1940年10月12日，日本天皇有所懊悔地说：“支那的强硬出乎意料，对事态的预测完全是错误的。”

抗日战争中，民族精神得到锤炼与升华。南高而村民兵队拿着大刀、白蜡杆、猎枪，抬着“抬杆”，硬是从仲宫日军手中解救出自己的战友，表现出血战到底的英雄气概。在历城抗战的史料中，记载了3位被日军狼狗一口一口咬死的抗日志士：一是岳部执法队长任廷松，被汉奸杜子和俘获，在老僧口据点让日军狼狗吃掉；二是南高而村共产党员、泰历县参议员焦延荣，被日军捕获，在长清县万德火车站据点被日军狼狗吃掉；三是柳埠区抗日民主政府税务所长孙云甫，在“会道门暴乱”中被日特俘获，在仲宫据点被日军狼狗吃掉……这是何等的壮烈！三位抗日志士视死如归的浩然正气，是我们民族的宝贵财富；坚忍不拔的性格禀赋，为历城抗战注入了不竭的动力！中共历城县委领导的抗日武装，第一次喊出“宁做战死鬼，不当亡国奴”口号，从三十七中队到八路军独立连，再到自卫大队、特务大队，最后建立了八路军历城县大队。日伪的残酷绞杀没有彻底消灭这支英雄的历城人民子弟兵，打散了再建，建了又被打散……可谓“野火烧不尽”。中华民族坚忍不拔的性格禀赋，在抗日烽火中得到了锤炼和提高。

现在不少人受意识形态的左右，片面强调抗日战争中外部因素的支持。历城抗战的基本事实再一次昭示：血战到底的英雄气概、视死如归的浩然正气、坚忍不拔的性格禀赋，这些受战火洗礼的民族精神，是中国人民赢得这场战争的力量源泉。美国总统罗斯福在致蒋介石的电报中写道：“中国军队对中国遭受野蛮侵略所进行的英勇抵抗，已经赢得了美国和一切热爱自由民族的最高赞誉。”1942至1943年，英、美等国废除与中国的不平等条约，中国应邀参加处理二战中的国际事务。1945年10月，《联合国宪章》生效，中国成为联合国创始会员国及联合国常任理事国。中国问题专家费正清教授认为：“由于日本侵略以及其他国家的卷入，中国从一个软弱的战争牺牲者，转化为一个世界大国，一个确立稳定、和平局面的伙伴。”

三、新中国在血火中成长了

抗日战争中的中国共产党人有着坚如磐石的政治信念。在历城抗战中，没有任何一位历城县委领导沦为汉奸，没有任何一支共产党武装集体叛变投敌，苏勋卿、刘梅村、尹天佑、王占元等县委领导同志，血洒疆场；苏勋卿、刘梅村等经受了一般人难以承受的酷刑，英勇就义。

中国共产党在残酷的抗日环境中，成长为成熟的政治力量，创造性地完成了“民主改革”的伟大实验。县境内的中共章丘县委、泰历县委、历城县委建立区、村级抗日民主政权，以镇压汉奸恶霸的方式处理民族矛盾，以“说理斗争”“参议会”合情合理的解决阶级矛盾，以“减租减息”解决经济矛盾，一步一个脚印地建立了抗日民主政权，赢得了根据地人民及游击区人民的拥护，使敌后抗日根据地日益巩固，最后形成了抗日根据地威逼济南的战略态势。

中国共产党人以宽广的胸怀团结各阶层人民抗战，胡寅书记“抱张子键双脚度寒夜”的故事令人感动，张子键是孙村抗日民主政府的非中共区长，胡书记关心他，支持他的工作，并介绍他加入中国共产党。中共历城县委的负责同志以共产党人的人格魅力，团结、教育了一批乡贤参加抗日、支持抗日。即使是对翟部，也采取了“前恶不计，共同抗日”的态度，特别是在岳部几近山穷水尽的地步，泰山地委书记、泰山军分区政委林乎加，制止围击岳部，八路军对友军从没有做过任何趁火打劫之事，展示了共产党人以民族大义为重的宽广胸怀。

中国共产党人始终坚持群众路线，为了群众、依靠群众、发动群众、组织群众，使中共拥有了以广大贫苦农民为主体的广泛的群众基础。流传广泛的普通农家妇女“黄承芳舍身救陈杰”的事迹，正是中共与百姓“鱼水之情”的生动写照。《西顿邱村志》记载了闫生才先生关于母亲的回忆：

在大庙栖身的母亲——闫菊茹

我的母亲闫菊茹，原名谷菊茹，1900 年出生在济宁乡下一个贫农家庭。早年参加革命，加入中国共产党。因参与农民暴动的组织领导工作，暴动失败后，遭国民党反动派通缉，随残部流落到今泰安市岱岳区下港乡眼明方村。1934年嫁给我的父亲闫兴义，遂随夫姓，改名闫菊茹。父亲兄弟众多，靠种七八分山岭薄地，一年到头吃不饱，穿不暖，食不果腹，衣不蔽体，一家人生活在温饱线以下。日子实在难过，我的一个叔叔闫兴德为吃饱肚子，只好出家当了和尚。

眼明方村北面深山有个山峪叫“塔子峪”。之所以名之以“塔”，是因相传早年废弃的古寺——云台寺就在峪中，寺内古塔的石鼓、石座等遗迹尚存。据传云台寺及附近杨家庄高楼观山里的九曲寺、柳埠的神通寺与章丘西顿首（邱）的延福院一脉相承。故我的一个本家爷爷早年在延福院出家，已经做了主持，法号绪昌。叔叔闫兴德就是投奔他去的，剃度后，法号“本顺”。

1937年，抗日战争爆发。是年底，国民党山东省主席韩复榘放弃抵抗，不战而逃，我的家乡泰安继济南之后沦入日寇的铁蹄之下。日军在山外一些村子建立了据点，经常进山“扫荡”，烧杀掳掠，家乡一带穷乡僻壤更加民不聊生。哪里有压迫，哪里就有反抗。家乡的人们纷纷响应中国共产党的号召，踊跃参加抗日活动。在这种背景下，母亲再次走出家门，与党的组织重新接上关系，全身心投入抗日活动中来。她带领村中妇女做军鞋、军衣，学习识字，进行抗日宣传。由于表现突出，成绩显著，很快被推选为村妇救会长。随后，担任泰安地区东方区抗日联合会主任。

为了做好抗日工作，母亲克服常人难以想象的困难。家里的几分山岭薄地产量很低，风调雨顺年份，半年糠菜半年粮，勉强度日；遇到干旱荒年，地里庄稼种一葫芦收半瓢，甚至颗粒不收。我和两个弟弟的相继出世，使惨淡的饭桌愈发显得僧多粥少。为了使我们不至于饿死，父亲给地主老财扛活养家，母亲常常起早睡晚，挖野菜、摘树叶、刮树皮……利用一切可以找到的、能够利用的替代品，聊以填充我们那似乎永远也填不满的肚子。冬天的深夜，为工作劳累了一天的母亲，在昏暗的煤油灯下，为我们爷儿几个缝补补丁摞补丁的衣服。第二天早上，当我们尚在梦中的时候，她早就为开会、布置、检查工作，走出几十里外去了。

在那兵荒马乱的年月，母亲将生死置之度外，更无暇顾及我们的安危与饥饱。1943年腊月的一天，风雪交加，北风刺骨。日军突然进山“扫荡”，母亲急忙把我的两个弟弟（一个5岁，一个2岁）用一床破被子裹起来，藏在一个峭壁石缝中。不顾因害怕、寒冷而簌簌发抖的幼子，母亲组织、带领在村中养伤的八路军伤病员、干部家属，并将他们转移到安全地带。敌人走后，同村的叔叔大爷找到弟弟们时，两个弟弟瘦弱纤细的身体已经连同破被子一块，与石壁硬邦邦冻连在一起，怎么也弄不下来。最后，区中队的叔叔赶到，用枪托使劲捣了几下，才把弟弟们救下来，所幸他们还活着。

母亲全身心投入抗日工作，整天不着家，父亲给地主扛活中午回不来。母亲便常常嘱咐街坊邻居，到午饭的时候别忘了给我们兄弟几个弄个煎饼吃。

母亲为掩护子弟兵，顾不上亲生骨肉的安危温饱；而子弟兵为掩护老百姓，同样是将生死置之度外，在我家养伤的李连长，就是为掩护我牺牲的。

母亲的活动早就引起了敌人的注意，他们视母亲为眼中钉、肉中刺，千方百计捉拿她、加害她。富于革命斗争经验的母亲沉着机警，一次次化险为夷，逃脱追杀的屠刀、子弹。

多年后，母亲饱含深情地告诉我们，共产党是鱼，老百姓是水——鱼儿离不开水。要不是共产党代表人民的利益，老百姓奋不顾身掩护共产党，你们的母亲早就命丧敌人的刺刀之下了。

1944 年深秋，母亲忙活着为八路军准备过冬的棉衣。从有关部门领来布料、棉絮、针线，分发到村中妇女们手中；按时将做成的棉衣检验合格后收上来，存放在我们家的堂屋里。

一天深夜，由于叛徒出卖，加上哨兵麻痹，母亲被日寇特务队包围在村里。鬼子、汉奸和叛徒到我家扑了个空以后，挨门逐户搜寻母亲。母亲翻过几道墙，刚刚来到一个老奶奶家，敌人随后就到了。老奶奶急忙把母亲盖在被子下，随后故意踢翻了尿罐，并把一桶泔水倒在炕上，对敌人说：“我儿媳妇病了，上吐下泻，太君会看病吗？给看一看吧！”敌人一个个捂着鼻子走了。

抗日母亲闫菊茹

敌人找不到母亲，把我一个本家嫂子抓起来，绑到大树上，严刑拷打，逼她交代母亲的下落。本家嫂子宁死不屈，破口大骂，不向敌人吐露母亲的去向。敌人脱光她的衣服，双乳各刺一刀，并用枪刺下体，亦毫无所获。本家嫂子其实是母亲的副手——妇救会副会长，只不过未暴露身份，敌人抓不到把柄，加上村中父老竭力营救，本家嫂子保住一条生命。最后，恼羞成怒的敌人把母亲他们刚刚为八路军做好的军衣、军鞋放火烧掉，我们家的房子也同时化为灰烬。

父亲是个老实倔强的农民。他对母亲整天不着家、不顾家早有微词。这次房子被烧，更是迁怒于母亲。但他的倔强在母亲的坚定信仰面前，是那样的不堪一击，更多表现出他老实的一面。父亲一面生气，一面在邻近的峭壁搭起一个窝棚，供全家栖身。

好不容易盼来1945年日寇投降，母亲欢欣鼓舞，庆祝胜利；按党的要求，组织领导群众开展反奸诉苦运动。不料，国民党反动派挑起内战，于1946年6月向山东发动重点进攻，人民再次陷于水深火热之中。母亲又一次挺身而出，投身解放战争。[①]

亲身经历晋西北、冀中等抗日根据“民主改革”的实践后，美国人卡尔逊向总统提出了论断：中国共产党领导的中国必将取得抗战最后的胜利。历史选择了中共，中共担当了历史的选择。伴随着抗日战争的进程，“新中国在血火中成长了”，中共领导饱经苦难的百姓，开始踏上了民族复兴的新征程。

四、抗日战争胜利的启示

历史往往经过时间沉淀后可以看得更清晰。在抗日战争胜利70年后的今天，我们可以总结以下几点教训。

“内耗”“内斗”的痛点，必须反思。在历城抗战中，有一个基本的史实：国民党地方武装岳伯芬部与翟毓蔚部“内耗”“内斗”贯穿始终，在民族危亡的残酷斗争的日军后方，双方兵戎相见；国共之间的“摩擦”“围剿”，在抗战进入相持阶段后，亦屡见不鲜。这是民族之痛，我们应从更高的文化层面对这个痛点进行反思，矫正我们的弱点，在民族复兴的伟大时代尤为重要与紧迫。

区域抗战历史文化资源整理、保护、传承工作的薄弱。区域抗战历史遗迹遭受破坏严重，特别是在一些抗战的核心地带，抗日遗迹荡然无存，令人心痛。区域抗

① 西顿邱村志编纂委员会编：《西顿邱村志》，黄河出版社2012年版，第388页。

战的资料存贮高阁，没有整理；区域抗战的英雄和事迹，已经成为年轻一代记忆的空白；不顾历史条件的抗日“神剧”“戏说”，是对民族之魂的亵渎。我们的父辈、祖辈可歌可泣的抗日事迹，就发生在我们居住的城市、乡村，是培育民族精神、传承民族精神、建构民族信仰的肥沃土壤。说到底，我们能不能以意识形态的高度整理、保护、传承抗战历史文化，对青少年进行抗战教育，是我们最为紧迫的工作。

综观中国近现代史，日本发动甲午战争和全面侵华战争，中断了中国的现代化进程，使中国人民付出了巨大的民族代价。在中国人民历史进程的关键节点，日本善施阴招，为中华民族的发展进程制造了障碍。

第六章

历城抗日英烈

中国共产党领导的人民抗战是历城抗战的中流砥柱。在十四年的民族解放战争中，仅有确切记载的 221 名历城籍的革命烈士，为国捐躯。由于受行政区的调整、抗战的残酷环境、历史的局限等因素的影响，以身殉国的历城籍抗日英烈远远超过 221 人。

杨兴忠烈士安息在沂源县革命烈士陵园。碑文载："山东省历城县人，延安抗大第一期学生，曾在山纵兵工总厂任政委之职，于 1939 年 5 月 23 日光荣牺牲。"烈士家到底在历城何处，多方考证无果。

杨兴忠烈士之墓（沂源一中张涛先生提供）

在山东人民抗日战争纪念馆，铭刻着尹天佑、苏勋卿、赵正阳、侯筱章 4 名历城籍"山东著名抗日烈士"的英名，他们是 48 万历城人民的优秀代表，是今天 100 万历城人的骄傲，是名副其实的"历城之子"！

第一节　济王工委书记尹天佑烈士

尹天佑（1913—1944），又名尹伊，今历城区郭店街道武家庄人，16 岁毕业于董家庄小学。1929 年，考入济南育英中学，同年底，因参加革命活动、组织学生罢课被校方开除。

1938年初，王心崇介绍其加入中国共产党。1938年春，中共历城县支部委员会成立，尹天佑任支部委员；5月，任山东人民抗日救国军第三支队三十七中队政治干事；8月，任八路军山东纵队第三支队十一团独立连政治指导员。1939年，尹天佑奉命带领全连回到历城，开展抗日斗争；同年冬至1940年春天，尹天佑先后发展了陈达、吕荣生、李启民、王振甲等15名党员，组建武家庄党支部，任支部书记。1939年12月，中共章、历、齐（东）工委建立，尹天佑任工委委员，负责宣传工作。1941年，尹天佑不幸被日寇逮捕，在伪县政府受尽酷刑，坚强不屈。1942年，中共历城县委成立，尹天佑任县委委员；同年冬，在岳伯芬部组建十三旅特务大队，打击日寇。1943年冬，中共济王工委建立，尹天佑任工委书记。1944年2月2日，壮烈牺牲。尹天佑是第一届中共历城县委负责人之一、山东省著名抗日烈士。

由烈士的子女尹绪勤、尹绪宏口述，王春贵先生整理的《见难而无苟免心》，记录了烈士的事迹：

尹天佑烈士墓（郭店政协提供）

烈士尹天佑又名尹伊。1913年生于历城东部武家庄。较富裕的家境使他有条件求学。16岁在董家高小毕业，后到济南考入育英中学，在那里接受了党组织的教育，思想进步很快。九一八事变后，他积极投身于抗日救亡的运动中，同进步的师生一道，活跃在济南北关一带的街头巷尾搞革命宣传活动。他慷慨激昂地演讲，揭露蒋介石消极抵抗政策，号召大家团结起来共同抗日。1931年末因参与在学校中组织罢课活动被校方开除。

失学并未能动摇尹天佑对共产党的信仰，并未能削弱他对日本帝国主义的憎恨，也并没有能阻止他对真理的追求。他准备去南方寻求革命真理，他对别人只讲去杭州，做什么事至今无人知晓。

行前，好心的亲朋好友，受他父亲的委托劝阻他，苦口婆心地轮番说教，都未能改变他的初衷。他告别了老人，丢下妻子，放弃了富足的生活，义无反顾地乘上了南下的列车。

光阴荏苒，转眼到了1935年秋天，一个万籁俱寂的夜晚，尹天佑回到了家乡。消息飞快传开，村上的人都来问长问短，他只说这两年是到杭州求学去了。

尹天佑自从“南方上学”回来后，经常向穷苦爷们讲形势，讲苏联的十月革命，讲中国共产党领导人民打日本鬼子，还教大家唱《大刀进行曲》《大路歌》等革命歌曲。大家越来越敬重他。

有一年的秋天，地里的庄稼熟了，收割时不少人跟在尹天佑的大车后面拾庄稼，总觉得他家地里的庄稼特别多，后来有一伙人干脆将半截地里的豆棵拿光了，尹天佑却不让家里的人声张，他说：“拿光了就算了，反正我们收了是吃，别人拿去也是吃。”就这样，尹天佑言传身教以各种方式关心着群众。

尹天佑同志为了发展党组织，建立抗日武装力量，他绞尽脑汁，多方努力，在他家西院办起私塾书房，收学生30余人，由地下党员刘博泉同志任“先生”，白天讲四书五经，晚上召集青年学习党的基本知识，随时过往的地下党员多在尹天佑家食宿，参加培训的同志也多在尹天佑家就餐。就这样，尹家粮食吃光了，积蓄也花净了，尹天佑毅然将家中的牛和骡子卖了，后来又卖掉十几亩地，这些都做了党组织的活动经费。可他自己的女儿却未能在刘先生的书房里就读。后来尹天佑曾计划作为革命火种派吕荣升同志去济南摆小摊，送女儿绪勤去纱厂做工，但由于形势变化，这些均未实现。

武家庄北靠胶济铁路，离郭店车站很近，那里有日寇的据点，在这一带搞武装危险性很大。靠党组织的正确领导，靠群众觉悟高、关系好，靠贤内助赵秀堂的生死与共，尹天佑才能大智大勇、神出鬼没地打鬼子、除汉奸。

尹天佑的家不仅是济王工委机关培训党员的场所，也是秘密联络点。那时经常到尹家去的除刘博泉同志外还有何曙光等。另外尹家西院子里还住有伤员，并藏有大量的宣传品和部分弹药。每当有地下人员来时，赵秀堂同志总是手拿一个针线簸箩，坐在大门外三岔路口大槐树下佯作做活。由于尹天佑夫妇掩护，许多同志避免了危险和无谓的牺牲。

1941年春的一天下午，高而庄的李某背着粪筐匆匆来到尹家向尹夫人说：“老赵，不好了！敌人在西顿邱南头抓走了天佑，五花大绑着用牛车拉着送往龙山车站了，可能接着送县局子。我去找吕荣升，你去找段村长，再找几个有名气的老人赶快去龙山……”当段村长等五人赶到龙山车站时，敌人果然已将尹天佑押往王舍人庄的县警察局了。

敌人百般折磨尹天佑同志，他一口咬定自己是买卖人，敌人用狼狗咬他，衣服撕成碎片，血肉模糊昏死过去。敌人用凉水浇头。待他稍微清醒再逼问，尹天佑同志守口如瓶，没吐半点真情。这时党组织设法积极营救他，段村长、王福升、温子厚等跑到警察局坚持说尹天佑是无辜良民，并愿以生命财产担保，敌人见无懈可击，答应第二天放人。

翌日，人们去接尹天佑同志，只见他遍体鳞伤，身上衣服与肉粘在一起，有的伤口还往外洇血，其惨景目不忍睹。可是尹天佑同志却泰然自若，那时缺医少药，只好用盐水沾着将破衣服揭下来，见到皮开肉绽的伤势，妻子和女儿泣不成声，尹天佑同志硬是咬着牙说不疼，还劝家人不要难过，他头上却冒出大滴的汗水。他躺在床上休息，却惦记着被捕前因敌人四面包围他与吕荣升同志埋在地里的枪。第二天晚上叫上吕荣升去白菜地找枪，因地里白菜已收，费了好大劲才找回来。

1942 年盛夏的一天，苏勋卿、孙志超等 5 位同志要过胶济铁路。当时铁路两旁挖有很深的壕沟，要过去必须过敌人的据点，敌人哨卡盘查较严，为避免危险，尹天佑夫妇给每人配了草帽、大小锄头等农具，换上农装，天佑同志当领工的，其余均视为短工，这样安全地到达铁路北的集结地。

为了行动方便，尹天佑同志与段村长协商办了 7 个良民证，证上的名字都是村上已死了的人。那时经常到武家一带活动的有：苏勋卿、陈达、李加福、孙志超、郭正元、高若星、赵立达等。他们多是书生打扮，只有孙志超同志每次都是肩背褡子（里面装些笔、书、墨、本子等），手拿拐杖，像个十足的书信（卖文具的）。

按照上级党组织的指示，要迅速发展抗日武装，人员很好发展，可是要搞枪支谈何容易。尹天佑多方集资，托人在济南买了两支旧匣枪，将枪装在面粉里用自行车带到武家庄，又派人冒险参加杂牌军江守山部，然后伺机携枪开小差，就这样很快搞了七八支枪。尹天佑经过长期观察考验，发展了七八个热血青年，拿起枪打日本鬼子，他们是段俊生、段友三、王福亮、武守才、王振甲、王振乾、王福中和温子厚的儿子，他们在尹天佑带领下，扒铁路、除汉奸，一时搞得敌人胆战心惊，后来这支队伍发展到六七十人。尹家过去因人少地多雇用的伙计，在尹天佑的开导下亦参加了抗日队伍。

尹天佑很注意搞统一战线工作。西顿邱有个叫王希文的人，他原来曾是我们的区长，后因家中老小扯后腿不干了，再后来又参加了王启祯的杂牌军。尹天佑经常找这个王希文了解敌情，要他支援子弹等，那时在尹天佑同志帮助下王希文确实做了些对革命有利的工作。泰山区地委派来历城工作的何曙光被敌人逮捕了，他出卖了同志叛变了革命，接受敌人派遣到武家一带活动，那时尹天佑同志已接到泰山区地委的通知，知道何已叛变，准备迅速转移。转移前赵秀堂同志故意大声说："这个家不要了，乡亲们看谁缺什么就拿什么吧！"这时只见尹家乱七八糟不像样子。赵秀堂收拾好小包袱，抱着儿子，领着二女儿待要离开时，不速之客何曙光来了，只见他身穿新衣服，脖子上扎一白色的新羊肚子手巾，当他看到尹家的情况时装出吃惊的样子问："这是怎么了？"赵秀堂同志见不便走开，就故作镇静地与他进行寒暄，先是夸何身着新衣变俊了，后又转话题自叹倒霉。她说："我们庄东头江守山的兄弟江春泉被人打死了，江守山向岳伯芬告状硬说是俺家尹天佑干的，这不也把老尹吓跑了。临走时说待找到地方再捎信来叫俺娘们几个都去。"何曙光本来是打探消息的，听到赵秀堂这么一说知道计划落空了，却故作镇静，晚饭后赵秀堂仍将何带到吕荣升家住宿，然后和戴秀英找其他几个同志商量除掉何，哪知这家伙却趁夜里溜回济南报信去了，就这样尹天佑一家只好真的转移了，临行前把大门用土坯垒上了。可是由于走得仓促，竟然将手枪的子弹忘在家中水缸围子中。尹天佑同志在一个漆黑的夜里叫上女儿绪勤，赶回家中，由绪勤从邻居家爬上栏棚顺树而下将子弹取走了。

有一次，赵秀堂同志抱着儿子回武家村找尹天佑报告情况，不巧正碰上尹天佑等几位同志与江守山杂牌军进行巷战，天佑同志示意赵秀堂暂到中堂大叔家避一下，我们的同志因寡不敌众就转移了。江守山吼着要杀尹天佑家的人，当走到中堂大叔跟前时厉声问道："这是谁家的孩子？"大婶说是自己的外甥。这样赵秀堂母子才得幸免于难。但是隔了几天，他的二女儿绪俭因生了黑疹子（肺炎）不敢外出就医，耽误了治疗而离开了人间。

尹天佑同志曾被组织派往敌人营垒中搞武器，他足智多谋，作战勇敢，激起了敌人对他的仇恨。敌区长李少毅煞费苦心打听尹的家属下落，曾逼问尹天佑的三表妹，但并未如愿。敌人派出不少便衣特务，也都未能找到尹天佑的家属，此时组织上已派人将他们转移到章丘县去了。此间，尹天佑只是利用开会的空隙时间和王裕民同志去看过他们一次。

敌人没有死心，一计不成，又生一计。狡诈的李少毅装作有诚意的样子，派人告诉尹天佑要和谈，尹天佑统战心切，不知其中有诈，便欣然答应如期赴会。那是1944年农历正月初九，尹天佑未做任何防范去赴约，在韩仓村北的侯家庄被敌人杀害了，年仅31岁。他没能看到日本帝国主义投降，没能看到五星红旗升起在天安门前，他只带着对事业未竟的负疚之心去了，但他却把名字留在青史上，把英雄的业绩留给了后人。

尹天佑牺牲后，敌人并没有放弃斩草除根的念头，流海乡乡长王维邦，通过武家庄的尹树德找到赵秀堂母子，想利用家族观念打动她，说如果能原班人马带回家，可给她个官当。赵秀堂义正词严地戳穿了敌人的阴谋，并告诫他不要忘了自己是中国人！一席话使尹树德感到无地自容，灰溜溜地走了。

赵秀堂同志毅然将未成年的女儿送往革命队伍，她作为一名中国共产党党员，把一切献给了党，献给了共产主义事业。

1967年3月5日赵秀堂同志病逝。①

第二节　第一任县委书记苏勋卿烈士

苏勋卿（1909年12月12日—1944年4月18日），出生于历城县苏官庄一个农民家庭里，弟兄5人，家境贫寒。他以优异的成绩毕业于黄桑院高级小学。1934年开始在大李家初级小学、杲家庄初级小学任教，关心时局，对学生进行爱国教育。期间，他生活清苦，常受地方豪绅的轻视与欺凌。

七七事变爆发后，日寇入侵山东境内。在国家民族危亡之际，苏勋卿联络有志

① 政协济南市历城区委员会文史资料委员会编：《历城文史资料》（第4辑），第28～40页。

苏勋卿烈士（章丘市政协提供）

之士，奔走呼号，宣传抗日救国，在黄桑院小学组织抗日救国会。12月，他与进步青年郭广渠、郭克勇、郭耀华、苏冠英等结识了共产党员王心崇同志。1938年2月，经王心崇同志的帮助教育，苏勋卿加入了中国共产党。为组建抗日武装，苏勋卿等同志数次去邹平找山东人民抗日救国军第五军司令马耀南，汇报历城抗日活动情况，要求派武装进驻历城，打开抗日斗争局面。4月，马耀南司令员派部队到历城、章丘，将地方抗日武装整编为7个中队；苏勋卿、郭正元等抗日积极分子编入三十七中队，任排长职务。苏勋卿、苏冠英带领20多个战士，奇袭东西梁王庄的“维持会”，缴获长短枪13支，装备了队伍。由于苏勋卿在战斗中，英勇杀敌，屡建战功，八路军第三支队司令部派苏勋卿、郭广渠等同志到中共山东分局学习，接受了系统的政治理论、游击战术、秘密工作等多方面的培训及军事训练，一年之后回到历城，继续坚持抗日活动。

1939年，八路军第三支队奉命返回长、邹根据地。日军在章、历边境频繁“扫荡”，抗日形势日趋恶化，三十七中队处于日伪势力的包围、翟毓蔚部的夹击中，处境十分困难，损失严重，部分战士转移到根据地。党组织决定，苏勋卿等少数同志留在历城，继续坚持斗争。

在恶劣的斗争环境中，苏勋卿积极配合清河区党委刘博泉同志，以开“永昌号”杂货铺为掩护开展抗日活动。1939年12月，清河区特委决定建立章、历、齐（齐东）工委，苏勋卿任副书记。1940年10月，工委书记刘博泉调离历城后，苏勋卿主持工委工作。在担任工委书记两年多的时间里，苏勋卿忠实地执行中共清河区党委的指示，隐蔽于岳伯芬部积极开展工作。他先后派郭耀华、张守道等十几名同志利用各种关系打入岳部，掌握了岳伯芬的部分军权，并取得了岳的信任。在苏勋卿的领导下，党组织坚持开展了章历边党的工作，在岳部积极宣传抗日救国思想，打击岳部的右倾势力，处决执法队长娄凤池，清除汉奸队长李子元。是年，国民党顽固派翟毓蔚、岳伯芬为缓和他们之间的矛盾，在历城的四、五、六区成立章历联合办事处，进步人士王剑桥任办事处主任，苏勋卿进入办事处，任民政股长；帮助王剑桥建立“抗日人民自卫队”。苏勋卿、王剑桥率自卫队三次袭击枣园寺的日伪警务段哨所，获步枪60余支；夜袭章丘水寨翟毓蔚的据点，获枪20余支，扩展了力量，自卫队扩编为自卫大队，王剑桥任大队长，苏勋卿担任三中队的中队长。此时，中共清河区委特派员刘梅村到历城，指导章历齐工委的工作，苏勋卿率三中队积极掩护、配合。1942年5月，刘梅村、苏勋卿带领三中队在朝阳道口截击了日军盐船，俘虏日军士兵2名、伪盐警10余名，缴获步枪11支、子弹一批。

5月，中共清河区党委决定，在章历齐工委的基础上建立中共历城县委，苏勋卿任书记，中共第一届历城县委诞生。同年秋，抗日形势恶化，苏勋卿在石珩小学任教，继续领导县委开展斗争。1943年麦季后，章历边北部日伪反复"扫荡"抗日力量，刘梅村、苏勋卿、王剑桥率自卫大队转移到胶济铁路以南，依托南山根据地开展游击斗争。

1944年4月12日，苏勋卿、刘梅村等17名战士在平陵城附近的任家庄，被陈崇山部700多人包围。苏勋卿与刘梅村率17名战士殊死抵抗，因寡不敌众被俘。1944年4月18日中午，在石珩村南门外，苏勋卿大义凛然，英勇就义，时年35岁。

苏勋卿烈士及他所领导的第一届历城县委的抗日斗争，是历城人民的宝贵财富。苏勋卿烈士有坚如磐石的政治信仰。他是在血与火的抗战初期成长起来的历城第一批共产党员，他坚守共产主义的理想，相信只有中国共产党才能救中国。信念铸英魂，烈士带着对两个幼子的牵挂、对党的事业的忠贞，在为国捐躯的最后时刻，依然高呼：共产党万岁！苏勋卿烈士集中体现了中华民族视死如归的英雄气概。早在三十七中队建立之时，苏勋卿和战友们，就抱定了"宁当战死鬼，不做亡国奴"的决心。在他担任县委主要负责人期间，正是历城抗战处于最艰难的时期，日、伪及翟毓蔚部几乎不放过任何机会，绞杀县委，苏勋卿和战友们早已把生死置之度外，即使是战斗到弹尽粮绝的险境，仍从容地烧掉笔记本及文件；被俘后，受尽酷刑折磨，视死如归，日伪从烈士身上得到的只有浩然正气！苏勋卿烈士秉承了中华民族坚韧、吃苦的品格，体现了历城人包容、忠厚、仗义的性格禀赋。苏勋卿和县委战斗在日伪严密封锁的东北乡，远离清河根据地，以超常的韧性，孤军奋战。1943年6月，斗争严峻的几无立足之地，苏勋卿率县委到铁道以南，以南山根据地为依托，开展抗日游击战斗，他牢记县委的抗日任务在章历边区，经常越过铁路，深入边区北部打击日伪，开展党的活动。

苏勋卿烈士及第一届中共历城县委，为历城抗战走向胜利，奠定了基础，创造了伟大的业绩。1944年7月，苏勋卿培育、领导的自卫大队，与尹天佑领导的特务

苏伯健先生依然厮守着爷爷建立历城县委时的小院（章丘市政协提供）

大队、郭正元的二营一起，组成了八路军泰山军分区历城县大队。这支人民子弟兵，打日寇，战蒋军，在战火的洗礼中成长为主力部队，为新中国的建立立下了不朽功勋。苏勋卿烈士及第一届中共历城县委，在章历边区普遍建立了党组织，培养了一批优秀的党员，成长了一批党的重要干部，他们播下的革命火种，燎原为历城2000平方公里的抗日烽火，是中国人民解放事业的历史篇章中光辉的一页。

第三节　红色特工赵正阳烈士

赵正阳（1918—1945），原名赵景惠，字寒光，1918年生于历城县西十六里河村。以优异成绩从高小毕业，因家庭生活困苦，进入位于县东巷的历城师范讲习所学习。在校期间，深受进步教师俞吉仁及进步刊物《历城月刊》的影响。赵正阳为人正直、好学，深受师生们的喜爱。

1935年毕业后，赵正阳到历城县冷水沟小学任教。1937年，七七事变后，赵正阳积极向学生、村民宣传抗日救亡主张，提倡抵制日货，组织小学生在村庄周围游行。1937年10月，辞去教师职务，毅然奔赴国难，参加聊城范筑先组织的抗日斗争。

1938年，赵正阳参加范县抗日游击队，加入中国共产党，调任汶上县抗日救国动员委员会主任。县抗日救国动员委员会是一个中国共产党领导的具有统一战线性质的县级抗日政权。1940年初，赵正阳率领动委会开辟汶上县杨店以北的抗日根据地。经济上，在禁止“资敌”的基础上，在沟头、泗汶、军屯、南陶、北陶等地，发动群众大搞“借粮运动”，把地主、富农多余的粮食借出来，分给贫苦农民，解决了农民的生活困难，提高了农民抗日救国的积极性。

1940年冬，赵正阳先后在张楼、杨留店、沟头、泗汶、徐村、周庄、军屯等村

赵正阳烈士（历城区政协提供）

发展了党员30余人，建立了党支部，逐步培育党的的骨干力量。建立民兵武装，打击日伪。赵正阳开展武装斗争坚定、勇敢、沉着；他在泗汶召开民兵大会，方圆几十里地的民兵踊跃参加，宣传党的抗日政策，动员民兵参军参战。赵正阳带领1个排的战士，在泗汶村伏击日军，取得胜利；汉奸中队长川德功，无恶不作，民愤极大，赵正阳亲自带领战士将其处决；赵正阳带领游击队借“青纱帐”的掩护，夜间化整为零，神出鬼没地打击敌人，白天化装成老百姓捉拿闲散出游的汉奸伪兵，有效打击了日伪势力。

赵正阳在汶上县的抗日活动，引起日伪注意，敌人扬言到历城县老家抄家灭族。赵正阳以别人的名义给家中写来一封假信，说自己在外地战死，十六里河老家中摆灵、吊丧、出殡，周围群众都知道赵正阳已不在人世。1942年春，党组织调他到中共冀鲁豫区党委干部轮训班学习。结业后，被冀鲁豫边区党委派遣到济南市做党的地下工作。随后，赵正阳与延安党中央城工训练班结业的雷紫屏（雷迅）、王轩屏（王其藩），进入济南市做党的秘密工作，张法孔担任政治交通员，1944年张洁泉任政治交通员。王轩屏打入济南后，因无合适职业做掩护，回到老家历城县东王村开展党的活动。

赵正阳克服种种困难，打进市区，隐蔽到南关三合街的亲戚家，联系到了曾在历城师范讲习所的俞老师。此时，俞老师在“济南市行政人员训练班”任教务长。赵正阳通过俞老师介绍，到市郊王官庄小学任教。后又转到市内黑虎泉小学任教，并在南凤凰街租赁一间小屋生活。他在校担任史地课，经常巧妙地在教学中向学生讲国际形势，揭露日寇暴行，讲述民族英雄的故事，以激发学生的爱国精神。他还“以文会友”的形式，联络爱好文艺的知识分子，开展革命活动。另外，他还组织出版过四五期《警钟》刊物，揭露社会黑暗，团结抗日。

1942年到1945年春，赵正阳通过广泛深入的细致工作，培养了一批积极分子，在济南市内发展了8名党员，建立和壮大了党的组织，动员10余名青年到根据地参加革命。抗战期间，赵正阳担任中共冀鲁豫边区党委领导的济南秘密党组织第二支部书记。

1945年4月16日晚，日特“朝阳公馆”的特务，以查户口为名，搜查了赵正阳的住宅。赵正阳回来后从同院的一个小姑娘口中获悉消息，连夜处理了文件。17日清早，他不顾危险，赶到黑虎泉小学，找到地下党员王馨华，交代工作，正在这时，传达员老王突然进来说：“门口有人找赵老师。”赵正阳马上意识到是敌人来抓人了，他紧紧握住馨华同志的手说：“他们来了，你要保重，要坚持下去……再见。”然后从容地向校门口走去，门口早已布满了便衣特务。

他被捕后，在日本特务的“泺源公馆”，受尽了各种酷刑，赵正阳始终严守党的机密，没有暴露自己的身份和组织。为了证实赵正阳的政治身份，日特又把地下党员王馨华抓进了“泺源公馆”，进行对质。日本特务岛山指着被他们折磨得形容枯槁的赵正阳，问王馨华认识不认识，王馨华识破了敌人的诡计，矢口否认；日特凶狠地放出狼狗撕咬赵正阳，迫使王馨华开口，王馨华忍着心疼拒不承认，敌人一无所获。日特将赵正阳转押到杀人魔窟——“新华院”。

在“新华院”，赵正阳受着非人的待遇，经受了种种残酷的折磨，身体被摧残得十分虚弱。他在日本法西斯面前，依然保守党的秘密，表现了一个共产党人的高尚情操和革命气节。8月初，赵正阳已被折磨得不能起床，11日，他断断续续地对一个难友说：“看来，我坚持不到胜利那天了。你如能出去，请你到三合街捎个信，就说我很挂念家里的生意，一定要干好，不要惦记我，我非常想念家里人，祝他们好……”年仅27岁的赵正阳，在抗日战争胜利的前夕，为国殉难。

赵正阳烈士的战友、抗日前辈许宝笃、王中午两位老人，在《在山东省济南市卧底的中共红色特工》一文中回忆了烈士的革命工作情况：

> 1942年春，冀鲁豫边区党委根据党中央关于加强城市工作的指示，先后派遣雷紫屏、赵正阳二人打入济南开展地下工作。按照党在敌占区和国民党统治区采取隐蔽精干、长期埋伏、积蓄力量、以待时机的政策，地下党的同志在极其艰苦的环境中，顽强机智、埋头苦干、前赴后继地与敌人做不懈的斗争。作为他们当中的两人，我们有幸活到今天，沐浴着“新中国”的阳光，但是我们无时无刻不在怀念着那些牺牲在敌人屠刀下的战友们，悲戚之情，不能自已。对他们的执着的思念，迫使我们不能不拿起笔来，将他们可歌可泣的英勇事迹追述下来，让今天生活在幸福中的人们知道：是这些无名英雄们给我们带来了今天的一切！

1942年秋，当时任中共宁阳县委书记兼独立营政治委员的赵正阳同志奉命到济南做“地下工作”，时年24岁。赵正阳原名赵景惠，字汉广，化名寒光，历城十六里河人，历城县立师范讲习所毕业，曾任冷水沟小学教员，1938年在范县参加抗日游击队，同年加入中国共产党。

他来济南初期，一时找不到工作，后来，终于找到曾在历城县立师范任教员的俞吉仁老师（当时俞吉仁在济南伪行政人员训练班任教务长），俞老师通过关系，介绍他去市郊王庄小学任教员，后来为了工作方便，又调到济南市内黑虎泉小学任教员（那时校址在黑虎泉上面庙内），并在南凤凰街租赁了一间小屋，这样他才有了合法身份和安身之处。

正阳同志像一粒种子，在新的土壤里深深地扎下根来，成长、发芽、壮大、结果。那时他在校担任史、地课，经常巧妙地利用课堂教学机会，讲述历史上民族英雄故事，借以激发学生的爱国心、民族恨，唤起他们的抗日斗争精神。他又利用课余时间走访家长，深入群众，从中发现积极分子。经校方同意，组织成立了黑虎泉小学家长联谊会，并推选家长刘殿元为会长，这样就把校外群众组织起来，发挥了很好的作用。如学生冬季教室取暖问题，就是通过家长联谊会解决的；又如该校王馨华老师（地下党员）一度被日寇“泺源公馆”逮捕，就是利用“家长联谊会”的名义，联名保释出来的。因此“家长联谊会”在群众中享有较高的威信。

赵正阳同志工作踏实深入，有魄力，充满革命热情。他白天忙于教学工作，晚上进行活动，搜集情报，分析情况，每天忙到很晚，有时甚至通宵达旦。他不顾身体有病，对别人却关怀备至。他紧密团结校内外群众，积极慎重地发展党的组织，开展地下工作，在四年的地下工作中，亲自发展了王馨华、胡福海、王中午、王希圣四人为“地下”党员，为以后“地下党”的工作开展打下了基础。

1945年5月，由于正阳同志的一个亲戚被捕叛变，连累了他，被日寇特务机关“泺源公馆”逮捕。经过月余严刑拷问和金钱美女的诱惑，正阳同志始终坚持共产党员的高尚气节，抱定为革命牺牲的坚强意志，未暴露党的任何机密，敌人无计可施，便将赵正阳同志羁押于残害中国人民的集中营——“新华院”。在那里他受尽了迫害和虐待，做苦工、被毒打、被抽血、被狼狗撕……两个多月的折磨，使他一目失明，一臂失灵，但他仍团结难友坚持与敌人斗争。党组织多方进行营救未遂，1945年8月28日，正阳同志惨死于“新华院”中，终年27岁。与他同时遇难的还有他亲自发展的中共党员王希圣同志。两同志牺牲后，被日寇埋在无影山下的万人坑中。日寇投降后，一位姓张的难友从新华院出来，找到住在三合街正阳的亲戚贾文坤说：“赵正阳让我给你捎个信，说他不行啦！很想念家里的人，要家里人把生意做好。”他在临终之前仍不忘“革命”，还暗示同志们将“革命”进行到底。[①]

第四节　一门双英烈，全家五八路

华山是济南的历史文化名山。从千佛山上远眺，苍翠的山体倒映于湖泊，在阳光与波光的交织反射中，像一叶花瓣飘落在水中，五光十色，人们把这座山称之曰：华不注。而今，湖水干涸，华不注依然挺拔傲立于滔滔黄河之滨。处于山之南小清河之阳的历城区华山街道的洪家园村，正是养育抗日英雄的故乡。

一、抗日英雄的家庭

“侯家是望族，在我哥哥侯筱章的影响下，我们一家五人闹革命，一门出了双烈士。”2011年6月19日，侯筱章的弟弟侯信章及其家人，接受了《济南时报》记者黄智义的独家专访。

发现：时报的报道让我们找到了烈士侯筱章的母校

6月19日上午，记者接到读者侯秉华来电。他惊喜地说：“几十年来，我和家人一直在寻找我的堂叔侯筱章的母校。时报5月底关于济南乡师的报道让我们找到了他的母校，原来，他的母校就是现在明湖中学里的济南乡师啊。”

侯秉华告诉记者，侯筱章又叫侯承寿，是一位烈士。“我们家里的人只知道他是黄台桑园师范学校的学生，但一直不知道这个师范学校到底是哪一个。”

① 许宝笃、王中午：《在山东省济南市卧底的中共红色特工》，中国黄埔军校网www.hoplite.cn/Templates/hpzc2nz0150.html。

而在本报关于济南乡师的报道中提到，出版于1991年的《坚强的战斗堡垒》一文里写道：“山东省立第一乡村师范学校创办于1929年8月，10月正式开学，1934年1月改称山东省立济南简易乡村师范学校，1936年又改称山东省立乡村建设专科学校附设乡村师范学校，人们习惯地称为济南乡师。校址先在济南北郊白鹤庄（今济南明湖中学），1935年迁往济南东郊黄台桑园。”

记者随后帮侯秉华找到这本书，在济南乡师学生名单里发现了“侯承寿，别号筱章，男，历城”等字样。

探寻：寂静的烈士陵园里，安葬着“一门双烈士”

侯秉华告诉记者：侯筱章的坟墓在洪家园村一个烈士陵园里。侯筱章的哥哥侯少章也是烈士。

侯氏兄弟安息的烈士陵园（历城区政协提供）

6月19日上午，记者随侯秉华及其堂哥侯秉岭来到洪家园烈士陵园。四周很静，“侯筱章烈士之墓”的墓碑背面写着：“侯筱章（原名侯承寿），山东省历城县洪家园村人，1937年参加革命，中共党员，历任八路军游击队长、指导员、教导员、县大队政委、县委书记、团政委等职，1945年在鲁西茌北战斗中英勇牺牲，时年24岁，1949年迁葬于卧牛山前。”“侯少章烈士之墓”的墓碑背面则写着：“侯少章（原名侯承富），山东省历城县洪家园村人，1938年参加革命，中共党员，历任八路军连指导员，营长、营教导员等职，1942年在鲁西平阿山区战斗中牺牲，时年28岁，1988年4月迁葬于卧牛山前。”

侯秉岭说：“侯少章是我大大爷，侯筱章是我二大爷。”

追忆：从乡师走出去，我二哥开始闹革命

侯秉岭告诉记者，他祖父生了六个孩子，四男两女，大儿子叫侯少章，1914年出生；二儿子叫侯筱章，1921年出生；三儿子叫侯信章，1926年出生；四儿子叫侯承泰，1931年出生；大女儿叫侯桂章，1916年出生；二女儿叫侯慧章，

1928 年出生。“我父亲是侯信章。”

随后，腿有些残疾的侯信章在洪家园村的老宅里接受了记者的采访。“我清楚地记得，我二哥是 1937 年从乡师‘消失’的。我 8 岁时父亲就死了，我们兄弟姐妹六人由我母亲带大。当时，我母亲非常焦急。”

1941 年，村里突然来了一个姓董的陌生人。“他找到了我，说他住在峰山（现在的长清），是地下党员，我二哥在大峰山抗日根据地闹革命呢，让我去看看。”

那时，侯信章才 15 岁。过了几天，侯信章去了大峰山，住进董先生家。侯筱章派人下山，将侯信章接到山上。

由于腿有些残疾，侯信章在抗日部队的后勤部队工作。1942 年，鬼子大“扫荡”，担心侯信章会因行动不便被抓获，领导让他回了家。“他们说，等鬼子‘扫荡’结束后再让我回来。但后来因为母亲需人照顾，我就一直待在家里了。”

难忘：姑嫂去探亲，成了革命者

侯信章回到家后，母亲很为侯筱章担心，决定派侯筱章的妻子去看看。“当时肯定不能说去抗日根据地啊，怎么办？我母亲想了想，决定让我二嫂带着我妹妹侯慧章，扮成走亲戚的人去大峰山。这一去，她们再也没有回来，都加入了八路军，成了革命者。如今，我妹妹在北京居住，是一名离休干部。”

悲痛：两口棺材抬回来，老母一声“儿”没能叫出来

据侯信章后来了解，七七事变后，侯筱章弃学从军，奔赴泰西抗日根据地参加革命队伍，先后担任过班长、排长、游击队长等职。1939 年，侯筱章任八路军山东纵队六支队二营六连政治指导员。1940 年，他调任长清县独立营总支书记、营教导员。

1941 年，侯筱章调任峰山县（今长清区）县大队政委、团政委。大峰山抗日根据地位于泰山西部，是抗日根据地东西交通的枢纽。1942 年底，侯筱章担任中共峰山县委书记兼县大队政委，带领县大队和各区小队主动出击，接连攻占诸多敌伪据点，打了许多以弱胜强的漂亮仗，巩固发展了抗日根据地。经过 1942—1944 年的艰苦奋斗，峰山县大队也由一百多人发展到六七百人，是泰西根据地抗日力量发展最快的。

1944 年 8 月，侯筱章任中共茌平县委书记兼县大队政委。1945 年 8 月，任冀鲁豫边区第一军分区六团政委。同年 12 月 29 日，在茌平北部的一次战斗中牺牲。

“我二哥牺牲后，我二嫂刚生孩子不久，伤心过度，不久也去世了。听说孩子送了人，后来，我去找当时将孩子送走的人，没想到对方去世了。太遗憾了。”

1949 年，侯信章得知二哥和二嫂的墓地后，赶到茌平，将两人的尸骨迁了回来。“两口棺材抬回来，我母亲一声‘儿’没能叫出来，当场昏迷。在病床上躺了两年，1951 年，我母亲去世。”

惊喜：战友数十年后来信，终于找到大哥的尸骨

说到过去的岁月，侯信章有些激动。他说：“我大哥毕业于齐鲁大学，教过一段时间的书，1938 年的一个深夜，跟随八路军的部队离开家乡。”

当时，侯信章的大嫂怀着孕。“几个月后，大嫂生下了我的侄女，如今，我侄女已经 73 岁了，在青岛居住。我大嫂今年正月去世的，活了 99 岁。”

侯信章告诉记者，新中国成立后，他大哥被追认为烈士，但当时没有找到安葬地。“当时，我们只知道他 1938 年参加了革命，是中共党员，曾任八路军连指导员，营长、营教导员等职，1942 年牺牲。”

“20 世纪 80 年代，我在大峰山抗日根据地后勤工作时的战友王鑫给我写信，说他后来转战鲁西时，曾和我大哥侯少章在一个部队。”

王鑫说了侯少章当年牺牲的地点。1988 年，侯信章和儿子侯秉岭赶到对方所说的地方寻找。“那里安葬了好几个八路军，其他人都被迁走了。还留着一个八路军，当地人说姓侯。根据相关信息，我们确认那就是我大哥。他是一个文人，喜欢随身带着笔。迁葬时，我们发现他的衣服口袋里还有一根铅笔的笔芯。”

说起往事，侯信章不由得拿出了大哥和二哥的革命烈士证明书。在一面墙上，悬挂着侯少章和侯筱章的相片，两人英姿飒爽，目光坚毅。侯信章说：“如今我们国富民强，老百姓的日子一天比一天好，我们活着的人应该好好珍惜。”①

---

① 侯秉华：《时报让我找到堂叔的母校》，载 2011 年 6 月 20 日《济南时报》。

二、大学生八路军侯少章烈士

侯少章烈士（历城区政协提供）

侯少章，又名侯承富，侯筱章之兄。1914年出生，毕业于齐鲁大学。1938年参加革命，任八路军鲁西军区教导三旅九团一营一连指导员，1941年6月7日，在著名的杨楼激战中，壮烈殉国，时年27岁。

巨野县大义镇杨楼村，位于巨野县东南部，距县城25公里。2006年11月，大义镇党委政府组织调研小组三次前往该村走访调查，同全村26名70岁以上的老人进行了座谈，形成《杨楼激战专题调研报告》，记载了侯少章烈士壮烈牺牲的经过：

1941年6月7日，惨烈的杨楼激战就发生在这里，我八路军杨勇部队九团一营340名抗日战士与1000多名日寇展开了一场血战，共毙伤日军200余人，伪军300余人。我八路军伤亡过半，33名群众惨遭不幸，12人受枪伤，财产损失重大……

杨勇部老九团一营杨楼激战纪念牌，侯少章在此殉国（巨野县政协提供）

日伪军在炮火掩护下，从东、南两个方向轮番向杨楼发起进攻。罗林营长在一、三连之间的主要方向指挥。孙鹏程主任带着通信员出没在战斗最激烈的东北角，边走边嘱咐战士："沉住气，瞄准打，要一粒子弹消灭一个敌人。"一连的一个战士3枪打死3个敌人，高兴地大叫："真过瘾！一枪一个。"他还要在原地继续射击，指导员侯少章直扑过去，一把把他拉离枪眼，并喊道："转移地方再打！"话音刚落，敌人一梭子机枪子弹从射击孔里打了进来。战士们凭着有利地形，抗击着1000多个日伪强盗的猛攻，直到上午10点钟，敌人未能越寨壕一步。敌人又一轮炮击，把2尺多厚的围墙炸塌一个缺口，冲进来20多个日本鬼子。侯指导员一边组织机枪火力封锁突破口，一边大喊："拼刺刀，一个也不放他出去！"在东寨墙内的打麦场上，几十对战士围着鬼子，走马灯一般转着圈拼杀，场面十分壮烈。一个鬼子被刺倒了，又一个鬼子被刺倒了，不好！我们的一个战士被刺中大腿，倒在地上！危急关头，只见那个战士就地朝外一滚，躲开了鬼子刺来的第二刀，鲜血甩了一地。由于鬼子用力过猛，一刀刺空后未站稳，被我另一个战士趁机一刀从侧面刺死。一阵惊心动魄的肉搏，大部分鬼子被消灭，剩下的3个鬼子兵，无心恋战，跳出刺杀圈，想从原路溜逃。只听侯指导员大吼一声："让开！看我的。"驳壳枪一抬，活像打靶一样，一枪一个把3个鬼子送回了老家。战士们十分兴奋，一片欢腾……

上午11时，敌人调整了部署，又开始了更猛烈的进攻。敌大炮从东北角和西北角交互对我射击，村中浓烟四起，房屋、围墙大部分被炸坏。敌步兵从东、南两面轮番攻击，多次冲入围墙，均被击退。敌人曾两次攻入东门，战士先用手榴弹炸，再端刺刀拼，将敌人消灭。一连指导员侯少章是建团时的老指导员，英勇善战。他率一连把冲进来的鬼子用刺刀、手榴弹打出去了两次，在第二次反冲击中不幸中弹牺牲，一连也只剩下30余人。激烈的战斗，一直持续到下午3点多钟。

三、县委书记侯筱章烈士

侯筱章，原名侯承寿，1921年8月2日，出生于历城县洪家园村一个中农家庭里，先后在本村私塾、卧牛山高等小学学习。1934年，他考入山东省立第一乡村师范学校，受党组织的培养、教育，积极参加革命活动，1936年加入中国共产党。

山东省著名抗日烈士侯筱章（历城区政协提供）

抗日战争爆发后，弃学从军，参加抗日游击队。1939年，任八路军第六支队二营六连政治指导员，1940年下半年调长清县独立营任总支书记。1941年底，侯筱章奉命到峰山县担任县大队政治委员。1942年底—1944年7月，任峰山县委书记兼县大队政委，先后指挥下巴伏击战、庄里村反"扫荡"战斗、大桥遭遇战、巧取七贤庄战斗、奇袭古城据点等著名战斗。1944年8月—1945年7月，侯筱章调任中共茌平县委书记兼县大队政委。1945年8月，侯筱章调任八路军冀鲁豫军区第一军分区第六团政委，12月29日，在茌平县城北攻击伪顽军蛮子营据点的战斗中，壮烈牺牲，年仅24岁。

原八路军冀鲁豫军区第一军分区六团三营营长王月瀛，在《革命自传》中，回忆了侯筱章团长牺牲的经过：

蛮子营村这个敌据点，在博平偏东北方向，南距韩屯敌据点八里地，北距高庙子敌据点七里地，它在两个敌据点的中间。蛮子营敌据点围墙高，分为上、中、下几层火力，大围子墙角有地堡，围墙外挖有两道深沟，沟内放水，并插有尖桩，还有一道铁丝网，一道鹿砦，进出门口放吊桥，寨内筑有敌据点（称小围子），据点周围老百姓的房子都被拆掉。我军事先得到的情报：敌主要是住在小围子里。深夜，我部集结到了蛮子营寨外，把寨子团团围住。攻打蛮子营村敌据点是我三营打的，我们先把蛮子营通往外界的电话线切断，抬着两个高梯子，越过壕沟，弄开鹿砦、铁丝网，迅速接近围墙，竖上梯子，爬上围墙，消灭了寨楼上的哨兵，然后打开寨门，冲了进去，这一切进展得非常神速，以致没有什么动静。当据点内站岗的伪军发现我们，有几个战士已冲到伪军跟前，低声命令："别动，我们是八路军，缴枪不杀！"站岗的伪军一听就吓坏了，一枪没打就缴枪投降了。我们进到小围子里搜查时才发现，里边的汉奸很少，经过审问俘虏，我们才知道，大部分伪军早已跑到外边那一层大围子里去了，真是敌情瞬间万变，我们又赶快去消灭大围子里的敌人，战斗向纵深发展，敌人凭借房屋及狭窄的胡同顽抗，我们和敌人拼上了刺刀，同敌人一个胡同一个胡同、一个院子一个院子地争夺，进展较慢。经过4个多小时的激战，少数顽抗的敌人被击毙，多数被俘获，守敌全部被歼灭。

胜利了，本来是件高兴的事，我们却高兴不起来，侯筱章政委牺牲了，全团上下都十分悲痛。原来，团首长在寨子外边听不到围子里边的动静，心里十分着急，在外边往里看也看见人了，里边就是没信了，团首长考虑，怎么回事？闷得慌！拂晓时，侯政委在东南角里，看着围子壕那边有几个人，他带着警卫员上那里看去了，小机枪"嘎嘎"两枪，把侯政委打死了。我六团一营三连战士，前梨园的王高升和王顶村的王文忠，赶快到那里把侯政委拽到沟里，看人已经死了，没救了。年仅24岁的侯政委没有被日本鬼子打死，却倒在了汉奸的枪下。侯政委是个有知识的人，讲话很好，作战也十分勇敢，深受指战员们的爱戴。他牺牲后，茌平县地方武装的同志将他的遗体运回茌平城南孟尝君庙烈士陵园，茌平县地方武装的单志远和杨先民二位同志给侯筱章同志遗体洗去身上的血，给他穿衣服时，将他牺牲时穿的军装揭开后，只看到像豆粒大的伤口，给侯筱章同志穿好衣服，随即葬在孟尝君烈士陵地。①

烈士的妻子陈芳贤是冀鲁豫边区的妇女干部，工作作风泼辣，能力强。1946 年，怀孕 6 个月的陈芳贤隐住群众家中，因坏人告密落入敌手，敌人灭绝人性的用刺刀将母子残杀，烈士的小儿子也被提着双腿劈死。侯筱章全家为新中国的诞生献出了宝贵生命。

第五节 历城抗日烈士英名录

十四年抗战中，有 221 名以上的历城籍优秀儿女为国捐躯，也有像刘梅村、牟杰、李世富等烈士一样的异乡儿女，长眠在历城大地上。巍巍的齐长城彪炳着抗日烈士的丰功伟绩，滔滔的黄河诉说着抗日烈士的英雄故事……

李世富烈士之墓（唐王中心小学刘希华提供）

1945 年 8 月 22 日，韩家庄战斗中，李世富同志牺牲，唐王中学师生为其立碑纪念。至今，淄川籍八路军战士李世富长眠在唐王镇司家村，每逢清明节，唐王中心中学、中心小学的师生都来此缅怀英烈。

① 王凤芝整理：王月瀛《革命自传》，第 135 页。

历城抗日烈士英名录①

姓名	籍贯	牺牲时职务	牺牲时间	备注
历城县郭店街道办事处 3 人				
江怀山	山前村	鲁中四师战士	1945 年	
李宝华	李西村	鲁中军区警备旅战士	1945 年	
冯光义	锦平一村	战士	1944 年 4 月	曾用名：冯光才
历城县鲍山街道办事处 1 人				
李观江	刘家村		1944 年失踪	1963 年 9 月追烈
历城县唐冶街道办事处 4 人				
贾存义	唐冶村	章丘县大队战士	1944 年	原名：贾存新
赵心恩	东邢村	章丘县大队战士	1945 年	
赵宪恩	东邢村	章丘县武工队战士	1944 年 10 月	
绳化水	东邢村	章丘县大队战士	1944 年	
历城县董家镇 2 人				
苏杰	苏辛村		1937 年	
秦士华	温家村	章丘县独立营战士	1945 年	
历城县唐王镇 5 人				
秦延林	唐东村	八路军某部二营副营长	1939 年 8 月	
刘茂林	唐东村	战士	1944 年 7 月	
王全身	西王村	历城县大队战士	1945 年 1 月	
王安海	东王村	章历县白云区中队战士	1945 年	
张兆福	老僧口南村	八路军一九六九部队战士	1939 年 8 月	
历城县临港街道办事处 2 人				
张其河	遥墙镇桥南村	历城县独立营战士	1940 年	
张继盛	桥头村	地下工作人员	1942 年 10 月	化名：茂斋
历城县港沟街道办事处 14 人				
司玉美	港沟镇有兰峪村	历城县大队战士	1944 年	
田恩礼	章锦村	历城西营区助理员	1944 年 10 月	
刘振山	章锦村	历城县大队战士	1943 年	
邢道雨	章锦村	历城县八区中队战士	1944 年	
张德厚	高家洼	历城县东梧区中队战士	1945 年 6 月	
宋斗芝	高家洼	历城县五区区中队排长	1945 年 3 月	

① 据济南市历城区民政局提供的《烈士英名录》整理而成。

（续表）

姓名	籍贯	牺牲时职务	牺牲时间	备注
李长顺	港沟镇鸡山坡村	历城县武工队战士	1945 年 1 月	曾用名：李长路
李长西	鸡山坡村	历城县大队战士	1945 年 1 月	曾用名：李长庚
郭备生	石庙村	鲁中军区四支队战士	1943 年	
夏现才	寨而头里子村	章丘县独立营战士	1942 年	
高洪成	龙爪峪村	八纵二十二师战士	1944 年 4 月	
杨甫荣	岩棚村	章丘县大队副排长	1945 年	
杨甫华	岩棚村	章丘县大队战士	1945 年	曾用名：杨甫生
王元三	桃科村	章丘县大队战士	1943 年	
历城县华山街道办事处 2 人				
侯承寿	华山镇洪家园村	冀鲁豫六分区团政委	1945 年	又名：侯筱章
侯承富[1]	洪家园村	营长	1942 年	
历城县荷花街道办事处 1 人				
付兆芳	付家村	冀鲁豫军区二团战士		
历城县彩石镇 20 人				
贾延长	大龙堂村	一二九师三八五旅战士	1941 年 9 月	
张承颜	西丝峪村	章丘县大队战士	1942 年 7 月	
张永吉	王家庄村	章丘县十区区中队战士	1943 年 8 月	
王玉忠	王家庄村	章丘县十区区中队战士	1944 年	
高世庆	平坊村	章丘县大队事务长	1942 年 10 月	原名：高玉庆
高世业	平坊村	章丘县独立营二中队战士	1940 年 6 月	
傅金宝	虎门青龙峪	章丘县独立营排长	1944 年	曾用名：傅志乾
吴法成	磨盘峪	鲁中军分区四支队班长	1943 年 7 月	
李丙泉	土头村	章丘县大队副排长	1944 年	
高当东	东泉村	章丘县十区区中队战士	1944 年 12 月	
高占东	东泉村	章丘县大队战士	1944 年 5 月	原名：高立东
高富东	东泉村	章丘县抗联司务长	1944 年 12 月	
高平东	东泉村	本村民兵	1943 年 12 月	
高佐鲁	东泉村	本村民兵	1943 年 12 月	
王玉海	捎近村	章丘县独立营排长	1944 年 12 月	
王清九	捎近村	班长	1944 年 8 月	

① 侯承富牺牲时职务、时间有误，应为：牺牲时职务为八路军鲁西军区教导三旅九团一营一连指导员，牺牲时间为 1941 年 6 月。

（续表）

姓名	籍贯	牺牲时职务	牺牲时间	备注
王如山	西小龙堂村	章丘县十区区中队战士	1943 年 5 月	
王善芳	横岭村	章丘县独立营战士	1943 年 11 月	
张维福	东彩石村	章丘县十区区中队战士	1944 年 5 月	
党海元	西彩石村	章丘县大队战士	1943 年 8 月	
仲宫镇高而街道办事处 21 人				
焦延本	南高而村	泰历县卧龙区文书	1943 年 3 月	原名：焦延椿
焦延荣	南高而村	泰历县卧龙区副区长	1944 年 2 月	
李德福	南高而村	十八集团军班长	1945 年 8 月	
江彦清	南高而村	卧龙区联防队排长	1945 年 1 月	
邢有昌	邢家村	泰历县大队战士	1945 年	
刘青海	核桃园村	四野四十军战士①	1943 年	
辛尚岭	核桃园村	一一八师三五三团战士②	1942 年	
张富春	出泉沟村	泰历县大队排长	1944 年 7 月	
张仕秀	出泉沟村	一一八师三五三团副班长③	1944 年	
刘春来	出泉沟村	泰历县卧龙区委干事	1945 年 1 月	
张士海	出泉沟村	鲁中军区南四团战士	1941 年	
张光举	孙家崖村	泰历县大队二连战士	1944 年	
井振朝	孙家崖村	泰历县大队三连战士	1945 年	
邢子章	南邱村	泰历县税务局会计	1944 年 12 月	
江延伍	南邱村	泰历县税务局干事	1945 年 12 月	
江延玉	南邱村	泰历县税务局征收员	1944 年 12 月	曾用名：江延友
葛财文	北邱村	泰历县大队战士	1945 年 1 月	
周盛福	汤家村	鲁中四师十一团战士	1944 年	曾用名：周玉园
周洪生	汤家村	泰历县大队战士	1944 年 11 月	
周吉庆	汤家村	历城县工商税务所干事	1943 年 11 月	
李传信	汤家村	战士	1941 年 6 月	
仲宫镇锦绣川街道办事处 11 人				
张元辉	锦绣川乡牛家村	历城县八区中队战士	1944 年	
李万芝	北崖村	鲁中军区司令部武工队战士	1944 年	
王元贞	东崖村	鲁中军区警备队班长	1944 年 4 月	
张存清	东崖村	泰安军分区警卫连班长	1945 年	

注：①②③所在部队番号有误，有待考证。

（续表）

姓名	籍贯	牺牲时职务	牺牲时间	备注
孙秉贞	廒而村	历城县八区中队战士	1944 年	
张传祥	杨家洼村	泰安军分区特务营战士	1944 年	曾用名：张传志
王泽安	西南峪村	历城县大队战士	1943 年 12 月	
马良喜	金刚村	八纵二十二师战士	1945 年	
张京文	西南峪季家村	泰山军分区独立十团战士	1945 年 2 月	
李玉荣	大水井村	章丘县大队战士	1943 年	
刘永太	大水井村	章丘县大队战士	1943 年	
历城县柳埠镇 36 人				
王恩仁	龙门村	泰安军分区独立十团战士	1945 年	
宋立山	上海螺峪	泰历县大队战士	1943 年	
李焕福	王家峪村	泰安军分区独立十团班长	1945 年	
范作德	涝洼村	泰安军分区独立十团排长	1945 年	
马友道	西山村	泰历县独立营	1945 年	
王增水	榆科村	历城县独立营战士	1945 年	
戴清元	大莱峪村	战士	1945 年	
景传智	柳东村	鲁中军区特务营班长	1945 年 8 月	
谢洪成	柳中村	泰历县大队副班长	1944 年 10 月	
王茂松	亓城村	泰历县大队战士	1943 年 4 月	
王茂友	亓城村	泰历县大队战士	1943 年 4 月	
肖殿增	亓城村	泰历县大队战士	1943 年 4 月	
张恩桐	秦家村	鲁中一军分区十二团战士	1943 年 8 月	
刘凤江	秦家村	鲁中一军分区十二团战士	1942 年 8 月	
刘元太	软枣峪村	鲁中一军分区十二团战士	1943 年 8 月	
刘元恩	突泉村	泰历县卧龙区中队战士	1944 年	
王凤圣	突泉村	鲁中四师十二团战士	1944 年	
刘殿武	突泉村	历城县柳埠区公所助理员	1944 年	
王德生	突泉村	泰历县大队战士	1945 年	
王凤石	突泉村	鲁中军区四师战士	1945 年	
刘荣汉	突泉村	泰历县卧龙区中队战士	1944 年	
马宝义	突泉村	泰历县大队战士	1944 年	
赵丰俊	突泉村	泰历县大队战士	1944 年	
杨宝义	突泉村	泰历县卧龙区中队战士	1944 年	

（续表）

姓名	籍贯	牺牲时职务	牺牲时间	备注
潘中祥	柳西村	班长	1945 年	
周恩全	柳西村	战士	1944 年	
谷德龙	柳西村	泰历县大队战士	1944 年	
马洪章	柳西村	鲁中军分区十团战士	1944 年 5 月	
张存元	泥淤泉村	民兵	1944 年 10 月	
刘得法	泥淤泉村	泰历县大队战士	1945 年	
姚玉清	泥淤泉村	民兵	1944 年	
王守平	外石村	泰历县大队战士	1944 年	
王方俊	外石村	泰历县独立营战士	1944 年	
杨秀贵	里石村	历城县柳埠区中队战士	1944 年	
杨金谟	里石村	泰安邮电局交通员	1944 年	
马佃忠	西坡村	泰历县卧龙区中队	1944 年 12 月	
历城县仲宫镇 27 人				
李兴荣	西老仙村	历城县八区区中队班长	1944 年 7 月	
商希增	西老仙村	鲁中军区部队	1943 年 8 月	
商希庆	西老仙村	鲁中军区部队	1943 年 8 月	
郭春法	西老仙村	鲁中军区部队	1943 年 8 月	
吴风久	西郭村		1945 年 7 月	
刘殿丙	仲南村		1945 年	
李东亭	西崖村	泰历县大队卫生员	1945 年 5 月	
侯士英	仲北村	鲁中军区特务营班长	1945 年 7 月	
李德胜	西许村	历城县独立营副班长	1945 年 8 月	
朱登文	北道沟村		1942 年	
张立友	尹家店村	泰历县九区区中队战士	1940 年 10 月	
赵德顺	尹家店村	泰历县大队三连战士	1945 年 1 月	
刘德仁	西乐园村	泰历县大队四区队班长	1944 年 8 月	
赵书芳	东乐园村	泰历县大队	1943 年 4 月	
张子元	门牙村	鲁中军区十二团战士	1944 年 7 月	
高留善	朱家村	历城县独立营战士	1944 年 5 月	
马长全	左而村	二野二纵四旅十团副班长	1943 年	
吴士孝	左而村	鲁中军区特务营战士	1944 年 5 月	
吴庆三	左而村	历城县独立营战士	1945 年	

（续表）

姓名	籍贯	牺牲时职务	牺牲时间	备注
吴殿旺	左而村	历城县武工队战士	1944 年	
张福海	西泉泸村	鲁中军区十二团二营	1944 年 4 月失踪	1962 年 4 月追烈
徐广森	东平坊村	鲁中军区四团	1945 年 3 月	
张怀俊	朱老仙村	历城县八区区中队班长	1945 年 3 月	
郭春洪	西老仙村	历城县八区区中队	1943 年 8 月	
马荣盛	先锋店村	鲁中四师十团班长	1944 年 2 月	
张和兴	先锋店村	淄川县大队战士	1944 年失踪	1962 年 4 月追烈
张法兴	先锋店村	鲁中四师战士	1945 年失踪	1962 年 4 月追烈
历城县西营镇 24 人				
赵保全	十八盘村	历城县西营区中队战士	1945 年 8 月	曾用名：赵汝泉
徐建禄	槲炭村	历城县独立营战士	1945 年	曾用名：徐立如
姚学典	西岭角村	鲁中军区警备队战士	1944 年	
张明仁	西营村	历城县独立营战士	1945 年 1 月	
王喜故	西营村	章丘县大队排长	1945 年	
刘启奎	积米峪村	章丘县大队排长	1945 年	
夏现富	红岭村	泰安军分区独立十团班长	1944 年	
杨荣三	石岭村	章丘县大队班长	1943 年 1 月	原名：杨荣辉
夏亨海	黄路泉村	鲁中军区四师战士	1944 年	
夏金章	黄路泉村	鲁中军区四师战士	1944 年	
范洪山	南龙湾村	章丘县大队班长	1943 年 1 月	
王书云	北龙湾村	历城县独立营战士	1945 年	
夏增章	夏家村	章丘县大队战士	1943 年	
尹富泉	道沟村		1944 年 5 月	
韩士元	道沟村	章丘县十区区中队战士	1944 年	
韩云遵	道沟村	鲁中警备区一团副连长	1945 年	
韩士财	道沟村	章丘县十区区中队战士	1944 年	
王传水	道沟村	鲁中军区十二团战士	1945 年	曾用名：王入水
尹突禹	葫芦峪村	泰山军分区独立十团排长	1945 年 7 月	曾用名：尹兴禹
韩士龙	佛峪村	章丘县大队战士	1945 年	
李在贞	佛峪村	章丘县独立营战士	1944 年	
李在文	佛峪村	章丘县独立营战士	1945 年	
李生元	垡窝村	鲁中军区四团战士	1945 年	

（续表）

姓名	籍贯	牺牲时职务	牺牲时间	备注
李在朝	天晴峪	章丘县大队侦察排排长	1945 年	曾用名：李代朝
现孙村、巨野河办事处 21 人				
尹天佑	郭店镇武家村	中共历城县委委员、县大队队长	1944 年 2 月	曾用名：尹伊
段俊礼	武家村	历城县大队战士	1944 年	
王锡山	田家村	一二九师三八五旅战士	1940 年 10 月	
孙孝昌	孙村镇东沙沟村	章丘县政府文书	1943 年	
陈光珠	东顿邱村	章丘县委交通员	1943 年	
李少师	南顿邱村	章丘县大队指导员	1944 年 3 月	
焦忠文	南顿邱村	彩石区中队班长	1943 年 5 月	
齐光复	孙村	鲁中地委训练班宣传干事	1943 年 11 月	原名：卢有效
卢清山	孙村镇左家洼	章丘县大队班长	1942 年 5 月	
卢径成	卢家寨村	章丘县独立营连长	1941 年 4 月	
张玉贵	埠东村	胡山区中队理发员	1945 年 7 月失踪	1962 年 5 月追烈
王业政	埠东村	章丘县十区区中队战士	1944 年 9 月	
孟宪师	西芦村	章丘县独立营班长	1943 年 6 月	
徐志清	孙村镇北徐马村	章丘县独立营班长	1943 年 1 月	
董建三	庄科村	鲁中地委训练班	1943 年 11 月	
赵学德	东港沟村	渤海纵队七师班长	1939 年 8 月	
张秉鑫	山张村	章丘县大队连长	1945 年 6 月	
陈洪富	李家楼村	东北鞍山独立团班长	1945 年 7 月	
王元贞	西徐马村	鲁中军区四团战士	1945 年	
刘云端	东徐马村	章丘县大队战士	1943 年	
靳成富	马头山村	章丘县独立营战士	1943 年	
现党家、陡沟办事处 15 人				
韩永禄	党家庄镇魏家村	历城县独立营战士	1944 年 11 月	
周洪禧	东渴马村	鲁西峰山大队战士	1938 年 5 月	
吴延生	东渴马村	鲁西峰山大队战士	1939 年 7 月	
刁连海	东渴马村	鲁西峰山大队战士	1939 年 7 月	
周俊志	东渴马村	鲁西峰山大队战士	1939 年 7 月	
张镇廷	东渴马村	鲁西峰山大队战士	1938 年 5 月	
刘家祥	东渴马村	鲁西峰山大队战士	1941 年 8 月	
王国福	西渴马西村	历城县独立营战士	1945 年 5 月	

（续表）

姓名	籍贯	牺牲时职务	牺牲时间	备注
玄春廷	宅科村	鲁西峰山大队战士	1945 年 1 月	
玄春清	宅科村	鲁西峰山大队战士	1944 年 7 月	
孟广木	相家村	泰北县大队战士	1944 年 3 月	
王荣庆	展西村	新四军三支队战士	1945 年 6 月	
吕至勇	丰齐村	鲁西峰山大队排长	1942 年 6 月	
吕信之	丰齐村	鲁西峰山大队班长	1942 年 6 月	
朱凤祥	红星村	历城县大队战士	1945 年	仲宫西许村移来
其他 12 人				
贾延功	十六里河镇瓦峪村	鲁中军区四师战士	1944 年	
王朝河	涝坡村	历城县独立营战士	1944 年	
赵正阳	西十六里河村	汶上县县长	1944 年	
刘京山	靳家乡陈家村	齐临县大队战士	1943 年 10 月	
马学富	桑梓店镇大马庄村	鲁西抗日游击队十二支队指导员	1939 年 10 月	
李学珠	地址不详	泰安警备旅二团战士	1945 年	外地转来
孙玉山	地址不详	科长	1942 年 10 月	县档案记载
王凤春	地址不详	历城县大队战士	1943 年	
胡光玉	地址不详	二营五连副连长	1942 年	
王秀章	地址不详	历城县大队	1945 年	
王锡盛	地址不详	鲁西工委工作员	1945 年	
李树营	地址不详	班长	1945 年	外地转来

第七章

抗战时期的乡贤

乡贤是指那些品德、才学为乡里所推崇、敬重的人。他们在村庄以其特有的身份、地位、威望，维持乡间社会的礼仪秩序，教化乡里，造福村民。传统乡贤的主要特征：品行高尚，有一定的才学，有一定的经济地位，积极参加公共事务，得到村民敬重、推崇。抗战时期，血与火的民族斗争赋予了“乡贤”崭新的时代内涵。乡贤们的民族意识在国难当头的危急形势下，更早、更理性地觉醒于乡里。他们抗日立场坚定，同情、支持中国共产党抗日，积极参加抗日民主政府工作。

第一节　唐王“才子”王其章先生

位于巨野河南岸的王家庄，是传统唐王“小根白菜”的生产地。明代洪武年间，王捷由直隶枣强县迁此建村。明崇祯年间县志：“巨冶河路：王家庄。”清朝乾隆年间县志：“东北乡明贤十一：王家庄。”民国续修县志：“老僧口乡明贤十一：王家庄。”因人口兴旺，分为今天的东王村、西王村。1942 年 2 月，抗日军政大学毕业的王其藩，回到东王村秘密进行抗日活动。精于双手左右开弓打算盘的王其章，在王其藩的引领下，走上支持抗日的道路。原唐王镇政府负责老干部工作的王尚灿先生及东王村的王康年先生曾著文《党的挚友王其章先生》，回忆了王其章先生当时的抗日事迹：

> 王其章先生（1914—1969），字焕文，唐王镇东王村人，他自幼勤奋好学，聪颖过人，曾被当地人誉为当时的唐王“三才子”之一。他生性豁达，宽以待人，善济人之危。为谋生计曾学徒于济南五洲大药房，做过乡村教书先生，亦

曾投笔从戎——参加过当时打着抗日旗号的岳伯芬部，后因目睹到岳并非是抗日的首领，只不过是挂羊头卖狗肉的“山大王”，不久便失望地离去。1942 年秋，他欲去青岛谋生时与童年好友王其藩（延安抗大毕业，被党派往济南开展抗日救亡工作）邂逅于途，彼此倾诉衷肠，倍感知己，当即决定去济南东兴恒酱园（系东王村人经营）住下。谈话间王其藩了解到王其章有迷途知返之意，就趁机开导他说：古人云“天下兴亡，匹夫有责”。当前国难当头救国要紧。你与其远走他乡谋个人之生，倒不如留在家乡利用和岳部人熟的关系为家乡人民做点抗日工作为好……一席忠言使王其章如梦初醒，毅然留在家乡。在他有生之年，不管是腥风血雨的战争年代还是十年浩劫时期，他都没做过对不起党和人民的事，由于王其章先生的表现好，赢得了党和群众的信任，王其章先生曾是章丘（唐王当时归章丘管辖）县政协委员，后来是历城县人民代表。他虽然过早地去世了，但纵观他的所作所为，可以说是不虚此一生的。在他逝世 18 年后的今天，我将搜集到的部分事实记述在下供大家参考，并请指正。

王其藩虽受命来家乡一带开展抗日工作，但无合法外衣，在他和王其章相见的第二天，王其章领他到了岳部见了岳伯芬之弟岳蔚堂，王其章把其藩介绍给岳蔚堂说：这是我兄弟，因开火车撞了车家来了，他很有才干，又愿效劳，给他个差使吧！岳蔚堂当即委任王其藩为见习连指导员（中尉军衔），因王其藩不习惯乌合之众的生活，遂离职还家，后以教书为名开展抗日工作。

1942 年秋，有一天岳伯芬手下的营长王慕韩在王其章家做客，席间有村民到王其章家说一伙“县大队”正在砍伐王家祖坟的柏树，并请求王其章出面制止。王其章一面答应试试看，一面将王慕韩的手枪挂在腰间似露非露，大摇大摆来到林边，一持短枪的人正在指挥装车，王其章故意装腔作势地质问道：谁叫你们来伐的树？那家伙一挥手枪答道：“县长叫来的，怎么着？”王其章镇定地说：“既是县长叫来的可有指令？”那人见来者不善，便软下来说：“没有。”王其章说：“既然没有那就先把树留下，我写个条子你带给县长，就说王焕文不叫伐树。”那人见此光景，便带上他的弟兄们一溜烟跑了。

后来由王其章主持，利用这些木材修建了学校和家庙，并由他周旋于历城县府，以兴办教育为名拨款资助，还邀请当时国民党中宣部的王益三（即董绶青）先生，在学校落成典礼上撰写“教学做”三字刻石纪念。这件事后，王其章受到全村父老的称赞。

1944 年夏，王其藩为了使对敌斗争向纵深发展，急于把庄长职务夺过来，王其章表示支持他，并利用其特殊关系打通关节，很快使王其藩当上东王村庄长。王其藩当上庄长后，带领群众清算了前庄长大地主王其丰的贪污账，并迫使王其丰将所欠百姓的七石七斗七升麦子如数偿还。

王其藩的行动引起敌人的怀疑，这年秋天，敌镇公所派人将王其藩抓去，并进行了严刑拷打，王其章得知消息后托人求情、拿钱请客，好不容易将王其藩保释出来。

是年冬天，敌县长岳伯芬的催款员王文清、刘茂申将王其藩从被窝里拖出绑起来，拉着向村西走，他们一面朝天打枪示威，一面扬言把王其藩拉到老坟地里枪毙。王其章听说此事后，气喘吁吁地赶到现场，以乞求的口气向王、刘二人说："其藩是独生子，家中有老妈，看在我的面上留他一命吧！"当他二人不依时，王其章便拦住绳子跪下了，并说："实在不行，那就叫我替他死吧！"王、刘二人相视片刻，无奈只好将王其藩放了。王其章先生用生命相救共产党员这件事，一直在唐王一带传为美谈。

1944 年严冬，大家都在准备过春节，这时济南地下党组织派人通知王其藩：因党内出了叛徒令他迅速北渡黄河暂避一时，敌人沿河防范甚严，为此东王村地下党支部的同志都很着急，王其藩想起了由王其章介绍认识的地方势力派王次芳，最后还是由王次芳保护过的河。

王其藩同志自 1942 年回家直至 1950 年（1945 年又离家），由于日夜为革命工作操劳奔波，老母不能自食其力，土地都是由王其章代耕，经济上也由王其章资助。王其章支援了王其藩和其他地下党员，也在客观上支持了党的革命工作。直到今天不少老年人提到王其章时都说："没说的，其章是好人，我们有困难，求到他跟前，他总肯设法帮忙，就说口粮吧，他知道了你的困难后准给你送去，白天不便送晚上送，自己不便时由他老母送……"

抗日战争和解放战争时期，东王村和其他沦陷区一样，老百姓经常被抓、被打，甚至被杀害。王其章先生利用他的关系确实解救了不少无辜百姓和地下党员。如 1944 年秋，从汉奸陈崇山部救出了农会长王锡田、农会会员王锡宝、王尚风及王如诚、王如鑫和外村一个来联系工作的农会干部。1946 年从国民党历城县设的唐王第一区署又一次救出了王锡田、王锡宝、王如芝、王如兰、王振仁、郑玉行、刘延光等人。又如1947年的一天，国民党军队的情报组将刘其元、刘其恩、王其成、王如义、王其斗之母、王其连之妻、王其庆之妻还有去说情的保长王其河一并抓捕解至孙家圩。王其章奔波于岳氏兄弟二人间，几经说情才由岳出面将人保出。还如1947年秋，共产党员刘延光、刘凤俊父子被抓至历城县府（现市立三院），王其章先生受历城人民政府的委托前去营救，他找到岳蔚堂后一直盯着他放了人才去北京给岳伯芬的孩子送的钱（当时岳的孩子在北京上学）。

1948年农历六月二十日，被解放军打得溃不成军的邹平县大队来到东王村，他们劫掠百姓激起群众愤怒，全村上下、男女老幼一举将这些残兵败将赶出村去，并缴了他们两支枪。敌人不甘失败，搬来了国民党七十三军的一部分人，敌人来势凶猛，将东王村团团围住，机智的王其章溜出村去直奔历城县府，找到岳氏兄弟后用激将法使岳蔚堂亲自带兵来东王村调停，翌日，七十三军撤走，东王村化险为夷。王其章先生又一次受到广大群众的交口称赞。

1948年秋，解放战争还在激烈地进行着，王其章先生毅然决然地将自己刚刚中学毕业的长子送往人民解放军华东前线部队。他的行动进一步说明了他是怎样的一个人。不久他受章历县公安局局长左玉亭等同志之托进历城土圩子劝降，劝降虽不成，但王其章先生确实尽了最大努力。

土改前，王其章先生主动献出了大部分土地，当时这种开明行动在唐王一带颇有影响，他还积极参加土改工作和当时白云区的财粮征购工作。

1951年，土改复查时他家被定为漏划地主，他毫无怨言，毅然拿起锄头、推起小车参加到洗心革面的劳动中去。

由于他表里一致的行动，1954年政府破格给他摘了帽，并且给了他很高的荣誉——县政协委员、县人民代表。

善良的人们！在记住那些献身解放事业的英雄们的同时，也记住像王其章先生这样的朋友们吧！[①]

① 政协济南市历城区委员会文史资料委员会编：《历城文史资料》（第3辑），第55～64页。

第二节　集行医、教书于一身的赵士璋先生

柳埠镇突泉村，因泉而得名。村中唐朝开元、长庆年间的皇姑庵塔及八棱碑中，皆有突泉之名。抗战期间，突泉村处于南山抗日根据地的腹地，在中国共产党抗日民族统一战线政策的感召下，以中医先生、私塾先生双重身份闻于乡里的赵士璋先生，在至亲大多为汉奸的亲戚圈中，保持了民族尊严，支持抗日，追求进步，造福乡里，先后把子女送入革命队伍。原解放军总参谋部师级干部赵凤雯、原重庆市司法局副局长赵凤霓，均为赵先生的子女。1993 年，何品三先生整理了二人回忆父亲的资料：

先父赵士璋，字子玉，济南市历城区柳埠镇突泉村人，1907 年出生于富裕家庭。自幼从学，战前在济南一所四年制的中学毕业。抗日期间他在党的统战政策感召下，成了党的可靠朋友，积极参加抗日活动；解放战争中全力支援人民解放事业；新中国成立后拥护党的各项政策，被选为两届县人民代表，曾任县人委委员，一直担任着小学的领导工作，于 1965 年因病退休，1969 年病逝。先父离开我们 20 多年了，但他那生前的桩桩往事，总是浮现在我们的追忆之中。

抗日战争爆发，济南沦陷后，先父结束了在济南烟酒税局的书写员工作，后返乡因会点儿中医，就与伯父赵士璞合开了一个中药铺，并且办了一所家庭私塾，教我们叔兄弟数人读书，一面教学一面行医。等我们年龄稍长，常与我们讲些做人的道理。他主张人一生应当“求知、正派、诚实、助人”。由于经常讲，这些处世格言对我们深有影响。待我们参加了革命，接受党的教育后，更觉先父遵循的格言是有一定道理的。

日寇占领我们家乡期间，连年发生虫雹旱灾，又加兵荒马乱，以及地方上的横征暴敛，使本来就是半年糠菜半年粮的老百姓更是贫困交加，民不聊生。乡亲们有病要吃药却拿不起钱。伯父就跟父亲商量：“人们吃药拿不起钱，物价又飞涨，就算以后还了账我们也要亏本，还不如停业不干。”父亲劝导伯父说：

“咱们行医的宗旨就是济世救人，不能光顾赚钱。”劝服了伯父，才使药铺继续办下去，乡亲们有病才得以及时医治。除此之外，乡亲们有事需要他帮忙都是有求必应，像写对联、写各种契约等，都是一说就办，哪怕最不好管的，像是打架斗殴，或是因故或无故被官府扣押等情况，只要让他知道，都是主动前去帮助调解，为被关押的人说情保释。由于他热心助人，别人对他也特别尊敬，人们对他敬称为“二先生”（排行老二）。常听一些老人们说：“咱们村的大小事情，只要二先生到场，没有解决不了的。”

1938 年—1940 年，父亲在家既教学又行医，日子过得艰难。外祖父崔绪昌投靠日本人，参加山东省新民会，曾举荐不少亲友干上了日本人的差事，那时他竭力推荐父亲去伪政府供职，但父亲毅然拒绝了，说：“我穷煞也不为日本人做事情。”先父言行一致，确实体现了一个中国人的气节，那时有些亲戚凭裙带关系升迁了。如我们的大姑父董守谦（地主，刘家峪人）是窝铺乡的伪乡长，和伪警备队长高绪远打得火热，与共产党为敌。1943 年秋后，被我武工队处决。二姑父杜鸿钧（大北庄人），地主、伪乡长，后逃亡济南，新中国成立后被我政府判长期徒刑。三姑父赵传栋（柳埠村人）地主、伪镇长、红枪会头子，敌视共产党、八路军，于 1944 年冬与龙门乡周恩扬等人，密谋策划了柳埠地区的会门暴动，杀死我干部战士近 20 人，逃往济南躲避，济南解放后被捉住镇压。从这些社会关系看，先父虽在他们的包围之中，但没有与他们同流合污，并且选择了跟共产党走的革命道路，就现在看来，也真是难得的。

20 世纪 40 年代初，党为开辟家乡一带工作，派赵亦安同志来突泉村，住在刘木春家，以开小杂货店为掩护，做地下工作。记得 1941 年春天的晚上，刘木春领一商人打扮的人来到我家，商人自称叫赵启祥，是外乡人，来此借刘先生家的房屋开个小杂货店，并雇一个小伙计，以求薄利糊口。因看到父亲为刘先生家所书春联，字体苍劲，很是敬仰，特来拜访请教云云。二人相识后，商人便常到药铺中与父亲下棋、谈心。他是一位受过相当教育的人，谈吐文雅，阅历丰富，深得父亲敬慕，因而过从甚密，成为知心朋友。后来才知道他是化了名的地下工作者。以后他曾离开了突泉一段时间，大概是 1942 年冬或是 1943 年春的一个夜晚，赵启祥带着两人突然秘密来到我家，还带有一些抗日宣传材料和根据地的报纸，与父亲一道在灯下看，并小声交谈。第二天父亲一再叮嘱我们兄妹不要对外人讲，从那以后，我家便成了抗日工作人员的落脚点之一。

1943年秋末，柳埠地区解放之后，由于突泉村的工作基础较好，各项工作马上开展起来，建立了新的政权，办起了抗日小学，并委任父亲为抗日小学校长。这时候赵启祥亦改为赵亦安，与刘长太同志领导本区工作（当时突泉属仲宫区门牙乡）。为了更好地发动群众，开展了减租减息、增加薪水和反霸斗争等活动，父亲因学生时期就受辛亥革命“耕者有其田”的影响，又在赵亦安等同志的帮助下政治觉悟提高很快，拥护并支持党的方针政策，带头为长工增加工资，积极协助领导开展工作、教育我们（凤霓任儿童团长）在斗争中不要有顾虑，跟着共产党走。我们儿童团在干部领导下曾去门牙村、柳埠村参加反霸大会，会前唱歌，会中呼口号，在鼓动斗争声势方面，起了一些辅助作用。这时候父亲动员其家族侄子也是他的学生赵凤翔（后化名王子元）参加了革命。老区开展土改时，父亲主动交出了17亩地和一批浮财。政府也将父亲树为开明人士的榜样，予以表扬。突泉村的工作在全区也成为先进典型。

1946年初，解放战争即将打响之际，父亲将我们兄妹三人（是年凤雯16岁、凤霓15岁、凤英14岁）交给了革命队伍。当时有的人，尤其是农村的豪绅们，为躲避战争，偷偷跑向城里，而父亲却将儿女送往共产党领导的部队，这也是有些人所不能理解的。

解放战争初期，敌人又占据了仲宫，距突泉村仅隔10多公里。他们借助一时的优势，四处骚扰，突泉村成为拉锯的地方，还乡团也对父亲采取了软硬兼施的办法，让人捎信，又是引诱又是恫吓。然而父亲不听那一套，硬是坚持工作，终于迎来了解放战争的胜利。

先父的一生，虽然是平凡的、微不足道的，但从当时那段历史环境看，却是难能可贵的。他协助党开展家乡工作，对家乡的教育事业贡献了绵薄之力。总算没有辜负乡亲父老，虽死亦应瞑目于九泉了。[1]

---

① 政协济南市历城区委员会文史资料委员会编：《历城文史资料》（第6辑），第89～97页。

第三节　抗日根据地西营的三位乡贤

在“致我高千仞，看山得万重”的梯子山下，坐落着美丽的生态小镇——西营镇，镇治西营村。相传，唐太宗李世民东征至此，一营驻西，一营驻南，驻西者沿袭村名为西营。《历乘》载：“西营，城东九十里，亦有南营，皆出枣栗。”抗战期间，西营是南山抗日根据地的核心区域，中共章丘县委、历城县委、济南工委、泰山地委均在此工作，第一届历城县抗日民主政府亦在此成立。勤苦勇敢、倔强而又不失圆融的西营人，为历城抗战做出了伟大贡献。在西营镇，出现了三位蜚声根据地的抗日乡贤：陈鹤声、田立经、周圣法。

一、历城县抗日民主政府参议员陈鹤声先生

西营街上有家“聚祥”杂货店，买卖公道，主人待人热情，街坊有困难，总是主动相助，很受乡亲们的好评。店主叫陈文治，有制作酱菜的手艺，其子陈鹤声，1917 年出生，受家庭的影响，聪明伶俐，求学求进，7 岁上学，成绩优异。抗战期间，他在中共抗日民族统一战线的感召下，由进步青年知识分子转变为共产主义者。杨景树、李文山先生于 2001 年，回忆了这位抗日乡贤的事迹：

> 陈鹤声……16 岁就考入历城县立师范学校（历城县立师范讲习所——编者注）。在校学习期间，深受爱国主义教育，接受共产主义进步思想。19 岁毕业后，回到家乡在本村小学任教。1937 年 12 月济南失守，侵华日军占领了省城。陈鹤声积极投身到抗日救国的运动中，他组织当时西营小学 100 多名师生上街游行，打着小旗，高呼着“打倒列强，赶出小日本”的口号，先后在西营，东、西岭角，红岭，坐窝，东峪等村进行抗日救国宣传。1938 年农历二月，日寇进住西营，在西营小学设立据点，西营小学被迫停课撤销。
>
> 1942 年春，在我抗日民主政府政策的影响下，他积极主张改革私塾教育，并主动和东峪、南坡、黑峪等各村私塾联络，将 7 处私塾撤并，重新创办了西营小学，由他任校长。当时西营被日军占领，环境十分恶劣，然而在这种情况下，

他依然没忘记对学生进行爱国主义教育。他和当时的音乐老师李茂堂（现在邹平干休所离休，1944年调章历县文教局，后改名李言）共同研究，将孙中山先生创立的《三民主义国歌》歌词中“吾党所宗”的“党”字改为“民”字。每天早晨上课前，全校200多名师生列队，面向东方高唱：“三民主义，吾民所宗，以建民国，以建大同。咨尔多士，为民先锋，风雨匪懈，主义是从。矢勤矢勇，必胜必忠，一心一德，贯彻始终。”这极大地激发了全校师生的抗日热情。

1943年秋，章历边抗日民主政府在章历边区的白炭村建立了抗日民主小学。学校成立这天，陈鹤声同志亲自带领西营小学的大龄学生20余人，抬着风琴避开日伪哨所，晚上赶到了白炭村，参加了抗日民主小学成立大会。会上章丘县大队和西营小学的师生分别演出了自编的抗日文艺节目。陈老师和李寿山（已故）老师合演了自编的双簧《太师爷》，博得了现场观众的一片掌声。

1944年农历正月二十五日，陈鹤声同志接到我泰山军分区司令员（应为政委——编者注）林乎加的亲笔信，要求他晚上准时到达西岭角村姚发夏家（解放西营的指挥部）参加会议，研究部署攻打西营的任务。会上林司令员首先讲话：“今天请大家来，是决定今晚拔掉西营的日伪据点。方法有两种：一是武装攻打，二是智取。”由于当时的伪警察所所长宋杰三等人已被我军教育转化，最后决定由他内应智取日伪据点。零点我军从西面登梯进村，包围了据点，很快结束了战斗。陈鹤声同志负责登记收缴的武器，并帮助运送到县大队。解放西营后，陈鹤声同志被调到白炭抗日民主小学任校长。同年9月他和李达（市工委干部）等5名同志，被西营区推选为历城县抗日民主政府参议员，并于9月29日光荣出席了在西营召开的“庆祝历城县抗日民主政府成立大会”。

1945年，陈鹤声同志被调任泰安城关区文教助理员兼城关完小校长。1946年，他光荣加入中国共产党。1948年，随军南下，后到河南省中共伊阳区委，先后任副书记。1951年，调任洛阳地委城市研究组研究员。1952年，任中共济洛地委纪律检查委员会副书记。“文革”期间，下放到灵宝县化肥厂劳动。1979年落实政策任洛阳地区知青办主任。1980年1月4日，病故于北京协和医院，终年63岁。①

① 政协济南市历城区委员会文史资料委员会编：《历城文史资料》（第13辑），第82～83页。

二、历城县抗日民主政府参议员田立经

田立经，字甫营，清光绪二十二年（1896）十二月七日出生于西营镇红岭村一个普通农民家庭。他自幼勤奋好学，孝敬父母，热心公益，在当地享有较高的声望，抗日时期被推选为历城县抗日民主政府首届参议员，并光荣出席了历城县抗日民主政府成立大会。

田立经家中兄弟二人，他是长子，8岁时出继给伯父田书仁之妻杨氏为继子。杨氏24岁丧夫，对继子十分疼爱，母子二人相依为命，度过40年风雨春秋。田立经7岁上学，14岁退学帮助继母操持家务，继母忠厚、善良、勤劳、节俭，性格坚强，在她身上集中体现了中国妇女的传统美德，对他产生深刻影响。田立经曾撰文赞母："苦其心志，不辞桑麻之劳，虽淡饭粗棉知足异常，勤俭治家，有家道裕隆，贞比共姜，勤比敬善，有古人之风。"1943年农历二月丁卯日，继母以76岁高龄病故。田立经在沉痛哀悼中，把继母穿了40多年、上面缀有150多个补丁的布褂子，挂在灵前，让亲友、邻里吊唁。事后，又把它作为传家宝用红布包收起，每当农历大年三十，就取出褂子放在大北屋八仙桌子中央，供亲友团祭，以纪念继母操劳养育之恩，进行传统美德教育。这件事在章、历两县交界的山区广泛流传，当地的乡亲称赞他是"好孝子，无私善人"。

1937年七七事变时，田立经在红岭村任庄长，他办事主持公道，为民造福，不求私利。他常对人讲"与人方便才自己方便，善与交人，久而敬之。行好行着就少，作恶远离身跑"。日本帝国主义侵占济南后，于1938年农历腊月二十八，第一次到历城南山区西营一带"扫荡"，在红岭庄南的东岭村烧毁了农民姚学笃的房子，不久日军在仲宫安了据点。1939年农历二月初七，仲宫据点派出大批日伪军来西营"扫荡"，打死枣林、白炭窑群众刘怀志、王学颜等老幼12人。随后日军在西营安设据点，西营庄四面路口修了炮楼。群众走亲访友赶集来往，都必须走庄东西阁子大门中间留下的小门，在日军岗哨、刺刀下爬出爬进，还要向日军脱帽行礼，稍有不慎就招来一顿打骂。日军的血腥罪行激起田立经无比的愤恨。为了使西营东北峪、枣林和章丘官营一带的群众能够避开西营日军据点，绕道去济南，1939年，田立经带领群众修整了小角岭通向济南的羊肠小道，把3段共计300多米的陡坡小路拓宽为平坦的石板路。1940年秋后，他又倡议带动10多个村庄捐款，修建了东岭

庄东头的石桥。这里是去济南的交通要道，修桥要清基2米多深，石料要从15公里外运来，工程量大、困难多，他带领各庄乡亲经过半年多的艰苦劳动，终于建成一座高3米、宽3米、全长25米的10孔石桥，命名“积金桥”。从此群众赶路过河再不犯难，去济南避开了西营据点的鬼门关，同时也为我抗日工作人员来往交通提供了方便。在敌人“扫荡”中，他组织红岭庄老少进行转移，日夜躲避在庄外的东水沟里，田立经把老弱妇幼安排好后，自己和年轻人一起提着镢头守护在沟口，保护全庄乡亲的安全。

1941年，我抗日工作人员赵文举（田立经的姐夫）受党组织委托，多次给田立经送来《大众日报》油印版，向他宣传抗日民主政府的政策和中国共产党关于组织抗日民族统一战线的主张，启发他的爱国主义思想觉悟。

1942年麦收后，田立经以庄长的身份作掩护，把他的3间南屋让给我党济南工委办事处的工作人员陈图同志，作为秘密联络点。陈图原姓张，泰安县北集坡村人。1943年，陈图负责济南工委招待所，接待济南青年学生来根据地参观学习。1944年，陈图担任济南工委抗日宣传小组组长，每月派人用鲜果筐向市内传送宣传品320余份。

在长达两年半的时间里，先后有章丘县委书记胡寅，秘书高运普，民政科长马民达，财粮科长刘君山，区干部郭庆玉、李均和以及济南工委办事处李达等领导和同志到田立经家吃饭、住宿，受到他的热情接待。

1944年春，陈图同志的儿子也随父亲来到红岭，由于当时环境紧张，孩子也不能随意外出，但是整天待在家里又怕耽误学习，这年麦收后，田立经租用族弟田立位3间大北屋，招收了20多个孩子，办起学来，就这样陈图同志的儿子在他家吃、住、念书一年多，直到抗战胜利前夕才离开红岭庄。

1942年—1943年，他先后动员夏现富、尹朝太、田乃宾、田乃科等青年参加人民子弟兵，为抗日战争贡献力量。1944年，我泰山军分区部队拔除西营、商家日伪据点，西营地区获得解放。为了欢庆胜利，表达人民的心愿，田立经出工钱，请人在河口七圣堂（庙）前，把一棵只剩半边树皮中间腐朽的百年枯柳修整好，在枯柳周围用石头砌起1米多高的护墙，树心填满土栽上一棵国槐，以示纪念，国槐栽后生长旺盛，枯柳也发新枝，可惜柳树于1990年被大风刮断。

田立经思想进步，积极拥护我党抗日救国的主张，为抗日贡献了应有的力量，受到了党和政府的肯定。1944 年 9 月，由西营各界人民推荐，田立经和李达（济南工委）、陈鹤声（西营完小校长）、周迈（干部）、赵一川（干部）等 5 人为历城县参议员，并于当年 9 月 29 日，代表西营地区人民光荣地出席了在西营庄南河边、吕安太园子里召开的“庆祝历城县抗日民主政府成立大会”。

1955 年秋，田立经先生因病逝世，终年 59 岁。

三、鲁中区行政公署参议员周圣法

1945 年 7 月 13 日，鲁中区第一届参议会在沂南县大松林隆重开幕，大会选举邵德孚为鲁中参议会参议长，成立了鲁中行政主任公署，简称“鲁中行署”，王子文任行署主任，马馥塘任副主任，辖泰山、沂蒙、泰南、沂山、鲁山 5 个专区。西营名医周圣法，作为历城县的代表当选为参议员，出席大会。时任中共西营区委书记李方平，于 1991 年回忆了周圣法参议员的事迹：

周圣法先生是历城西营村人，祖传行医，自己开设一间小中药铺，为人看病。抗日战争和解放战争时期，在环境非常困难的情况下，他为国为民做了许多好事，我县、区干部称赞他，西营附近人民赞扬他。他虽已去世 40 多年，凡是知道他的人，至今无不怀念他。

1943 年 9 月，我奉命到西营任区委书记兼区中队指导员，区干部郭庆伍同志和通信员党秀明同志（他们都是西营村人）都曾向我介绍过周圣法的开明进步思想。那时西营有日本鬼子据点。我们曾派人给周先生送过抗日宣传品。1944 年春，打掉西营鬼子据点后，我经常找他谈话，他总是积极参加我区、村组织的各种抗日活动。夏天，我区干部和区中队员中常有人闹痢疾、肠胃炎等病。在缺医少药的情况下，经常找周圣法先生医治，他总是很热心地给予治疗，并且免费。有一次我患痢疾数日腹痛难忍，郭庆伍同志的父亲郭成吉老大爷为我去请周圣法先生，他诊断后，叫我

周圣法读过的毛主席著作（历城区政协提供）

服了绿豆大的几粒小药丸，很快便止住了疼，两三天就痊愈了。我告诉他："区干部和区中队员中也常有人患痢疾、泻肚子，不好意思经常来麻烦您。"他当即包了一包药丸交给我，我向他付钱时，他说："你们为了国家、为了人民参加抗日，生活很艰苦，不怕流血牺牲，我给你们治病，负担一点儿药费这是小事，比你们的贡献差得远呢！医药费我是不能收的。我知道你们没有钱，但有了病一定要来看，我将尽我所能为你们治疗，也算尽我的一点儿抗日心意。"从这以后，我县区干部和区中队员有病经常找他医治，他总是热心治疗，不收分文。

周圣法先生既有高尚的医德，又有治疗疑难病症的医术。1945 年春，西营区长王民初同志患了一场大病刚好，大腿胯间又长了一个很硬的疙瘩，几天时间就有饭碗大，找遍了西营区仅有的几位中、西医，都说没法治，大家都很为此焦急，最后找了周圣法先生，他详细诊断后，认为可以治，请我们放心。果然，服了他 20 副药便全好了。在抗日战争缺医少药极其困难的情况下，大家都说周圣法先生又为我们捡了一位区长回来，都为王民初同志重病康复而高兴，王区长的家属更是感激不尽。县区干部和群众都同声赞扬周圣法先生的精湛医术，高尚医德，热诚为人民服务的精神。区公所派钱粮助理员李钧同志去付药费，周先生一文不收。我亲自登门感谢时，他说："我能为王区长治病就感到很高兴，救活一位王区长比什么都珍贵，药费我怎能收得呢？就算为支援抗日，尽我一点心意吧！"当我说到经常为许多同志看病不收费，怕药铺维持不下去时，他说："我还有几亩地，生活过得去，药铺现在还能维持下去，如果将来看得病人多了，药费发生困难时，再找政府想办法。"他为我抗日人员共付了多少药费是无法计算的。

周圣法先生做的许多好事，区向县作了报告，县委、县政府很重视，县委书记兼县大队政委傅敦吾、县长吴建章和其他负责同志也经常去找他谈话鼓励他，提高了他的政治思想觉悟。根据周圣法先生的进步思想和表现，经县、区研究，选派周圣法出席了 1945 年鲁中区参议会。他回来后工作更加积极，主动向群众宣传抗战道理。为表示抗日的决心，他动员自己的独生子、小学教员周化鹏脱产参加抗日工作。秋后动员群众参军，在农、青、妇等群众团体成立动员参军小组的影响下，周圣法先生也主动联合了几位有威望的老人组成"老人动员小组”去向参军者父母做思想工作，帮助军属解决困难，解除军人后顾之忧。对当时参军起了很好的推动作用。县委通报表扬了西营各界群众动员参军的成功经验。

周圣法先生参加鲁中区参议会回来，他一到家就把堂中过去供奉的神像去掉了，重新书写了药铺字号“济生祥”，并在两边加了一副对联“但愿世间人不病，哪怕架上药染尘”。我去他家欢迎他归来，并请他谈谈出席会议的情况，谈完后，又请他讲将药铺改头换面的想法。他说：“我这次去鲁中参加参议会，使我大开眼界，增长了许多知识，懂得了抗日统一战线的道理，发现我过去的思想太陈旧了，太落后了，我要向你们这些抗日干部学习，为国家效力，我要用医术来为人民服务。我开这间药铺不是为了赚钱，而是以为人民看好病为宗旨，人民身体好了，我这药卖不出去没关系。”他又说：“我还有一副对联不便写出来，就是‘穷人看病少要钱，富人看病多拿点’，我这是学习政府减租减息的精神，我行医看病也要有这种精神，穷人有病不能因为他没钱就不给看，可少收点或不收，给富人看病可根据他们的情况适当多收一点儿。”我认为这也合乎情理。我曾向他提起治肠胃病的小丸药以及治疗疑难病的药方，可否传给别人，为更多的人治疗。他说：“家传秘方总是要传的，但我只有一个儿子并不习医，传给别人不能随便什么人都传，思想不好的人得了秘方不是为了给人治病，而是为了发财赚钱，向人家敲竹杠害人，这样的人是不能把秘方传给他的，待找到像你们共产党这样的好人时才能传给他。”很不幸，他在1947年冬为躲避敌人“扫荡”，因饥寒过度而得病，过早地去世了。他那高超的医术及秘方尚未来得及传授给别人，实在可惜。

周圣法先生虽然不是共产党员，但是他那为人民服务的好思想、精湛的医术、高尚的医德，是值得人们学习和怀念的。[①]

① 政协济南市历城区委员会文史资料委员会编：《历城文史资料》（第4辑），第9～16页。

第四节　泰山区行政公署参议员景琳先生

景琳（1904—1957），今历城区彩石镇宅科村人。先后毕业于章丘县立乙种农业学校、省立蚕业讲习所，受“五四”新文化运动影响，追求“实业救国”，在家乡倡导养蚕缫丝业。他先后在宅科、东泉、南泉、玉龙、东顿邱等小学任教，以学识渊博、思想进步、姿态优雅、谈笑风生而闻于乡里。抗战爆发后，他以伪乡长身份为掩护，建立秘密交通站，组织爱国青年参加八路军；1942 年，加入中国共产党；1943 年春，调至章丘县抗日民主政府任教育科长，当选为县参议长、泰山区参议员。先生在残酷的抗战环境中，支持长子景晓村的抗日工作，并把次子送入八路军部队。1957 年，先生猝死于徐州市民政局公证处副主任岗位上。作为八路军高级将领的景晓村，于 1992 年撰文《回忆先父景琳》，讲述了抗战时期父亲的为人，我们在感受殷殷父子之情的同时，更感受到一位乡村知识分子的高尚情愫：

我是 1917 年出生，1937 年离家。除在章丘县立第三小学和济南乡村师范学习六年外，童年和少年时期大多是在我父亲景琳的身边度过的。在初小读书时，曾直接受教于他，言传身教使我受益颇多。现在回忆，父亲从青年时期就是一个富有爱国思想的人。他在小学和章丘县立乙种农业学校上学期间，正值五四运动——中国人民反帝、反封建革命斗争兴起的时期。他受五四运动的影响，成为一个“实业救国”论者，想走“富家治国”的道路。但是严酷的事实告诉了他：国家如不能强盛，单靠发展经济是走不通的，由此激发了他的忧国忧民之心。1924 年—1927 年，由于第一次国共两党合作形成了大革命运动，传播三民主义学说，组织国民革命军北伐，父亲十分拥护。但是不久国民党反动派发动了反革命政变，共产党内出现右倾机会主义的领导，致使大革命中途失败。父亲在不明真相的情况下还在家乡积极参加农业协会，响应北伐军。直到明白了蒋介石已经叛变革命，成为新军阀，仍打着三民主义的旗号欺骗人民时，他的爱国之心连受挫折，思想陷于迷惘。从此他立志从事教育工作，在教学中他向学生讲解中国国弱民贫，外受帝国主义欺压的原因；向学生介绍中国历史上的爱国志士和民族英雄，启发学生的爱国思想。

1931 年夏季，我由初级小学考入章丘县立第三完全小学时，发生了九一八事变，日本帝国主义侵占了我国东北三省。我进校后，积极参加反对日本帝国主义的运动。在两年高小的学习过程中，常在作文中抒发自己的爱国思想和赞颂为国牺牲的英雄烈士。我记得有两篇作文被选登在县教育部门办的刊物上，当时萌发的爱国热情，与父亲的教诲是分不开的。

父亲的爱国思想还表现在七七事变后，支持我离家参加抗战的鲜明态度上。七七事变前两年，我在济南乡村师范读书时参加了共产党。七七事变后山东沦陷，共产党要领导人民群众开展抗日游击战争，打败日本帝国主义。1937 年七八月间，我在乡师毕业后，没有回家，在济南从事地下工作。父亲到济南找我，见面后，我向他讲了当时抗战形势和我要参加抗日游击战的打算，他表示理解和支持，但嘱我要回家安排一下。我回家后，祖父及家中人都不同意我出去，唯有父亲不表反对，并暗示我可以自己走。我随即以去章丘县找职业的名义返回济南，不久即转入泰安县农村，参加了中共山东省委领导的徂徕山抗日武装起义。

父亲是一位朴实无华、热爱劳动、富有民主精神的人。他的这种思想作风对我也有影响。父亲兄弟姊妹五人，他排行第三，在兄弟中他是老大，只有他文化稍高。在我离家以前他多半时间是从事小学教员工作。生活简朴。薪金除伙食费外，全部交家中，是家中的重要收入，也是支持我上学的主要经济来源。当学校放寒暑假或麦秋假时，他回家和家人一块参加田间劳动。在家乡邻里中他尊老爱幼，温良恭谦，严于律己，宽以待人。他不经管家务，全力支持我的一位叔父经管家中的生产和生活事务。他潜心从事教育工作，对学生循循善诱。在我的记忆中他没有用粗暴的言行对待任何学生和家人，表现了他的民主精神。

父亲是一位为人民事业不畏艰险、不辞辛苦、尽忠职守的人。当家乡沦陷为敌区之后，他寻找救国之路和想念孩子的心情无法控制，于 1939 年 4 月从家乡穿过敌人的封锁线和顽固派的盘踞区，翻山越岭，长途跋涉数百里找我。这时我从滨海区向清河区调动工作，正在行军途中，因要过胶济铁路，在博山的夏庄小住。父亲先到了沂水县北部的东里店（当时是国民党山东省政府驻地，八路军在此设有办事处），得知我刚从此地路过后即折返北行，赶到夏庄找到了我。他向我讲述了家乡沦陷后日寇、汉奸的暴行，顽固派的部队打着抗日的旗子不抗日，专事敲诈勒索，老百姓苦不堪言。我向他讲了全国和山东的抗战形势，指出日寇当时的进攻重点还在正面前线，敌后空虚，正是发动敌后人民开展游击战争的大好时机；告诉他在共产党的领导下山东各地已广泛地发动了抗日游击战争，组建了十数支人民抗日游击队……并告诉他共产党、八路军实行的是抗日民族统一战线的政策，主张联合一切抗日力量共同抗战，有力出力，有钱出钱，有粮出粮；内战时期实行的打土豪分田地的办法改了，实行减租减息的政策，对富农是保护政策，但要改善雇工待遇。人民应向抗日部队交粮、交税，实行合理负担，累进税制……在博山夏庄住了几天，因我要继续北行，他就回家了。这是我们父子从 1937 年 9 月分别后的第一次见面。这次分别以后又有四年没有见面。后来在 1943 年秋季，当我在中共山东分局（当时住在滨海区莒县、临沂一带）开完会回清河区的途中，又在博山县的三角湾（是泰山区抗日民主政府的驻地）见了一面。他这时已是泰山区抗日民主政府的参议员。父子见面以后，当然是无限高兴，我向他探问了家乡的情况。他告诉我 1939 年春天在博山夏庄分手以后，他回到家乡进行的抗日活动。他说家乡一带从 1939 年—1941 年日伪统治日渐强化，杂牌队伍出没无常，社会秩序极度混乱，民不聊生达到极点。老百姓盼八路军去，但大部队一时去不了。后来逐步有武工队和少量秘密工作人员到家乡一带，有时就住在我们家中。他告诉我，他在家组织了一些抗日活动，先是联络少数抗日分子秘密的作些宣传工作，后来当地各村村长为应付日本鬼子，推选他当了乡长，他觉得这是一个掩护秘密进行抗日活动的办法。这时党在边沿地区的政策也是实行建立革命的两面政权的办法。他就以伪乡长的身份为掩护继续开展抗日工作，并做出了成绩。1942 年春天，八路军和抗日民主政府的活动已到了我家乡一带，父亲被吸收为共产党员。由一个旧民主主义者转变为新民主主义者，又转变为共产主义者，这是中国近百年来社会的变革和人民革命的发展形势促成的。作为我们父子之间的相互影响也是一点因素。而主要的是到我家乡做抗日工作的一些同志对他的帮助教育，使他从一个旧社会出来的知识分子成为共产主义的革命战士，作为他的儿子，不能不感到光荣。[1]

---

① 政协济南市历城区委员会文史资料委员会编：《历城文史资料》（第 5 辑），第 1 ～ 9 页。

第五节　民族危难中的教育家情怀

历城区孙村镇顿邱一带，南北朝时期，刘宋王朝设立顿邱郡、顿邱县，后魏依设县。《王氏族谱》载：王氏北宋元祐年间，安家于此；清代乾隆年间留下“熙朝双瑞”的事迹；近代以来，顿邱地区是我区风气开化较早的区域之一，东顿邱位居“三顿”之东，称“东顿邱”。该村陈会文先生（1901—1974），以北大毕业、擅长外语、才思敏捷、正派清高、桃李遍鲁而闻于山东教育界；抗战期间，他以独立人格主办马彭中学而成为济南东部家喻户晓的人物。1924 年 4 月，印度诗人泰戈尔访问济南，省立济南第一师范英文专科学生陈会文出任英文记录，轰动泉城学界。1992 年 12 月，历史学家孙思白先生撰文《平生风义兼师友》，记述了与先生交往的几个片断，展现了会文先生的风采：

陈会文先生，在我少年时代的记忆中他是我们家乡一带的名人。其实，他在山东教育界也算得上知名之士。山东教育家鞠思敏、王祝晨、齐蓁霖、宋还吾、郑又桥、李光家、孟云桥、崔祝生、杨启哲等人都与先生有所交往。他一生未参加任何党派，说不上有多轰轰烈烈，但学有专长，思想敏锐，教才育人，可以说桃李满齐鲁。关于他的生平经历，已有张鼎麟先生写的《陈会文传略》，记其梗概。这里仅就我与先生数十年交往中的几个片断作些记述，以补《传略》所未详，并以致我对先生的怀念之忱。

（一）

先生是我初中时的老师，又可说是我的兄长。因为先生和我是同乡，和我两个哥哥是幼年的同学。我的大哥名孙实仁，字静山；我们村子里还有一位名叫刘寿江、字锦涛的少年。他们三人非常交好，都以天资颖悟、读书优异、文笔迅敏而为师长所推许。清室既覆，民国改元，章丘县第一所高级小学——章丘县立高级小学堂初创招生，他们三人先后赴考，皆名列前茅，时人目为“村中三才子”。但其后刘、孙二人皆因故辍学，未能深造，只有会文先生由小学而中学、而升入济南第一师范英文专科，学业日进，蜚声乡里。

当我八九岁在本村初小念书时，他已是省城里一位中学少年。放假回家，他很少外出，他的一言一行，我只是从乡人或哥哥口中听到一些。不过街头巷尾，我也偶然望其颜色，见他一身朴素的学生装，风度翩翩，仪态潇洒，在我一个小学生眼里，仿佛觉得他是“天人”。

我11岁时的秋天，被送到邻村一所私立高级小学去念书。这所小学名叫“逊志小学”，这个村子名叫“西顿邱”（我们村子名叫“东顿邱”）。西顿邱这个村子在我们家乡一带，从来算是文风鼎盛的了。这个村里不但有清末留下来几位有名的秀才，而且还有几个师范生，都算是这一带的文化人。他们或以诗文见称，或以书画名世。我来到逊志小学后，曾有幸窥见这些当地人物风采，聆听过他们的议论。茶余酒后，他们数说本地英才，每当说到“东顿邱陈会文先生”时，总是赞誉有加，称道不已。作为一名小学生的我，不知出于什么心理，听来总是格外高兴。其实，这时我和先生还从来未接触过。

（二）

我能从封闭的农村跳出来、走进省城去读书，是我少年时代迈出的重要的一步。提携我迈出这一步的是会文先生。这一步定了我以后的趋向。从这个意义上讲，先生是我的恩师，毕生难忘。

当我年满15岁时，我升中学遇上了困难，使我困惑。困惑来自两个方面：一是我在逊志小学已过了五个年头（它原为二年制），虽是班上的优秀生，却还拿不到一张高小毕业证书。原因是这所学校很不正轨。上半年是英、数、理，按正轨小学排课；下半年就又变为五经、四书、《古文观止》，成了私塾。如此反反复复，帮助我念了不少的古文诗词，却没能系统地学完高小应学的数、理与外语。这是张宗昌督鲁提倡读经影响下的怪现象，因此也就无法取得一张合格文凭。拖到1928年，“济南惨案”发生，胶济路被日军占领。天下大乱，学校跟着关了门，我实际失学了。虽然强烈的升学愿望驱使着我私下自修英语、数、理、化，但又不断地自问：“我该怎么办？”“升中学则不足，入小学则有余”是我自己解不开的一个疙瘩！二是我的家庭方面。我经商起家的老父，总希望子继父业，三番五次地叮嘱我写小楷、练珠算，为学徒经商做准备。而这恰恰是我所最厌恶的，以致迕忤亲意，惹他老人家生气。这时长兄已故，父亲在外，二哥当家。二哥爱我，也一向重视我的学业，但他也不敢公然地经违父旨，而且他即使同情我，也想不出为我解脱的法子。来自以上两方面的障碍交织成一张苦恼的网，把我束缚得紧紧的，忧愁与烦闷，压在心里，每天筹思着、盘算着，我简直成了少年的维特，虽然思考的不是一回事。

时光流转，1929年的春节来到了。夏历元旦之晨，按乡俗我随二哥到村中逐户拜年，二哥把我带进了一所幽静庭院里，这里就是先生的家。我们正在礼叙之后辞别其家人时，忽见先生走出来与我哥作亲切的寒暄问候，转过来看到我问我哥说："这是三弟？"我还腼腆，没说什么。我哥答应了个"是"字，就告别了。回到家后，我的心久久不能平静，我总算第一回接近先生，还承他问到我。早饭过后，红日曈曈，家人都欢欢喜喜，享受他们的新年之乐；独我一人躲在僻静处思量：我可否去见先生？他能指我一条路吗？他又怎样解决我所有的实际问题呢？反复琢磨到下午阳光西斜，我鼓起勇气去敲了先生的大门。进门后先生延我入室上坐。没讲几句闲话，先生就问起我的学业情况来，我从头到尾把我的学习情况、现在的处境、我的愿望全盘托给了先生，等待先生的指示。想不到先生是这样的爽快。他说："三弟，你很有志气，好！难得！""你应该升学深造。你家的经济条件比我读书时好得多，你的困难比起我当年遇到的小得多。这算不了什么。""你们弟兄的天赋都是不错的。当年你两个哥哥，屈从家长愿望没能继续升学，很可惜，你不能再错过这个机会。要按你自己的愿望行事。""这样吧，过几天我就回省城去。下年我到什么地方教学还没定下来（按：当时先生已从事教中学了），等我定下来后就写信告知你。你接信后可瞒着家人离家去找我，我为你安排读书的地方。""这是件好事，有违父母之命，也不为不孝！你看怎样？"

先生这段话，在我当时听来，真像金声玉振，如饮甘露一般得痛快！我兴奋的心几乎要从腔子里跳出来！

其后经与先生商量，没按"瞒着家人出走"的计划行事，改由他约我二哥一谈。他一席话讲得我二哥愿全力支持我升学，并负责劝说我父亲放弃他要我学徒经商的打算，于是我的愿望实现了。先生回到济南受聘为正谊中学英语教师，我经过报考成了正谊的学生了。

（三）

我进了正谊（1929年麦），与先生几乎是朝夕相见。先生在校里独住一间教员宿舍，我与两位同乡同学在校门外租一处民房寄宿，与先生近在咫尺。我们经常到先生房里玩，先生也有时来我们房里聊天。渐久，先生已知我前在小学读了一些所谓“经书”，文言文也算写得抑扬顿挫、之乎者也的有点味儿。但于语体文不沾边，先生便提示我们要试作白话文，并启示我们要注意吸收些“五四”以来的新思潮。在先生的指引下，我订阅了几张新杂志，从先生处借来了《语丝》《奔流》等刊物；自己还买了一些市面上有的白话小说、文集等。当时虽不能完全理解其中的奥义，但总是生吞活剥地去咀嚼着。于是鲁迅、胡适、茅盾、郁达夫、郭沫若取代了过去脑子里的韩愈、欧阳修、苏东坡……《呐喊》《彷徨》《华盖集》《胡适文存》《沫若诗集》亦取代了《论语》《孟子》《古文辞类纂》《纲鉴易知录》之类的东西。从文体的转化到思想意识的更新，先生确乎对我们起了推引的作用。

这年在山东教育界发生了一场思想论战的波澜。曲阜师范学校的师生为了演《子见南子》这出话剧，引起了孔府族人与曲阜师范师生的争讼，原告的控诉呈文与被告的辩驳书，散播到社会上来，一时沸沸扬扬，引起了各种议论。先生向我们介绍与评论这一事件，他是鲜明地站在被告一方的立场上，力斥圣裔族人之非是。记得先生的意见是：“孔老先生像他自己一样是个教书的，他一生说了些有价值的话，所以是个思想家；但也不是句句有价值，不应把他捧得至高无上。他也吃饭、穿衣、讨老婆，和平常人一样。他要见见以漂亮著称的南子，这也算不了什么稀奇的事。把他生活中的某些片断编成话剧演演，这何罪之有？而且剧情内确乎并没有故意丑化老先生的地方……”我记得先生的话逗得我们哈哈大笑，听来真是新鲜。

正谊中学的校长鞠思敏先生是这所学校的创始人，也是著名的教育家。会文先生原来也是正谊的学生，与鞠校长有师生之谊。这年不久，先生兼教务主任，辅助校长工作。鞠校长办学有自己的思想主张：一是别校落榜的学生他尽量招收；二是对违反校纪的学生，教导惩戒，但绝不开除。对屡教不改的只遣送回家，由家长管教，愿意悔过，即可恢复学籍。鞠校长认为施教于这两类学生正是自己应尽的天职；把他们推出校门，任其流入社会是不负责任的。在推行这两项主张上，有些教师是反对的，认为对“不堪造就”或“害群之马”，是不必浪费精神的。但先生却每每是力排众议，赞成校长的意见。他曾说：“鞠校长的这种主张真正体现出一个教育家的精神，是无可非议的。”

我刚踏进正谊的第一学期，还不脱从乡下带来的土气。不但衣着上不合潮流，就是一举一动也还不像城市里孩子们的活泼。先生为我们教英语。我的英语作业在我们班上虽不算坏，但也不算出色。先生指点我说："英语与汉语在结构上是截然不同的另一种语言文字，你用汉语的习惯思维去构造英语，那会格格不入的。"先生的这一指点，使我开了窍门，几个月后，就大有起色了。

临近暑期考试时，我这个小学时代曾屡列前茅的学生却有埋在心里的深厚自卑感。我想我的成绩无论如何是无法与同班级中的城市学生并肩的。考试既毕，成绩评出。我不敢去看陈列在办公室的成绩名册，终于去了，我把我们班级的成绩册从末页翻着向前面看，"丁等""丙等"若干名没有我；"乙等"若干名又没有我，我怔了。再翻过一页，"甲等"只一名，竟赫然是我的名字！我们同级两班共80余人，我竟获第一，这份高兴真无法用言语形容。

回头，我去见先生。先生很平静地向我一笑说："祝贺你，考得不错。"我回答说："我没有想到。"先生约会我午后出游。

午睡醒来，先生与我雇了一只小船，荡进了绿柳绕岸、荷花初放的湖中心，微风徐徐，湖上很凉爽。一壶清茶，先生开怀畅笑，我心里也正甜滋滋的。先生对我的考试成绩先赞美了几句，然后说："眼前取得的这点成绩，只能说三弟很有希望，但学问的道路还很漫长。中学的课程只是打下个初步基础，更高的追求是要博览群书，打开眼界，由博返约，有所专精，取得独到的成就。"先生谈锋甚健，看出来大都是对我的勉励期望之词。半日之游，十分快活，直到黄昏归去。

（四）

北伐战争后，政治中心南移，北京改名北平。但北平仍是全国的文化中心。

我在正谊读了两年半，还差一学期没有毕业，我就于暑假跑到北平去谋升高中，因为听说在北平花点钱就可弄到张初中毕业证书。会文先生已于前一学期转到高唐中学去教书。这年暑假他与几位友人和学生跑到北平来游览，我们在这里见面了。

我到北平志在报考那些著名的第一流高中。但是，如师大附中、平大高中、北平四中、河北十七中，一个接一个的榜上无名，名落孙山了。我这个正谊的优秀生怎么如此惨败呢？我愧见先生。先生没有轻视我，反而说"胜败乃兵家常事”。他代我检讨个中原因，归之于山东与北平学生水平差距过大的关系。其实我心里明白：在正谊末后的一年中，我爱上了篮球，时光和精力都消耗在球场上了。虽然凭着小聪明仍然保持着在班上的优等名次，却是有其名而无其实。这样，我末后决定进了为期一年、带有集中补习性质的弘达中学初级特班，决心把失去的夺回来。

先生的情况与我相反。他在游览故都的名胜之暇，见到北京大学文科今年招收插班生。在朋友怂恿下，他去报了个名，只当玩玩，而榜一揭出，就被录取了，考北大不是易事，报考插班尤其不易，而先生竟一发而中，真如探囊取物。据先生讲，他的数学答卷很不好，大概仅免于零分，那么先生为什么被录取了呢？不言而喻，是由于先生中文、英语成绩特别突出的关系。北大录取标准，历来不是各门科目平均看待。只是某方面特别优异，就可以录取。北大这种录取特点，给了我以后做考学的准备以有益的启示。

先生以英语见长，入校后他却选择了史学系，这是先生有自己见解的。他说语文只是工具，更广阔的学问须向历史中去探寻。

我在弘达特班奋力拼搏了一年，1932 年暑假，我一举考取名牌的北平大学附设高中，先生再一次鼓励我说：“你是有希望的。”

可是我在这所名牌高中仅住了半年就只离开它了。因为我从先生的考进北大得到了启示。检点投考大学文科最重要的语文、外语、数学三门主课，我最需要提高的是英语。只要英语迅速提高起来，就可以报考北大。又何必在这样一所正规的学校里，把需要与不需要的七八门功课齐头并进、消磨岁月呢？我打算再回弘达中学入它的高级特班，只需半年就又可取得一张高中毕业证书。证书到手，我就可以专攻英语一门，如此有可能提前升入大学。我把这想法商之于先生，先生立即同意。于是于 1933 年春，没再到平大高中报到，又转回弘达去了。

到了这年暑假，我已稳拿到一张高中毕业文凭。可是暑假回里后，我错拿了一个主意。本应当是秋季开学，回北平贯彻我“专攻英语”做准备来年投考大学的夙愿。临时主意一变，我想过一下教书的瘾，当起了小学教员。乍从大城市来到这所乡村学校，回顾环境，颇感荒凉。生活条件、同事风格、工薪待遇皆不尽如人意，而且教课甚忙，根本无暇进修自己的英语。又值秋雨连绵，无处可去，心潮起伏，又一次陷入苦闷之中。这时，先生已回到北大去了。于是我一封长信飞到先生那里，琐琐碎碎把我现在的处境与烦恼一股脑儿倾泻给他了。不久，得到了先生的回信。打开一看，有这么些话："吾弟……境有顺逆。人能处顺境，尤贵能处逆境。我不愿说什么天将降大任于斯人也，必先如何的老话来劝导你；但总不能面对一道小小沟渠，就长吁短叹，趑趄不前。环境简陋，生活欠适，人物不一，并有可憎，然而这正是世界的现实，天下之大，何奇不有，又何足怪？……夫人当志其远者大者，至于月薪是三十元钱也罢，四十元钱也罢，反正不过几块钱耳，何必斤斤于此哉！为吾弟今后计，当尽快抛开一切，整顿生活，努力自修，为升大学作准备，奈何为鸡毛蒜皮，琐琐细事所牵累！言念及此，吾不禁为吾弟数年新教育惜也！"

我手捧着来信看呆了。这是我接近先生以来第一次受到这样严厉的批评，真如当头棒喝，促我猛醒。反复咀嚼之后，觉得先生说得真对，自己不禁哑然失笑："我怎么婆婆妈妈起来？"

三个月后，我辞卸了小学教师的职务，打起行李转回北平，与一同学觅屋于什刹海畔，全力攻读英语，一面在弘达旁听，一面请先生帮改作业。从这年冬到第二年夏（1934 年），八个多月的苦读把我送进了北大的门槛。我作为新生进北大，先生刚好是作为毕业生离开北大这座学府。

（五）

我与先生交往的历史，先后有 46 年之久。前六年，大体是由济南到北平，共住在同一座城市里，十天半个月总是会聚会一次，听先生说今论古，快活非常。后 40 年不一样了，中经抗日战争与解放战争时期，天各一方，但凭通信，大受局限了。新中国成立后 20 余年中，虽又同在济南，但我外调数年，而且还有十年的"文革"风雨，不能像往日那样说见就见、促膝畅聊了。不过，回顾 40 余年历程中，先生的为人表现片言只语、尚有些片断可记：

先生于师范英语专科毕业后不久，就选定了以教书为终身职业。先是，先生曾就聘于邮政局任英语邮务生，待遇较优，且有终身保证。但不半年就辞掉这个"铁饭碗"转到教师岗位上来了。因为某日有位久别好友来访，他很想与来友倾谈半天，以叙契阔之思，然为邮务局纪律束缚，不得如愿。先生认为这种死板的生活，大悖人生意趣，遂决定改行教书。先生说："教师生活，日与青年相处，乐在其中，愿终身一之。”

先生于教学读书之暇，喜爱吹箫，间亦喜打网球，曾有志于钻研音乐理论而未能深入，认为体育锻炼不宜过分激烈，比较足、篮、网球，而以网球最为适合于自己，先生书法流畅蕴藉，有人问：“老先生书法宗哪家？”答曰：“宗会文自己。”

先生待人接物，自然超脱，不落俗套。有中学同学经商致富，突然汇数十元给先生资助其在大学读书，先生复信说：“赈款收到，纾我困厄，其乐可知。”为什么称“赈款”？因为社会上正兴起捐款赈灾的活动。某日，有友人来访，先生为待客从书架上取下两盒茶叶来问来人曰：“你是愿喝我自己喝的茶，还是愿喝我待客的茶？”来人也机警诡异，答曰：“我愿喝你自己喝的茶！”相与大笑。

先生老家邻居青年王君在济南经营照相业而小有资财，不料忽遭厄运而忧愤成疾。王固与先生友善，于养病中把自己不幸遭遇投书向先生吐诉。先生复以八九页长信，从事实的各方面代其剖析排解。王收信后从头细读，觉得句句破其胸中块垒，精神为之大快，继而看到先生讲他自己在学校的情况说，在学校选修的几位名教授的课程于考试中都得到最高分，于军训打靶实习中一发中靶中心，受到嘉奖。然后说：“由此看来，俺会文不但才高八斗，也可算勇冠之军。”王看后大笑不止，逢人便说。

九一八事件发生的时候正是先生进北大读书的头一学期，我于事件后的第二天来看先生，先生的情绪十分沉痛。先生说：“我们的国力固然不敌日本，但战败而并守与不战而失故土是大不一样的。”先生是主战的。先生进北大后，与读史相配合，开始研读历史唯物论与唯物辩证法的进步书刊，思想见解较前激进。一次，我们几个前正谊同学与先生一道在公园散步。问先生什么是辩证法？先生当即举例说：“比如说，当前中日两国，日本强，中国弱，弱不胜强，那么中国就要被欺压到底。永世不得翻身吗？不！用辩证的眼光看，日本虽强，强中有弱；中国虽弱，弱中有强，这强弱之势是可以发生变化的。”我们问：“什么时候和怎么样才能发生这种变化呢？”先生说：“综合比较两国的各种条件，这强弱的因素就在这些条件之中，它是客观的存在，有其必然变化的趋势，但又要靠主观的努力去促进，必然性才能成为现实。如果中国人都是见敌就跑，那这变化就不可能实现。”先生这段通俗的讲解，对我们几个人在认识中日问题上是一次很好的启蒙。

先生不党不派，也未参加任何组织团体。但他的思想倾向已使他成为进步行列的赞助与同情者。这表现在读大学期间，同情与支持“九一八”后掀起的学生抗日示威运动。他接近北大的几位进步同学如杨启哲（即唐守愚）、宋劭文等人（都是地下党）北大毕业后，他先后任教于曲阜省立第二师范、烟台省立第八中学。在八中，他与教师王冶秋、罗震豪（即王占罗、罗竹风也都是地下党员），都是思想接近的要好的同事，在曲阜二师他以教务主任身份扶持进步同学，反对压制学生活动的校长杨某。他给我的信上曾说：“到校以来，我发现杨某的凡为措施，无一是处。”为此他愤而辞职，转到烟台去了。卢沟桥事变，平津沦陷，我从北平流亡回山东，路经烟台，借宿在八中，遇一接待我们的烟台同学，向他探询先生在这里的任教情况，那同学说：“课教得好，思想也好，很受欢迎。”1983 年冬，我在曲阜师大，遇上邻居数学系党支部书记郑又樵同志，他问我：“你可认识一位陈会文先生吗？”我笑说，“你算问着了”，问他有什么事，他拿出一封友人给他的信给我看。信是一位当年曲阜省立第二师范的地下党的同学，现任宁夏党委统战部长名叫李健（原名李福如）的发来的。信的内容大意是：当年我们就读于二师，搞各种进步活动时，受到学校当局的压制与迫害的老师中维护与支持我们最多的是陈会文先生，但不知他现在何处，多年无联系，十分怀念，希望都能多方打听一下。我把先生的济南住址告诉给他，并把他近年多病、家境困窘的情况也详细告诉给郑。李健同志接郑所获得的消息后，立即用电报与信函飞向济南，向先生问候，并在得悉先生的病情后，邮寄来了一大箱治疗与营养药品送给先生。其后，李健同志与我取得联系，数度来京与我相见，共谈先生的过去与现况。我告诉他，先生于新中国成立后仍以教书糊口，但子女众多，又都未成人，夫人为家庭妇女，以故负担奇重，贫病交加。我们都为之唏嘘不已。这时先生的病势已重，离去世不远了。

先是抗日战争发生，先生以家室之累未能离家外出，投入抗日的实际工作。但又不愿受伪校之聘，初乃隐身于沦陷后的济南，教家馆度日，自非长久之计。其后，章丘地区起了一支受国民党委任的游击队，其首领被委为旅长兼本区专员。这个头头也是个大学生，曾受业于先生，并对先生素甚仰慕。这个人的政治倾向是属于国民党系统的，现在坐大、辖境10多县，领头出资办学，遂派人教请先生出任校长。这就是抗日战争时期章丘县的马彭中学（也就是抗日胜利后迁入济南的立达中学）。当时，这一带的失学青年很多，无学可上。而先生出任这所新校的校长，负笈前来就学者甚为踊跃。所聘教师大多为过去先生教过的高材毕业生及当地名人。班底整齐，成绩显著，深受当地学生与家长的称道。后来，我曾向先生探询过这次担任校长职务的经过。先生说："我出任前，向他（那个头头）约定：你出钱，我办学。办学的事，我有自己的一套理想与经验，不愿受任何人的干预。他完全答应，我才出任的。或许是出于对我的尊重，他后来果然信守诺言，没有对我发号施令，学校的事，我完全做主。"又说："国共合作抗日，只要不是汉奸出钱，谁要我办学都可以，不过要尊重我的办学设想，否则我是不会干的。"按照先生的为人与个性，我想这些话是可信的。马彭中学的学生，在大时代思想主流的激荡下，也有不少是倾向共产党和八路军的。先生本着思想自由原则从不干预。据说也有个别同学陆续投奔解放区参加革命，先生都尽量予以方便。联系先生前在曲阜二师与烟台八中扶持进步青年的表现，这也是符合先生的思想实际的。但是由于这段历史，先生在新中国成立后曾受到较长时间的怀疑与考察。"先生为什么竟会不是国民党党员？""究竟有无损害革命的言行？"当然日后真相大白，证明先生终生未入任何党派，是真正安心立命于教育事业，并且还是带着明晰的进步倾向引导青年人向上。自然纵观先生一生算不上舍生忘死的革命志士，也没有慷慨悲壮的业绩，但是，我想凡受过他熏陶的人，会是永远怀念着他，至少上述的李健同志是一个，我自己也算一个。①

① 政协济南市历城区委员会文史资料委员会编：《历城文史资料》（第6辑），第12～42页。

第八章

抗战时期的教育文化

历城是为齐鲁第一县，具有省会发达的教育文化优势，是开始现代化较早的地区之一。日本帝国主义发动全面的侵华战争，中断了我国现代化进程，将整个中华民族拖入了亡国灭种的危险境地。日伪政权在教育文化领域大肆推行“大东亚共荣”的殖民价值观，并纳入“总体战”的战略内容，妄图在民族文明传承的基因中，植入殖民的元素，从而奴役整个中华民族。然而，具有五千年文明史的中华民族，在抗战的残酷环境中，不仅传承了优秀传统，而且创造了具有鲜明民族、地域特色的教育文化。

第一节　抗战时期历城教育

清末民初，历城县为山东教育首善之区。1929 年，历城成为山东省的成人教育和国民教育试验区。抗战期间，国民党历城县政府在统治区继续办学。中国共产党领导的抗日民主政府，在根据地创建抗日民主小学，在课程的设置、教材的选编、教学内容等方面多有创新，为革命培育了人才，输送了党政军干部，涌现了许多抗日烈士与人民教师。

一、抗战前的两所师范学校

民国初期，国民政府废除私塾、停办学堂，开始推行现代教育。1931 年 6 月，王舍人庄建立历城县民众教育馆；1935 年，董家区被选定为山东省国民义务教育第一实验区。为满足乡村学校教师的需求，山东省政府、历城县政府分别建立了以培养农村学校教师为主的乡村师范学校。两所学校不仅为历城、山东培养了新型教师，

济南乡师旧址

而且成为培养抗日革命者的摇篮。

1929 年 8 月，山东省立第一乡村师范学校成立于历城县白鹤庄，后迁址黄台桑园村，人们习惯称之为“济南乡师”。八年间，该校培养学生 700 多名，发展中共党员 161 人，被誉为“红色党校”“战斗堡垒”。首任校长鞠思敏被誉为“山东的蔡元培”，任职期间，他极力培养青年追求真理、改造社会、富强中国的远大理想和爱国之心。济南乡师的学生大都来自农村，家庭生活并不富裕，所以怀有变革现实的强烈愿望，易于接受革命思想。学校开学后不久，即成立中共党组织，主要工作是组织同学阅读进步书籍、介绍革命思想、扩大党的政治影响、在同学中积极谨慎地发展党员、壮大党的组织，1930 年底，发展党员 10 多名。1933 年 7 月，中共山东省委和全省党组织遭到重大破坏，济南乡师党支部挑起了恢复山东党组织、重建山东省委与中央联系的重任。日军入侵山东，学校南迁，途中停办。部分学生参加了徂徕山、牛头镇、黑铁山等山东各地的抗日武装起义，奔赴抗日战场，成了革命的中坚力量。八路军清河军区政委景晓村、著名抗日烈士侯筱章即毕业于该校。

1919 年，历城县政府为培养乡村小学教师，在寿佛楼建立历城县立师范讲习所，学制二年；1920 年 9 月，73 名学生毕业后停办。1930 年 8 月至 1938 年 7 月，复建，八年间培养正副科学生 281 人，为历城现代教育发展做出了贡献。学校集中了不少爱国、倾向革命的知识分子，编发《历城月刊》，宣传新思想，一批学生成长为历城抗战中的革命者。尹天佑、赵正阳、焦延荣、陈鹤声及岳伯芬等皆毕业于该校。

二、抗战时期的学校教育

日军占领历城期间，常霸占、拆毁学校以建设据点，如 1938 年，强占孙村小学建立据点。加之经济凋敝，战乱不止，学校纷纷倒闭。一部分“先生”和失业教师不忍文脉中断，聚农家子弟讲学。华山东河村的赵长庚先生在马家桥设私塾，为保护学生，被日机炸死。1943 年，全县私塾还有 160 处。

1942年，日军在山东实施“总体战”，采取政治、军事、经济、文化、教育的整体手段，强化殖民统治。在教育方面，扶持汉奸政权恢复、建立学校，推行“大东亚共荣”的殖民价值观教育。1943年，伪历城县政府在日伪统治区建立起张马屯、裴家营、冷水沟、龙山等地的4处完小、23处初小，学生1260人；1944年，伪县政府在王舍人庄设立历城简易师范2个班，124人。学校设置日语、国文、算数等课程，教材由伪县政府教育部门编印，内容主要是奴化教育、谬论邪理，令人作呕。如：

中日两国，同文同种，盖为兄弟之帮，为大东亚之两大强国。数千年来时受由私人之闭视而将吾们历史悠久之大东亚捣乱得破烂不堪，使人民日夜得不到安居，东逃西窜，而那虎狼般之英美又得陇望蜀地向吾们大东亚中进展。正在这危机当中，然然忽忽，吾们之友邦日本实在看不到眼，一心一意要想使大东亚中之各民族得到永久之安居，突于上年十二月八号（1941年——笔者注），在太平洋上与英美发生战争，此次之战争友邦之日本实想将大东亚解放，条条有理，不受外人那种毒棘之手段，在这大东亚解放战中友邦日本海军之神威兰何蔓西令人佩服……[1]

1943年，国民党岳伯芬统治区设中心国民小学15处，学生1142人；保国民学校297处，学生9592人。1941年，岳在韩家庄龙泉书院设省立济南中学分校，招收学生2个班，共182人；同年，又建历城县立初级中学，招收学生2个班。两校因日军“扫荡”、骚扰，办学断断续续，其中县立初级中学是著名的省立历城中学，即现在济南十八中学的前身。1943年，教师薪酬为“以粮代薪”，中学校长月薪90公斤，主任兼教师80公斤，教师70公斤；中心小学校长72公斤，高级、初级甲等、初级乙等、初级丙等分别为60、45、40、35公斤，欠薪时常发生。学校主要有国文、算数、教育类、文娱类等课程，内容主要是学习传统文化、宣传三民主义、抗日救国等。

在日伪统治区、岳部统治区的学校，有一批共产党员从事教育工作。王心崇在任官庄小学、苏勋卿在石珩小学、王其藩在韩家小学、景琳在彩石一带小学……共

① 王繁荣编：《章丘文史拾遗》（第4辑），线装书局2013年版，第54页。

产党员王建初、王鸿堃先后任西顿邱小学校长。他们一方面受党组织的派遣，秘密建立交通站、联络点，进行抗日活动；另一方面，他们是优秀教师，恪尽教书育人职责，在学校这个特殊的战场进行抗日救国活动。

还有一批富有民族尊严的诸如陈会文、王逊生先生一样的教师，同情、支持、参加抗日斗争，尽心为国育才。著名书法家王冠群先生，抗战期间，曾任职于西顿邱小学。抗战胜利后先生的第一节国文课，令学生王淑亮 65 年后还能够熟练咏诵：

> 同学们，我们抗战胜利了！从此，我们国家的元气恢复及发展建设，就靠你们这一代了……之后，他两臂倒背，在讲台上左右踱步，随说："今天不讲课文，先学一篇《战地纪要》，是抗战期间选取的。"随后在黑板上公正地背写下来，指令学生抄写，然后讲解：
>
> 我的妈妈正在扶着我的额角悲啼，猛然一声炮响把我从梦中惊起。妈妈，你刚才为什么这样凄惨，这样伤悲？莫不是在这风雪残年的寒宵，你切念着天涯漂泊的爱儿。
>
> 妈妈，儿此时正卧在积雪的战场，饱尝着人间艰苦的滋味。衣单被薄、腹内苦饥，朔风吹冻了儿的热血，积雪浸透了儿的征衣。儿现在所听到的是枪声断续，战马长嘶；寒村犬吠，午夜鸡啼。儿现在所看到的是冥灭的灯火，飘荡的旌旗，树梢月冷，天上星稀——但不知明夜此身又在何处？
>
> 妈妈，儿岂止为了祖国，便把美丽的故乡忘记，只因为这遍地的荆棘挂住了我心头的万缕归思。谁不梦想骨肉的团聚，谁不贪恋家庭的甜蜜。要实现我的理想，必须补好这大地的疮痍。看吧！这原野上躺着许多僵尸，哪一个不是他妈妈的爱儿！①

三、根据地的抗日民主教育

在抗日战争的残酷军事斗争环境中，历城南山抗日根据地经济薄弱，但是县、区抗日民主政府依然重视群众教育和学校教育。1940 年至 1942 年，抗日民主政府

① 西顿邱村志编纂委员会编：《西顿邱村志》，第 395 页。

在南高而、黄巢、窝铺、虎门等村开展“冬学”运动，主要是办农民夜校、妇女识字班。1944年，历城县抗日民主政府在卧龙、柳埠、西营等区，利用“冬学”开展“扫盲”，有200多个自然村参加，这不仅启发了民智，而且宣传了党的抗日救国政策。

抗战时期，抗日民主政府在历城共设立了16处抗日民主小学。1943年，南高而村创办了高而小学，高、初级各1班，学生85人。1944年，东泉小学成立，高、初级各1个班，学生50人，八路军泰山军区十二团为该校选派了校长、副校长。历城县抗日民主政府成立后，设文教科管理教育事务。学校办公用品由政府配发；校舍维修资金由行政村统筹；区级政府从地方自筹中“以粮折价”，资助完小；教师薪酬参照政府工作人员的供给制标准发放粮食。

抗日民主小学设置的主要课程有语文类、算术类、常识类。教材有油印类、石印类，由县政府文教科编写。语文教材有诗歌、故事以及文学性较强的短文等；算术主要是基础数学的换算和运用、传统的公式计算等；常识课主要是党的方针、政策、路线的宣传教育。1940年，历城抗日根据小学语文课本有下列内容：

> 青抗先，模范班，打鬼子，杀汉奸……
>
> 鲁西票，冀南票，北海票，都是抗钞。
>
> 儿童团，真勇敢，站岗放哨抓汉奸。
>
> 八路军，驻俺家，院扫净，水缸满，教唱歌，做宣传，扭秧歌，人喜欢。
>
> 动员老百姓，齐心来抗战，杀鬼子除汉奸，保国保家园。
>
> 你有人，我有枪，你出力，我出粮，大家来统一，目标一致消灭东洋狂。
>
> 中国人有志气，不当汉奸不为洋人来出力；汉奸挨人骂，亲人把头低，赶快来反正，才算有出息。
>
> 八路军纪律严，大娘大爷叫得甜，毁东西赔，借东西还，这样的队伍真少见。
>
> 穷人的救星共产党，领导咱们求解放，赶走日本鬼，中国人有力量，共产党离不开老百姓，老百姓离不开共产党，大家齐力来革命，我们才能得解放。旧社会要推翻，千年锁链要砸烂，人民来当家，妇女把身翻，建设新中国，胜利属于咱。[1]

---

① 刘少玲主编：《济南区域文史存珍·长清区卷》，济南出版社2010年版，第32页。

南高而抗日民主小学是根据地设立较早的学校。2003 年，曾在该校任教的张永昌老师回忆了学校的办学情况：

1943 年春天，历城南山区抗战形势很好，高而一带抗日根据地巩固。为培养抗日军政人才，泰历县及卧龙区领导决定在南高而村建立抗日完全小学，任命高正华（原名焦延动）为卧龙区文教助理兼南高而完小校长，聘请焦延荣、焦延森、张永昌、井慎卿为该校教员。其中高正华、焦延荣、井慎卿毕业于济南乡师，校长高正华文武全才，能编会写，精通武术。教师没有工资，享受地方抗日干部供给制待遇。

当时学校白手起家，教学设备一无所有。区长陈秀文召开进步人士会议，讲明筹建学校的困难，希望大家大力协助。两天后，进步人士傅振河、陈冠三等人捐献木板 50 多页、石灰 2000 多斤。区里调来各村瓦工、木工，一面整修房屋，一面修理制作桌凳和黑板，基本完工后，于 1943 年 3 月正式开学。

当时没有现成课本，学生教材除数学外，均由《鲁中南报》编辑部供应，免收书费、学费。数学教材经几位教师研究，参考过去的旧教材，将定义、公式写在黑板上，让学生抄下来，教师将例题写在黑板上进行讲解，并用应用题充实新的内容。就这样由浅入深，保证了教学质量。当时体育课由校长担任。音乐课是个困难，学校就请鲁中、鲁西前来休整的部队和区县干部教抗日歌曲，如《跟着共产党走》《悼念左权将军》《八路军歌》《三大纪律，八项注意》《义勇军进行曲》《山东进行曲》《新四军战歌》《解放蒙阴城》等，都是跟驻高而的抗日军政人员学的，后来上级也发了些油印歌曲。政治课本没有，就以《鲁中南报》要闻为主。

随着学生不断增多，教室不够用了。校舍是原伪镇公所两处院落，西院是三官庙，东院是学校，有一道士住在东院内的一个小院，将道士妥善安置好后，师生动手，将原道士的住房改建成教室。原归道士所有的三亩庙地改归学校所有，以解决学校的办公费用。

学生班级增多了，教师又不够用了。区长陈秀文利用地下关系，从济南聘来两位教师。后因环境不适应，其中一名到后方培训后，另行分配当了干部，另一名则回了济南。区长又聘用了本村的付殿会（李刚）、黄定太（黄安民）

任教。

1943 年下半年，南高而完小在泰历县抗联主任王大军的指导下，成立了抗日儿童团，选拔了 40 名学生为儿童团员，焦士昌为团长。儿童团员轮流在村外各路口站岗放哨、查路条。1943 年 10 月间，村北要道路口上查住一个可疑分子，一个儿童团员把他稳住，另一个迅速到村里报告。武工队员陶树忠带手枪前去把他抓获，经反复审问，这家伙原来是仲宫伪自卫团团长，名叫郭福宝，穆家庄人，他奉鬼子之命，化装成来高而赶集的商人，任务是刺探情报，联络地方上的坏分子，发展汉奸组织。后经上级批准，把他镇压了。从此，高而完小的儿童团成了仲宫敌伪分子的眼中钉，不几天派来武装便衣特务，深夜里由当地坏人指门，抓去两名儿童团员，一名是校长的女儿焦士翠，一名是教师焦延森的儿子焦士震。事后区领导指示仲宫地下人员，将两名儿童救出。儿童团站岗放哨一直坚持到日本投降。

为了加大宣传，提高广大群众的抗日信心，1943 年冬，学校成立了抗日儿童剧团，吸收部分成人参加，自编自演了许多形式多样的文艺节目。首先在南高而村和周围村庄演出，受到群众热烈欢迎。后来奉命调到长清、泰安、莱芜演出几十场，宣传效果很好，影响很大，泰历县委奖励了一面“胜利先声”锦旗。

学校也是南高而村的政治文化活动中心。每天晚上，村里各种抗日团体到这里开大会，接受抗日教育，学唱抗日歌曲。同时，学校又是成年人上夜校、学文化的地方。

1944 年春节前夕，六年级同学毕业后，有一半人升入泰山中学。学校是流动的，随部队和机关转移，毕业后都分配了工作。

在上级关怀下，学校虽然简陋，教学工作比较顺利。不过，当时的高而三面环敌，必须提高百倍警惕，加强战备，学校的口号是“一切战斗化”。教师的教学用具、学生的学习用品，随时包好，接到情报或发现敌情，以整化零，由教师带领，分散转移。不幸的是，1944 年腊月二十二日夜晚，焦延荣教师被化装成民兵的日本鬼子逮捕，带到长清万德火车站，被两只日本洋狗咬死。当时焦延荣老师是地下党员、泰历县参议员、南高而抗日儿童剧团团长。焦延荣老师的不幸牺牲，对学校是莫大损失，全校师生为他召开了隆重的追悼大会。

日本投降后，高而革命根据地又遭到国民党的残酷进攻，学校坚持到 1948

年秋，不得不暂停上课。当时正是济南解放前夕，教师们由校长带领，到济南外围做支前工作。济南解放后，学校很快复课，上级派来了教师，拨来了经费，开始了安定的正规的教学。

南高而抗日完小为国家培养了许多高级军政人才。原有教师有的继续任教，有的从政。校长高正华调外地任中学校长；教师李刚调河南工作，曾任市长、厅长；黄安民调济南铁路局，后任南京铁路局局长。学生遍及全国各行各业。李继三曾任第四军医大学附属医院党委书记；陈庆文曾任浙江宁波专署水产局党组书记兼局长；陈亮曾任志愿军空军团长，在朝鲜战场击落敌机3架，荣立特等功，朝鲜停战前夕光荣牺牲……[①]

第二节　抗日烈士、优秀的人民教师焦延荣

焦延荣烈士（历城区政协提供）

焦延荣（1899—1944），又名焦仁卿、焦姬光。济南市历城区仲宫镇南高而村人，毕业于历城县立师范讲习所。1940年，加入中国共产党。1944年5月2日，当选为泰历县参议员，任参议会秘书。

焦延荣自幼酷爱读书，能写会画，以优异的成绩考入县立师范讲习所，是该校第一届学生，在校期间，接受了新思想。毕业后在南高而村任小学教师，薪酬微薄；工作认真，教得好，深受学生的欢迎。在教学之余，他千方百计寻找进步书籍，如饥似渴地阅读，领悟书中救国救民的道理，并把自己的学习体会向学生们传播，激发了学生的爱国热情。他任教期间又学习医术，成了远近闻名的大夫，给穷苦乡亲治病，有求必应，深受百姓赞扬。

1942年，中共泰历县委决定成立“南高而儿童剧团”，焦延荣任团长。1944年冬，日伪军对南山区进行“扫荡”，焦延荣在邱家被捕，受尽酷刑，坚贞不屈，壮烈牺牲，时年45岁。

① 政协济南市历城区委员会文史资料委员会编：《历城文史资料》（第14辑），第120页。

1940 年，共产党员赵亦安到南高而村一带，开展秘密活动，发展党组织。与苦大仇深、思想进步的焦延荣之兄焦延椿交朋友，先后发展焦延椿、焦延荣加入中国共产党。焦家成为党的地下活动基地。焦延荣以开药铺、行医为掩护，进行革命联络活动。泰山军分区廖容标司令员、南萍政委、泰历县委书记董林汉等先后在焦家召开会议，部署工作，研究革命活动的开展。由南萍政委领导的在扒铁路、割电线等“破袭”活动中缴获的战利品，都存放在焦家。

焦家是名副其实的革命家庭。焦延荣兄弟五个，四人参加了革命，孩子们中大的参加“青年抗日先锋队”，小的参加儿童团，站岗、放哨，妇女们都为同志们烧水、做饭。焦家每天晚上都有人来，不等天明就又走了，从未发生过意外，是泰历县、泰山地委秘密活动的最可靠的基地。

1942 年，为开展抗日宣传活动，中共泰历县委决定，组建以南高而小学为主体的儿童剧团，由焦延荣负责。当时南高而尚处于日伪统治区，不能公开演抗日的戏，焦延荣自编或改编了提倡新生活、反对封建迷信的节目，如《河伯神娶媳妇》《贾四温（假斯文）写信》等，很受群众欢迎。1943 年秋，南高而日伪据点被八路军拔除后，焦延荣立即广泛而公开演出抗日节目，有歌颂毛主席的《花灯》，反映送子参军的《砸砂锅》，小歌剧《归队》《兄妹开荒》《夫妻识字》等，还有大鼓书、说快板、拉洋片、扭秧歌等曲艺剧目，在广大人民群众中起到了宣传教育的作用，鼓舞了人民群众抗日救国的士气。“南高而儿童剧团”的演出质量高、效果好，深受军民欢迎。泰山区、泰历县多次调该剧团到泰安、泗水等根据地巡演。所到之处，均受到广大军民的欢迎，受到泰山区、泰历县委的表彰奖励。

1944 年 5 月，焦延荣以教书育人的工作成绩、行医救济于乡里的善举、蜚声根据地的抗日宣传才能，当选为泰历县参议会参议员，并担任参议会的秘书。焦延荣全家的抗日活动，引起了日伪军的注意，声称抓焦延椿、焦延荣全家人，并重金悬赏。情况危急时，他们全家白天隐居山中，晚上到各地进行革命活动，天天与敌人周旋，时时与日伪斗争。1944 年冬，日军疯狂地向我南部山区进行拉网式的大“扫荡”。一天晚上 12 点，焦延荣躲在一个高山上的石屋子里，被日军捕去。日军对他进行严刑拷打，焦延荣宁死不屈，视死如归。最后，惨无人道的日军放出狼狗，将焦延荣活活地咬死。

焦延荣烈士是历城第一位光荣殉国的优秀人民教师，安息在历城革命烈士陵园内。

第三节　抗日文化

抗战期间，京剧、吕剧、五音戏等传统剧目，以及春节、元宵节期间的扮玩、玩龙灯及民间游戏等群众文化形式在历城继续流行。在抗日根据地及游击区，抗日民主政府及八路军泰山军分区部队，将抗日爱国的思想与老百姓喜闻乐见的文化形式相结合，创造了独具特色的抗日文化。爱国、民主、正义、平等、公理等价值观，毛主席的思想、中国共产党的方针政策第一次进入乡村民众的生活，促进了民族意识的觉醒。

一、民间抗日故事

恐八症　1942年春，高松坡的“剿共”军一个营，在营长刘子九的带领下，来到今天彩石镇石旮旯村南边的“仙人堂”。“仙人堂”所在地由五个山峰组成，地势险要。该营分别在五个山峰上筑起据点驻守，“剿共”军最怕八路，每日提心吊胆，不敢轻易下山活动。为防万一，与石旮旯的庄长约好：如果山上有情况就朝庄里打枪，庄长听到枪声要尽快上山问明事由。

一天，村里有个放牛孩子新拴了一只牛鞭子，为试试鞭梢的优劣，便在村头抽了起来，这“咣咣”的声音，在四面环山的村外显得格外响亮，把山上的“剿共”军们吓坏了。“剿共”军营长迅速派几个干练士兵窥探详情，他们很快发现是村边有个孩子在抽鞭子，于是下山将这孩子捉到山上，然后朝庄里打枪。庄长闻枪声立刻跑到山上问情况，营长说明抓孩子的原因后要庄长出具保释，庄长回到村里备了薄礼，又去书房里央求先生写了保状，保状写道：

雨后山坡草发青，顽童牧牛在山中。
鞭子抽得咣咣响，吓坏五峰众弟兄。
庄长首事来作保，不知长官行不行？

那刘营长少时也曾读过几天书，斗大的字也认得几个，读完后竟觉得保状写得好，于是拿来笔墨在保状上写了个很大的“行”字。[①]

① 《战争年代趣事二则》，载《历城文史资料》（第3辑），第81页。

陈大憨上龙山 八路军地下交通员陈大憨以开香油坊为掩护，与几个徒弟肩挑香油挑子，手摇蒲扇，频频往返于孙村与龙山之间，侦察敌情，传送情报，师徒几个靠手中的蒲扇传递信号。孙村南边有座围子山。八路军侦察员按事前约定，在山顶观察陈大憨师徒手中的蒲扇，从姿势、扇动次数的不同判断信息，了解日军龙山据点的动向。由于情报准确及时，八路军和区中队成功地拔除了孙村据点，给日军以重创。其中一次，驻龙山据点的日军队长小林因此被撤职；另一次，打死了孙村据点的敌酋——日军小队长义坦小雄，此人被老百姓蔑称为“一滩小”。这则故事，塑造了抗战硝烟中一个肩挑香油挑子、大步三摇、汗流浃背、一边走一边摇蒲扇的憨厚汉子形象。

陈大憨，上龙山，
腰里掖着大蒲扇。
走一走，扇一扇，
扇得孙村冒黄烟；
走一走，扇两扇，
扇得小林丢了官；
走一走，扇三扇，
扇得小雄成一滩。[①]

二、顺口溜

顺口溜以口语化的形式高度概括人与事，褒贬隐喻其中。1938 年前后，历城东部普遍流传着一首顺口溜：

江打江、王打王，
鬼子打死王福祥。
先化（锡）、后化（糖），
八月十五宰老（羊）。

① 《孙村镇志》，孙村镇人民政府 2009 年版，第 545 页。

王德武事事悬，
二百来人打济南。[1]

所谓“江打江”就是董家镇院后村的江兆明、江兆德兄弟二人，当时均以抗日为名各组织一股小武装，为争地盘经常互相开火。“王打王”是指王明熙和王在堂合起来打王德武，前二王均有劣迹，王德武是抗日英雄，曾在孟昭进指挥下带领200多名勇士打入济南市。“鬼子打死王福祥”，是说王福祥带领一支抗日武装在宅科西山战死。“先化（锡）”指消灭王明熙；“后化（糖）”指消灭王在堂；“八月十五宰老（羊）”指伪区公所的杨某，讨好日本人，群众恨他无骨气。

抗战时期，抗日民主政府重视“扫盲”教育，举办夜校，设识字班。顺口溜通俗易懂，朗朗上口，往往成为教材内容。《都来参加识字班》是根据地识字班流行的顺口溜：

妇救会，青抗先，都来参加识字班。
学识字，长知识，明白道理一串串。
扭秧歌，做宣传，国家大事咱也管。
姐妹们呀，团结起，支援前线当模范。
前方后方拼命干，管叫那小日本早完蛋。
包办婚姻要废除，封建礼教要砸烂。
要想求解放，就要把书念。
兄弟姐妹再团结。
翻身自由全靠咱。

三、抗日歌曲

歌曲是抗日根据地最常见的文化形式。根据地主要流行歌曲有:《义勇军进行曲》《八路军军歌》《激战蒙阴城》《五月的鲜花》等。抗战期间的历城也创造了具有浓郁地方特色的歌曲。

---

[1] 《战争年代趣事二则》，载《历城文史资料》（第3辑），第81页。

保卫我中华

长城黄河本属我中华，可恨小日本侵略我中华，个个努力，打倒日寇保卫我中华！努力奋斗杀！努力奋斗杀！

中华中华中华有多大，四万万同胞都爱我中华，个个努力，打倒日寇，努力奋斗杀！努力奋斗杀！

送郎去参军（一）

（女）李玉兰那个迈大步走进那奴绣房咹，进绣房那个生嫌气独坐在牙床上咹。

一更那个里来点上那个小银灯咹，点银灯那个看丈夫，面带愁容咹。你有了那个何事情，不对妻说分明，莫非说是小奴的我惹郎你把气生咹。

（男）二更那个里来月亮照正西咹，咱二人那个不久就要两分离咹。二老爹娘有抗战心，叫我参加八路军，我要是不参加，对不起二双亲咹。

（女）你说的那个这事情，小奴心中真高兴，我的郎当八路那是多光荣咹。

（男）爬雪山那个过草地，经过那两万五千里，我说的那个这些话一点也不瞒你咹。

（女）三更那个里来夜交半夜长咹，尊一声那个奴的丈夫细听我把话讲咹。八路军吃的苦为的是咱人民咹。

（男）尊一声我的贤妻实话也告诉你咹，我一心那个当八路舍不得为妻的你咹。你思思那个你想想，眼前缺少个小儿郎，到后来没有儿不要埋怨你的郎咹。

（女）今年那个为奴刚刚才十九岁咹，欢乐的那个日子还在后头咹。再等上那个三五年，回来也不晚，革命不成功死了也不回头咹。

（合）四更那个里来月亮落平西咹，二人那个自愿两分离咹。

（男）尊一声那个我的贤妻实话也告诉你咹，上房里那个二爹娘完全依靠你咹。鸡鸭鹅狗你照管，纺纱织布是你的，千斤重担全都交给了你咹。

（女）奴的郎那个放心去，一切我都记心里，到部队三五日子写信给家里咹。

（合）五更那个里来天刚明咹，夫妻那个彻夜诉衷情。光荣光荣真光荣，抗战卫国真光荣，光荣的牌子挂在大门庭咹。

送郎去参军（二）

送郎送到百花路，夫妻双双同甘苦，虽然难舍又难分，送郎参军上大路。

送郎送到百花江，好花哪有百日香，一双鸳鸯两分离，支前种田都一样。

送郎送到百花楼，劝君前进别停留，快快打垮小日本，夫妻团圆在后头。

大辫子甩三甩

大辫子甩三甩呀呼咳，甩到那弥河沿呀呼咳，娘啊娘啊队伍又待开呀呼咳。

大妮子你别哭呀呼咳，哭也是留不住呀呼咳，哥哥参军保卫咱家乡呀呼咳。

大妮子拉住哥哥的手，知心话儿说出口呀呼咳，打鬼子你要冲前头呀呼咳。

忽听军号响呀呼咳，哥哥他归了队呀呼咳，抗战胜利咱要相会呀呼咳。

逃难歌

月儿弯弯影儿长，逃难的人儿离家乡。

烟火滚滚何处去，为了活着到处藏。

满山遍野逃荒人，哭爹喊娘真凄凉。

流亡路上真凄惨，孩哭娘叫实在饿得慌。

日本鬼子似虎狼，到处烧杀奸淫一扫光。

蒋该死的不抵抗，可叫咱老百姓遭了殃。

好男儿誓死不当亡国奴，赶快找到救星共产党。

肩上扛起枪，才能上战场，

坚决消灭那日本鬼，中华民族才能有希望。

买包子小调

初七，十七，二十七，妇救会姐妹们商商量量去赶集。

挎上小竹篮，买些好东西。

七嘴八舌光知道哈哈嘻。

领：我说姐妹们啊，可别忘了南山洞里的伤员同志！咱们怎么去慰问呢？

齐：做军鞋，洗军衣，抬担架，烧水做饭辗小米，咱哪样不积极？慰问伤员咱怎么落后呢？

领：今天咱们去赶集，买上一篮子蒸包子，再煮上一些咸鸭蛋，大家说有没有问题？

齐：没问题！

领：妇女会员李小兰，扭秧歌、唱歌，她是数着的。她张嘴就说：我说这蒸包子，有那葱丝、姜丝、豆腐丁，酱油香油调馅子，咬一口香喷喷，越吃越爱吃……

齐：咱们到集上买了包子赶快跑，热乎乎地送到伤员手里，伤员同志吃了保准很满意，伤员吃了养身体，早日健康上前线，狠狠消灭小鬼子。

开荒歌

1942 年至 1943 年，抗日根据地经历严重困难，为渡难关，抗日民主政府在泰历边区开展“开荒大生产运动”，群众创作了这首歌谣，流传于柳埠、高而一带。

春天里来呀春光好
同心协力齐生产
准备秋后多打粮
前方啊打仗
我们苦干
都是为了保护田园
只要大家团结起来
不怕苦，不怕难……

四、抗日诗词

田遨，原名谢天璈，历城区董家镇谢家村人，出生于 1918 年 12 月，现为上海文史研究馆馆员，著名的文化学者。抗战期间，他在江南谋生，以诗词记录了心路历程。几经岁月转换，国破山河在的悲凉、孤寂，抗战胜利的喜悦跃然纸上。

热 1942 年夏

闷热无风，征途殊烦顿。胸背汗如沈，酌冰苦无分。节序已如斯，时事更难问。人间膏已干，谁为偷天酝？路逢南来客，问苔转添恨。为道战祸多，骄阳命锋刃。破村尽劫灰，荒祠多马粪。酷热到人鬼，人鬼状相近。实为肇祸端？自是强挑衅，何时下天风，吹荡千古闷！

春风袅娜有怀 1944 年

忆儿时——旧事堪夸，牵竹马，逐香车；更苔阶嬉语，花缸捞月，山坡追兔，水草捉虾。衣污不知，天翻谁管？捉得迷藏笑语哗。还对俾官浮妄想，愿生双翅驭云霞。

惆怅当年情事，如烟似梦，烟和梦，销尽韶华。违乡井，走天涯。风前离笛，月下悲笳。未到深山，也惊饿虎；欲行旷野，却怕昏鸦。断肠时候，看群儿树下，攀枝折杏，春到邻家。

前汀 1942 年

新秋凫队满前汀，晒浴风前鹤振翎。
烟水微茫空寄慕，渔歌朴野总堪听。
云吞落日红旋黑，山入远天翠转青。
此地重来才几日，淮南桐叶已凋零。

志感 1943 年冬

主人养恶犬，摩挲以为驯。
恶犬专噬人，人性久沉沦。
主人方贵幸，淫威燔小民。

征途 1944 年冬

万种伤心忆旧踪，征途冲雪又匆匆。
前山路匝寒云外，两颊冰消热泪中。
十有九成多梦蝶，百无一用是屠龙。
有钱醉梦无钱死，谁扫人间鬼趣空！

过南京 1944 年

天寒潮落霸图空，我与灵胥感慨同。
虎踞龙盘仍故垒，虾慌蟹乱又秋风。
驿亭叶下鸣悲马，南浦云深叫断鸿。
叵耐吴音听不惯，北腔来唱大江东。

胜利杂诗 1945 年 8 月

一

当年悲痛眼前浮，村落无人见骷髅。
久咽心头多少泪，翻因惊喜一时流。

二

明月依依照旧川，村中伯叔半华颠。

登堂相看无他语，问罢平安说八年。

三

欲剪园芜唤旧邻，葺炉补灶逐般新。
长堤秋雨拖牛迹，无复马蹄骄向人。

四

旧恨新愁对短缸，天阴鬼哭雨淙淙。
欲将痛史从头写，怕惹飞燐闪入窗。

五

旧园寥落不胜悲，蛛网封门犬破篱。
手种小松阴覆屋，斜阳如梦立多时。

六

最繁华处最悲凉，断瓦残砖积草荒。
我与江山共无恙，一时感慨入苍茫。

七

暴雨初晴草树香，近郊爽气动清狂。
心情欲共斜阳醉，一角红楼抹嫩黄。

八

敌兵杀掠遍山河，无数流离怨奈何。
新冢论堆儿论齿，中原人减已应多。

九

名园马厩屡风闻，破碎山河对暮曛。
幸有苍生脊梁在，西湖重见岳王坟。

十

满眼旌旗司令台，当时功罪与谁裁？
帽花旗子皆换新，也道江干抗战来。

十一

多情明月照人痴，柳暖花寒又几时？
好梦成空填懊恼，欲从何处寄相思？

第四节　抗日儿童剧团

抗战期间，为鼓舞军民的抗日斗志，抗日民主政府组建了文艺团体。其中，南高而儿童剧团、西营儿童剧团在抗日根据地的文化宣传工作上成绩斐然。关涛、孙永慈先生的《胜利先声——记抗日战争时期我县南高而儿童剧团》，完整地再现了这个剧团的工作情况：

1945年夏天的一个夜晚，活跃在我县南部山区的南高而儿童剧团正在一个山村演出，这是为庆祝拔除泰安范镇日伪据点而举行的军民联欢会。听：

天上的飞机是什么人来开？
地上的坦克它哪里来？
什么人专打日本鬼儿？
什么人他该死做了奴才咿呀呀嗨？
……

这新编《小放牛》在当地是蛮时兴的，加之演员们圆润委婉的唱腔、情真意切的表演，不时使台下激动的观众爆发出雷鸣般的掌声。演出结束后，由当地各界代表将泰历县政府授予的一面绣有“胜利先声”字样的大红锦旗献给剧团。他们何以如此博得各界人士的青睐，这得从头说起：

1939年抗日战争初期，鲁中一地委遵照鲁中区党委“开辟历城、打通济南”的指示，派赵亦安同志来历城南山区开展党的工作。到1940年，南高而庄便发展了5名党员，由于敌伪气焰嚣张，白色恐怖笼罩着这一带，党的工作开展较困难，直至1942年才建立起村党支部。随着党组织的建立，这里很快成了泰历县委、仲宫区委、县大队、区中队经常活动的基地。

为了加强抗日宣传，经县委书记董林汉同志同意，决定由区委书记陈杰同志出面，取得村支部书记焦延椿，支委傅振河、焦延材等同志的支持，开始筹建“南高而儿童剧团”，并决定以本村小学教师焦延荣为主。因为他是历城乡村师范第一期毕业的热血青年，有胆、有识、有才华、有强烈的爱国之心，又能审时度势，是最理想的人选。还有一个叫井慎卿的女同志能歌善舞，是个理想的导演。

经过一番认真的筹备，“南高而儿童剧团”终于在1942年4月宣告成立，其成员大部分是在校学生，现在还记得的有傅佃三、焦士昌、焦士震、焦士盛、焦士仰、焦延梁、陈其超、陈庆吉、康长安、郭文治等20余人。

当时的条件是很艰苦的，仲宫常有日伪军骚扰，稍一大意就会造成不可估量的损失，为了掩人耳目，先排演了一些提倡新文明、新生活、反封建反迷信的“灰色节目”。如《今天、李觉、皮开、穆果杰》，剧名取了“今天一镢劈开木疙瘩”的谐音，剧的大意是：从前有个叫穆果杰的人，他一直不愿意上学读书，结果他成为一个目不识丁之徒，一天他外出踏青，因不识“此处有狼阱”的警告牌而落井摔伤。又如《河伯神娶媳妇》是取材“西门豹治邺”，意在教育人们天旱时要抓紧时机抗旱，不要向神祈雨，那是徒劳的。再如《贾四温（即假斯文）写信》讽刺了一个因循守旧的私塾先生，写信时文言文用不好，白话文又不会用，结果闹出一大堆笑话。还有诸如反对妇女缠足、提倡男女平等、妇女也要受教育等题材的说唱节目，因演的都是眼前事，说的都是庄户话，很受群众欢迎，因此剧团活动很活跃，而这些为群众喜闻乐见的节目多是焦延荣老师和井慎卿老师编写的。

为了让剧团立住脚，由焦延森先生出面交涉得到了伪镇公所的认可，并得到了一部分活动经费。

1943年秋天，南高而日伪据点被拔掉，剧团的节目由“灰”变“红”，公开排演抗日节目，这时剧团的领导、编排、导演等工作都由井慎卿老师负责。节目中有歌颂毛主席的《花灯》，表现日寇害怕地雷战的《活报剧》，反映送子参军的《砸砂锅》，小歌剧《归队》《兄妹开荒》《夫妻识字》以及部分大鼓、快书、双簧、拉洋片等小型曲艺。节目来源于县委宣传部，也有自编的。这样一来，剧团的名声更大了。每当决定在某一村演出时，不等开演，戏台前早已人山人海，他们当中有的是本村人，有的是本村人请来的亲戚、朋友，还有十里八乡闻声而来的。演出中那委婉明快的曲调，那通俗易懂、脍炙人口的唱词，有不少竟成了日后在群众中流行的口头禅，如：“郑德功做事理太差，前线的鬼子你不打，跑回家来干什么？”又如：“妹妹她真不简单，一说就是一大篇，讲的话儿有道理，好像是个指导员……”

随着剧团声望的提高，演员队伍也壮大起来，先后吸收了邢福堂、邢英堂（女）、焦杰伦（女）、辛洪英（女）、徐善清、李洪芳、陈庆英（女）、黄恩太等。剧团在宣传党的抗日民主政策方面取得的成绩引起了县委的重视。1943年初冬，县委决定将剧团调至泰山后麻塔村（后又转移至泥淤泉）进行为时两个月的培训。此间，县委书记董林汉，宣传部长周明及李刚同志、黄安民同志等经常和演员们生活在一起。董书记白天有空时到剧团指点节目的排练，夜晚带领大家一块转移。两个月里又新排了不少节目，如话剧《反摩擦》、歌剧《开展大生产》及《欢迎舞》《劳动舞》等。

1944年5月21日，泰历县参议会在核桃园村召开大会，建立了泰历县抗日民主政府，选亓伟同志任县长。由于焦延荣同志领导剧团成绩显著被选为参议员，会议期间剧团演出两个晚上，观众竟达万余人。

1945年1月间，为了开展春节群众文娱活动，卧龙区委从全区各村抽调文艺骨干到泥淤泉培训，由剧团主办“春节文娱训练班”传授节目；区委要在柳埠、槲疃一带开展工作，先调剧团去演出、发动群众，结果很快打开局面。当时区文教助理焦延栋同志很有感触地说：“剧团真是区委开展抗日宣传工作的好助手！”同年4月—11月间，剧团又被县委调出演出，历时之久、演出场次之多均是前所未有的。曾先后在山口镇、黄前、立林庄、邱家店、祝阳庄、范镇、上港庄、下港庄、崅峪等数十个村镇演出60余场，所到之处无不受到当地群众的热烈欢迎。剧团还利用当地群众喜爱的文艺形式——抬杆子(亦称撅搭官)，将化了装的“蒋、宋、孔、陈，日本军阀，井大麻子，姚五秃子，赵新民”（后三人均系当地汉奸头子）在集市上表演亮相，效果很好。演出中没有裙子，他们就采来柏树枝扎成裙子；缺少道具，就开动脑筋搞创造。如，没有灯笼就用纺线络子糊上纸充作灯笼，还利用当地庙里神仙身上披的神袍改制成彩绸和服装，五颜六色、花枝招展，景象着实动人。更值得一提的是这些年轻人由于经常得到上级领导同志的直接教诲，觉悟提高得很快，虽然每天行军几十里，一日两餐无保证，但大家总是保持乐观情绪，没有一个掉队的。在离泰安城八里的西张店演出时，由于泰安是敌占区，敌人又常四处骚扰，安全是个大问题，上级派县大队保卫剧团的安全，使之顺利演出。

儿童剧团经过千锤百炼，不仅出现了不少优秀演员，也出现了不少抗日英雄，团长焦延荣表现得更是可歌可泣。1944年冬，狡黠的敌人化装成民兵闯进村子，焦延荣同志落入敌人手中，敌人利用酷刑他不屈服，利诱他不动心，穷凶极恶的敌人见他如此坚强，知道一切都是徒劳，最后将他带到附近的火车站，后来捆在木桩上叫洋狗活活咬死了。

1947年前，剧团的多数成员先后参军、参干、升学，后来在不同的岗位上成了领导、教师，为新中国的建立贡献了力量。1947年，国民党重点进攻山东，剧团已停止了活动。但是在这四年多的日子里，南高而儿童剧团却为历城文化史写下了光辉的篇章，他们的业绩必将鼓舞着后人为建设社会主义精神文明而奋勇前进。[①]

① 政协济南市历城区委员会文史资料委员会编：《历城文史资料》（第2辑），第32～39页。

第九章

老共产党员、老八路的回忆

许多历城籍或在历城参加抗日战争的老共产党员、老八路，带着一腔青春热血慷慨奔赴国难；抗战胜利后，他们转战异地，为共和国的成立立下功勋；共和国建设时期，他们是不同工作岗位上的“国之栋梁”；20世纪八九十年代，他们光荣离休，进入耄耋之年……这些老共产党员、老八路，在进入人生的晚年后，无一例外地回忆着在历城抗战的峥嵘岁月。这些回忆，不仅仅属于历城，而且还属于整个中华民族！

第一节　怀念战友

一、八路军特工深情回忆吕氏兄弟

刘仁轩，莱芜人。1938年10月，加入中国共产党。历任八路军山东纵队四旅十二团文化教员、文书、县敌工部站长、区委书记等职；解放战争中曾任章丘县委宣传部部长、渡江支援前线民工团政委兼团总支书记、章丘县委组织部部长等职；新中国成立后任宁阳县县长；1952年1月，调中央政法委工作，后任国家民委政法司副司长；1954年10月，到全国人大常委会办公厅工作，历任民族室副主任、政法室副主任，并当选全国人大办公厅党委委员、专职副书记和国务院机关党委委员；2000年10月，在北京去世。抗战期间，刘老任章丘县敌工部部长，在今天历城区孙村、彩石镇一带进行抗日活动。1992年，刘老及夫人吕秀英口述，王春贵先生整理《吕氏昆仲》一文，深情回忆了彩石镇朝阳村的两位战友：

1939年，日军加快了侵华的步伐，到处网罗汉奸、走狗，修炮楼，安据点，驻在郭店据点的日军对南部山区频频进行残酷的“扫荡”。孙村、彩石等地也相继设了据点。那时许多村庄中道会门活动开始猖獗，土匪也常到村上骚扰，斗争环境是十分复杂的。

当时的孙村、彩石一带归属于章丘县。土头村位于由平原进山区的咽喉之地，在村头北望彩石、郭店进山大路，可根据敌情灵活利用战术：敌少我多时，全力消灭之；敌众我寡时，可南撤进山。这得天独厚的地理位置，加上这里的人民勤劳朴实、世代贫穷，对压在身上的“三座大山”自然是恨之入骨。上级根据这一情况，派县长吕子仪同志、县委书记胡寅同志，来土头村开展抗日工作。

土头村的吕安禹、吕安尧昆仲二人因受景琳同志（当时以教书为掩护的早期地下党员）影响，思想进步，很快与吕子仪、胡寅同志联系上了。因平日兄弟二人办事公道，深受群众拥戴，组织上便委任吕安禹同志为土头村村长。后来吕安尧同志被选为土头村党支部书记，土头村在他们兄弟二人带领下，抗日情绪空前高涨，在抗日斗争各方面做得都很出色，曾多次受到当时章丘县抗日民主政府的表扬。

当时村长这个差使是个两面性角色，搞不好被敌人识破，连命都要搭上。这期间安禹村长饱尝了苦头。有一次，敌人无故把他绑走，组织上动员群众将他保释。敌人始终怀疑他，不久又来绑他，当时群众想掩护他出村，谁知敌人在院里认出了他，一个坏家伙手持木棍劈头盖脸地打他，眼看冲脑门的一棍就要落下，幸亏棍子被门上挂的草帘子挡住，村长才免遭一死。但他已遍体鳞伤，头上血包如卵，满脸血污，惨不忍睹，他却不叫苦，表现出了共产党员威武不屈的高尚品格。

村上刘尔海的儿子参加了革命，鬼子通过汉奸知道了这一情况，第二天进村逼问安禹村长哪儿是刘尔海的家。安禹村长不慌不忙带领敌人来到一个只有四间破草房的院落，指着说：“看吧！这就是刘尔海的家，他上无老，下无小，光棍一根（其实刘尔海家当时有一大家子人）。”鬼子不信，抡起大刀威胁，安禹村长坚持说这就是刘尔海的家，鬼子半信半疑地走了，刘尔海家才得以安然无恙。

安禹村长和安尧同志都注重组织建设，1941 年，他们已在本村发展党员 5 名。建立党支部，安禹同志被选为第一任支部书记，积极组织民兵开展武装斗争，起初，武器很少，后来都有了土枪。在村口修上岗楼，观察敌情。一次，一股杂牌军要闯进土头村，结果被民兵一阵土枪吓跑了。家是塔窝的一孟姓士兵受重伤后死了，他的哥哥在伪三团叫了几个弟兄，杀气腾腾地来土头找安禹村长报复，当时有朱先孝同志用大洋买通孟家才算了事。又有一次，敌人要抓安禹村长，因村长已知敌人来意，先躲了起来，结果敌人将朱迪省的老父亲抓去，敌人见他一问三不知，就将老人塞进井里了。

吕氏兄弟还以他们的大智大勇帮助同志们脱离险境。有一次县委组织部部长赵健同志来土头，敌人尾随而至包围了村子，安禹村长带赵部长东转西绕，从村东走出村去。他的妻子则带领几个人打着小旗佯装欢迎“皇军”，结果被恼羞成怒的敌人拳脚相加打了一顿。一次，县大队二中队丁长忠指导员到土头开展工作，鬼子闻信包围了村子，村上的民兵发现了鬼子连忙告知吕氏兄弟，他们又设法使丁指导员脱离了险境，只有民兵朱某被敌人打伤了手臂。

安禹村长、安尧书记当时年薪只有 5 斗谷子。他们账目清楚，定时向 10 个甲长公布。平时县、区来联系工作的同志，多在他们家吃饭，而他们从不另派粮于群众。当时常到他们家的有吕子仪、傅生夫妇，傅生同志曾在他们家养病两月有余。还有王孝东等同志也常去他们家吃饭，而他兄弟二人却常枵腹从公。

安禹、安尧二同志工作细致，为抗日开展武装斗争，利用一切机会，宣传、动员群众。本村杨得忠兄弟二人在济南兵工厂为敌人做枪炮子弹。安禹、安尧同志向其晓以利害，并做其家属工作，使二人都弃暗投明参加了我军的兵工厂。

吕氏兄弟指示村情报员朱先道，常以假情报欺骗敌人。敌人要粮，村长立即收缴，驮粮的驴驮子又在半路上，被一伙手持武器“身份不明”的人抢走，与此同时枪声大作，敌人得到的消息也是粮食收齐了，只是在路上又不知被什么“杂牌军”抢走了。只有自己人才知道这里面的奥妙。

战争年代，大家都更惜粮如金，当时吕安尧同志创造了藏粮防潮法，这一经验为别村所效法；还用石头做地雷，拉雷炸敌人。土头村的男女老少都积极抗日。

由于安禹村长和安尧同志工作出色，在村里的身份也逐渐暴露，组织决定于1946年提升吕安禹同志为区组织委员，后又提为区长、区委书记，新中国成立后任其为章丘县民政科科长、劳动科科长等。他任职期间曾带领民工参加治黄工作。他身先士卒，挥汗如雨地实干，条件不好宁可寝苫枕草，也不叫苦不给国家增加负担，直到昏倒在工地上。最后，吕济谦县长派人叫他回来，他才不得已回到家，但终因积劳成疾，久卧病床，治疗无效，于1968年与世长辞。

吕安尧同志在任土头村党支部书记期间工作一贯积极认真。1947年就任乡党支部书记（乡指导员）、区委委员，不幸于1947年底同几位民兵被敌人捕去，敌人虽对他百般折磨，逼他变节，他大义凛然，大骂敌人，敌人无计可施，凶残地杀害了他。不少人曾亲眼看见他的遗体上有像筛底一样的刺刀眼，每谈及此事，人们无不声泪俱下。[①]

二、抗日民主政府区长缅怀烈士

季心田，历城区孙村镇西沙沟村人，1921年9月出生。1941年8月，加入中国共产党，1941年至1944年，任孙村区抗日民主政府副区长、区长。1984年6月，离休于天津建工局党委书记岗位。1993年，季老撰文《启民同志功垂千古》，缅怀战友：

天津市建工局原党委书记季心田（历城区政协提供）

李启民，字绍师，1915年生于历城东部南顿邱村，时家境较富裕，无昆仲姐妹，父李子僋悬壶于市，是十里八乡妇孺皆知的医生，不仅医术高超，而且医德高尚，在地方上颇有名望。启民自幼天资聪颖、知礼好学，被父视为掌上明珠。中学毕业后，经人介绍在外村做小学教师。

日寇入侵到当地之后，为了巩固新侵占的地盘，除南侵之外，同时派了部分部队加上汉奸，打着“中日亲善、东亚共荣”的幌子，到处安设据点，成立维持会，建立伪政权，推行保甲制，发展汉奸队。由于敌人的多方活动，一些地富上层为了维护自身利益，主动出来，代替敌人宣传奴化，征粮要款，

① 政协济南市历城区委员会文史资料委员会编：《历城文史资料》（第10辑），第186～189页。

强拉民夫，修筑碉堡。就在日寇向中国人民大开杀戒之时，国民党的一些散兵游勇，以及国民党的部分反动派也打起抗日旗号，到处招兵买马，抢占地盘。像山东保安十三旅的岳伯芬、章丘东部的翟毓蔚、中部的高松坡等所谓的抗日部队，他们一面与敌勾结，一面大肆劫掠百姓。今天要捐，明天要粮，这帮刚走，那伙又来，不在这村开火，就在那村动武。另外，还有一些游手好闲的地痞烟鬼赌棍，五个一组，十个一帮，不是这里劫路，就是那里绑票，搞得各村户户不宁，逼得百姓苦不堪言。启民目睹了日寇对中国人民的种种暴行，又看到了国民党的极度腐败，这使他长夜难眠，时刻想如何寻找到报国之路，就是牺牲一切也甘心情愿。正当他渴求抗日之际，1938年秋，尹天佑遵照党的安排从部队返回本地。因是故交彼此了解，便将启民介绍入党，从此，启民总算如愿以偿。

启民从入党始，至1943年秋近五年的时间，一直在敌人的眼皮底下从事地下工作。1938年，由于华北、华东相继失陷，人们的思想乱到极点，他就针对那些认为中国必亡、国家无望的人，将自己新学的和新听到的共产党的一些抗日主张，向当地文化较高的人们开展宣传，并千方百计去激励人们的爱国救国意识。接着又着手党的建设，1939年在东顿邱、西顿邱、南顿邱、高而庄、小龙堂、孙村、庄科、邢村、神武等村发展了80名党员，同时还协助天佑同志在武家庄举办了党员训练班。1941年初，为了加强对该地党的领导，党的关系由清河区党委划归鲁中泰山地委，并派何曙光到此负责这个地区党的工作。这时，我党为能及时了解、掌握该地区的多方情况，以支部书记启民同志为首，多方搜集敌情，及时转告我军。1942年秋，何曙光被捕变节，一时加大了这个地区工作的难度。这时启民同志不避一切艰险，按照组织的安排，组织党员打入敌营，协助天佑同志组建武装，偷袭郭店车站，动员进步青年参军，在各方面工作上都取得了较好成绩。他做地下秘密工作四年多的时间，虽处敌人的严控之下，但从未发生过问题。他为孙村地区党的建设建立了不可磨灭的功绩。1943年秋，组织上将启民调出，并让他担任十区工委副书记。这时，他家虽屡受伪三团王启祯的威胁，他却从不在乎，工作更加积极。他本来身体就弱，但为了党的事业，总是没白没黑地和同志们一道与敌人开展着各方面的斗争。

1948年秋，“济南战役”打响了。启民同志无比兴奋，积极组织支前工作，并与地方上一些顽固军进行斗争。在一次遭遇战中，他机智地避开敌人，走在崎岖的小路上，因天黑不小心被石头绊倒，摔进丈余的深沟，因伤势较重他已不能站立，待同志们将他抬出沟底，他已昏迷不省人事。敌人攻上来，领导上为了抢救启民同志，令其退出战斗迅速转移。二班的战士轮流抬他，到驻地时他的伤情更严重了，加之那时医疗条件不好，不几日启民同志便与世长辞了。当时，他只有33岁。

启民同志是孙村地区参加党组织最早的成员之一，他的一生虽然很短，但他的爱国救国之心，不怕牺牲一切的坚强意志，兢兢业业、吃苦耐劳的革命精神，团结同志平易近人的朴素作风，给人们留下了不可磨灭的印象。

启民同志离开我们至今已半个多世纪，当地的人们可能对他的名字已不熟悉，这也是历史的原因，可他在孙村地区建立的功绩毕竟还是卓著的，现在将他的事迹载入史册，以让后人知道孙村地区曾有这样一位可敬的共产党员。①

三、著名电影导演铭刻脑海的英雄形象

著名电影导演景慕逵
（历城区政协提供）

景慕逵，著名导演。1931年1月5日生，历城区彩石镇宅科村人。1945年参加八路军，曾任宣传队员、文工团队长、区队长、戏剧大队长。1954年入八一电影制片厂任演员，1974年起任导演，先后导演了《花枝俏》《天山行》等著名影片。1985年，其导演的《索伦河谷的枪声》荣获广电部1985年优秀影片奖、第二届中国人民解放军文艺奖。1988年其与郝光合作导演的《巍巍昆仑》（上、下），获广电部1988年优秀影片奖，1990年获第十三届电影百花奖最佳故事片奖。1990年至1991年任《大决战·淮海战役》（上、下）导演之一，该影片获电影金鸡、百花奖最佳故事片奖。景慕逵在1993年撰写《难忘的挚友　幸运的历程》，感人至深：

记得1940年冬天是一个久旱的冬天，忽然有一夜降了一场瑞雪，天一亮我就起来了。

为了让妈妈到厨房去做饭，我抱起比我高出一头的扫帚，扫除院中铺着石

---

① 政协济南市历城区委员会文史资料委员会编：《历城文史资料》（第6辑），第6～11页。

板的小道上的积雪，刚扫了几步，就发现蓬松的雪层下面有一串被踩实了的雪疙瘩粘在石板上。噢，昨晚我睡着以后，父母出来过。我正这么想着，忽然南屋门“吱”一声开了，从里面走出一个人来，5尺来高的个头，20来岁的年纪，穿一件很合体的棉长袍，看上去像学校的老师，但那魁梧健壮的体格又非一般老师所能比。他一把抢过我手中的大扫帚，说：“小兄弟，你个子太矮了，这扫帚是给我预备的。”

咦？这人是哪来的？怎么没见过？我诧异地望着他。只见他挥动那把大扫帚，就像我用扫床的小笤帚那样轻松自如，毫不费劲，没多大工夫就把满院的积雪堆成了小山。他头上冒着热气，额角上浸出汗珠，笑呵呵地把大扫帚还给了我。

遵照妈妈的吩咐，我和弟弟一起提着一壶热水，端着脸盆和胰子（即肥皂）来到了南屋，侍候来客洗漱。客人一点也不客套，让我把热水全倒进盆里，他光着膀子痛痛快快地洗了起来。我掀开瓷制胰子盒，把一块土造的球形胰子递给他。

他笑了笑：“放那儿吧，我用胰子和你们不一样。”

“怎么不一样？”我和弟弟问。

“你们是天天往脸上搓，今天洗干净了明天还要脏，天天费劲。”他说：“我是把胰子吃进肚子里，让他从里往外彻底干净，用一次能管一年。”

我忍不住嘿嘿地笑了，心里想你以为我是那么容易受骗的娃娃吗！

他一本正经地说：“不信？瞧着！”在我一眨眼的工夫，他把那块胰子填到嘴里去了。我和弟弟都惊呆了。客人脸涨得通红，伸长脖子使劲往下咽，又是捋喉，又是捶胸，只听得“咕噜”一声，终于吞了下去。

我愣然了，瞪着眼睛又咽了口唾沫。

客人得意地说：“好了，等着看吧，明天我就变成小白脸了！”

我弟弟问：“你真吃了？”

客人拿着胰子盒反过来正过去地给我们看：“那还能是假的，明天你们洗脸没有胰子用了。”他把盒盖盖上，停了一会又说：“别着急，咱们再变一块出来。”随即冲着瓷盒子吹了口“法气”，摇晃了两下，又打开了盒盖。我们一看，那块圆圆的胰子原封不动地摆在里面。没想到这位陌生的客人还有这么一手，我不由得产生钦佩之情，心想：我将来也要做一个这样有能耐的人。于是变戏法的客人成了我崇拜的人，我的启蒙老师。

作为酬答，他要我和弟弟唱一支歌。唱就唱，怕什么，在小学里我也算是个文娱活动的小骨干哩！7岁的时候，我大哥曾教我一首《五月的鲜花》我最爱唱了：

五月的鲜花开遍了原野，
鲜花掩盖着烈士的鲜血，
……

我唱完之后，客人说他也很喜欢，让我教他唱。就这样我居然做了一次我老师的“老师”，那天上午他就离开了我家。

后来知道那客人是八路军武工队员，专程来带爸爸去见我大哥的。我大哥叫景晓村，1935年在济南乡村师范上学的时候加入了中国共产党，抗日战争爆发后，参加了徂徕山抗日武装起义，此后，与家里一直没有联系。我家在彩石乡南宅科村，离市区仅50多里，日伪曾在我们村建立过伪政权，有一段时间常有敌伪人员去抓夫要粮，进行“大东亚共荣”的帝国主义宣传。爸爸妈妈为了安全，自然不会把大哥参加八路军的事告诉我们，这次来的客人，更是严加保密，他叫什么名字我们都不知道。当时，我不懂得这是形势所迫，心里直感到遗憾！

1945年秋天，在莱芜县一个山村里我又见到了他。那时我已是鲁中一军区宣传队的一名队员，为了庆祝抗日战争胜利，我们整天在村头河滩上加紧排练文艺节目。一天部队通信员跑来说，有个从家乡来的人找我。

我问：“在哪儿？”

他用手往村里一指说：“那就是。”

透过树林，影影绰绰看到那人向我招手，我一溜小跑到了他面前。

他亲热地拉住我的手问：“你就是小景吧？”

“是的。”我答应着，根本没有认出他就是那个会变戏法的武工队员。他穿一身黄绿的军装，腰间束着皮带，腿上打着绑腿，肩上挎着一支带木套的驳壳枪，英姿飒爽，一个典型的青年军官，和我原来的印象完全不同了。

他显然看出了我的心思：“怎么，不认识了！”

我尽力从记忆中搜寻，想来想去，还是只得摇摇头。经他说明，我顿时高兴得跳起来，在惊喜之中，想起他扫雪时那魁梧高大的身影，我竟说出了一句很不得体的话："你怎么越来越矮了？！"

"是你长高了，看，都快赶上我了。"

他给我捎来一本书、一双鞋。书是爸爸给我的，鞋是妈妈亲手做的。我爸爸景琳，是鲁中泰山专区的参议员，特意给我搞到一本《在延安文艺座谈会上的讲话》，那本书的纸张和印刷质量都很差，但在当时是非常珍贵的。

"你爸爸让我转告你，一定要好好学习这本书，作一个忠心耿耿为工农兵服务的革命文艺战士。"他说："上次我说把胰子吃进肚子里，能使我从里往外干净，那是说笑话逗你玩的，要是把这本书学透了，可真的能使人从灵魂深处来个彻底干净！"

我们在树林中席地而坐，谈得很投机，彼此都有说不完的话。我作为一个文艺兵，很想多交几个像他这样的朋友。他告诉我，他姓鲁，在鲁中四师当连长，约我到他们连去玩，谁知我还没有来得及去，他们部队就开赴济南前线，执行迫使日伪军向我军投降的战斗任务去了。在以后的几年里，他作为野战军的一员南征北战，驰骋华东，一直没有机会相见，而他带给我的那本书却一直伴随着我，成为我从事文艺工作的指路明灯。

1948 年 9 月，著名的济南战役开始了。我们宣传队配属给一所前线医院，在章丘龙山（即平陵）车站附近，负责转运和护理伤员。医院在一所小学的普通教室里，办起一个临时手术室，条件很差，不用说是医用的无影灯，就连普通的电灯也没有，只好用我们宣传队演戏用的汽灯照明。我就被分在这个手术室里，专门负责那几盏汽灯不出毛病，保证手术的顺利进行。

那天，天气阴沉沉的，秋雨断断续续、淅淅沥沥地飘落着，我军攻城的战斗打得很激烈。医治创伤，抢救伤员生命的手术，在这里一个接一个紧张地进行着。傍晚，又一个受伤的战友被抬进来，身上盖着一条美制军用毛毯，绒毛上的水珠被汽灯的强光照得晶亮，我赶快帮着护士把湿漉漉的军毯掀开，轻轻地把伤员托上手术台，唯恐触疼了他，我关切地注视着，只见他两眼微闭，脸色苍白，很安静，好像没有什么痛苦，显然他已失去了知觉。不知怎的，我忽然想起一个人，想起了我的挚友鲁连长。我一直在怀念他，此时，同眼前的这位伤员联系在一起了。躺在我眼前的，对我来说好像就是鲁连长，我真想把他喊醒，可手术室的气氛不允许我感情激动，真要大叫一声，医生会立即把我赶出去。我一定要留在这里，一定要看到他的伤势和手术情况。

他胸部被炮弹炸伤，有块弹片危及心脏，医生决定施行开胸手术，我全神贯注地看着他，期望着在医生们作准备的时间里，他能清醒一阵，即使只睁开眼睛看我一下我也会感到极大的欣慰。手术开始了，我看着看着，那情景目不忍睹，眼前的一切变得模糊不清了，浮现在我脑海中的是鲁连长与我相见的各种不同景象……

“灯！”一声怒吼，使我从恍惚中清醒过来，抬头一看，手术台上面的一盏汽灯出了毛病，我急忙把那盏备用的更换，可我的手在颤抖，怎么也稳定不住，更无力量把它挂到高处去。

“你怎么了？”

“我……认识他。”我含糊地回答。

“快出去！”医生火了。

我把灯交给了一个护士，垂头走出门去。在蒙蒙细雨中，我呆滞地等待着，一直到这次无效的手术做完，夜已很深，雨也渐大，雨水和着泪水，在我脸颊上流淌。第二天早晨，我把自己的军毯盖在烈士的遗体上，深深地鞠了个躬，心底默默唱着：

五月的鲜花开遍了原野

鲜花掩盖着烈士的鲜血

……

几天后，我们宣传队奉命进入了济南城里，在弹痕累累、硝烟犹在的城头上，我看到了胜利的红旗迎风招展。这时，烈士的面庞又一次映现在我的脑海里。烈士们啊！我认识的和我不认识的许多许多烈士啊！他们多少年来一直活在我的心里，永远激励我，在自己的艺术创作中，努力塑造敢于献身的革命军人形象。①

① 政协济南市历城区委员会文史资料委员会编：《历城文史资料》（第6辑），第56～67页。

第二节　激情燃烧的历城抗战岁月

一、尹天佑同志给我起名叫王裕民

浙江省人大常委会原副主任王裕民（历城区政协提供）

王裕民同志（1921 年 4 月—2004 年 1 月），1940 年 4 月加入中国共产党，山东省莱芜县人，历任乡党总支宣传委员、山东泰山地委组织部巡视员；1943 年，奉命来历城开展抗日斗争，先后任济王工委组织委员、东梧区委书记、路北区委书记、县人武部长、县委常委、组织部长。

1949 年 2 月，奉命南下，历任浙江省定海县委书记兼县长、舟山地委副书记兼专员、宁波地委书记处书记并代任嵊县县委第一书记、温州地委第一书记、浙江省委组织部副部长及代部长。1988 年 2 月，当选为浙江省第七届人大常委会副主任。1993 年 12 月离休。

2001 年 6 月 14 日，历城区政协文史委李有峰等，在杭州拜访了原浙江省人大常委会副主任王裕民老人。下面是经我们整理的王裕民老人的口述：

革命战争年代，我在历城工作了七个年头，忘不了历城人民。在那时，如果没有人民群众的支持与保护，就没有我的今天，我同历城人民建立了同生死、共患难的革命感情。

1943 年 11 月，鲁中一地委副书记兼济南工委书记张洪涛同志找我谈话，说：“现在有两项新的工作：一是下煤井当窑工，开展工运工作；二是去历城帮助尹天佑同志开展敌占区党的工作。组织让我来征求你的意见，看你担任哪项工作合适？”我经过反复考虑，决定到历城开展工作。这时，尹天佑同志已在地委等着，随即张洪涛同志把尹天佑同志叫去，并做了介绍，布置了具体任务。记得当时张洪涛同志这样说：“天佑同志已在济南东郊的铁路两侧拉了个灰色武装，即岳伯芬十三旅特务大队，不少党员担任了领导工作并起了骨干作用。任务是打击日寇、汉奸，保护地下党组织和地下党员，抓住有利时机利用岳伯芬的人，打击岳伯芬的武装力量。但为了斗争的需要又涂上了一层保护色，以这个武装作掩护开展党的工作。组织决定，以天佑同志领导的地下党为基础，建立一个从济南到王舍人庄的工作委员会（简称‘中共济王工委’）。天佑同志任书记，子文（王老原名尚子文）任组织委员。你们两个的具体分工是：天佑同志抓全面工作，子文同志在天佑的领导下多抓地方党的组织工作和部队的政治思想工作。特别是何曙光叛变以后，要尽快抢救、恢复那里的党组织，避免遭受更大的损失和破坏。”那时候干工作是不讲任何条件的，组织叫到哪里去就到哪里去。因此，我两个当即表示一定要搞好合作，完成领导交给的任务。当时，我穿的是老粗布的八路军军服，为不暴露目标，还简单化了装，把地委群众剧社的一块红幕布染成黑的，做了一件夹袄，穿上既像个学生，又像个商人。第二天黄昏，我和尹天佑同志及他的通信员王福亮三人第一站到了大龙堂。当夜又赶到了武家庄，在此开展敌占区党的工作。

我原不姓王，姓尚，名字叫尚子文。因为武家庄一带姓尚的较少，怕暴露了目标，尹天佑同志便给我起名叫王裕民。为给我起这个名，天佑同志确实费了一番心思，所以一直未改，直到如今，我的后代都姓王了。那时，我的身份是济南育英中学第十一期毕业学生，和尹天佑是同学，家住济南东门外（尹天佑让我对外说）。从此，我便成了济南来的学生，大家都称我“小王先生”。根据上级指示，我们到武家庄后便建立了济王工委，这个工委，就我和尹天佑两个人。我们以岳伯芬十三旅特务大队的名义开展活动，尹天佑是特务大队的大队长。

1943 年前后，章历边地区党的活动分三部分：一部分是尹天佑领导的济王工委，归鲁中一地委领导。另一部分是苏勋卿、郭正元、郭耀华、张守道、傅封璞等一大批党员，分别打入国民党十三旅一团、二营和卫队第三中队，开展党的活动，归清河区党委领导。郭耀华同志担任了一团的政治部主任。郭正元同志担任二营营长。刘梅村、苏勋卿、王占元、牟杰（黎明）等同志打入卫队第三中队开展党的工作。为了加强党的领导便于开展党的工作，历城东部地区建立历城县委，苏勋卿任县委书记。县委通过特派员刘梅村和交通员刘德泉（清河区派来的）与清河区党委联系。第三部分是地下党员孟昭武、孟昭铨等同志，打入岳伯芬十三旅第三团开展党的工作，与章丘县委书记胡寅同志联系。孟昭武同志担任伪三团的团副，孟昭铨同志担任伪三团独立连连长。这三部分不发生横的联系，但心中都有数，互相了解，工作上相互配合。

由于我和尹天佑这一部分暗地里开展革命工作，在铁路以北遇到诸多困难，不能再坚持了，就拉到铁路以南。虽然仍叫特务大队，番号没有改，但很多人都知道是八路军。打入岳伯芬卫队第三中队的苏勋卿、刘梅村、王占元三同志连同中队长王剑桥是第二批拉出来的，这两批又合编为八中队（对内的代号），对外仍是岳伯芬十三旅特务大队，尹天佑任大队长，王剑桥任副大队长。特务大队下设两个中队，苏勋卿任一中队长，我任三中队长（没设二中队）。1944年初，为了争取历城六区的伪区长李少毅，搞好统战工作，打开从王舍人庄到鸭旺口的通路，进而向济南开展工作。尹天佑与我们商量，准备与李少毅进行一次谈判。正月初九，尹天佑同志在侯家庄和李少毅谈判，在谈判时，李的部下郭贵清和段成信把尹天佑杀害了。为了给尹天佑同志报仇，我给李少毅写了一封信，大意是：你口口声声说爱国，现在爱国志士尹天佑被你部下杀害了，对此，你要负一定责任，这个账我们一定要清算！你若不惩办凶手，我们将要杀你全家。从此之后，我带领武装向董家庄（伪区驻地）出击了几次，捉拿李少毅。军事上的打击和政治上的压力，迫使李少毅在刘家庄将凶手郭贵清处死，另一凶手段成信在新中国成立后被我政府处决。1944年的秋季，郭正元同志第三批从岳部拉出来。当时，岳伯芬的一团团部驻在庄科，郭正元同志的营部驻在鹊山。岳想把部队全部撤到铁路以北，再往外拉就困难了。为此，上级党组织派我赶到郭正元营部向他传达了上级的指示，要趁岳伯芬向铁路北撤部队时，把队伍搞乱，乘机把二营拉出。结果，队伍顺利地拉出来了。部队拉出后带到莱芜的雪野村进行整编，成立了历城县大队。郭正元任大队长，王剑桥任副大队长，县委书记傅敦吾兼政委。郭正元同志拉出来的这个营整编为一、二连，特务大队整编为第三连，我任连长。县大队成立不久，我奉命带着三连到东梧区任区委书记。这个时候，在孟昭武、孟昭铨同志的配合下，消灭了王启祯的伪三团，孟昭武、孟昭铨把自己带的部队拉出来，编为东梧区区中队。孟昭武任区长，孟昭铨任区中队长，我兼区中队指导员。

1944年，历城发生了一次较普遍的会门暴动，唯东梧区的会门没有暴动起来，是孙锡汉（打入伪风山乡任副乡长的地下党员）同志发挥了很大作用。有一次，会门头子开会，准备暴动，孙锡汉同志列好名单把这一情况及时报告给我们。根据报告的情况，我采取有力措施，先把会门头子看管起来，行动在暴动之前，避免了一场损失。孟昭铨同志打入伪三团做了不少革命工作。有一次，我们到章灵丘去征粮，被孟昭铨的部下抓去七八个人。当时因为单线联系，不知道他是打入伪三团的，我带着几个武装人员到孟昭铨家里，对他的母亲说："给你儿子捎个信，如果不把我们的人放出来，就要抄你的家，杀你的人！"临走时我把他家一个很精致的南泥壶给砸了。隔了不几天，我们的人果然被放出来了。我心想，这家伙还真被吓唬住了，事后才知道孟昭铨是中共地下党员。在东梧区和孟昭铨同志一起工作的时候，孟昭铨曾对我开玩笑说："老王，你砸了我的南泥壶，现在该还了吧？"

二、艰险岁月永矢弗谖

1991 年郑爱华留影（历城区政协提供）

郑爱华，原名陈光琪（1917 年 11 月—2005 年 10 月），历城区孙村镇东顿邱村人。1941 年 4 月，加入中国共产党。历任区中队长、连副政治指导员、师协理员、政治处主任。新中国成立后，历任中建部西北第三工程公司党委书记、浙江省建筑公司萧山工程处主任、浙江省化建公司经理等职。1991 年，郑爱华口述，张曰明、王春贵先生整理成《艰险岁月　永矢弗谖》一文：

我本姓陈名光琪，世居历城东部孙村附近的东顿邱村。1941 年 1 月，由吕子仪同志和弟弟陈光珠介绍，在章丘县办事处加入中国共产党，同年从事党的地下工作，岁月不居，时节如流，那犹如昨日发生的抗日战争、解放战争、抗美援朝战争均已成为悠悠往事了。但当时艰苦的战斗生活、十分险恶的环境给我留下了深刻的印象，有几件事至今记忆犹新。

探敌情，深入虎穴

入党后不久，组织上派我化名郑爱华，打进"十五中队"当兵，这个十五中队是由鲁西一带流窜过来的杂牌军，官兵多为土匪。队长张高臣为惯匪，下属3个分队长也很坏。他们抢粮要款，搅得章历边缘一带百姓叫苦不迭。由于他们是兵匪合一的队伍，当时我们的装备条件差，一时难对付他们。我受命打进去搞情报兼作策反工作。

我穿着他们发给的衣服，学着他们的样子，每当走过离家较近的村庄时，认识我的人无不嗤之以鼻，说我没出息，家里人起初也不理解我。我想：为了革命工作自己暂时受点委屈也没什么。

这伙杂牌军对新参加者很不放心，我也时时处处小心谨慎。有一次，中队长突然喊我的名字，我下意识地马上立正站好，这引起了他的怀疑，他问我是不是当过兵，当过什么兵？我说："我哪里当过什么兵啊，上学时确实受过军训。"他半信半疑地放过了我，从此我更加小心。

队伍里认字的较少，不少士兵想往家写信，苦于无人代笔，我便毛遂自荐试着为他们代笔，想不到这一来我倒成了"秀才"。从写信中，我能摸清士兵们的思想状况，也使小队长、中队长减少了对我的疑心。我有了较大的自由，便利用散步的机会把情报送出来。尔后我又发展了几个苦出身较进步的士兵为党员。

有一天队伍突然集合，然后开到垛庄去了，这一来离家远了，传递情报也发生了困难。我正在捉摸如何送出情报，这时父亲却不期而至，我就利用这个机会，由父亲把情报带出来。

遇叛徒，痛失手足

俗话说：日月如穿梭。不觉到了1942年。这年12月，我们准备打垛庄消灭"十五中队"。我把情报搞好，县办事处吕子仪叫我弟弟陈光珠（化名陈月波）带出。谁料途中碰上王连仲的暗杀团（王亦是杂牌军，于新中国成立后被镇压），团内有一个叫弥中友的人，他过去曾是我们的人，后叛变投敌，他认识陈光珠，为了讨好敌人，弥中友出卖了我弟弟。敌人虽对光珠百般拷打，但并没能得到什么，绝望中敌人将他带到河滩上，然后用石头把他砸死了，那年他只有22岁。后来县委派我父亲找到我，假说我母亲病重叫我回家。我只好强忍着失去弟弟的悲愤，将画好的垛庄火力部署图送给组织。当时军分区和章丘县的领导南萍、胡寅等同志都在场，他们勉力我一番，又将县上的意图告诉我。我回敌营后将此情况告诉我要好的朋友胡松岭（班长），想到时候我们共同做内应。这天晚上战斗果然打响，十五中队终于被我们全歼了。

斗奸特，除恶务尽

十五中队被消灭后，我的身份暴露了，旋即被组织派往十区区中队工作。那时的十区辖现在的孙村镇、彩石乡和章丘县的部分村庄。当时的环境十分恶劣，鬼子据点林立不说，还有日特“三角”部队到处活动。所谓“三角”部队是因为佩带“△”符号而得名。这些日特在国内经过五年特种训练，他们昼伏夜行，常常爬墙越寨搞偷袭；又常化装成民工、乞丐、赶集百姓，袭击村庄，杀人越货。他们大肆宣扬“大东亚共存共荣”，却经常趁召集百姓训话时抢劫钱财。他们夜间行动脚穿软鞋，连狗都觉察不到，这无疑是对我们的一种威胁。冬天的雪夜里，他们身穿白布，藏在大石后面或墙角暗处，窥伺我们的情况，第二天早上我们发现雪地上有“丫”字形脚印，起初还以为是什么野兽活动，后来才知日本人的棉鞋是脚拇趾和其余四趾分开的。为了和这些狡猾的鬼子斗，我们加强了情报工作，并时时处处小心。

一次区中队夜宿两岔河村，有庄科籍张某请假回家，我再三叮嘱他小心从事，他答应着走了。第二天正是庄科集，清早他父亲先出门看了一下集上情况，当认为没有危险时才让他上路。张某腰扎皮带，一出门就被化装成卖鸡蛋的鬼子小林盯上，将他带至郭店据点，好吃好喝收买他，让他带鬼子进山“扫荡”，这一次他没领鬼子“扫荡”区中队驻地，过了几天后他居然跑了回来，数日后他又跑到鬼子那里去了。不久在两岔河东面山上我碰见他，没客气我就将他处决了。

曝钞票，化险为夷

有一天，鬼子包围了东顿邱村，我当时正在村东头一个关系户家，这家只有大娘一人。我想越墙出村，可我探头一看：村外布满敌人，走不成了。我让老太太把我反锁在家，她去开会了。不一会儿只听鬼子砸门，我连忙躺在床上装病人。鬼子砸坏了锁进了门，当我想摸枪时无意中将枕头下的钱弄出来了，鬼子见钱便冲上来拿，我装作可怜的样子求他留下点钱好治病，那鬼子大概动了恻隐之心，真的留下了三张给我，可是刚走出几步，另一鬼子回来又拿走了。一会儿大娘回来了，见我没出事才松了口气，我问大娘枕下是多少钱，大娘说：“这是平日积攒的400块钱。”我对大娘说：“这400块钱买了我一条命，等胜利后我加倍还你老人家……”

施诈计，以少胜多

1945年秋季，一天我带着区中队的同志活动在小龙堂一带，我正在和县敌工部长夏寒同志商议事情。有人报告说：三十支队（王启祯的杂牌军）的32个人，在东顿邱抢完东西后正在家庙里开饭。可当时我们只有9人，要对付30多人，不能硬拼，得动脑子。

我派两名同志去村东头，又派两名同志去村西头，并嘱咐他们听到枪声后同时鸣枪冲向家庙……安排妥当后，我带领其余同志冲向家庙，先由村里的地下党员张圣吉扔一颗手榴弹进去，接着我们就冲进去，这时村两头也响起了枪声，敌人以为我们包围了村子，就乖乖地缴枪投降了。清点俘虏和枪支时均为31，后来才知道敌人哨兵看见我们后，爬到碾盘底下藏起来了，待我们走后他才狼狈逃窜回去。我们押着俘虏赶往小龙堂找敌工部交差去了。

靠群众，威慑敌胆

日寇投降后，国民党军队和地方杂牌军勾结，加紧了和我们的摩擦。我们依靠党的“三大法宝”战胜了不少困难，依靠人民群众，狠狠打击了敌人的气焰，使敌人闻风丧胆。

有一次，我和几位区中队员为暂避敌人的合围，决定驻在号称老虎口的鸡山村，因鸡山是高松坡杂牌军的大本营，住进去或许更安全。我们夜间越墙到一老乡家，这家只有老汉和女儿两人。早上我请房东大爷给保长送信：让他送吃的东西来，还嘱咐他封锁消息说：“高松坡的人来了别叫他进这小北屋。”过了一会，两个人进来了，说是来寻粮食的，但推开小北屋门看到正在睡觉的我们时，也未惊慌，却把枪给拿走了。我连忙把大家喊起来准备转移，正在这时保长却领着几个人来了，见面后又是赔礼又是道歉，还把枪还给我们。自此我们在这一带活动，不再绕鸡山村走了。敌人知道我们不是好惹的，我们经过他们的岗哨时，往往还和我们打个招呼。我们得以在这一带开展工作。[①]

① 政协济南市历城区委员会文史资料委员会编：《历城文史资料》（第4辑），第17～27页。

三、大学党委副书记的抗战经历

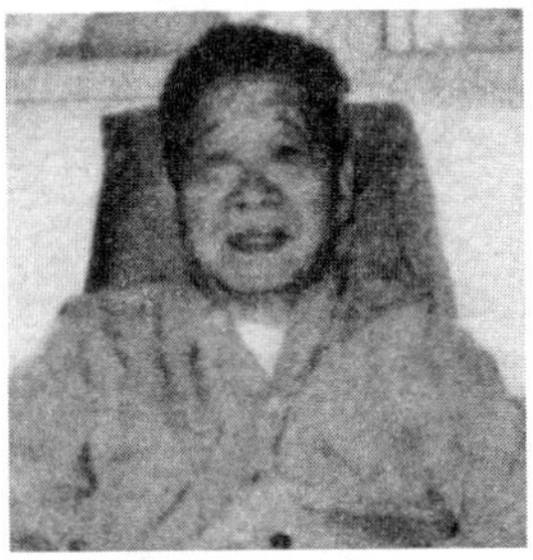

2003 年王子元留影（历城区政协提供）

王子元，又名赵凤翔，1925 年 3 月出生于今历城区仲宫镇高而办事处突泉村。1942 年 6 月，加入中国共产党。历任历城县卧龙区委书记、张马区区委副书记、县民运部部长、县团委书记、上海柴油机厂党委副书记、上海交大机电分校（现上海工程技术大学）党委副书记兼纪委书记。1985 年离休。2003 年，王老撰文《革命工作的往事回忆》，讲述了在家乡抗战的经历：

1925 年 3 月，我出生于历城县突泉村，曾用名赵凤翔。8 岁丧母，与父亲相依为命。我独自在家时，父亲放心不下，便将我送到学校读书。父亲到谁家打工，我便跟到谁家吃饭。从某种意义上讲，我是吃“百家饭”长大的。

1942 年 6 月，我参加了中国共产党，成了一名党员，从此走上革命的道路。在我入党前，有两件事对我教育深刻，影响极大，起了决定我一生命运的作用。第一件事是，1941 年，地下党的领导人赵亦安在突泉开了个“杂货店”，卖茶叶和日用百货。百姓都说货好，价钱公道便宜，很受欢迎，所以生意兴隆。赵亦安以开店为掩护，开展党的工作。他常在下课后去我就读的学校，找我的老师（也是我族家的叔父）赵子玉（赵士璋）及村中一些知名的人士、学者在一起交谈，有时吃酒行令。我常为他们看炉子，服侍他们。同学们都叫他赵老师，有时请他给上课，他就给我们讲抗日爱国道理，教我们好好读书，长大后为国争光。第二件事是，有一天村公所的人跑到学校指名叫我去桃科日本鬼子那里开会，并亲自送我去了桃科，到桃科后，我就和本村出工为日本鬼子修碉堡、卖苦力的乡亲们住在一处。后来才知道哪是开会，是到那里接受训练，毕业后再为日本人训练自卫团的骨干，为日本鬼子做事。在桃科我看到日本兵无故痛打中国人，又怕又恨。第三天村公所又派人把我领回本校。这是怎么一回事？原来，我老师赵子玉在当地开中药铺，是小有名气的中医医生，尤其是小儿科。当他到校知我被骗后，便立即到村公所训斥他们说：“我大哥（大哥是指我父亲）只有这一个儿子，要有个好歹，我要和你们算账。”逼着村公所去人又把我从桃科领了回来。为什么村公所怕他三分呢？因赵子玉的岳父是山东省青年会会长，他们不敢不把我再领回来。我回校后，当时赵子玉便对我严肃地说，中国人不能为日本人做事，不能做亡国奴的事。他反问我说："你知道你姥爷（他的岳父）是干什么的吗？他是国民党山东省青年会的会长，我要为日本人干事，任我挑。他叫我几次我都不去，因为我们是中国人，不能做汉奸，不能为日本人服务办事。"

这事发生后不久，有一天村党支部书记（当时我不知）刘允武（杨玉庆）便找我谈话，进行教育，不久便介绍我参加了中国共产党。

入党后，我的任务是：一是负责把赵凤刚、黄成宝（小名叫黄宝子）和我三人组成一个组，当时叫救国会，定期学习"抗战道理"小册子。每次学后，要把小册子藏在我家的墙洞里，定期收缴党费，进行党的秘密教育和气节教育。二是培养积极分子发展党员。1943年春节期间，我介绍赵凤山入了党，此人参加工作后，在泰山林场工作。三是搜集情报。为便于互通情况，我和刘允武分工，他卖豆腐，我卖花生。我有情况需向他汇报，便到他门口，大声喊叫"卖花生"；他有事需告诉我，便到我家门口用力敲打卖豆腐用的"木梆子"；用这种办法，经常来往，互通情况。也用这种办法见面，向我进行一些革命教育。我记忆深刻的是，他几次向我讲述泰安徂徕山区抗日情况和革命同志英勇就义的实例，并教育我保守党的秘密，要做到上瞒父母、下瞒妻子，一旦遭受不测被捕，要保守气节，宁死不屈，直到英勇就义。在这段时间里，曾发生过这样一件事。一个夏天我去找一位同学，也是我族家哥哥赵凤霄去玩，他突然问我"1004"（仲宫区委书记陈杰同志的代号）是不是给你来信了，我惊奇地否认。他用手比画着说，信里一个"众"字你认识吗？我追问他，才知是从赵凤刚处看到的。原来赵凤刚是他的长工，我的信是在赵凤刚转给我之前他看到的。为此事，我特向刘允武作了汇报，后来收到"1004"的来信批评。他在批评中指了两个人名：一是窝铺乡伪乡长董守谦（他是被我们区中队镇压的），二是陈独秀。我立即写了自我批评的检讨信。

不久，组织让我去泰历县教育局教员训练班学习。在学习过程中，每天下午自由活动时，训练班的同志便找我谈共产党怎么好，国民党怎么坏……对我进行教育。一天下午，在南高而庄活动完返回的路上，后边传话"有人找赵凤翔”，等我看到找我的人时，他只问我一句：“你叫赵凤翔吗？”就走了。我回到住处，训练班的同志问我：说了些什么？你认识他吗？他就是“1004”，是你们区的区委书记，我这才知道“1004”原是他的代号。第二天因日本鬼子“扫荡”，学习班转移到长清住了两天。在回高而的路上，两位同志和我谈话问长问短，当他们谈到有的村建立抗日救国会时，我便脱口说出我们村也有，追问我怎么知道的，我便说出真情。原来他们是想发展我入党，他们说：你怎么不带着关系来呢（当时党员不论到什么单位和地方都要带党员的组织关系信）？当时自己也不懂，为此事，陈杰同志批评了村支部。毕业后，组织让我去西坡村当教员或任本村村长，我怕不能胜任，没敢接受，便调我到区委跟随陈杰同志工作了。

我到区后跟随区委书记陈杰，去各村党支部开会，找党员谈话。时常出入伪乡公所、保公所作统战工作，并动员一些上层人物主动减租减息，让他们保证减租减息，也保证交租交息的政策，使他们更自觉地进行“双减”。对一些顽固对象，发动群众进行揭发批判。有一次在齐城村召开群众大会揭发一个地主拒不减租减息时，他不老实，当场把他绑起来带到田家庄，接受教育后才放他回家。“杀鸡儆猴”的做法，对开展“双减”起了推动作用。

1944年初春，陈杰把我留到了齐城一带，与县农救会王振华同志一起工作。晚上召开村干部各种会议，研究如何发动群众，组织民兵、农救会、开荒队开展减租减息，白天同他们一起上山开荒生产为了减轻人民负担，开展“合理负担”丈量土地、反黑地斗争等工作。斗争的实践教育了自己，锻炼了自己，提高了自己的阶级觉悟政治水平、思想水平，增强了群众观念和党性观念。

同年7月，我和南高而庄民兵队长黄恩太同志去鲁中军区教导团学习军事知识。毕业后，回区在窝铺一条峪和刘春来同志一起工作。刘春来是出泉沟人，早期的党员，我跟随陈杰时常到他家。春来同志入党比我早，有工作经验，是窝铺点的负责人，我跟他学习工作，他对同志很爱护关心。1945年，区委在核桃园村开全区干部会议，结束的第二天早上日本鬼子“扫荡”，春来身上被机枪打穿8个洞，牺牲在出泉沟村外野坡上。

刘春来同志牺牲后，我便与王子斌同志在窝铺点一起工作，进一步组织农会、民兵、青救会、妇救会、儿童团、识字班等，深入开展“双减”“反奸除霸”

斗争。王子斌是泥淤泉人，长工出身，也是早期党员，是泥淤泉村第一任党支部书记，他利用开荒生产，在泥淤泉一条峪开展“双减”，为培养积极分子、发展党员做出了贡献。后来到区工作，任区农救会长、区委委员、区抗联主任。1948 年因病经领导同意回家养病。

1945 年春，我同区委书记尚文东同志在槲疃蹲点，发动群众开展“双减”生产运动。我们住在村支部书记、农救会长陈法明同志家中，他工作认真积极，当群众存有“变天思想”时，便上门做思想工作。有几次开积极分子会，陈法明同志没参加，说他在村外避风地方睡觉。尚文东同志找他谈话，批评很严厉，但他一言不发，只是低着头。坐在另一间屋子门口做针线活的他爱人实在耐不住了，便摆手叫我出去，她说：“别叫指导员训他了，别忘了还有敌人、坏蛋呢，你们住在我们家里，他能放心吗？他每天晚上整夜在门口站岗，一天二天还可以，日子长了便吃不消了，他才在白天找个有太阳、避风的地方抽空睡上一觉，再回来忙活。”事后我问他，指导员这么批评你，你怎么不把情况说清楚呢？他说，夜里为你们站岗是我的责任，指导员批评的都是实情，我说什么。这是多好的党员干部啊！

1946 年，根据党中央“五四”指示精神，开展土地改革工作。区委决定在出泉沟村试点，我和尚文东同志一起参加了试点工作，取得经验后，便在全区推开，我负责窝铺点的土改工作。这是一次摧毁封建势力的革命，深得广大贫苦百姓的拥护，但也是一场很复杂的斗争。这时的历城虽然是老解放区了，但有的群众仍存有“变天思想”。在这场斗争中，农村党、团员起了重要作用。农民分得土地后，革命热情非常高涨，这首先表现在参军、支援前线任务的完成上。土改后，接着便是“大动参”，在“保家乡、保卫胜利果实”的口号鼓舞下，父送子、妻送郎参军上前线的实例数不胜数。运动轰轰烈烈，一批又一批的青年身披大红花，离开生养自己的家乡，奔赴前线，杀敌立功。在全县召开的总结表彰土改、动参大会上，我还获得了全县模范工作者的荣誉。[①]

① 政协济南市历城区委员会文史资料委员会编：《历城文史资料》（第 14 辑），第 4 ～ 8 页。

第三节 历史学家孙思白的抗战经历

历史学家孙思白先生

孙思白（1913—2002），著名历史学家，民国史研究专家。山东历城人。1934 年考入北京大学历史系。次年参加民族解放先锋队，平津沦陷后，回山东参加抗战，先后在第六专区、第十军团工作。1938 年加入中国共产党。1940 年至昆明西南联大复学，加入群社。1942 年秋到重庆，接受八路军驻渝办事处指导，从事地下工作。1946 年后，任山东大学中国通史讲师，并继续从事革命活动。新中国成立后，历任山东大学历史系副教授、系副主任、校长办公室副主任、校工会副主席兼宣传部长、《文史哲》编委。1973 年，调任中国社会科学院中国近代史所任研究员、民国史研究室主任。曾任中国现代史学会副会长、名誉会长、顾问及数所大学的兼职教授。

孙思白先生在《鲁西北抗日根据地初创时期的见闻与断想》一文中，回忆了在鲁西北抗战的所见所闻：

初期经过概述

鲁西北地区泛指山东西北部，地跨黄河，东界津浦路，西北与冀豫两省接壤的二十几个县。它的中心聊城是山东第六区专署所在地。第六区辖境原只有十二县。抗战后，由聊城发展起来的抗日力量逐渐壮大，辖区也就扩大了。

这里抗战的中心人物是第六区专员兼保安司令（后改称“游击司令”）的范筑先。他当时只是山东省主席韩复榘委派的一个中级地方官吏，掌握的武装也只有 500 多人的一个保安营，地位与力量都不为人所重视。但是，中国共产党的抗日政策对他产生了很大影响，他真诚地愿意和共产党人合作抗日。在共产党人的帮助下，他的思想日益开明，仅半年多的时间内，部队发展到 6 万多人。在与入侵日军初步接战中，范军即连获胜利，使他的威望也骤然提高。

当时黄河以北的国民党地方中下级官吏，能像范筑先这样抗拒日军的人物几乎没有，从而“范专员”成为当时全国知名的英雄。他当时已58岁，人们称他为“抗日老人”。

在范司令的辖区内，以共产党为核心的抗日进步力量，也得到迅猛发展。当时成百上千的抗日青年集中在第六区专署政训处的领导下。政训处（后称“政治部”）处长张维翰、秘书姚第鸿，与范筑先有亲友关系，他二人都是中共党员。中共鲁西北特委处于地下，驻在政训处内。山东省委代表张霖之，名义上是政训处组织科长，实际是在这里指导特委的工作。

六区进步势力的发展，引起了国民党顽固分子的嫉恨。范的身边还留用一些思想保守的旧人员。在这些人员中，有些人习惯于争权夺利。以六区专署参谋长王金祥为首，结合本地地主绅士、国民党党棍、道会门头子，形成一股反动势力。他们得到新任山东省主席沈鸿烈的支持。这样，范筑先在鲁西北的抗日活动，就受到内（王金祥等的破坏）外（沈鸿烈的压制）结合的破坏。

范筑先从创建抗日根据地的经验中理解到，一方面要抗战就必须依靠共产党人的帮助，但另一方面又觉得那些旧部下追随多年，不能不继续使用他们。他提出“良心抗战”这样一个口号来教育部下，误认为那些破坏分子的“良心”是可以改变的。中共鲁西北地下特委本着抗日民族统一战线的政策，尽可能团结一切可以团结的人；当遇到破坏而忍无可忍的时候，自然也向范提出交涉或抗议，但为了顾全大局，只能做到适可而止。到1938年上半年，范率部与日军进行了多次战斗，收复了大片国土。政工人员进行了广泛的组织工作，鲁西北群众出现了抗日高潮。然而随之而来的是抗日形势越好，范的倾向越进步，顽固派的破坏活动也越猖狂。到同年11月中旬，顽固派在施展一系列阴谋无效之后，就决心对范下毒手。最后，沈鸿烈派民政厅厅长李树椿，串通王金祥，与入侵鲁西北的日军相勾结，诱迫范筑先固守聊城，并使范陷于孤立无援的境地，以致范与千余军民同时在聊城战死。

范筑先战死后，鲁西北虽然出现了暂时混乱，但是赴援鲁西北的八路军之一部赶到后，稳住了局面。后来的事实证明，共产党人与范筑先合作播在鲁西北的抗日火种并没有熄灭。

以上是这段历史的概述，它的详细情况，过去已有不少当事人的回忆录，国外也有记述。这里，我参考当年战友们已有的记述，根据自己的见闻，在大家已知的事实基础上补叙些片断和感想。

“誓死不过黄河”的宣告

1937年7月，以卢沟桥枪声作为起点，全面抗战随之揭开。日军长驱直入，华北敌后普遍燃起抗日烽火。凡是由中共党员直接领导和组织的力量，都用八路军的番号。鲁西北这个地区则是中共推动以范筑先的名义开展的，这是它的特点和优点。中共与范合作，组织者是中共，旗帜上是“范”字，这有利于迅速发展抗日进步势力。但范是国民党的官吏，需受国民党的节制，这就带来特殊的复杂性。我们一群240个学生于同年10月从济南出发，来到鲁西北参加六区政训处的工作。当时系统上我们属于韩复榘的第三路军，职称是上尉政治服务员。这批学生大半在平津参加过“一二·九”运动，渴望抗日。其中少数是共产党员，多数是民族解放先锋队员。我们虽然被组织上分派到这里来，但开始时对这里的一切情况都是生疏的。范筑先是什么样的人？中共地下组织是怎样争取他的？对鲁西北整个部署如何？这些问题在我们这群学生中除个别领导干部外，多数人并不知道。当我们过黄河北上，奔向去聊城的路上时，只见田园淹没，农村破败，一片凄惨景象。我们空手北上，大批溃兵都携械南逃。范筑先名占魁，鲁西北馆陶人。他幼年家境贫困，应募投军，历经北洋军阀与国民党时代，由排连长升到旅长。1930年中原大战时，他站在冯玉祥一边反对蒋介石；担任过二十六路军高级参赞。冯系失败后，他在山东省主席韩复榘手下做过鲁南的几任县长，1936年才调任六区专员兼聊城县长。据说，1937年春，中共派彭雪枫来到聊城，与在专署任职的中共党员张维翰、赵伊萍联系，指示寻机引导范合作抗日。范是受过传统教育的旧军人。他生活质朴，居官清廉，有爱国思想；对鲁西北更有家乡之爱。他愿意抗日，而对如何抗日，心中无底，对中革命理论也是有隔膜的。但他一生坎坷与失败的经历，使他直觉地感到共产党人与红军是有办法的。

1937年10月6日，当日军侵占了临清和高唐时，他曾接到韩复榘的命令要他放弃聊城，带领部属向黄河南撤退。要抛弃自己的家乡撤退，他是不甘心的，但又不能不撤。这件事发生在我们这些青年刚刚到达聊城的当晚。这种突然的变化，使我们这些无经验的青年人感到不知如何是好。一阵议论之后，我们中的大多数茫然地跟随他又往回走。就在这次撤退的路上，我第一次望见了这位老人。他紧紧地尾随着他的保安营队伍，从我们身边走过，微笑着向我们招招手，当时我们观念上还没有确认他是我们的长官，他似乎也没有把我们当作他的部下，只当我们是一群学生。走了两天，到齐河县官庄就停下来了，他并没有渡过河南。两日后，他又决定率部返回聊城，我们经过激烈的争辩，终于又一致决定再折回聊城。后来我们才知道他之所以返回聊城，是张维翰与姚第鸿向他劝说的结果。

当16日夜半范决定撤离聊城时，在这批学生中，有42人挺身而出，请求留下守聊城，政训处长张维翰也情愿和42人一同留下，他答应了，委张维翰为聊城县长，发给他们27支枪和若干子弹，2000元钱。虽然这42人只守了一夜，就被前方退下来的齐子修的溃军骗开城门，缴了他们的械，但青年人表现的抗日决心和勇气使范深受感动，在以后的日子里，他几次提到这件事。

经过这一次撤退和返防，范和大家都受到教训。群众的议论指责“撤退”，赞扬班师回来。在群众的指责面前，范和大家内心一样地“反省”，认为“今后不论再遇到什么紧急情况，决不再退”。到11月中旬，日军再度迫近聊城时，韩复榘第二次命令他撤退。当时中共山东省委代表张霖之已来到聊城，帮他分析形势，剖析利害。他决心抗令不退，率部迎敌了。

19日，范在博平前线，通电全国，发出了“誓死不过黄河”的皓电。

战斗、胜利、发展

在国民党华北的大小官吏们望风溃逃的时候，皓电的发表是鼓舞人心的。有人惊叹，也有人怀疑。

皓电发出后，范立即准备迎敌。他在返防回聊城途中，收编溃军、民团，部队扩大为5个营，2000多人，其中包括一度窜入聊城的齐子修部。从我们政工人员中抽调了二三十名编成“青年政工队”，随军行动，负侦察、联络、通信等任务。草草准备之后，他就开始迎击从北、东两面来的敌人了。在11月后的两个月内，接连伏击了从临清南下的高桥联队，从津浦路来的日军步、骑混合部队，先后经历了堂邑境内梁水、界牌、柳林战斗，博平境内徐河口战斗，茌平境内的南镇战斗。南镇战斗中，民团参战了，打得很激烈。敌人被打退了，丢下了战马、武器和尸体。这些战斗规模虽然不大，但“胜利”的消息纷纷传开，群众中用“柳林大捷”“南镇全胜”加以渲染，“范司令”赫然具有了非凡的威望。

当他凯旋后到寿张县巡视时，我们廿几人正在寿张作发动群众的工作，群众潮水般地到城前迎接他。只见他披着一件羊皮土布大衣，骑着一辆自行车，率领着几百名武装部队来到我们面前。一绺长须，两鬓苍白，精神抖擞地对大家讲话。他称赞战斗中民众的作用，更加赞扬青年政工队队员的机智勇敢，结论是："日本兵并不可怕！可以打败他！"

范在北面迎敌的时候，后方各县的骚动正在发生。有些县长潜逃，县政权解体。各地散兵、土匪与地主武装同时并起，互相攻打。我们站在马颊河堤上望到的是黑烟滚滚，听到的是遍地枪声。绿林匪众分若干"杆"，每杆成百成千，流动地劫掠。地主武装，凭寨固守，也出动追击。聊城政治部为我们制定的工作方针，是把性质不同的各种武装都引到抗日的轨道上来。我们青年政工人员派到各县去建立县政治部，发动群众。我们有时还得进入民团或绿林中去做工作。进入民团是公开的；进入绿林，要把身份隐蔽起来，对外保密。分处在两边的同志，形式上对峙，目的是一个，向两种力量宣传联合抗日。然而这种工作很不易做，因为双方的利害截然相反。范筑先凭借他打退日军的声威，来收拾这混乱局面还是比较顺手的。地主民团算是合法团体，他以专员名义就可以调动他们。问题在于如何对付那些桀骜的绿林土匪。他用兵力包围震慑，但主要不是剿杀而是收编。他的做法符合政治部的方针，绅士地主们则暗中不满。

鲁西北历史上就是无数次农民起义的地带，包括古代的梁山泊和近代的义和团，绿林既然成杆结股，上千上万，当时如不用收编的办法，实在也别无善策。范在收编这些"绿林好汉"上有很多传奇性的故事，他多次先用兵力包围他们，而后单骑入虎穴，靠他一篇激昂的讲话，"好汉"们就低首就范。这样在几个月时间里，就把局面基本上澄清了。他把各种武装编成了30多个支队，超过了6万人，对外号称"10万"。

随着日本侵略军的被赶走，他的辖区自然地扩大到原有的12县之外，在收复的县份中，我们青年政工人员被委任为县长的有七八个县。各县有了政治部，又掌握了县政权，我们的工作就好做了。聊城首先办起了政治干部学校；县政治部在组织各种抗日团体的同时，开设了训练班，培训军政干部。六区原有几百名地下党员，多数是小学教员，分散在各县里。地下党员和我们政治服务员在各地组织抗日武装。由共产党人和政治人员自己组建的部队有归入范建制下的第十支队、第十一支队、第十二支队、第十三支队、第十七支队、第三十一支队、第三十五支队等，特别是第十支队更是总政治部重点支持的一支队伍，它是新型主力部队。后来任命张维翰兼任司令，王幼平为政治部主任。由党员领导的各支队约有一万五六千人。

1938 年夏初，各个支队中开始建立政治部。我们 10 多人被派到第二十一支队中去，开展政治工作。那时这支部队正参加围攻濮县日军的战斗。从这支部队的情况，可以类推到同性质的其他各支队。这类队伍成分复杂，有农民，有散兵，也有流氓无产者。他们还保留着一些放荡的习性和不良的嗜好。把他们改造成为一支纪律严明的队伍，是相当艰难的，而我们对这项工作又刚刚试做，没有经验。这类部队内有江湖上的“黑话”和对其首领称呼的绰号；首领们的性格上有简单、强暴、憨直的不同。一般来说，打仗时非常勇敢，可以赤膊上阵。例如第六支队司令韩春河（绰号“东北风”）、第二十一支队副司令袁寿山（绰号“硬盖子”）就是这类人物。

1938 年上半年，中共为加强对鲁西北的工作，分别从延安、西安、武汉等地陆续派来了几批干部，连同先前省委派遣的干部以及六区政治部自己培养的干部，人数日多。他们分别负责军事、政治、文化工作。其中知名人物，有张郁光、齐燕铭、张霖之、徐运北、袁仲贤、王幼平、洪涛、朱穆之、赵健民、赵伊萍、周子明、胡超仑等人。聊城政治部干校由张郁光负责，军事教导团教育长是袁仲贤，《抗战日报》社总编辑是齐燕铭，记者有莫循、朱穆之、鲁酿等人。到这时集合在聊城总政治部旗帜下的干部超过万人，单是党员已有 7000 多人。至于各类救国团体、报社、期刊、剧团、服务社等文化组织，无不蓬勃。那时毛泽东派人带来了给范筑先的鼓励信件，国际友人卡尔逊少校和延安文艺考察团也前来参观。范筑先到威县和南宫先后两次会见八路军的领导人，举行了联防会议。到此，鲁西北根据地可以说初具规模了。从同年春到夏，范又率部打退了入侵范县的日军，两次驱退了侵占濮县的敌人，并胜利地进行了东阿县黄庄战斗。残暴的入侵者在上述地区曾犯下了不少罪行，但在我军袭击下，他们受到了应有的惩罚。这期间前后战斗不下几十次，大后方各地报刊对鲁西北都有所报道。到这时范筑先与鲁西北军民已名闻全国，远近皆知。

压制、破坏、血洒聊城

鲁西北抗日进步力量理应受到当时国民政府的嘉奖，事实却不然。民族抗战虽然已是既定国策，但沈鸿烈为首的一帮人把鲁西北进步势力的壮大视同心腹之患，表面上“恭维”，暗地里扼杀。当时山东省政府设在曹县，他们不积极对日作战；对抗战的鲁西北又不接济支持，还散布流言蜚语，说什么范筑先“庇护土匪”“范的身边尽是托派”；教唆土豪劣绅拒绝向六区政府纳粮缴款，对范的命令进行抵制。鲁西北素称贫瘠，仅靠农业、手工业，无近代工业。当时水灾之后，人民生活确实很痛苦。专署和各县政府的收入很少，财政十分困难。这样的经济条件支持几万大军抗战，其困苦之状可以想见。不得已我们有的政工青年，都只拿20元的生活费。30多个支队的士兵不发饷或只发零用钱。军人伙食就地筹集些粗糙的干粮。为购买军火，专署一次只能拿出三四千元。记得1938年春，我们几个青年负责寿张县政府时，县府全库存款平时只有两三千元。我们号召本县士绅捐款救灾，并自动带头减薪，反被省政府斥为“胡闹”。不久，沈鸿烈以主席名义来命令把我们寿张县的青年县长管大同明令撤免，更换上他的亲信。寿张的群众团体纷纷上书给范，要求抵制沈的“乱命”。莘县、范县、阳谷、寿张四县政工青年派代表联合到阳谷城去，陈述对寿张政权问题的意见，认为寿张政权丧失不得，对沈鸿烈的捣乱不应退让，要求范给以支持。但范为了照顾与省政府的关系终于容忍了。接着沈又寻找借口，夺去了阳谷县的政权，改委了他的人。濮县县长原为一个姓冉的国民党人员。范两次围攻濮县日军，那个姓冉的县长躲得远远的不敢露面。范把他明令撤职，改委了积极参战的政治干事张舒礼任濮县县长。但由于濮县是个大县，沈鸿烈坚决不同意，末后终于由沈委派一个名叫姜鸿元的来担任濮县县长，濮县政权又被他抓去了。同年6月，沈鸿烈巡视到东阿县时，受到日军的跟踪包围；在极其危急的时刻，范筑先带兵击溃了日军，营救了他。从此沈把省府人员迁入六区的寿张县张秋镇上。沈率部属来到六区之后，处心积虑地企图削弱范的力量，公开要范调拨几支军队给他，暗示范驱逐政工青年。这些，都被范拒绝了。之后，他企图用“提升”范为省府委员的办法把范调离现职，这当然更难办到。与此同时，他还指使李树椿与王金祥串通收买第三、第六、第十三支队叛范。他这些阴谋不但未能得逞，反而引起范对他的不满。

范、沈的矛盾，随着时间推移而日渐深化。同年10月发生了“鄄城惨案”。范的第十三支队是共产党员在濮县一带发动的队伍，当时正奉命转移；王金祥秘密令濮县国民党县长姜鸿元在鄄城地带截留解决该支队。姜奉命后在鄄城设下“鸿门宴”，以宴请为名想把十三支队干部一网打尽。但姜鸿元弄巧成拙，杀人未遂反而被杀了。事实的曲直是清楚的：王金祥却恼羞成怒，背着范筑先派大兵围剿十三支队，把该队副司令王青云和政治部主任汪仪两位党员悍然杀害了！这事发生后，总政治部强烈要求范严惩王金祥。范司令也非常震怒。这时，李树椿跑来一日之内四次见范说情，在李的包庇下，范一时犹豫，给王金祥以“撤职查办，驱逐出境”的处分，但处分后被搁置下来，终于不了了之。这一事件，表明了进步与顽固之间的矛盾，已尖锐到难以调和地步。王金祥留下来成为致范于死命的祸根。

武汉失陷之后，日军把兵力重点转用于华北敌后。济南与津浦、平汉线的日军向鲁西北发动了“扫荡”。李树椿趁此时机，煽动在范辖区内地方上的道会门进行叛乱。从9月到11月先后发生了长清旦镇黄沙会暴动、东阿七级镇忠孝团暴动、茌平会匪邱作成串联的大暴动。这些暴动经范筑先用剿抚兼施的办法平息下来，到11月11日，日军从德州、禹城、济南和大名四路向鲁西北出动。恰在这时，李树椿到阳谷，又煽起安乐镇赵二虎的忠孝团暴动，当时范尚在茌平前线处理邱作成的问题，范筑先接到王金祥的电话报告，王请他来安乐镇向忠孝团进行宣抚性的讲话，实际是想诱他前来，准备对他下毒手。范襟怀坦白，慷慨允诺了。原定回聊城后即去安乐镇，但这时从济南出动的日军已准备过黄河了；为部署防务，范临时改请他的老朋友、曾任过第四区专员的韩多峰将军代他前往，结果韩来到安乐镇被暴徒们误认为是范司令，开枪射击，等暴徒们辨认出打错了的时候，韩多峰将军已倒在血泊中。

范司令于12日回到聊城，探知济南来的敌人末松师团平田联队已过黄河指向聊城，即召开紧急军事会议。政治部建议放弃聊城，令各机关学校居民及一切非战斗人员，一律撤出城外，弹药武器一律运走，以坚壁清野来对付敌人的进攻。范采取这个建议，自己也准备出城指挥作战。13日一天，疏散转移工作完毕，到14日上午9时，聊城城里仅留下少数城防部队和一些老弱居民了。这时侦知从东阿入犯的平田联队距城仅9公里了。范这时才备马出城。正当此刻，李树椿以上级身份走进专署来，他声称与范谈论什么问题，范只得再停下来与他周旋。这时敌机已飞临上空侦察，聊城外围已发生战斗，李却故意延停，原已出了城的高参张郁光和副主任姚第鸿见范迟迟没有出城，又冒险回来挽范速走。而李仍要求吃饭喝水，借故推延。拖到下午4时，李才告辞乘汽车而去。有人见李在出门后向王金祥叮嘱了几句。王匆匆向范汇报说有一路民军不战而逃，他请求出城去追这支部队。范略一迟疑，答应王去了。这时范才准备上马出城。说也奇怪，已渐合围的敌人却让李、王逃走，而范却被围在城内了。当时聊城城外三面环水，只有东门是大路，西面水上也有条小路，都被敌封锁了。范到这时只得以城中700人的队伍，布防守城，期待着城外各县部队来援。开头电话还通到各县，知道近县部队或被敌人分兵牵制住，或被忠孝团纠缠住。入夜以后，对外电话被切断。从当天黄昏到夜晚，四城的战斗非常激烈，到15日晨，范筑先与姚第鸿、张郁光等亲自登城督战，无奈弹药已竭，渐渐不支。到15日午前11时城破，范筑先、姚第鸿、张郁光和国民党县长郑佐衡、秘书长赵玉波等以及800多战士同时战死在街巷中。聊城陷落了！

从以上事实不难看出，李树椿、王金祥与日军之间是早有勾结默契的。后来知道王金祥出城之后，不是火速调队来援，而是阻止来援的部队。范司令与聊城军民，连同城内国民党人都被王金祥出卖了。

追怀和断想

范筑先将军的战死与聊城的陷落，全国为之震动！延安、敌后各根据地、重庆、桂林等地都沉痛地追悼他。国民政府也通令下半旗志哀。鲁西北的群众知道他确实牺牲后，家家户户虔敬地焚香哀奠这位“抗战老人”和同殉的烈士。

范的长子范树民和未婚婿何芳在两个多月前已经战死，那是8月间济南战役中的事。因此，人们称范家为“一门忠烈”。

范的晚年事业和鲁西北的抗日力量来自四个方面：（1）中国共产党抗日政策的影响与领导作用；（2）中共影响下抗日青年们的献身精神；（3）破产

失业农民群众的奋起；（4）范筑先本人的爱国思想。范筑先当时不是一个共产主义者，而是一位真诚的民族主义战士。他从民族主义立场出发，爱护抗日青年，相信共产党人是最可信赖的朋友。可以设想，没有共产党人的帮助，范不会有如此坚定的决心；反之，如没有范的开明合作，党的工作也不会这样迅速地发展。但当时鲁西北根据地还是初步开拓，特委帮助范筑先制定的《抗日行动纲领》《战时经济政策》和《整军方案》还没有来得及贯彻实行，如果假以时日，将会有更高的成就。

鲁西北进步力量与顽固旧势力的斗争，是当时全中国内部政治矛盾的缩影。外来的侵略，要求全民族共御外侮，但却有某些人不惜干出丧心病狂的勾当。对这类人只能从其集团的阶级属性上考察。“良心”的口号改变不了他们的本质。

按照当时的情况，如果只是日军的进攻，没有顽固派设下的陷阱，范将军是未必就死，或完全可以不死的。在我追随在他身边的日子里，隐约觉察到他对那些守旧的顽固人员的作为不是不厌恶，但历史的“袍泽之谊”却成了他思想的包袱，阻碍着他的洞察力。

1983 年夏天，我战后第一次回到聊城，当我重看到环绕在聊城城外茫茫烟水，深致感慨：像这样的地形，在敌人大举进攻下是无法据城固守的。我们的同志可能出于经验不足，也没能帮助范估计到敌人必然大举来犯的形势，及早地把军政重心分散到农村去。这或许可作为一项历史经验来研讨。

范临阵沉着勇敢，并有一定的指挥经验，但对在敌后开展游击战理解还不是那么深刻。

范牺牲之后，他名义下的部队发生了分化，一部分接受了沈鸿烈的收买。但由党所发展、组织的力量，重新编组为“筑先纵队”，到 1940 年编为八路军一二九师新八旅，继续战斗，在以后解放全国的事业中发挥了它应有的作用。[①]

---

① 《孙思白史论集》，山东大学出版社 2001 年版，第 299 ~ 312 页。

第四节　原中共清河区党委书记、八路军清河军区政委景晓村的回忆

景晓村

景晓村（1917年10月—1994年8月），原名景慕达，山东省历城区彩石镇宅科村人。1933年夏，景晓村在县立第三小学毕业，以优异成绩考入山东省立第一乡村师范学校。1935年10月，由乡师地下党支部书记赵健民介绍加入中国共产党；1936年5月，任中共济南乡师地下党支部书记。1937年7月7日，任中共山东省委秘书长。1938年1月任八路军山东人民抗日游击队第四支队政治部副主任兼第一团政治委员；5月，景晓村任省委秘书长兼青年部部长；8月，任鲁东南特委书记。1939年3月，任清河特委书记；9月上旬，任清河地委书记；12月，任清河区军政委员会书记。1940年10月，任中共清河区党委书记；11月，清河军区成立，景晓村任政治委员。1944年1月，任渤海区党委书记、渤海军区政治委员。1948年6月，调任中共中央华东局政策研究室任研究员。1965年5月至1968年8月，任国家一机部技术司司长。1979年3月，任农业机械部常务副部长、党组成员。1982年6月，退居二线，任机械工业部老干部工作委员会主任。景晓村是第六、七届全国政协委员。1994年8月9日，因病在北京逝世。

1994年6月，景晓村同志口述完《回顾抗日战争，弘扬爱国主义》中的第一部分《在济南参加学生抗日救亡运动》。8月9日，病魔就夺去了这位忠诚的共产主义战士、中国共产党优秀党员的生命。现将其文转述如下：

为了纪念抗日战争胜利50周年，我的故乡济南市历城区政协文史委员会拟出一本专辑，派人来北京约我写一篇回忆文章。我于前年癌症手术后，身体很衰弱，本已不能担当此任，曾向来客婉言谢绝了，但这件事情在我脑海中时常出现。当年，在那血与火的斗争中，我们那一代人饱满的爱国热情、无私的奉献精神和人民群众血肉相连同生死、共患难的优良作风，对于今天，在改革

开放的时代，克服各种腐败现象，建设社会主义精神文明，具有重大的现实意义。前事不忘，后事之师。现在，我们党执政了，掌权了，千万不能忘记过去。我越想越觉得这篇文章应当作。这时身体有所好转，我便摊开稿纸开始追忆。计划写五部分：（1）在济南参加学生抗日救亡运动；（2）参加徂徕山抗日武装起义；（3）沂蒙山区抗日根据地初建工作；（4）到清河区开展平原游击战争；（5）建设渤海平原抗日根据地，夺取抗日战争的最后胜利。

我从小就仇恨帝国主义。1928年，我才11岁，在济南市发生了“五三惨案”。日本帝国主义为阻止英美势力向中国北方伸展，当蒋介石的军队沿津浦线向北进攻北方军阀张作霖时，日军就派兵进占了济南。5月1日，蒋军开进济南，日军即寻衅开枪，打死中国军民多人。5月3日，日军大举进攻，蒋介石下令部队不准抵抗，并撤出济南。从3日到4日，日军在济南奸淫掳掠，惨无人道，打死打伤中国军民5000多人。国民党政府特派交涉员蔡公时被日军残暴地割去耳鼻，而后与17名外交人员同遭杀害。我当时在家乡彩石区宅科村上初级小学，老师们怀着愤怒的心情，向我们讲述日本帝国主义的残酷暴行。宅科村在济南市的东南山区20多公里，“五三惨案”发生后，有不少人到我们村避难，其中有些是本村去市里做生意、做工匠的人，他们的哭诉更让我们这样的小学生悲愤难忍。在此之前，我们家乡一带土匪活动猖獗的时候，我曾随同祖父母到济南市里去避过难，亲眼看到《老残游记》中倍加赞扬的美丽泉城，我热爱济南，敬仰济南，以“我是济南府人”为荣。“五三惨案”对我震撼极大，在我幼小的心灵上激起了反日救国思想的巨浪，为以后参加抗日斗争，奠定了坚实的基础。

我在本村读完了初级小学，考入了设立在山后寨子镇的县立第三小学，读高小。开学十几天，就发生了九一八事变，日本侵略军侵占我沈阳市，接着占领我东北三省，在几个月的时间里，数百万平方公里的大好河山沦为日本的殖民地。日本帝国主义野心很大，妄想灭我中华。侵占东三省后，又挑起了进犯上海的“一·二八”事变。这两起事件在中国和世界上引起的震动，比起“五三惨案”当然要大得多，激起了全国广泛的群众性抗日救国运动，就连我们十多岁的小学生，也满怀抗日救国热情，投入这一伟大的运动中去了。

国土被践踏，同胞受蹂躏，血气方刚的少年悲愤异常，难以忍受。我们自动组织起来，买纸裁旗，写上标语口号，结成队伍到镇街道和附近村庄游行示威，揭露日本帝国主义的侵略野心和罪行，宣传爱国救国的思想，动员广大乡村群众行动起来，参加抗日斗争。当时乡村宣传媒体很落后，不要说电视广播，连报纸也很难见到。这种游行宣传作用很大，也很受群众欢迎。

1932 年秋天，学校组织学生搞了一次戏剧演出，我被选中，当了一次演员。剧名我想不起来了，故事梗概还有些印象：一个中国外交官，娶了个日本夫人，有了儿女，两国发生冲突的情况下，这个家庭产生了矛盾，是一个宣传反日爱国的戏，当时演出有现实意义。今天看来，那个戏写爱国思想写得不够深刻，什么是正确的爱国思想，什么是不正确的爱国思想，未能体现出来。

办壁报、写文章宣传中国人民的抗日活动和英雄事迹，是我们学生的一项重要工作。“一·二八”事件发生后，驻守上海的第十九路军，在全国人民抗日高潮的推动下，奋起自卫，各界人民、组织反日救国会，结合参加抗日义勇军、运输队、救护队，积极支援前线，日厂工人举行总同盟罢工，等等，各种消息和斗争情况，都能在我们的壁报上看到。记得我在报刊上看到复旦大学的几位学生参加淞沪抗战不幸牺牲的消息，带着极为悲痛的心情，以《牺牲》为题，写了一篇纪念这几位烈士的文章，颂扬他们抗日救国的英雄事迹，宣传不怕流血牺牲的爱国热情和英勇奋斗的革命精神。这篇文章在学校的壁报上登出之后，被县教育局选登在县政府出版的一张报纸上了。

我上小学时期，抗日爱国思想还很幼稚，搞不清楚抗日救国的正确道路。当时也不清楚以蒋介石为首的国民党政府对日本侵略我国实行不抵抗政策。对国共两党的斗争几乎是一无所知。有一次，国民党的几个军官到我们学校参观，出了个“先安内而后攘外”的题目，让我们写作文。我写的作文还得到了他们的赞扬，奖给我一个墨盒。但是眼看着大片国土迅速沦陷，政府一再退让，给我的思想上笼罩了一层阴云。小学毕业之前，我心中产生了两大苦闷：国家民族的命运不堪设想；个人难以升学，前途也很渺茫。

1933 年暑假，我在县立第三小学毕业，相继考入了济南第一乡村师范学校继续读书，个人升学和前途算是暂时解决了。此后，我的主要追求就是寻找抗日救国的正确道路。在乡师的头一年，主要还是把希望寄托在中山先生的“三民主义”上，也倾慕过陶行知先生的“教育救国道路”。但随着日本帝国主义步步紧逼，国民党政府的节节退让，东北失陷，华北也落入日本的势力范围，国家命运越来越危急，这使我感到中国需要一个更现实、更有效的抗日救亡的方略。

我很幸运，乡师校园内存在着一个坚强的中国共产党的地下党组织，在国民党的白色恐怖下，始终坚持着秘密活动。我入学之前，1933年7月，山东的地下党刚刚遭受了一次大破坏，在那样严酷的形势下，乡师仍有赵建民等七八位坚定的共产党员，顽强不屈地进行着十分隐蔽的斗争。在他们的引导和帮助下，我开始读一些用马列主义观点论述抗日救国道路的著作，一些社会科学书籍，以及高尔基、鲁迅、茅盾等革命作家的小说。经常参加学生组织的读书心得座谈会、时事讨论会。我真像旱苗遇得及时雨，如饥似渴地学习新的思想、新的观念。记得1935年暑假放学回家，我带了一大包书刊回去，一边上山放牛一边阅读，读得入了迷，常把放牛的事忘了。有一次当我合起书，看牛的时候，牛不见了，在山坡上找了好久，没有找到，急得我一身大汗。回家后才知道，牛跑到山下大豆地里吃豆秧去了，幸亏我祖父发现了，把牛赶回了家。祖父见我这么喜欢读书，也没有过多责怪我。

9月初开学，我回校后又看到了地下党张贴出来的中国共产党抗日救国的《八一宣言》，比较系统地理解了党的抗日救国，挽救民族危亡的正确主张，进一步认清了国民党、蒋介石对日妥协、大打内战的反动本质。当时，我觉得自己胸怀开阔了，眼睛明亮了，精神世界好像得到一次升华，找到了一个大目标，令人心驰神往，甘愿为之奋斗终生。

就在这时候，乡师党支部决定举行一次全校大会，纪念九一八事变四周年，揭露国民党政府的不抵抗主义，推动抗日救亡运动的发展。山东省主席韩复榘按照蒋介石的旨意，下令严禁人民群众集会纪念“九一八”。师生们对此极为愤慨，9月18日下午，按照党支部规定的行动号令，上课的铃声一响，谁也不去教室上课，一起拥向礼堂开会。学校当局早有防备，把礼堂的大门加上铁锁，牢牢锁住了。王庆昌等几个同学，用石头砸掉铁锁，推开了大门，我们大家一拥而进，随后校长和教员们也进来了。大家选举白学克同学为大会主席，他刚宣布开会，校长就抓住他，很严厉地责问：“韩主席有命令不准开会，你们为什么违背韩主席的命令？”我一听气极了，“蹭”地一下站起来，走到校长面前，像他一样严厉地反问他：“你是不是中国人？你是不是愿意当亡国奴？”这时许多同学纷纷起来，你一言我一语地责备他：东北沦陷四年了，3000万同胞作了日本的奴隶。现在亡国灭种的危险威胁着每一个中国人，我们为表示不忘记东北同胞，不当亡国奴，开会纪念“九一八”有什么不对？有些同学愤怒地喊起了“打倒汉奸，打倒日本帝国主义”的口号。我看到有的老师很难过，眼睛里涌出了泪，我知道有些老师是同情、支持我们的，我禁不住含着泪说：“你们是中国人，又是我们的师长，对我们的爱国行动应当给予支持嘛！”校长和老师们各有苦衷，无言可答，悄悄地离去了。我们胜利地召开了“九一八”纪念大会。会后，我写了入党申请书，经赵建民同志介绍，于10月份从组织上加入了中国共产党。

中国共产党“停止内战，一致抗日”的政策，得到了各阶层人士的支持。表达了全国人民的愿望，我入党后两个半月，北平发生了波及全国的“一二·九”运动，中国人民长期被压抑的爱国热情猛烈地爆发出来。消息传到济南，济南市高中、乡师、第一师范等几个学校的学生，在各校地下党支部的领导下，开会研究决定，成立学生抗日救国联合会，派人到全市所有学校去联络，响应北平学生的行动，组织罢课，上街游行示威。我们乡师学生救国会，推选丁之夏为主席，我也是领导成员之一。我和朱春学同学被派到齐光中学联络，找到该校活动分子张钧，请他们参加全市爱国学生的统一行动，他们慨然同意。这样全市各校学生立即行动起来了。12月中旬，举行了全市学生抗日救国总罢课，正当我们准备上街游行示威的时候，不料各学校的大门都被国民党的大批军人把守起来了，一个个手持刀枪、凶神恶煞似地禁止学生外出。我们乡师党支部针对这种情况，决定组织学生向士兵做统战工作，先给他们送茶水、板凳，和他们聊天，然后给他们唱抗日歌曲，讲抗日救国的道理。这样，消除了他们对我们的敌视态度，有些士兵反倒同情我们了。他们表示，只要你们不结队外出游行示威，其他爱怎么活动就怎么活动，我们不干涉。但是，紧接着国民党省政府又宣布提前放寒假，强迫学生分散回家。

中共济南市委考虑到，在这种情况下，如果强行组织游行示威，学生的爱国行动，必将遭到镇压，济南刚刚恢复起来的革命力量，还不够强大，从长远的利益看，那是不适当的。因此决定撤销游行示威计划，改用其他方式开展活动。乡师党支部，根据本校学生绝大多数来自农村的实际情况，决定将计就计，把学生的爱国行动从城市转向农村。12月19日晚上，在学校礼堂召开了全校学生大会，经过大家一整夜的讨论，绝大多数同学同意了新的行动计划，第二天，广大学生就离校回乡了。事实证明这个决策是正确的，寒假结束后调查了解，学生中的许多活动分子，都在家乡利用各种机会和方式开展了活动，提高了邻里乡亲、农村群众对抗日救国的认识。寒假正是农闲时节，我回家以后，在本村组织了一个农民夜校，动员了几十名青年农民参加，把教识字、教唱歌和进行抗日救国的宣传结合起来，效果很好。关心国家大事和喜欢文化活动的人，都有兴趣参加。我还在这些青年当中，选择了重点对象，进行个别培养，为在农民中建立抗日救国组织打下基础。

1936年5月，我担任了乡师地下党支部书记，当时支部的中心任务就是在学生中深入开展抗日救国的宣传、组织工作。4月份，黎玉同志受中共中央北方局派遣，来到济南恢复重建山东省委，从此山东地下党解决了长期与党中央失却联系的困难处境，信心百倍地展开了各个方面的工作。乡师党支部，为了有力地宣传党的抗日民族统一战线，决定采取两项重要措施：一是将原来就有较好基础的壁报，进一步加强。以学生自治会的名义建立了壁报编委会，各班组织编辑小组，轮流主办。每星期一出一期，以宣传抗日救国为宗旨，形式生动活泼，很受学生喜爱。我们还选择壁报上的好文章，以学生抗日救国会的名义出了一个定期刊物《求生》，因国民党政府不批准，出了两期就被迫停刊了。但在社会上产生了影响，停刊以后还有读者来信要求订阅。二是经常组织全校性的时事座谈会。一般情况下每周举行一次，多在星期日的晚上。由各班派代表或自由报名发言，事先公布座谈题目，让发言人有所准备。支部也指定几个同志作专题发言。有时采用正反两方辩论的形式，一方扮演反动主张的辩护人，专讲歪理；另一方用精彩风趣的语言给以深刻的驳斥。记得座谈蒋介石“攘外必先安内”的谬论时，就是这么做的。西安事变后，乡师学生对怎样处理蒋介石，也有两种主张：一种是杀蒋以谢国人，一种是逼蒋抗日。在座谈会上两种主张辩论激烈，各自畅所欲言，生动地宣传了我们党由“反蒋抗日”到“逼蒋抗日”，建立抗日民族统一战线等政策主张。这种时事座谈会，听众非常踊跃，每一次大礼堂内都座无虚席。座谈会，有时请政治上进步在同学中威信高的老师作报告，有一次请吴天后老师讲反对日本帝国主义的侵略，他讲得声泪俱下，非常感人。同学们听后一致表示行动起来，反对蒋介石“对日妥协，继续内战”的反动政策，坚决要求抗日救国。

在组织上，济南乡师党支部从1935年至1937年有一个很大的发展，原有党员十几个人，迅速扩大到80来人。党的外围组织民先队和救国会员，发展到200余人，实际上左右了学校的政治形势。国民党害怕学生进行爱国活动，便打起准备抗日的旗号，强迫学生进行军事训练，用以控制学生的行动。广大学生对此十分反感，极力抵制军训，和军事教官之间的关系搞得很紧张。我们地下党支部对此进行了认真研究，认为从准备武装抗日的角度考虑，接受军训，掌握一些军事知识和技能大有好处。支部决定支持军训，并以抗日爱国思想团结教育军事教官。经过支部动员、党员和知识分子带头，绝大多数学生都转变了态度，积极参加军事训练。事实证明，接受这次军训，为后来建立抗日武装，发动敌后游击战争打下了基础，我个人就是从这里开始学习军事技术的。乡师的军事教官孙克东等人对学生的态度，也逐渐由敌视转为友好。1937年春天，孙教官随学生到青岛崂山去春游，遭到几个日本浪人的围攻嘲弄，共产党员高启云等几个同学一起拥上去为他解了围，孙教官很受感动。七七事变以后他参加了八路军，并担任过支队副司令员，后来在同日寇作战中英勇牺牲了。

为了重建和发展山东各地的地下党组织，在1936年和1937年的寒暑假期间，我曾两次受省委派遣到鲁东的寿光、益都、临朐和鲁西的东阿、济宁、兖州等地，调查了解那里的地下党组织情况和抗日救国运动的发展情况，向他们传达中央和省委的指示。我所看到的是各地党组织都在迅速发展，有些在前几年党组织遭到破坏、失掉联系的党员也恢复了关系，投入了新的斗争行列。在地下党组织的领导下，各地的抗日救亡运动在蓬勃发展。

1937年暑假，我在乡师毕业，调到省委机关工作。有一天，在一个乡亲家中遇见了我父亲，他是专程到济南来找我的，说你毕业了，全家人都盼着你回去，无论如何你也得回家看看。回家后，我向祖父、父亲和二叔作了一次恳切的陈述，恳求他们理解我的抗日救国志愿，支持我离家外出参加抗日斗争。当时不能说出我参加了共产党，只说，我就算是咱们家出一个壮丁，到军队里去当兵了。

我父亲和祖父都通情达理，不反对我的想法，只有我二叔坚决不同意我外出抗日。我祖父 70 多岁了，已不当家做主，我父亲在外乡教书，也不管家里的事。当时，我们家是二叔说了算。没办法，我采取了缓兵之计，对二叔说："我听你的，不出去了。"开始他不相信，让人看着我，怕我偷偷走掉。我老老实实待在屋里看书，一个星期连大门都不出。慢慢地二叔也放心了，我就跟他说："我念了这么多年书，在家中放牛种地也不合适。我想到县教育局去联系一下，安排一个学校去当教师，你看行吗？"二叔说："这才是正道，我也是为你这么打算的。你骑上我的自行车快去快回。"

我当即骑车向济南飞奔而去，先到那位乡亲家，把自行车托付给他，请他给我家捎个信，让我二叔来取车，并告诉他我去参加抗日斗争，不回家了。不久我就随省委机关从济南转移到泰安，开始了徂徕山抗日武装起义的准备工作。①

① 政协济南市历城区委员会文史资料委员会编：《历城文史资料》（第 7 辑），第 12 ～ 25 页。

第十章

抗日战争时期历城的死难者

日本帝国主义发动的全面侵华战争，给中华民族造成了空前的灾难。据不完全统计，抗日战争期间，中国军民死伤 3500 万人；按 1937 年的币值折算，直接经济损失 1000 多亿美元，间接损失 5000 多亿美元。

抗战期间，因战争因素造成的山东境内伤亡人数在 600 万至 653 万之间；有名有姓的伤亡人员达 469995 人，其中死难者 347884 人；给山东造成的财产损失，折合成 1937 年法币为 8476455.7 万元。

抗战期间，因日军侵略造成的历城境内有名有姓伤亡人数为 1194 人。历城居民财产损失为：房屋 51700 间，树木 16395 棵，牲畜 28203 头，粮食 197318 斤，服饰 104951 件，生产工具 95504 件，生活用品 214348 件；勒索财物 4855 元，无条件赔偿日军 16000 元、10 捆棉纱；其他损失 196000 元。历城社会财产损失巨大，经济崩溃，财富枯竭。[①]

数据，是历史的抽象。数据背后，是我们父辈、祖辈血与泪的控诉！

泰山巍巍，黄河滔滔。我们的父辈、祖辈以牺牲个体生命的代价承受了民族的苦难，我们的父辈、祖辈以不屈的抗争赢得了民族的尊严与独立，我们的父辈、祖辈的抗日业绩将与壮丽的山河同在！

历城区抗战时期直接伤亡人员名录[②]

（伤亡时间按先后排列）

姓名	籍贯	年龄	性别	伤亡时间	伤亡地点	伤亡原因	伤	亡
李玉亭	历城县彩石镇西丝峪村	36	男	1937 年夏	历城县彩石镇西丝峪村	杀害		√
张荣立	历城县彩石镇西丝峪村	46	男	1937 年夏	历城县彩石镇西丝峪村	杀害		√

① 济南市历城区抗战时期人口伤亡和财产损失调研工作领导小组：《历城区抗战时期人口伤亡和财产损失调查报告》。

② 中共济南市历城区委党史资料征集研究委员会：《历城抗战资料选编》。

（续表）

姓名	籍贯	年龄	性别	伤亡时间	伤亡地点	伤亡原因	伤	亡
夏现才	历城县港沟乡里子村	95	男	1937 年夏	历城县仲宫乡仲宫村	枪杀		√
赵富荣	历城县郭店镇相公村	43	男	1937 年 11 月 24 日	历城县郭店镇相公村	刺死		√
苗树田父亲	历城县唐王乡韩西村	—	男	1937 年 12 月	历城县唐王乡韩西村	打死		√
韩庆安	历城县唐王乡韩西村	—	男	1937 年 12 月	历城县唐王乡韩西村	掐死		√
李进芳之母	历城县董家镇潘新村	70	女	1937 年	历城县董家镇潘新村	枪杀		√
吴德兰	历城县董家镇全节村	24	男	1937 年	历城县董家镇全节村	残害受伤	√	
毛林大娘	历城县董家镇五里堂村	—	女	1937 年	章丘市龙山	轮奸	√	
李东岳之女	历城县董家镇五里堂村	—	女	1937 年	章丘市龙山	轮奸	√	
张丰秀	历城县董家镇时家村	—	男	1937 年	历城县董家镇时家村	劳工	√	
张丰典	历城县董家镇时家村	—	男	1937 年	历城县董家镇时家村	劳工	√	
曾昭仪	历城县王舍人镇张马屯村	—	男	1937 年	历城县王舍人镇张马屯村	炸死		√
张希武	历城县王舍人镇张马屯村	—	男	1937 年	历城县王舍人镇张马屯村	烧死		√
曾昭章之祖父	历城县王舍人镇张马屯村	—	男	1937 年	历城县王舍人镇张马屯村	炸死		√
张在德	历城县王舍人镇宿家村	85	男	1937 年	历城县王舍人镇宿家村	刺刀捅伤	√	
小顺子（小名）	历城县王舍人镇宿家村	60	男	1937 年	历城县王舍人镇宿家村	刺刀捅死		√
李春云	历城县王舍人镇李家村	—	男	1937 年	历城县王舍人镇李家村	打伤	√	
王光福	历城县王舍人镇刘家村	—	男	1937 年	历城县王舍人镇简家村	劳工失踪		√
王树文	历城县王舍人镇简家村	—	男	1937 年	历城县王舍人镇简家村	劳工失踪		√
王学孔	历城县王舍人镇靳家村	22	男	1937 年	历城县王舍人镇靳家村	枪杀刀刺		√
曾纪清	历城县王舍人镇张马屯村	—	男	1937 年	历城县王舍人镇张马屯村	炸死		√
曾昭霖	历城县王舍人镇张马屯村	—	男	1937 年	历城县王舍人镇张马屯村	炸死		√
李宝有	历城县高而乡北高而村	—	男	1937 年	历城县高而乡北高而村	劳工失踪		√
林茂青	历城县高而乡北高而村	—	男	1937 年	历城县高而乡北高而村	劳工失踪		√
段洪氏	历城县华山镇北辛村	—	女	1937 年	历城县华山镇北辛村	炮弹炸死		√
张冰代	历城县董家镇院后村	54	男	1938 年 3 月	历城县董家镇院后村	枪伤	√	
张冰秀	历城县董家镇院后村	56	男	1938 年 3 月	历城县董家镇院后村	枪伤	√	
张官久之妻	历城县董家镇院后村	55	女	1938 年 3 月	历城县董家镇院后村	枪杀		√
张天禄	历城县港沟乡田庄村	—	男	1938 年 4 月 5 日（农历 3 月 5 日）	历城县港沟乡田庄村	“田庄惨案”死		√

（续表）

姓名	籍贯	年龄	性别	伤亡时间	伤亡地点	伤亡原因	伤	亡
王曹氏	历城县港沟乡田庄村	—	女	1938年4月5日（农历3月5日）	历城县港沟乡田庄村	“田庄惨案”死		√
刘焕亭	历城县港沟乡田庄村	—	男	1938年4月5日（农历3月5日）	历城县港沟乡田庄村	“田庄惨案”死		√
李圣实	历城县港沟乡田庄村	—	男	1938年4月5日（农历3月5日）	历城县港沟乡田庄村	“田庄惨案”死		√
李圣全	历城县港沟乡田庄村	—	男	1938年4月5日（农历3月5日）	历城县港沟乡田庄村	“田庄惨案”死		√
王三元	历城县港沟乡田庄村	—	男	1938年4月5日（农历3月5日）	历城县港沟乡田庄村	“田庄惨案”死		√
赵子禄	历城县港沟乡田庄村	—	男	1938年4月5日（农历3月5日）	历城县港沟乡田庄村	“田庄惨案”死		√
赵世禄	历城县港沟乡田庄村	—	男	1938年4月5日（农历3月5日）	历城县港沟乡田庄村	“田庄惨案”死		√
张传顺	历城县港沟乡田庄村	—	男	1938年4月5日（农历3月5日）	历城县港沟乡田庄村	“田庄惨案”死		√
张氏	历城县港沟乡田庄村	—	女	1938年4月5日（农历3月5日）	历城县港沟乡田庄村	“田庄惨案”死		√
张立庭	历城县港沟乡田庄村	—	男	1938年4月5日（农历3月5日）	历城县港沟乡田庄村	“田庄惨案”死	√	
田国相	历城县港沟乡田庄村	—	男	1938年4月5日（农历3月5日）	历城县港沟乡田庄村	“田庄惨案”死		√
杨思迪	历城县港沟乡田庄村	—	男	1938年4月5日（农历3月5日）	历城县港沟乡田庄村	“田庄惨案”死		√
杨顺祥	历城县港沟乡田庄村	—	男	1938年4月5日（农历3月5日）	历城县港沟乡田庄村	“田庄惨案”死		√
杨余祥	历城县港沟乡田庄村	—	男	1938年4月5日（农历3月5日）	历城县港沟乡田庄村	“田庄惨案”死		√
牛德龙	历城县港沟乡田庄村	—	男	1938年4月5日（农历3月5日）	历城县港沟乡田庄村	“田庄惨案”死		√
杨兴业	历城县港沟乡田庄村	—	男	1938年4月5日（农历3月5日）	历城县港沟乡田庄村	“田庄惨案”死		√
杨世忠	历城县港沟乡田庄村	—	男	1938年4月5日（农历3月5日）	历城县港沟乡田庄村	“田庄惨案”死		√
杨力明	历城县港沟乡田庄村	—	男	1938年4月5日（农历3月5日）	历城县港沟乡田庄村	“田庄惨案”死		√
徐光武	历城县港沟乡田庄村	—	男	1938年4月5日（农历3月5日）	历城县港沟乡田庄村	“田庄惨案”死		√
杨九祥	历城县港沟乡田庄村	—	女	1938年4月5日（农历3月5日）	历城县港沟乡田庄村	“田庄惨案”死		√
刘修宝	历城县港沟乡田庄村	—	男	1938年4月5日（农历3月5日）	历城县港沟乡田庄村	“田庄惨案”死		√
杨福祥	历城县港沟乡田庄村	—	男	1938年4月5日（农历3月5日）	历城县港沟乡田庄村	“田庄惨案”死		√
杨万璐	历城县港沟乡田庄村	—	男	1938年4月5日（农历3月5日）	历城县港沟乡田庄村	“田庄惨案”死		√
李浩然	历城县港沟乡田庄村	—	男	1938年4月5日（农历3月5日）	历城县港沟乡田庄村	“田庄惨案”死		√
杨万权	历城县港沟乡田庄村	—	男	1938年4月5日（农历3月5日）	历城县港沟乡田庄村	“田庄惨案”死		√

（续表）

姓名	籍贯	年龄	性别	伤亡时间	伤亡地点	伤亡原因	伤	亡
杨世太	历城县港沟乡田庄村	—	男	1938年4月5日（农历3月5日）	历城县港沟乡田庄村	“田庄惨案”死		√
张志全	历城县港沟乡田庄村	—	男	1938年4月5日（农历3月5日）	历城县港沟乡田庄村	“田庄惨案”死		√
李春华	历城县港沟乡田庄村	—	男	1938年4月5日（农历3月5日）	历城县港沟乡田庄村	“田庄惨案”死		√
杨世祯	历城县港沟乡田庄村	—	男	1938年4月5日（农历3月5日）	历城县港沟乡田庄村	“田庄惨案”死		√
郑杨氏	历城县港沟乡田庄村	—	女	1938年4月5日（农历3月5日）	历城县港沟乡田庄村	“田庄惨案”死		√
郑思兴	历城县港沟乡田庄村	—	男	1938年4月5日（农历3月5日）	历城县港沟乡田庄村	“田庄惨案”死		√
郑王氏	历城县港沟乡田庄村	—	女	1938年4月5日（农历3月5日）	历城县港沟乡田庄村	“田庄惨案”死		√
郑国玉	历城县港沟乡田庄村	—	男	1938年4月5日（农历3月5日）	历城县港沟乡田庄村	“田庄惨案”死		√
杨化六	历城县港沟乡田庄村	—	男	1938年4月5日（农历3月5日）	历城县港沟乡田庄村	“田庄惨案”死		√
杨世彬	历城县港沟乡田庄村	—	男	1938年4月5日（农历3月5日）	历城县港沟乡田庄村	“田庄惨案”死		√
杨万会	历城县港沟乡田庄村	—	男	1938年4月5日（农历3月5日）	历城县港沟乡田庄村	“田庄惨案”死		√
杨世香	历城县港沟乡田庄村	—	男	1938年4月5日（农历3月5日）	历城县港沟乡田庄村	“田庄惨案”死		√
邹延昌	历城县港沟乡田庄村	—	男	1938年4月5日（农历3月5日）	历城县港沟乡田庄村	“田庄惨案”死		√
邹延会	历城县港沟乡田庄村	—	男	1938年4月5日（农历3月5日）	历城县港沟乡田庄村	“田庄惨案”死		√
刘修森	历城县港沟乡田庄村	—	男	1938年4月5日（农历3月5日）	历城县港沟乡田庄村	“田庄惨案”死		√
刘玉珍	历城县港沟乡田庄村	—	男	1938年4月5日（农历3月5日）	历城县港沟乡田庄村	“田庄惨案”死		√
田国宝	历城县港沟乡田庄村	—	男	1938年4月5日（农历3月5日）	历城县港沟乡田庄村	“田庄惨案”死		√
杨先祥	历城县港沟乡田庄村	—	男	1938年4月5日（农历3月5日）	历城县港沟乡田庄村	“田庄惨案”死		√
杨万勇	历城县港沟乡田庄村	—	男	1938年4月5日（农历3月5日）	历城县港沟乡田庄村	“田庄惨案”死		√
刘万山之妻	历城县郭店镇胥家村	32	女	1938年4月5日	历城县郭店镇胥家村	强奸	√	
杨洪修	历城县港沟乡潘庄村	96	男	1938年4月5日	历城县港沟乡潘庄村	打伤	√	
李振英	历城县郭店镇韩仓村	34	男	1938年4月10日	历城县郭店镇韩仓村	刺伤	√	
孙寇氏	历城县西营乡西营村	—	女	1938年4月	历城县西营乡西营村	枪杀		√
张东才	历城县彩石镇南宅科村	45	男	1938年5月	历城县彩石镇南宅科村	枪杀		√
张元杰	历城县彩石镇南宅科村	34	男	1938年5月	历城县彩石镇南宅科村	刺死		√
代洪庆	历城县彩石镇南宅科村	46	男	1938年5月	历城县彩石镇南宅科村	战死		√

（续表）

姓名	籍贯	年龄	性别	伤亡时间	伤亡地点	伤亡原因	伤	亡
景伯柱	历城县彩石镇南宅科村	25	男	1938 年 5 月	历城县孙村镇吴家村	战死		√
李小三	历城县彩石镇南宅科村	26	男	1938 年 5 月	历城县彩石镇双石崖	遇害		√
杨德贤	历城县彩石镇朝阳村	40	男	1938 年 5 月	历城县彩石镇朝阳村	烧死		√
刘当柱	历城县彩石镇朝阳村	40	男	1938 年 5 月	历城县彩石镇朝阳村	刺死		√
刘家祥	历城县党家庄镇东渴马村	—	男	1938 年 5 月	历城县党家庄镇东渴马村	阵亡		√
张镇廷	历城县党家庄镇东渴马村	31	男	1938 年 5 月	历城县党家庄镇东渴马村	阵亡		√
周洪禧	历城县党家庄镇东渴马村	33	男	1938 年 5 月	历城县党家庄镇东渴马村	阵亡		√
满仓（小名）	历城县彩石镇两岔河村	34	男	1938 年春	历城县彩石镇两岔河村	打死		√
徐德炳	历城县彩石镇两岔河村	52	男	1938 年春	历城县彩石镇两岔河村	打死		√
徐某	历城县彩石镇两岔河村	27	男	1938 年春	历城县彩石镇两岔河村	打死		√
王小五	历城县彩石镇两岔河村	45	男	1938 年春	历城县彩石镇两岔河村	枪杀		√
徐某	历城县彩石镇两岔河村	27	男	1938 年春	历城县彩石镇两岔河村	遇害		√
王丙泉	历城县港沟乡蟠龙村	23	男	1938 年 6 月	历城县港沟乡蟠龙村	失踪		√
王奎典	历城县锦绣川乡槲疃村	43	男	1938 年 6 月	历城县锦绣川乡槲疃村	枪杀		√
王福祥	历城县彩石镇东彩石村	67	男	1938 年 7 月	历城县彩石镇东彩石村	枪杀		√
王兴波之兄	历城县郭店镇彭庄村	40	男	1938 年 8 月 13 日	历城县郭店镇彭庄村	狗咬死		√
亓胡氏	历城县港沟乡河西村	38	女	1938 年 8 月 17 日	历城县港沟乡河西村	炸伤	√	
胡玉堂	历城县港沟乡河西村	16	男	1938 年 8 月 17 日	历城县港沟乡河西村	枪杀		√
亓观山	历城县港沟乡河西村	11	男	1938 年 8 月 17 日	历城县港沟乡河西村	枪伤	√	
亓李氏	历城县港沟乡河西村	32	女	1938 年 8 月 17 日	历城县港沟乡河西村	枪杀		√
张子奎	历城县港沟乡河西村	60	男	1938 年 8 月 17 日	历城县港沟乡河西村	刺残	√	
王六月（小名）	历城县西营乡西营村	—	男	1938 年 8 月	历城县西营乡西营村	枪杀		√
任化先	历城县郭店镇韩二村	32	男	1938 年 9 月 2 日	历城县郭店镇韩二村	枪杀		√
任福山	历城县郭店镇韩二村	31	男	1938 年 9 月 20 日	历城县郭店镇王舍人村	活埋		√
韩文银	历城县港沟乡神武村	—	男	1938 年 9 月	历城县港沟乡神武村	枪杀		√
刘延生	历城县港沟乡神武村	—	男	1938 年 9 月	历城县港沟乡神武村	枪杀		√
刘修林	历城县港沟乡神武村	—	男	1938 年 9 月	历城县港沟乡神武村	枪杀		√
王廷栋	历城县港沟乡神武村	—	男	1938 年 9 月	历城县港沟乡神武村	枪杀		√
刘修勇	历城县港沟乡神武村	—	男	1938 年 9 月	历城县港沟乡神武村	枪杀		√
刘孙氏	历城县港沟乡神武村	—	女	1938 年 9 月	历城县港沟乡神武村	枪杀		√
梅高氏	历城县港沟乡神武村	—	女	1938 年 9 月	历城县港沟乡神武村	枪杀		√

（续表）

姓名	籍贯	年龄	性别	伤亡时间	伤亡地点	伤亡原因	伤	亡
梅振生	历城县港沟乡神武村	—	男	1938年9月	历城县港沟乡神武村	枪杀		√
孙志安	历城县港沟乡大官村	21	男	1938年9月	历城县港沟乡大官村	狗咬死		√
刘振善	历城县港沟乡神武村	—	男	1938年9月	历城县港沟乡神武村	枪伤	√	
刘延臣	历城县港沟乡神武村	—	男	1938年9月	历城县港沟乡神武村	枪伤	√	
韩在彦	历城县港沟乡神武村	—	男	1938年9月	历城县港沟乡神武村	枪伤	√	
王仕荣	历城县港沟乡神武村	—	男	1938年9月	历城县港沟乡神武村	枪伤	√	
马国元	历城县港沟乡神武村	—	男	1938年9月	历城县港沟乡神武村	枪伤	√	
曹文专	历城县郭店镇郭西村	30	男	1938年10月4日	历城县郭店镇郭西村	砍死		√
李登庆	历城县彩石镇彩石一村	25	男	1938年秋	历城县彩石镇彩石一村	烧死		√
马某	历城县彩石镇彩石一村	34	女	1938年秋	历城县彩石镇彩石一村	烧死		√
李加福之母	历城县彩石镇彩石一村	42	女	1938年秋	历城县彩石镇彩石一村	烧死		√
李加福之子	历城县彩石镇彩石一村	8	男	1938年秋	历城县彩石镇彩石一村	烧死		√
巩某	历城县董家镇五里堂村	—	男	1938年秋	历城县董家镇五里堂村	枪杀		√
十五子（小名）	历城县董家镇五里堂村	—	男	1938年秋	历城县董家镇五里堂村	狗咬死		√
巩玉章	历城县董家镇五里堂村	—	男	1938年秋	历城县董家镇五里堂村	劳工	√	
巩化元	历城县董家镇五里堂村	—	男	1938年秋	历城县董家镇五里堂村	劳工	√	
外地妇女	历城县董家镇五里堂村	—	女	1938年秋	历城县董家镇五里堂村	杀害		√
李京芸之姉	历城县唐王乡段家村	20	女	1938年秋	历城县唐王乡段家村	投井	√	
曹国栋	历城县郭店镇韩二村	85	男	1938年11月	历城县郭店镇韩二村	枪伤	√	
曹殿珍	历城县郭店镇韩二村	25	男	1938年12月5日	历城县郭店镇韩二村	殴打	√	
张希林	历城县仲宫镇稻池村	32	男	1938年12月25日	历城县仲宫镇稻池村	“稻池惨案”死		√
赵洪珠	历城县仲宫镇稻池村	59	男	1938年12月25日	历城县仲宫镇稻池村	“稻池惨案”死		√
孙学庚	历城县仲宫镇稻池村	23	男	1938年12月25日	历城县仲宫镇稻池村	“稻池惨案”死		√
赵陈氏	历城县仲宫镇稻池村	53	女	1938年12月25日	历城县仲宫镇稻池村	“稻池惨案”死		√
付长祥	历城县仲宫镇稻池村	41	男	1938年12月25日	历城县仲宫镇稻池村	“稻池惨案”死		√
付长龙	历城县仲宫镇稻池村	40	男	1938年12月25日	历城县仲宫镇稻池村	“稻池惨案”死		√
付文生	历城县仲宫镇稻池村	35	男	1938年12月25日	历城县仲宫镇稻池村	“稻池惨案”死		√
付志帮	历城县仲宫镇稻池村	38	男	1938年12月25日	历城县仲宫镇稻池村	开膛挖心		√

（续表）

姓名	籍贯	年龄	性别	伤亡时间	伤亡地点	伤亡原因	伤	亡
付殿池	历城县仲宫镇稻池村	63	男	1938年12月25日	历城县仲宫镇稻池村	“稻池惨案”死		√
赵立生	历城县仲宫镇稻池村	56	男	1938年12月25日	历城县仲宫镇稻池村	“稻池惨案”死		√
赵立才	历城县仲宫镇稻池村	31	男	1938年12月25日	历城县仲宫镇稻池村	“稻池惨案”死		√
张金锋	历城县仲宫镇稻池村	56	男	1938年12月25日	历城县仲宫镇稻池村	“稻池惨案”死		√
张玉兰	历城县仲宫镇稻池村	59	男	1938年12月25日	历城县仲宫镇稻池村	“稻池惨案”死		√
付殿敬	历城县仲宫镇稻池村	64	男	1938年12月25日	历城县仲宫镇稻池村	“稻池惨案”死		√
程玉岭	历城县仲宫镇稻池村	34	男	1938年12月25日	历城县仲宫镇稻池村	“稻池惨案”死		√
孙振海	历城县仲宫镇稻池村	43	男	1938年12月25日	历城县仲宫镇稻池村	“稻池惨案”死		√
孙志让	历城县仲宫镇稻池村	33	男	1938年12月25日	历城县仲宫镇稻池村	“稻池惨案”死		√
张希文	历城县仲宫镇稻池村	25	男	1938年12月25日	历城县仲宫镇稻池村	“稻池惨案”死		√
付殿凯	历城县仲宫镇刘家村	53	男	1938年12月25日	历城县仲宫镇稻池村	“稻池惨案”死		√
胡文兴之妻	历城县仲宫镇刘家村	35	女	1938年12月25日	历城县仲宫镇刘家村	“稻池惨案”死		√
胡文兴长子	历城县仲宫镇刘家村	15	男	1938年12月25日	历城县仲宫镇刘家村	“稻池惨案”死		√
胡文兴次子	历城县仲宫镇刘家村	13	男	1938年12月25日	历城县仲宫镇刘家村	“稻池惨案”死		√
胡文兴之女	历城县仲宫镇刘家村	9	女	1938年12月25日	历城县仲宫镇刘家村	“稻池惨案”死		√
胡文深之妻	历城县仲宫镇刘家村	36	女	1938年12月25日	历城县仲宫镇刘家村	“稻池惨案”死		√
胡文兴之母	历城县仲宫镇刘家村	56	女	1938年12月25日	历城县仲宫镇刘家村	“稻池惨案”死		√
付胡氏外孙女	历城县仲宫镇刘家村	11	女	1938年12月25日	历城县仲宫镇刘家村	“稻池惨案”死		√
付胡氏外孙女	历城县仲宫镇刘家村	9	女	1938年12月25日	历城县仲宫镇刘家村	“稻池惨案”死		√
胡朋来	历城县仲宫镇刘家村	31	男	1938年12月25日	历城县仲宫镇刘家村	“稻池惨案”死		√
杨天河	历城县仲宫镇刘家村	29	男	1938年12月25日	历城县仲宫镇刘家村	“稻池惨案”死		√
张世成	历城县仲宫镇刘家村	52	男	1938年12月25日	历城县仲宫镇刘家村	“稻池惨案”死		√
张金忠	历城县仲宫镇刘家村	51	男	1938年12月25日	历城县仲宫镇刘家村	“稻池惨案”死		√
高玉宽	历城县仲宫镇刘家村	31	男	1938年12月25日	历城县仲宫镇刘家村	“稻池惨案”死		√

（续表）

姓名	籍贯	年龄	性别	伤亡时间	伤亡地点	伤亡原因	伤	亡
李兆义	历城县仲宫镇邱家村	45	男	1938 年 12 月 25 日	历城县仲宫镇邱家村	枪杀		√
李兆义之妻	历城县仲宫镇邱家村	40	女	1938 年 12 月 25 日	历城县仲宫镇邱家村	枪杀		√
李兆义之子	历城县仲宫镇邱家村	5	男	1938 年 12 月 25 日	历城县仲宫镇邱家村	枪杀		√
李兆春	历城县仲宫镇邱家村	52	男	1938 年 12 月 25 日	历城县仲宫镇邱家村	枪杀		√
李兆端	历城县仲宫镇邱家村	63	男	1938 年 12 月 25 日	历城县仲宫镇邱家村	枪杀		√
赵亢良	历城县仲宫镇邱家村	65	男	1938 年 12 月 25 日	历城县仲宫镇邱家村	枪杀		√
李元华	历城县仲宫镇邱家村	43	男	1938 年 12 月 25 日	历城县仲宫镇邱家村	枪杀		√
宗秀武	历城县仲宫镇邱家村	45	男	1938 年 12 月 25 日	历城县仲宫镇邱家村	枪杀		√
陈思棋	历城县仲宫镇东路村	24	男	1938 年 12 月 25 日	历城县仲宫镇南杨村	枪杀		√
陈中明	历城县仲宫镇东路村	25	男	1938 年 12 月 25 日	历城县仲宫镇南杨村	战死		√
马海水	历城县仲宫镇于家洼村	52	男	1938 年 12 月 25 日	历城县仲宫镇于家洼村	枪杀		√
高奉春	历城县港沟乡蟠龙村	19	男	1938 年	历城县港沟乡蟠龙村	失踪		√
马芳莲	历城县港沟乡河西村	33	女	1938 年	历城县港沟乡河西村	炮弹炸伤	√	
李天民	历城县孙村公社南顿丘大队	23	男	1938 年	山西省	阵亡		√
孙锡胜	历城县港沟乡大官村	23	男	1938 年	历城县港沟乡田庄村	刺死		√
康庭先	历城县彩石镇西彩石六村	27	男	1938 年	历城县彩石镇西彩石六村	狗咬死		√
大妮子	历城县彩石镇北宅科村	20	女	1938 年	历城县彩石镇北宅科村	“宅科惨案”死		√
张东贵之弟	历城县彩石镇北宅科村	22	男	1938 年	历城县彩石镇北宅科村	“宅科惨案”死		√
王京福之妻	历城县彩石镇北宅科村	40	女	1938 年	历城县彩石镇北宅科村	“宅科惨案”死		√
孙光荣	历城县彩石镇北宅科村	61	男	1938 年	历城县彩石镇北宅科村	“宅科惨案”死		√
李腾财之妹	历城县彩石镇北宅科村	23	女	1938 年	历城县彩石镇北宅科村	“宅科惨案”死		√
李廷杰	历城县彩石镇北宅科村	31	男	1938 年	历城县彩石镇北宅科村	挖心		√
李天春	历城县彩石镇北宅科村	—	男	1938 年	历城县彩石镇北宅科村	活埋斩首		√
安长贵	历城县彩石镇北宅科村	40	男	1938 年	历城县彩石镇北宅科村	“宅科惨案”死		√
李宗兰之弟	历城县彩石镇北宅科村	3	男	1938 年	历城县彩石镇北宅科村	“宅科惨案”死		√
张向坤	历城县彩石镇北宅科村	35	男	1938 年	历城县彩石镇北宅科村	“宅科惨案”死		√
张向文	历城县彩石镇北宅科村	32	男	1938 年	历城县彩石镇北宅科村	“宅科惨案”死		√
张枝学	历城县彩石镇北宅科村	25	女	1938 年	历城县彩石镇北宅科村	“宅科惨案”死		√

（续表）

姓名	籍贯	年龄	性别	伤亡时间	伤亡地点	伤亡原因	伤	亡
左德胜	历城县彩石镇北宅科村	25	男	1938 年	历城县彩石镇北宅科村	“宅科惨案”死		√
于某	历城县董家镇城角村	—	男	1938 年	被抓东北作劳工后失踪	劳工失踪		√
王村	历城县董家镇五里堂村	—	男	1938 年	历城县董家镇五里堂村	炸死		√
王村之妻	历城县董家镇五里堂村	—	女	1938 年	历城县董家镇五里堂村	炸死		√
巩玉树之子	历城县董家镇五里堂村	—	男	1938 年	历城县董家镇五里堂村	打死		√
巩光增之妻	历城县董家镇五里堂村	—	女	1938 年	历城县董家镇五里堂村	强奸	√	
刘长树	历城县董家镇五里堂村	—	男	1938 年	历城县董家镇五里堂村	毒打	√	
刘长成	历城县董家镇五里堂村	—	男	1938 年	历城县董家镇五里堂村	毒打	√	
王红年	历城县王舍人镇简家村	—	男	1938 年	历城县王舍人镇简家村	活埋		√
路恩盛	历城县王舍人镇川流村	28	男	1938 年	历城县王舍人镇川流村	被抓失踪		√
苏玉东	历城县王舍人镇苏家村	18	男	1938 年	柳埠镇大佛寿村	杀害		√
闫世友	历城县王舍人镇郭家村	36	男	1938 年	历城县王舍人镇郭家村	枪杀		√
李袁氏	历城县王舍人镇郭家村	23	女	1938 年	历城县王舍人镇郭家村	枪杀		√
吕素江	历城县唐王乡段家村	—	男	1938 年	历城县唐王乡段家村	刺死		√
许金贵	历城县华山镇北辛村	—	男	1938 年	江苏省徐州	狗咬死		√
朱经青	历城县华山镇北辛村	22	男	1938 年	—	劳工失踪		√
尹兴荣	历城县华山镇坝子村	—	男	1938 年	历城县华山镇坝子村	打死		√
方酷杰	历城县郭店镇方家村	26	男	1939 年 2 月 27 日	历城县郭店镇家寨村	枪杀		√
王傅氏	历城县西坞乡黑龙峪村	42	女	1939 年 4 月 1 日	历城县西坞乡黑龙峪村	枪杀		√
王云阁	历城县西坞乡黑龙峪村	50	男	1939 年 3 月 28 日（农历）	历城县西坞乡黑龙峪村	枪杀		√
刘文斗	历城县西坞乡黑龙峪村	46	男	1939 年 3 月 28 日（农历）	历城县西坞乡黑龙峪村	枪杀		√
王传孟	历城县西坞乡黑龙峪村	81	男	1939 年 3 月 28 日（农历）	历城县西坞乡黑龙峪村	枪杀		√
王孙氏	历城县西坞乡黑龙峪村	44	女	1939 年 3 月 28 日（农历）	历城县西坞乡黑龙峪村	枪杀		√
王刘氏	历城县西坞乡黑龙峪村	41	女	1939 年 3 月 28 日（农历）	历城县西坞乡黑龙峪村	枪杀		√
韩富元	历城县西坞乡黑龙峪村	4	男	1939 年 3 月 28 日（农历）	历城县西坞乡黑龙峪村	枪杀		√
李王氏	历城县西坞乡黑龙峪村	19	女	1939 年 3 月 28 日（农历）	历城县西坞乡黑龙峪村	枪杀		√
宋有钱	历城县唐王镇唐西村	19	男	1939 年 5 月	十纵七师三团	阵亡		√
陈刘山	历城县港沟乡河西村	23	男	1939 年麦前	历城县孙村乡沙沟村	战死		√

（续表）

姓名	籍贯	年龄	性别	伤亡时间	伤亡地点	伤亡原因	伤	亡
吕本信之妻	历城县郭店镇十里堡村	25	女	1939年6月25日	历城县郭店镇十里堡村	强奸	√	
吕安增之妻	历城县郭店镇十里堡村	26	女	1939年6月25日	历城县郭店镇十里堡村	强奸	√	
吴乐才之妻	历城县郭店镇十里堡村	26	女	1939年6月25日	历城县郭店镇十里堡村	强奸	√	
吕介升	历城县郭店镇十里堡村	42	男	1939年7月4日	历城县郭店镇十里堡村	被绑侮辱	√	
吕介升之妻	历城县郭店镇十里堡村	—	女	1939年7月4日	历城县郭店镇十里堡村	被绑侮辱	√	
刁连海	历城县党家庄镇东渴马村	29	男	1939年7月	济南市市中区八里洼村	阵亡		√
吴延生	历城县党家庄镇东渴马村	26	男	1939年7月	济南市市中区八里洼村	阵亡		√
周俊志	历城县党家庄镇东渴马村	40	男	1939年7月	济南市市中区八里洼村	阵亡		√
张怀胜	历城县锦绣川乡后沟村	37	男	1939年7月	历城县锦绣川乡后沟村	枪杀		√
张怀岭	历城县锦绣川乡后沟村	30	男	1939年7月	历城县锦绣川乡后沟村	失踪		√
张玉玺	历城县锦绣川乡后沟村	27	男	1939年7月	历城县锦绣川乡后沟村	失踪		√
赵思孔	历城县锦绣川乡十八盘村	53	男	1939年7月	历城县锦绣川乡十八盘村	枪杀刀刺		√
张元辉	历城县锦绣川乡牛家村	36	男	1939年7月	历城县锦绣川乡牛家村	打死		√
郑某（小白条）	历城县锦绣川乡东商村	37	男	1939年7月	历城县锦绣川乡东商村	枪杀		√
杨培元之妻	历城县董家镇东杨村	—	女	1939年夏	历城县董家镇东杨村	强奸	√	
小红（小名）	历城县董家镇东杨村	17	女	1939年夏	历城县董家镇东杨村	轮奸	√	
秦延林	历城唐王公社唐东大队	27	男	1939年8月	邹平县长山	阵亡		√
赵学德	孙村公社港沟大队	19	男	1939年8月	临淄县	阵亡		√
亓观勤	历城县港沟乡河西村	12	男	1939年麦后	历城县港沟乡河西村	被抓失踪		√
李殿功	历城县港沟乡河西村	40	男	1939年秋后	历城县港沟乡河西村	劳工致死		√
宗玉香	历城县锦绣川乡小佛村	27	男	1939年11月	历城县锦绣川乡小佛村	打死		√
保兴（小名）	历城县锦绣川乡小佛村	25	男	1939年11月	历城县锦绣川乡小佛村	打死		√
宗修贞	历城县锦绣川乡小佛村	25	男	1939年11月	历城县锦绣川乡小佛村	打死		√
宗修增	历城县锦绣川乡小佛村	32	男	1939年11月	历城县锦绣川乡小佛村	打死		√
高吉永	历城县锦绣川乡小佛村	30	男	1939年11月	历城县锦绣川乡小佛村	打死		√
张路明	历城县锦绣川乡大佛村	27	男	1939年11月	历城县锦绣川乡大佛村	打死		√
张路福	历城县锦绣川乡大佛村	37	男	1939年11月	历城县锦绣川乡大佛村	打死		√
冯金福	历城县锦绣川乡大佛村	35	男	1939年11月	历城县锦绣川乡大佛村	打死		√
王志子	历城县锦绣川乡大佛村	30	男	1939年11月	历城县锦绣川乡大佛村	打死		√
时春茂	历城县锦绣川乡道沟村	30	男	1939年11月	历城县锦绣川乡道沟村	打死		√

（续表）

姓名	籍贯	年龄	性别	伤亡时间	伤亡地点	伤亡原因	伤	亡
时孟进	历城县锦绣川乡道沟村	27	男	1939 年 11 月	历城县锦绣川乡道沟村	失踪		√
时殿仁	历城县锦绣川乡道沟村	43	男	1939 年 11 月	历城县锦绣川乡道沟村	失踪		√
郭万祥	历城县港沟乡西邢村	—	男	1939 年	济南市黄台车站	劳工失踪		√
杨友	历城县港沟乡西邢村	—	男	1939 年	历城县港沟乡安家村	劳工失踪		√
张长亮	历城县彩石镇北宅科村	53	男	1939 年	历城县彩石镇北宅科村	枪杀		√
方庆福之母	历城县彩石镇北宅科村	37	女	1939 年	历城县彩石镇北宅科村	枪杀		√
杨书文	历城县董家镇东杨村	30 多岁	男	1939 年	历城县郭店镇郭店村	狗咬死		√
杨希征	历城县董家镇东杨村	20 多岁	男	1939 年	历城县董家镇刘海村	枪杀		√
刘顺	历城县王舍人镇大辛村	—	男	1939 年	历城县王舍人镇大辛村	炸死		√
闫士成	历城县王舍人镇大辛村	—	男	1939 年	历城县王舍人镇大辛村	刺伤	√	
刘洪福姐姐（水官）	历城县王舍人镇刘家村	—	女	1939 年	历城县王舍人镇刘家村	轮奸	√	
刘洪基	历城县王舍人镇刘家村	—	男	1939 年	历城县王舍人镇刘家村	劳工	√	
王学荣	历城县王舍人镇简家村	—	男	1939 年	历城县王舍人镇简家村	劳工失踪		√
马大曾	历城县王舍人镇赵家村	43	男	1939 年	历城县王舍人镇赵家村	劳工致死		√
李学乾	历城县王舍人镇赵家村	39	男	1939 年	历城县王舍人镇赵家村	劳工致死		√
陈长文	历城县王舍人镇苏家村	21	男	1939 年	历城县西营镇龙湾村	杀害		√
周玉岭	历城县王舍人镇苏家村	19	男	1939 年	历城县王舍人镇苏家村	劳工失踪		√
苏贵子	历城县王舍人镇苏家村	20	男	1939 年	历城县王舍人镇苏家村	劳工失踪		√
苏珂子	历城县王舍人镇苏家村	20	男	1939 年	历城县王舍人镇苏家村	劳工失踪		√
许士学姐姐	历城县王舍人镇大辛村	—	女	1939 年	历城县王舍人镇大辛村	强奸	√	
老马之女（小点子）	历城县王舍人镇大辛村	—	女	1939 年	历城县王舍人镇大辛村	强奸	√	
张云圣	历城县唐王乡渡口村	28	男	1939 年	历城县唐王乡渡口村	枪杀		√
王心敬	历城县唐王乡王坡村	—	男	1939 年	历城县唐王乡王坡村	打死		√
王永训	历城县唐王乡王坡村	—	男	1939 年	历城县唐王乡王坡村	打死		√
颜世仁	历城县唐王乡颜家村	37	男	1939 年	历城县唐王乡颜家村	枪杀		√
王锡山	历城县孙村公社流海大队	31	男	1940 年 1 月	山西省墩塙	阵亡		√

（续表）

姓名	籍贯	年龄	性别	伤亡时间	伤亡地点	伤亡原因	伤	亡
张立友	历城县仲宫公社尹家店大队	18	男	1940 年 1 月	历城县槲疃村	阵亡		√
赵氏兄弟	历城县郭店镇武家村	44	男	1940 年 2 月	历城县郭店镇武家村	刺死		√
赵氏兄弟	历城县郭店镇武家村	—	男	1940 年 2 月	历城县郭店镇武家村	刺死		√
王振南	历城县郭店镇武家村	30	男	1940 年 3 月	历城县郭店镇武家村	遇害		√
李兴东	历城县锦绣川乡潘家村	30	男	1940 年 3 月	历城县锦绣川乡潘家村	枪杀		√
田喜让	历城县锦绣川乡潘家村	53	男	1940 年 3 月	历城县锦绣川乡潘家村	拷打致死		√
李少云	历城县锦绣川乡潘家村	36	男	1940 年 3 月	历城县锦绣川乡潘家村	拷打致伤	√	
李兴忠	历城县锦绣川乡潘家村	27	男	1940 年 3 月	历城县锦绣川乡潘家村	烧成重伤	√	
王福山之母	历城县郭店镇武家村	45	女	1940 年 3 月	历城县郭店镇武家村	遇害		√
闫氏	历城县锦绣川乡潘家村	27	女	1940 年 3 月	历城县锦绣川乡潘家村	枪杀		√
孙学堂	历城县西营乡下罗伽村	87	男	1940 年 3 月	历城县西营乡下西营河村	枪杀		√
王庆朝	历城县西营乡枣林村	31	男	1940 年 3 月	历城县西营乡枣林村	枪杀		√
王学颜	历城县西营乡枣林村	35	男	1940 年 3 月	历城县西营乡枣林村	枪杀		√
刘怀志	历城县西营乡枣林村	30	男	1940 年 3 月	历城县西营乡枣林村	刺死		√
王明三	历城县西营乡枣林村	34	男	1940 年 3 月	历城县西营乡枣林村	枪杀		√
李氏	历城县西营乡枣林村	23	女	1940 年 3 月	历城县西营乡枣林村	枪伤后死		√
宋太太	历城县西营乡枣林村	33	女	1940 年 3 月	历城县西营乡枣林村	枪杀		√
王庆汉	历城县西营乡枣林村	32	男	1940 年 3 月	历城县西营乡枣林村	枪杀		√
王功俊之妻	历城县西营乡枣林村	24	女	1940 年 3 月	历城县西营乡枣林村	枪伤	√	
王功俊之子	历城县西营乡枣林村	2	男	1940 年 3 月	历城县西营乡枣林村	枪杀		√
王庆江	历城县王舍人镇赵家村	44	男	1940 年春	历城县王舍人镇赵家村	枪杀		√
王凤河	历城县王舍人镇赵家村	19	男	1940 年春	历城县王舍人镇赵家村	枪杀		√
高世业	历城大龙堂平坊大队	14	男	1940 年 6 月	历城县葫芦套	阵亡		√
孟兆福	历城县锦绣川乡金刚村	25	男	1940 年 7 月	历城县锦绣川乡金刚村	烧死		√
房振伦	历城县郭店镇山前村	45	男	1940 年 8 月 19 日	历城县郭店镇郭东村	灌辣椒水	√	
马良信	历城县锦绣川乡金刚村	25	男	1940 年 8 月	历城县锦绣川乡金刚村	打成重伤	√	
曹文庆	历城县郭店镇郭西村	44	男	1940 年 9 月 18 日	历城县郭店镇郭西村	打伤	√	
赵殿祥之叔	历城县郭店镇武家村	35	男	1940 年 10 月 18 日	历城县郭店镇武家村	杀害		√

（续表）

姓名	籍贯	年龄	性别	伤亡时间	伤亡地点	伤亡原因	伤	亡
赵殿祥婶子	历城县郭店镇武家村	33	女	1940年10月18日	历城县郭店镇武家村	杀害		√
赵殿祥叔叔之内弟	历城县郭店镇武家村	30	男	1940年10月18日	历城县郭店镇武家村	杀害		√
李继和	历城县港沟乡东邢村	—	男	1940年10月	历城县郭店火车站	狗咬死		√
贾续昆之妻	历城县郭店镇西枣园村	28	女	1940年11月	历城县郭店镇西枣园村	强奸	√	
贾续宾之妻	历城县郭店镇西枣园村	30	女	1940年11月	历城县郭店镇西枣园村	强奸	√	
吴宝荣	历城县锦绣川乡九曲村	32	男	1940年12月	历城县锦绣川乡九曲村	枪伤	√	
王某	历城县董家镇季家村	30多岁	男	1940年冬	历城县董家镇季家村	枪击	√	
刘学征	历城县港沟乡蟠龙村	20	男	1940年	历城县港沟乡蟠龙村	失踪		√
冯守英	历城县彩石镇中泉村	80	女	1940年	历城县彩石镇中泉村	枪击刀刺	√	
冯守兰	历城县彩石镇中泉村	52	女	1940年	历城县彩石镇中泉村	打死		√
李训起	历城县彩石镇西小龙堂村	35	男	1940年	历城县彩石镇西小龙堂村	杀害		√
李少康	历城县郭店镇程庄村	82	男	1940年	历城县郭店镇大官村	杀害		√
李贤忠	历城县郭店镇程庄村	83	男	1940年	历城县郭店镇大官村	杀害		√
李心书	历城县郭店镇程庄村	81	男	1940年	历城县郭店镇大官村	杀害		√
李心史	历城县郭店镇程庄村	84	男	1940年	历城县郭店镇大官村	杀害		√
李修富之弟	历城县郭店镇程庄村	81	男	1940年	历城县郭店镇大官村	杀害		√
黑小子	历城县郭店镇程庄村	83	男	1940年	历城县郭店镇大官村	杀害		√
死妮（小名）	历城县郭店镇程庄村	86	男	1940年	历城县郭店镇大官村	杀害		√
邢士革	历城县董家镇王辛村	—	男	1940年	历城县董家镇王辛村	狗咬死		√
黄杲（小狗子）	历城县董家镇城角村	40多岁	男	1940年	历城县董家镇城角村	枪杀		√
季书章	历城县董家镇季家村	40多岁	男	1940年	历城县董家镇季家村	枪杀		√
王文英	历城县董家镇前二舍村	49	女	1940年	历城县董家镇前二舍村	打伤	√	
李明俊祖母	历城县董家镇前二舍村	50	女	1940年	历城县董家镇前二舍村	毒打	√	
逮住（小名）	历城县董家镇王辛村	—	男	1940年	历城县董家镇王辛村	打死		√
刘连恭	历城县王舍人镇刘家村	—	男	1940年	历城县王舍人镇刘家村	殴打	√	
刘连德	历城县王舍人镇刘家村	—	男	1940年	历城县王舍人镇刘家村	殴打	√	
王克章	历城县王舍人镇简家村	—	男	1940年	历城县王舍人镇简家村	劳工失踪		√

（续表）

姓名	籍贯	年龄	性别	伤亡时间	伤亡地点	伤亡原因	伤	亡
路恩玉	历城县王舍人镇川流村	30	男	1940 年	历城县王舍人镇川流村	被抓失踪		√
路云兴	历城县王舍人镇川流村	23	男	1940 年	历城县王舍人镇川流村	被抓失踪		√
路福俊	历城县王舍人镇沙三村	—	男	1940 年	日本	劳工失踪		√
小宝（小名）	历城县王舍人镇沙四村	—	女	1940 年	历城县王舍人镇沙四村	强奸	√	
亓来忠	历城县高而乡北核桃园村	—	男	1940 年	历城县高而乡北核桃园村	失踪		√
杨黑子	历城县西营乡石岭村	—	男	1940 年	—	失踪		√
杨刘水	历城县西营乡石岭村	—	男	1940 年	—	失踪		√
宋元美	历城县西营乡石岭村	—	男	1940 年	—	失踪		√
杨荣元	历城县西营乡石岭村	—	男	1940 年	—	失踪		√
李中信	历城县唐王乡渡口村	25	男	1940 年	历城县唐王乡渡口村	打死		√
董杏森	历城县唐王乡刘六务村	10	男	1940 年	历城县唐王乡刘六务村	折磨致死		√
区八路军干部	历城县仲宫镇仲北村	26	男	1940 年	历城县仲宫镇仲北村	枪杀		√
张学宝	历城县华山镇坝子村	—	男	1940 年	东北	打死		√
刘长顺	历城县郭店镇唐北村	28	男	1941 年 2 月 2 日	历城县郭店镇唐北村	枪杀		√
无名氏	历城县郭店镇流海村	25	男	1941 年 3 月	历城县郭店镇流海村	活埋		√
卢圣成	历城孙村公社卢家寨大队	21	男	1941 年 4 月	—	阵亡		√
李广东	历城县港沟乡里子村	81	男	1941 年 4 月	历城县港沟乡伙路村	枪杀		√
刘国振	历城县郭店镇李西村	35	男	1941 年 4 月 4 日	历城县郭店镇郭东村	枪杀		√
韩圣文	历城县港沟乡神武村	—	男	1941 年 4 月 7 日	历城县港沟乡神武村	枪杀		√
韩京文	历城县港沟乡神武村	—	男	1941 年 4 月 7 日	历城县港沟乡神武村	枪杀		√
韩前方	历城县港沟乡神武村	—	男	1941 年 4 月 7 日	历城县港沟乡神武村	枪杀		√
韩家平	历城县港沟乡神武村	—	男	1941 年 4 月 7 日	历城县港沟乡神武村	枪杀		√
韩前孟	历城县港沟乡神武村	—	男	1941 年 4 月 7 日	历城县港沟乡神武村	枪杀		√
陈卿云	历城县港沟乡神武村	—	男	1941 年 4 月 7 日	历城县港沟乡神武村	枪杀		√
李道德	历城县郭店镇胥家村	41	男	1941 年 4 月 17 日	历城县郭店镇胥家村	土埋刺死		√
李传培	历城高而公社汤家大队	17	男	1941 年 6 月	泰安市北高坡	阵亡		√
孙氏	历城县西营乡西营村	—	女	1941 年 6 月	历城县西营乡西营村	枪伤	√	
邢念义	历城县港沟乡西邢村	85	男	1941 年 7 月 19 日	历城县港沟乡西邢村	枪伤	√	
张其良祖父	历城县郭店镇流海村	46	男	1941 年 8 月 14 日	历城县郭店镇流海村	打死		√

（续表）

姓名	籍贯	年龄	性别	伤亡时间	伤亡地点	伤亡原因	伤	亡
贾延长	历城大龙堂公社大龙堂大队	28	男	1941 年 9 月	河北省清河县	阵亡		√
张凤海	历城县西营镇老峪村	23	男	1941 年 9 月	四师十二团	阵亡		√
江兆孔	历城县郭店镇山前村	25	男	1941 年 9 月 17 日	历城县郭店镇孙村	活埋		√
刘振汉	历城县港沟乡神武村	—	男	1941 年 11 月 10 日	历城县港沟乡神武村	枪杀		√
杨万山	历城县港沟乡神武村	—	男	1941 年 11 月 10 日	历城县港沟乡神武村	枪杀		√
王学书	历城县港沟乡神武村	—	男	1941 年 11 月 10 日	历城县港沟乡神武村	枪杀		√
李茂根	历城县彩石镇万粮峪村	51	男	1941 年 12 月	历城县彩石镇万粮峪村	杀害		√
张其祥之妻	历城县郭店镇流海村	28	女	1941 年 12 月	历城县郭店镇流海村	轮奸	√	
孟庆荣	历城县柳埠乡孟家村	32	男	1941 年	东北地区	劳累死		√
刘洪贵	历城县柳埠乡黄家村	41	男	1941 年	历城县柳埠乡桃科村	枪伤致死		√
贾友祥	历城县彩石镇玉龙村	19	男	1941 年	历城县彩石镇玉龙村	刺死		√
高为富	历城县彩石镇玉龙村	22	男	1941 年	历城县彩石镇玉龙村	枪伤	√	
潘永福	历城县彩石镇玉龙村	35	男	1941 年	历城县彩石镇玉龙村	刺伤	√	
程高氏	历城县彩石镇西彩石五村	34	女	1941 年	历城县彩石镇西彩石五村	毒打	√	
程广元	历城县彩石镇西彩石五村	54	男	1941 年	历城县彩石镇西彩石五村	杀害		√
赵福祥	历城县彩石镇西彩石五村	43	男	1941 年	历城县彩石镇西彩石五村	杀害		√
孙守昌	历城县彩石镇西彩石二村	19	男	1941 年	莱芜县	战伤	√	
张瑞玲之父	历城县彩石镇西彩石二村	19	男	1941 年	历城县彩石镇西彩石二村	烫伤	√	
党兴傲	历城县彩石镇西彩石二村	34	男	1941 年	历城县彩石镇西彩石二村	打死		√
程兴远	历城县彩石镇西彩石二村	46	男	1941 年	历城县彩石镇西彩石二村	打死		√
吕子丰	历城县彩石镇西彩石二村	42	男	1941 年	历城县彩石镇西彩石二村	炸伤	√	
张东川	历城县彩石镇西彩石二村	32	男	1941 年	历城县彩石镇西彩石二村	打伤	√	
李怀芝	历城县彩石镇西彩石二村	52	女	1941 年	历城县彩石镇西彩石二村	枪杀		√
季景美	历城县董家镇季家村	50 多岁	男	1941 年	历城县董家镇季家村	刺伤	√	
马乃仁之兄	历城县董家镇城子村	29	男	1941 年	历城县董家镇城子村	枪杀		√
韩作河之叔	历城县董家镇城子村	21	男	1941 年	历城县董家镇城子村	枪杀		√
贾配兰之女	历城县董家镇三官庙村	17	女	1941 年	历城县董家镇三官庙村	淹死		√
贾配胸之女	历城县董家镇三官庙村	17	女	1941 年	历城县董家镇三官庙村	淹死		√
刘长柱	历城县董家镇五里堂村	—	男	1941 年	历城县董家镇五里堂村	毒打	√	

（续表）

姓名	籍贯	年龄	性别	伤亡时间	伤亡地点	伤亡原因	伤	亡
陈传志	历城县高而乡北邱村	—	男	1941年	历城县高而乡北邱村	打伤	√	
王士方	历城县高而乡北邱村	—	男	1941年	历城县高而乡北邱村	打死		√
李洪金	历城县高而乡北邱村	—	男	1941年	历城县高而乡北邱村	打死		√
郭文德	历城县高而乡北邱村	—	男	1941年	历城县高而乡北邱村	打伤	√	
葛领海	历城县高而乡北邱村	—	男	1941年	历城县高而乡北邱村	打伤	√	
丁玉广	历城县高而乡北邱村	—	男	1941年	历城县高而乡北邱村	遇害		√
焦延全	历城县高而乡南高村	18	男	1941年	历城县高而乡南高村	打伤	√	
陈传文	历城县高而乡北邱村	17	男	1941年	历城县高而乡南高村	打伤	√	
邢义然	历城县高而乡邢家村	13	男	1941年	历城县高而乡邢家村	殴打	√	
王同训	历城县高而乡北孙家崖村	20	男	1941年	历城县高而乡北孙家崖村	枪击致残	√	
赵辛恩	历城县港沟乡东邢村	28	男	1941年	历城县港沟乡东邢村	打死		√
赵兴义	历城县港沟乡东邢村	41	男	1941年	历城县港沟乡东邢村	水淹致伤	√	
谢德星之兄	历城县彩石镇岔峪村	20	男	1941年	历城县彩石镇岔峪村	枪杀		√
高士业	历城县彩石镇平坊村	32	男	1941年	历城县彩石镇平坊村	杀死		√
李加友之兄	历城县彩石镇路相村	35	男	1941年	历城县彩石镇路相村	打死		√
张士海	历城县高而公社出泉沟大队	19	男	1941年	沂南地区	阵亡		√
姚兆平之父	历城县西周村	—	男	1941年	历城县西周村	烧死		√
李二牛之子	历城县西周村	—	男	1941年	历城县西周村	烧死		√
田忠辉	历城县高而乡花坦村	28	男	1942年1月24日	历城县高而乡花坦村	砸伤	√	
高世庆	历城大龙堂平坊大队	32	男	1942年1月	—	阵亡		√
田延书儿媳	历城县郭店镇田家村	28	女	1942年1月	历城县郭店镇田家村	强奸	√	
徐杰修	历城县董家镇张而村	50多岁	男	1942年1月	历城县董家镇吕家村	枪杀		√
赵三全之父	历城县董家镇张而村	50多岁	男	1942年1月	历城县董家镇吕家村	遇害		√
朱先科	历城县彩石镇朝阳村	26	男	1942年3月	章丘市相公庄镇相公村	铡刀铡死		√
孙寿昌	历城县彩石镇西彩石二村	22	男	1942年3月	鲁中十团二营	阵亡		√
吕素江	历城县郭店镇耿家村	21	男	1942年5月6日	历城县郭店镇马鹏村	活埋		√
卢清山	历城县孙村公社左家洼大队	22	男	1942年5月	—	阵亡		√
刘洪昌	历城县彩石镇大龙堂村	32	男	1942年春	历城县彩石镇杏峪村	战死		√
李洪恩之兄	历城县彩石镇大龙堂村	33	男	1942年春	历城县彩石镇杏峪村	战死		√

（续表）

姓名	籍贯	年龄	性别	伤亡时间	伤亡地点	伤亡原因	伤	亡
陈某（俗名和尚）	历城县彩石镇大龙堂村	35	男	1942 年春	历城县彩石镇杏峪村	战死		√
张某	历城县彩石镇大龙堂村	26	男	1942 年春	历城县彩石镇杏峪村	炸死		√
张连雨	历城县彩石镇大龙堂村	28	男	1942 年春	历城县彩石镇杏峪村	炸伤	√	
吕信之	历城县邵而公社丰奇大队	22	男	1942 年 6 月	巨野县	阵亡		√
吕至勇	历城县邵而公社丰奇大队	25	男	1942 年 6 月	巨野县	阵亡		√
孙守岭	历城县港沟乡里子村	80	男	1942 年 6 月	历城县港沟乡里子村	枪杀		√
于道生	历城县彩石镇虎门村	26	男	1942 年 6 月	历城县彩石镇虎门村	打死		√
李秀实	历城县彩石镇虎门村	—	男	1942 年 6 月	历城县彩石镇虎门村	打死		√
单光春	历城县彩石镇徐家场村	47	男	1942 年麦收	历城县彩石镇徐家场村	拷打致死		√
杨荣辉	历城县西营乡石岭村	—	男	1942 年 7 月 16 日	历城县西营乡石岭村	枪杀		√
张承颜	历城大龙堂公社西峪大队	20	男	1942 年 7 月	北宅村	阵亡		√
辛尚正	历城县高而乡北核桃园村	—	男	1942 年 7 月	历城县高而乡北核桃园村	枪杀		√
吕仁远	历城县郭店镇耿家村	22	男	1942 年 8 月 14 日	历城县郭店镇耿家村	呛死		√
孙杨氏	历城县港沟乡大官村	26	女	1942 年 8 月	历城县郭店	轮奸	√	
刘凤江	历城县柳埠公社秦家村大队	19	男	1942 年 8 月	莱芜县	阵亡		√
夏九章	历城县港沟乡大官村	25	男	1942 年 8 月	历城县港沟乡大官村	刺伤	√	
李延山	历城县港沟乡大官村	24	男	1942 年 8 月	历城县港沟乡大官村	打伤	√	
董连三	历城县港沟乡大官村	24	男	1942 年 8 月	历城县港沟乡大官村	打伤	√	
李德花	历城县彩石镇南宅科村	23	女	1942 年夏	历城县彩石镇南宅科村	轮奸	√	
崔希良	历城县董家镇崔家村	—	男	1942 年 9 月	历城县董家镇崔家村	枪杀		√
崔延德	历城县董家镇崔家村	—	男	1942 年 9 月	历城县董家镇崔家村	枪杀		√
崔凤举	历城县董家镇崔家村	—	男	1942 年 9 月	历城县董家镇崔家村	枪杀		√
刘文全	历城县董家镇崔家村	—	男	1942 年 9 月	历城县董家镇崔家村	枪杀		√
孙兆木	历城县西营乡南坡村	83	男	1942 年秋	东北太平山战役	战伤	√	
李学勤	历城县港沟乡河西村	42	男	1942 年秋后	历城县港沟乡河西村	枪杀		√
高传俊	历城县仲宫镇刘家村	33	男	1942 年 11 月 16 日	历城县仲宫镇刘家村	枪杀		√
李在学	历城县西营乡佛峪村	25	男	1942 年 12 月 27 日	历城县西营乡佛峪村	枪杀		√
耿立殿	历城县西营乡佛峪村	45	男	1942 年 12 月 27 日	历城县西营乡佛峪村	枪杀		√
耿立忠	历城县西营乡佛峪村	30	男	1942 年 12 月 27 日	历城县西营乡佛峪村	枪杀		√
李传信	历城县西营乡佛峪村	30	男	1942 年 12 月 27 日	历城县西营乡佛峪村	枪杀		√
宋茉之	历城县西营乡佛峪村	33	男	1942 年 12 月 27 日	历城县西营乡佛峪村	枪杀		√

（续表）

姓名	籍贯	年龄	性别	伤亡时间	伤亡地点	伤亡原因	伤	亡
李传虎之女	历城县西营乡佛峪村	2	女	1942 年 12 月 27 日	历城县西营乡佛峪村	枪杀		√
李传花	历城县西营乡佛峪村	7	女	1942 年 12 月 27 日	历城县西营乡佛峪村	打残	√	
张恩同	历城县柳埠乡秦家村	21	男	1942 年	莱芜县	阵亡		√
李线庆	历城县柳埠乡龙门村	30	男	1942 年	历城县柳埠乡桃科村	锨把打伤	√	
杨文风	历城县柳埠乡簸箕掌村	40	男	1942 年	历城县柳埠乡桃科村	毒打腰断	√	
陈洪印	历城县彩石镇大龙堂村	54	男	1942 年	历城县彩石镇大龙堂村	枪伤	√	
陈茂池	历城县彩石镇大龙堂村	47	男	1942 年	历城县彩石镇大龙堂村	枪伤	√	
胡希汉妻子	历城县彩石镇大龙堂村	38	女	1942 年	历城县彩石镇大龙堂村	刺伤	√	
康廷先之妻	历城县彩石镇西彩石六村	37	女	1942 年	历城县彩石镇西彩石六村	强奸	√	
刘扣住	历城县彩石镇西彩石六村	54	男	1942 年	历城县彩石镇西彩石六村	烧死		√
程明亮	历城县彩石镇西彩石六村	43	男	1942 年	历城县彩石镇西彩石六村	拷打致伤	√	
康秉利	历城县彩石镇西彩石六村	13	男	1942 年	历城县彩石镇西彩石六村	打伤致残	√	
段培昌之叔	历城县郭店镇武家村	44	男	1942 年	历城县郭店镇武家村	活埋		√
吕升祥	历城县董家镇季家村	—	男	1942 年	历城县董家镇王辛村	刺死		√
黄克海	历城县董家镇城角村	—	男	1942 年	历城县董家镇城角村	劳工	√	
张长怀长女(小明子)	历城县王舍人镇大辛村	—	女	1942 年	历城县王舍人镇大辛村	轮奸致死		√
陈长恒	历城县王舍人镇苏家村	20	男	1942 年	柳埠镇大佛寿村	杀害		√
李长海	历城县王舍人镇冷水沟村	—	男	1942 年	历城县王舍人镇冷水沟村	刺伤	√	
杨云坡	历城县王舍人镇冷水沟村	—	男	1942 年	历城县王舍人镇冷水沟村	枪杀		√
李凤敖	历城县王舍人镇冷水沟村	—	男	1942 年	历城县王舍人镇冷水沟村	枪杀		√
张立美	历城县高而乡东邱村	—	女	1942 年	历城县高而乡东邱村	强奸	√	
闫兴芳	历城县高而乡东邱村	—	女	1942 年	历城县高而乡东邱村	强奸	√	
商学文	历城县高而乡东邱村	—	男	1942 年	历城县高而乡东邱村	刺伤	√	
张氏	历城县高而乡北邱村	—	女	1942 年	历城县高而乡北邱村	强奸	√	
王氏	历城县高而乡北邱村	—	女	1942 年	历城县高而乡北邱村	强奸	√	
陈传英	历城县高而乡南高村	19	女	1942 年	历城县高而乡南高村	强奸	√	
李洪应	历城县高而乡南高村	20	男	1942 年	历城县高而乡南高村	遇害		√
于旺礼	历城县高而乡南高村	21	男	1942 年	历城县高而乡南高村	遇害		√

（续表）

姓名	籍贯	年龄	性别	伤亡时间	伤亡地点	伤亡原因	伤	亡
王二	历城县高而乡西沟村	60	男	1942 年	历城县高而乡西沟村	劳工被害		√
邢耀普	历城县高而乡邢家村	—	男	1942 年	历城县高而乡邢家村	拷打致死		√
邢有昌	历城县高而乡邢家村	—	男	1942 年	历城县高而乡邢家村	战死		√
辛洪迅	历城县高而乡北核桃园村	—	男	1942 年	历城县高而乡北核桃园村	打残	√	
李德明	历城县西营乡上罗伽村	20	男	1942 年	历城县西营乡西营村	被害		√
侯士杰	历城县仲宫镇泉子峪村	89	男	1942 年	历城县仲宫镇泉子峪村	枪杀		√
侯承富	历城县华山镇洪园村	30	男	1942 年	东平县	阵亡		√
郭朝志之妻	历城县西坞乡郭家村	—	女	1942 年	历城县郭家村	杀害		√
耿守朝之母	历城县西坞乡郭家村	—	女	1942 年	历城县郭家村	杀害		√
李德功	历城县港沟乡东邢村	26	男	1942 年	历城县港沟乡东邢村	刺伤	√	
李士荣	历城县王舍人镇陈东村	—	男	1942 年	历城县王舍人镇陈东村	劳工	√	
郭春法	历城仲宫公社西老仙大队	—	男	1942 年	莱芜县	阵亡		√
胡光玉	山东省历城县	27	男	1942 年	—	阵亡		√
辛尚岭	历城高而公社核桃园大队	22	男	1942 年	乳山县	阵亡		√
朱登文	历城县仲宫公社北道沟大队	30	男	1942 年	泰安市祝阳	阵亡		√
东志贤	历城县港沟乡河西村	37	男	1942 年腊月	历城县孙村乡沙沟村	阵亡		√
江兆仁	历城县彩石镇捎近村	38	男	1943 年 1 月	历城县彩石镇捎近村	打伤	√	
王清泉	历城县彩石镇捎近村	39	男	1943 年 1 月	章丘县	遇害		√
孙光兴	历城县彩石镇捎近村	35	男	1943 年 1 月	章丘县	打伤	√	
徐志清	孙村公社北徐大队	23	男	1943 年 1 月	大龙堂公社路向村	阵亡		√
杨荣三	山东省历城县西营公社石岭大队	28	男	1943 年 1 月	历城县西营镇万粮峪村	阵亡		√
王清白	历城县彩石镇捎近村	31	男	1943 年 1 月	章丘县	遇害		√
王洪珍	历城县彩石镇虎门村	32	男	1943 年 3 月	历城县彩石镇虎门村	殴打致残	√	
钟玉珠	历城县董家镇院后村	43	男	1943 年 3 月	历城县董家镇院后村	枪杀		√
王万良	历城县郭店镇王官村	27	男	1943 年 4 月 27 日	历城县郭店镇王官村	枪杀		√
徐功顺	历城县郭店镇王官村	32	男	1943 年 4 月 27 日	历城县郭店镇王官村	枪杀		√
贾和本	历城县彩石镇东彩石村	18	男	1943 年 4 月	渤海军分区	阵亡	√	
商殿增	历城县柳埠公社亓城大队	—	男	1943 年 4 月	泰安市羊拴沟	阵亡		√
王茂松	历城县柳埠公社亓城大队	—	男	1943 年 4 月	泰安县	阵亡		√
王茂友	历城县柳埠公社亓城大队	—	男	1943 年 4 月	泰安县党家	阵亡		√

（续表）

姓名	籍贯	年龄	性别	伤亡时间	伤亡地点	伤亡原因	伤	亡
赵书芳	历城县仲宫公社东乐园大队	23	男	1943 年 4 月	泰安县祝山	阵亡		√
焦忠文	历城县孙村公社南顿丘大队	27	男	1943 年 5 月	历城县孙村镇西顿邱村	阵亡		√
王如山	历城大龙堂公社西小龙大队	21	男	1943 年 5 月	历城县彩石镇两岔河	阵亡		√
孟镇	历城县港沟乡伙路村	60	男	1943 年春	历城县港沟乡伙路村	枪杀		√
孙廷震	历城县港沟乡大官村	21	男	1943 年 6 月	历城县港沟乡大官村	拷打致伤	√	
苏道义	历城县港沟乡大官村	19	男	1943 年 6 月	历城县港沟乡大官村	拷打致伤	√	
郭长明	历城县港沟乡大官村	19	男	1943 年 6 月	历城县港沟乡大官村	拷打致伤	√	
李恩曾祖父	历城县西周村	—	男	1943 年 6 月	历城县西周村	折磨致死		√
褚振义	历城县彩石镇塔窝村	15	男	1943 年 6 月	鲁中军区特务营	阵亡		√
孟现师	孙村公社西卢大队	20	男	1943 年 6 月	离城区彩石镇狼猫山	阵亡		√
吴学俭	历城县港沟乡大官村	25	男	1943 年 6 月	历城县港沟乡大官村	阵亡		√
吴法成	历城县大龙堂公社磨盘峪大队	23	男	1943 年 7 月	章丘县南麦村	阵亡		√
吴法盛	历城县大龙堂公社磨盘峪大队	23	男	1943 年 7 月	章丘县南麦村	阵亡		√
李丙泉	历城县彩石镇朝阳村	25	男	1943 年 8 月	章丘市曹范镇	战死		√
党海元	历城县大龙堂公社西彩石二大队	32	男	1943 年 8 月	莱芜县辛庄	阵亡		√
高希庆	历城仲宫公社西老仙大队	32	男	1943 年 8 月	莱芜县	阵亡		√
郭春洪	历城县仲宫公社西老仙大队	32	男	1943 年 8 月	历城县仲宫镇仲宫村	阵亡		√
刘元太	历城县柳埠公社软枣峪大队	—	男	1943 年 8 月	—	阵亡		√
商年增	历城仲宫公社西老仙大队	16	男	1943 年 8 月	莱芜县	阵亡		√
商希庆	历城县仲宫公社西老仙大队	18	男	1943 年 8 月	莱芜县	阵亡		√
商希增	历城仲宫公社西老仙大队	16	男	1943 年 8 月	莱芜县	阵亡		√
张恩桐	历城县柳埠公社秦家村大队	19	男	1943 年 8 月	—	阵亡		√
张永吉	历城大龙堂王家庄	17	男	1943 年 8 月	历城县郭店镇郭店	阵亡		√
段东汉	历城县郭店镇彭庄村	33	男	1943 年 9 月 9 日	历城县郭店镇彭庄村	杀害		√
方景生	历城县郭店镇方家村	31	男	1943 年 9 月 12 日	历城县郭店镇方家村	刺死		√
王福典之弟	历城县郭店镇流海村	35	男	1943 年 10 月 8 日	历城县郭店镇流海村	刺死		√
卜相俊	历城县柳埠乡黄巢村	28	男	1943 年秋	泰安县黄前乡黄前村	虐杀刺死		√
单光僧	历城县彩石镇徐家场村	42	男	1943 年秋	历城县彩石镇徐家场村	枪杀		√
郭才顺	历城县彩石镇玉河泉村	41	男	1943 年秋	历城县彩石镇玉河泉村	烧死		√

（续表）

姓名	籍贯	年龄	性别	伤亡时间	伤亡地点	伤亡原因	伤	亡
宋道荣	历城县彩石镇南宅科村	33	男	1943 年秋	历城县彩石镇小龙堂村	战死		√
王风智	历城县西坞乡坞东村	84	男	1943 年秋后	历城县官庄村	刺死		√
东迎三	历城县西坞乡坞东村	87	男	1943 年秋后	历城县官庄村	刺死		√
贾存智	历城县郭店镇唐北村	33	男	1943 年 11 月 6 日	历城县郭店镇唐北村	杀害		√
王兴国	历城县郭店镇彭庄村	32	男	1943 年 11 月 22 日	历城县郭店镇彭庄村	枪杀		√
王福典之弟	历城县郭店镇流海村	25	男	1943 年 11 月	历城县郭店镇流海村	刺死		√
王善芳	历城大龙堂公社横岭大队	22	男	1943 年 11 月	历城县大龙堂	阵亡		√
贾续昆之姑	历城县郭店镇西枣园村	34	女	1943 年 11 月	历城县郭店镇西枣园村	失踪		√
王元风	历城县港沟乡桃科村	15	女	1943 年 12 月 29 日	历城县港沟乡桃科村	枪杀		√
王泽安	历城县锦绣川公社西南峪大队	19	男	1943 年 12 月	—	阵亡		√
李云禄	历城县西坞乡郭家村	—	男	1943 年	大连市	烧死		√
宋庆玉之父	济南	—	男	1943 年	济南火车站	刺死		√
金兆成之弟	历城县港沟乡章锦村	28	男	1943 年	历城县港沟乡章锦村	活埋		√
夏现周	历城县港沟乡章锦村	40	男	1943 年	历城县港沟乡章锦村	枪杀		√
邢道同兄弟	历城县港沟乡章锦村	28	男	1943 年	历城县港沟乡章锦村	枪杀		√
宋斗之	历城县东梧乡商家洼村	93	男	1943 年	历城县郭店镇火车站	狗咬后烧死		√
范洪山	山东省历城县西营公社南龙湾大队	22	男	1943 年	历城县西营镇万粮峪村	阵亡		√
郭备生	历城县港沟公社石庙大队	42	男	1943 年	章丘县南麦腰	阵亡		√
靳成富	历城孙村马头大队	18	男	1943 年	章丘县垛庄	阵亡		√
刘德法	历城县柳埠公社泥淤泉大队	20	男	1943 年	泰安县杨家林	阵亡		√
刘青海	历城高而公社核桃园大队	19	男	1943 年	沂水县歪头岗	阵亡		√
刘永太	历城县西营公社大水井大队	25	男	1943 年	莱芜县	阵亡		√
马长全	历城县仲宫公社左而大队	18	男	1943 年	冀鲁边战斗	阵亡		√
宋立山	历城县柳埠公社上海螺屿大队	—	男	1943 年	章丘县	阵亡		√
王元三	历城港沟公社桃科大队	23	男	1943 年	章丘县胡山	阵亡		√
夏增章	历城县西营公社夏家大队	33	男	1943 年	历城县西营镇万粮峪村	阵亡		√
张春岭	历城县西营镇秦口峪村	20	男	1943 年	警二团一营	阵亡		√
姜元海	历城县柳埠乡孟家村	28	男	1943 年	济南市	杀害		√
陈学章	历城县柳埠乡孟家村	44	男	1943 年	济南市	狗咬死		√

（续表）

姓名	籍贯	年龄	性别	伤亡时间	伤亡地点	伤亡原因	伤	亡
王恩仁	历城县柳埠乡龙门村	18	男	1943 年	泰安县下港乡西峪村	阵亡		√
李传真	历城县柳埠乡簸箕掌村	38	男	1943 年	历城县柳埠乡桃科村	拷打腿断	√	
韩玉祥	历城县柳埠乡桃科村	17	男	1943 年	历城县柳埠乡桃科村	劳累伤	√	
李长更	历城县东梧乡鸡山坡村	83	男	1943 年	历城县仲宫乡贾庄村	枪杀		√
李长西	历城县东梧乡鸡山坡村	79	男	1943 年	历城县仲宫乡贾庄村	枪杀		√
杨在山	历城县港沟乡有兰峪村	约 18	男	1943 年	历城县港沟乡有兰峪村	阵亡		√
司玉美	历城县港沟乡有兰峪村	约 22	男	1943 年	历城县港沟乡有兰峪村	阵亡		√
李自亮	历城县彩石镇东小龙堂村	9	男	1943 年	历城县彩石镇西彩石村	活埋		√
赵洪青	历城县彩石镇西彩石五村	25	男	1943 年	历城县彩石镇西彩石五村	刺死		√
梅鸭子	历城县彩石镇西彩石二村	34	男	1943 年	历城县港沟乡神武村	打死		√
梅妹子	历城县彩石镇西彩石二村	32	女	1943 年	历城县港沟乡神武村	打死		√
小绍（小名）	历城县彩石镇北宅科村	20	男	1943 年	历城县彩石镇北宅科村	战死		√
时文丙	历城县郭店镇西枣园村	22	男	1943 年	历城县郭店镇西枣园村	打死		√
时文林	历城县郭店镇西枣园村	23	男	1943 年	历城县郭店镇西枣园村	打死		√
刘区长	不详（常驻张安村原址）	40 多岁	男	1943 年	历城县锦绣川乡大庄村（张安村原址）	枪杀		√
张继兰	历城县锦绣川乡大庄村（张安村原址）	30 多岁	女	1943 年	历城县锦绣川乡大庄村（张安村原址）	枪杀		√
吕某	历城县锦绣川乡大庄村（张安村原址）	30 多岁	男	1943 年	历城县锦绣川乡大庄村（张安村原址）	枪杀		√
周玉生	历城县王舍人镇沙五村	—	男	1943 年	历城县王舍人镇沙五村	劳工	√	
李元朋	历城县王舍人镇沙五村	—	男	1943 年	历城县王舍人镇沙五村	劳工	√	
贾文元	历城县王舍人镇沙一村	18	男	1943 年	历城县王舍人镇沙一村	劳工失踪		√
段乃露	历城县王舍人镇沙一村	19	男	1943 年	历城县王舍人镇沙一村	劳工失踪		√
张得仁	历城县高而乡高家庄村	19	男	1943 年	历城县高而乡高家庄村	打伤	√	
刘凤林	历城县高而乡汤家村	—	男	1943 年	历城县高而乡汤家村	被抓拷打	√	
张振海	历城县高而乡汤家村	—	男	1943 年	历城县高而乡汤家村	被抓拷打	√	
翟连木	历城县高而乡西沟村	15	男	1943 年	历城县高而乡西沟村	劳工	√	
翟洪生	历城县高而乡西沟村	17	男	1943 年	历城县高而乡西沟村	劳工	√	
元某	历城县高而乡西沟村	30	男	1943 年	历城县高而乡西沟村	遇害		√
程方和	历城县高而乡北高而村	—	—	1943 年	莱芜县埠村	阵亡		√
刘庆海	历城县高而乡北核桃园村	—	男	1943 年	历城县高而乡北核桃园村	枪杀		√

（续表）

姓名	籍贯	年龄	性别	伤亡时间	伤亡地点	伤亡原因	伤	亡
辛尚岭	历城县高而乡北核桃园村	—	男	1943年	历城县高而乡北核桃园村	枪杀		√
辛尚彦	历城县高而乡北核桃园村	—	男	1943年	历城县高而乡北核桃园村	打残	√	
亓福安	历城县高而乡北核桃园村	—	男	1943年	历城县高而乡北核桃园村	失踪		√
梁元成	历城县西营乡叶字坡村	17	男	1943年	泰安县石安乡柳行村	枪杀		√
李存芝	历城县唐王乡渡口村	27	男	1943年	历城县唐王乡渡口村	打死		√
李景康之妻	历城县西周村	—	女	1943年	历城县西周村	污辱致死		√
王美	历城县西周村	—	女	1943年	历城县西周村	打伤	√	
李心贵	历城县港沟乡港沟村	约24	男	1943–1944年	历城县郭店乡	狗咬死		√
田印之子	历城县港沟乡港沟村	约22	男	1943–1944年	济南市	被抓失踪		√
常学兰	历城县柳埠乡水泉村	32	女	1944年1月	历城县柳埠乡水泉村	刺死		√
苏乐兰	历城县柳埠乡水泉村	14	女	1944年1月	历城县柳埠乡水泉村	枪伤	√	
刘化春	历城县柳埠乡水泉村	23	男	1944年1月	历城县柳埠乡水泉村	枪伤	√	
周吉兰	历城县柳埠乡水泉村	24	女	1944年1月	历城县柳埠乡水泉村	枪伤	√	
苏乐英	历城县柳埠乡水泉村	15	女	1944年1月	历城县柳埠乡水泉村	枪伤	√	
白怀友	历城县柳埠乡泥东村	27	男	1944年1月	历城县柳埠乡闫家村	刺死		√
王配祥	历城县柳埠乡泥东村	25	男	1944年1月	历城县仲宫乡仲宫村	砍死		√
张存元	历城县柳埠乡泥东村	28	男	1944年1月	长清县万德乡万德村	狗咬死		√
谢洪成	历城县柳埠公社柳中大队	—	男	1944年1月	泰安市杨家林	阵亡		√
李法光	历城县西营乡李家庄村	—	男	1944年2月	历城县港沟乡伙路村	砍死		√
王永春	历城县	24	男	1944年2月	—	阵亡		√
尹天佑	历城县孙村公社武家大队	31	男	1944年2月	历城县郭店镇韩仓村	阵亡		√
王兴发	历城县郭店镇流海村	25	男	1944年3月	历城县郭店镇流海村	殴打	√	
孟广木	历城县邵而公社相家大队	39	男	1944年3月	泰北县	阵亡		√
方成森	历城县彩石镇三泉峪村	43	男	1944年春	历城县孙村镇鹊山村	枪击	√	
山库（小名）	历城县彩石镇三泉峪村	19	男	1944年春	历城县彩石镇三泉峪村	被抓失踪		√
张京贵	历城县彩石镇塔窝村	25	男	1944年4月	历城县彩石镇塔窝村	枪杀		√
孟斜子	历城县彩石镇塔窝村	52	男	1944年4月	历城县彩石镇塔窝村	枪杀		√
孟庆银	历城县彩石镇塔窝村	34	女	1944年4月	历城县彩石镇塔窝村	轮奸	√	
孟宪能	历城县彩石镇塔窝村	36	男	1944年4月	历城县彩石镇塔窝村	刺伤	√	
冯光义	历城县董家公社锦平一大队	24	男	1944年4月	—	阵亡		√
王元贞	历城高而公社核桃园大队	23	男	1944年4月	蒙阴县	阵亡		√

（续表）

姓名	籍贯	年龄	性别	伤亡时间	伤亡地点	伤亡原因	伤	亡
张仕秀	历城高而公社出泉沟大队	21	男	1944 年 4 月	临朐县冶源	阵亡		√
王明友	历城县彩石镇西彩石三村	20	男	1944 年 5 月	历城县王舍人镇新华园	残害致死		√
高留善	历城县仲宫公社朱家大队	20	男	1944 年 5 月	大龙堂公社宅科村	阵亡		√
高占东	历城县大龙堂公社东泉大队	22	男	1944 年 5 月	历城县彩石镇东彩石村	阵亡		√
马洪章	历城县柳埠公社柳西大队	22	男	1944 年 5 月	莱芜县	阵亡		√
吴士孝	历城县仲宫公社左而大队	22	男	1944 年 5 月	历城县大龙堂公社宅科村	阵亡		√
尹富泉	历城县西营公社道沟大队	19	男	1944 年 5 月	苏北地区	阵亡		√
张维福	历城大龙堂公社东彩石大队	19	男	1944 年 5 月	—	阵亡		√
王八（乳名）	历城县港沟乡河西村	8	男	1944 年 6 月	历城县港沟乡河西村	枪杀		√
刘云瑞	历城孙村东徐马大队	23	男	1944 年 6 月	—	阵亡		√
徐延信	历城县董家镇徐家村	18	男	1944 年 6 月	八纵二十二师六十五团	阵亡		√
孙玉芝	历城县彩石镇朝阳村	30	女	1944 年 6 月	历城县彩石镇朝阳村	负伤	√	
祝宝兴	历城县柳埠乡青阳峪村	24	男	1944 年 7 月	泰安县满庄乡满庄村	阵亡		√
王恩海	历城县柳埠乡青阳峪村	26	男	1944 年 7 月	泰安县上游乡上游村	阵亡		√
李仁忠	历城县唐王乡渡口村	31	男	1944 年 7 月	历城县唐王乡渡口村	烙死		√
李兴荣	历城仲宫公社西老仙大队	37	男	1944 年 7 月	历城县兴隆村	阵亡		√
刘茂林	历城县唐王公社唐东大队	24	男	1944 年 7 月	山西省	阵亡		√
玄春清	历城县邵而公社宅科大队	40	男	1944 年 7 月	景家沟	阵亡		√
张子元	历城县仲宫公社门牙大队	32	男	1944 年 7 月	莱芜	阵亡		√
苏传友	历城县柳埠乡水泉村	20	男	1944 年 8 月	泰安县杨家乡	阵亡		√
高成	历城县高而乡北核桃园村	—	男	1944 年 8 月	历城县高而乡北核桃园村	失踪		√
李少师	历城县孙村公社南顿丘大队	29	男	1944 年 8 月	大龙堂公社西丝峪	阵亡		√
刘德仁	历城县仲宫公社西乐园大队	23	男	1944 年 8 月	泰安县西上店村	阵亡		√
马荣盛	历城仲宫公社先锋店大队	—	男	1944 年 8 月	博山区王加包	阵亡		√
王清九	历城县大龙堂公社东泉大队	23	男	1944 年 8 月	港沟公社唐冶村	阵亡		√
孙志平	历城县港沟乡大官村	24	男	1944 年 9 月 1 日	历城县港沟乡大官村	刺死		√
夏振修	历城县港沟乡大官村	22	男	1944 年 9 月 1 日	历城县港沟乡大官村	刺伤	√	
王业正	历城县孙村公社埠平大队	20	男	1944 年 9 月	章丘市大峪村	阵亡		√
谷德龙	历城县柳埠乡柳西村	19	男	1944 年秋	泰安县茶叶乡	阵亡		√
高广东	历城县彩石镇磨盘峪村	22	男	1944 年秋	历城县彩石镇磨盘峪村	枪伤	√	
田传福之妻	历城县彩石镇两岔河村	49	女	1944 年秋	历城县彩石镇两岔河村	杀害		√

（续表）

姓名	籍贯	年龄	性别	伤亡时间	伤亡地点	伤亡原因	伤	亡
高作鲁	历城县彩石镇东泉村	85	男	1944年秋	历城县彩石镇东泉村	战死		√
高小当	历城县彩石镇东泉村	88	男	1944年秋	历城县彩石镇东泉村	战死		√
高小定	历城县彩石镇东泉村	86	男	1944年秋	历城县彩石镇东泉村	战死		√
张多妮	历城县彩石镇东泉村	83	女	1944年秋	历城县彩石镇东泉村	枪杀		√
高孔师之妻	历城县彩石镇东泉村	98	女	1944年秋	历城县彩石镇东泉村	打伤	√	
王绍文	历城县王舍人镇水坡村	31	男	1944年秋	山东省安丘县	枪杀		√
王福林之母	历城县郭店镇流海村	33	女	1944年11月	历城县郭店镇流海村	轮奸	√	
王春水之母	历城县郭店镇流海村	32	女	1944年11月	历城县郭店镇流海村	轮奸	√	
王怀忠之妻	历城县郭店镇流海村	30	女	1944年11月	历城县郭店镇流海村	轮奸	√	
韩永禄	历城县邵而公社魏家大队	16	男	1944年11月	—	阵亡		√
周洪生	历城高而公社汤家大队	25	男	1944年11月	泰安上岗村	阵亡		√
石来（小名）	历城县郭店镇彭庄村	22	男	1944年12月12日	历城县郭店镇彭庄村	枪杀		√
刘长胜	历城县西营乡积米峪村	59	男	1944年12月28日	历城县西营乡积米峪村	杀害		√
张春田	历城县西营乡石岭村	—	男	1944年12月28日	历城县西营乡石岭村	刺死		√
马文财	历城县西营乡石岭村	—	男	1944年12月28日	历城县西营乡石岭村	烧伤	√	
李福生	历城县彩石镇柳泉村	22	男	1944年12月	历城县彩石镇柳泉村	枪杀		√
李正仁	历城县彩石镇柳泉村	28	男	1944年12月	历城县彩石镇柳泉村	枪杀		√
李正信	历城县彩石镇柳泉村	33	男	1944年12月	历城县彩石镇柳泉村	枪杀		√
贾合本	历城县彩石镇东彩石村	32	男	1944年12月	历城县彩石镇东彩石村	折磨致残	√	
高当东	历城县大龙堂公社东泉大队	23	男	1944年12月	历城县大龙堂公社东泉大队	阵亡		√
马佃中	历城县柳埠公社西坡大队	44	男	1944年12月	历城县柳埠镇柳埠村	阵亡		√
田立贵	历城县孙村公社南顿丘大队	29	男	1944年12月	章丘县曹范	阵亡		√
王玉海	历城县大龙堂公社东泉大队	28	男	1944年12月	西营公社白炭窑	阵亡		√
焦延荣	历城县高而乡南高而村	45	男	1944冬	长清县万德火车站	狗咬死		√
李日生之子	历城县港沟乡港沟村	约19	男	1944年	济南城	被抓失踪		√
赵宪恩	历城县港沟乡东邢村	24	男	1944年	历城县港沟乡东邢村	枪杀		√
闫兴珂	历城县港沟乡东邢村	37	男	1944年	历城县港沟乡东邢村	刺死		√
闫朝春	历城县港沟乡东邢村	8	女	1944年	历城县港沟乡东邢村	刺死		√
王星	历城县港沟乡东邢村	20	男	1944年	历城县港沟乡东邢村	狗咬死		√
任玉兰	历城县港沟乡东邢村	18	女	1944年	历城县港沟乡东邢村	刺伤	√	

（续表）

姓名	籍贯	年龄	性别	伤亡时间	伤亡地点	伤亡原因	伤	亡
苗本立之父	历城县港沟乡章锦村	—	男	1944年	历城县港沟乡章锦村	刺伤	√	
张振生	历城县港沟乡章锦村	23	男	1944年	历城县港沟乡章锦村	打伤	√	
苗长清	历城县港沟乡章锦村	38	男	1944年	历城县港沟乡章锦村	打死		√
曾光庆	历城县港沟乡章锦村	34	男	1944年	历城县港沟乡章锦村	枪杀		√
殷三星	历城县港沟乡章锦村	32	男	1944年	历城县港沟乡章锦村	枪杀		√
段俊礼	历城县孙村公社武家大队	23	男	1944年	大龙堂公社小龙堂	阵亡		√
傅金宝	历城县大龙堂公社虎门大队青龙峪	21	男	1944年	章丘县马棚	阵亡		√
高洪成	历城港沟公社郭家大队龙爪峪大队	21	男	1944年	莱芜县	阵亡		√
谷德龙	历城县柳埠公社柳西大队	19	男	1944年	泰安县沙峪	阵亡		√
韩士财	历城县西营公社道沟大队	21	男	1944年	大龙堂公社两岔河	阵亡		√
韩士元	历城县西营公社道沟大队	22	男	1944年	大龙堂公社两岔河	阵亡		√
贾存义	历城县港沟公社唐冶大队	19	男	1944年	历城县仙人堂	阵亡		√
贾延功	历城县英雄山公社挖峪大队	—	男	1944年	莱芜县店子	阵亡		√
李丙泉	历城县大龙堂公社土头大队	23	男	1944年	章丘县大冶村	阵亡		√
李在贞	山东省历城县西营公社葫芦峪大队	19	男	1944年	章丘县沙湾庄	阵亡		√
刘荣汉	历城县柳埠公社突泉大队	18	男	1944年	历城县柳埠村	阵亡		√
刘元思	历城县柳埠公社突泉大队	23	男	1944年	历城县刘家峪	阵亡		√
马宝义	历城县柳埠公社突泉大队	16	男	1944年	历城县柳埠镇突泉村	阵亡		√
王朝河	历城县英雄山公社涝坡大队	—	男	1944年	历城县李家堂村	阵亡		√
王芳俊	历城县柳埠公社外石大队	23	男	1944年	泰安县马跑泉村	阵亡		√
王凤圣	历城县柳埠公社突泉大队	25	男	1944年	章丘县埠村	阵亡		√
王守平	历城县柳埠公社外石大队	28	男	1944年	泰安县	阵亡		√
王玉忠	历城大龙堂王家庄	18	男	1944年	历城县小龙堂	阵亡		√
吴殿旺	历城县仲宫公社左而大队	20	男	1944年	—	阵亡		√
夏金章	历城县西营公社石岭大队	27	男	1944年	莱芜县上游村	阵亡		√
夏现富	历城县西营公社红岭大队	23	男	1944年	历城县港沟镇邢村	阵亡		√
夏享海	历城县西营公社石岭大队	19	男	1944年	莱芜县上游村	阵亡		√
杨宝义	历城县柳埠公社突泉大队	26	男	1944年	—	阵亡		√
杨秀贵	历城县柳埠公社里石大队	17	男	1944年	历城县柳埠镇柳埠村	阵亡		√
姚学典	历城县西营公社西岭角大队	30	男	1944年	莱芜镇	阵亡		√
张富春	历城高而出泉沟大队	29	男	1944年	济南市市中区大涧沟	阵亡		√

（续表）

姓名	籍贯	年龄	性别	伤亡时间	伤亡地点	伤亡原因	伤	亡
张元辉	历城县锦绣川公社牛家大队	27	男	1944 年	长清县华夏村	阵亡		√
赵丰俊	历城县柳埠公社突泉大队	20	男	1944 年	—	阵亡		√
周恩全	历城县柳埠公社柳西大队	20	男	1944 年	淄博市博山区	阵亡		√
周盛福	历城高而公社汤家大队	27	男	1944 年	邹县	阵亡		√
杨文生	历城县柳埠乡簸箕掌村	50	男	1944 年	历城县柳埠乡桃科村	打伤	√	
周恩泉	历城县柳埠乡柳西村	18	男	1944 年	莱芜县	阵亡		√
潘忠祥	历城县柳埠乡柳西村	20	男	1944 年	莱芜县	阵亡		√
马洪章	历城县柳埠乡柳西村	18	男	1944 年	莱芜县	阵亡		√
刘凤江	历城县柳埠乡秦家村	24	男	1944 年	莱芜县	阵亡		√
马德友	历城县港沟乡寨而头村	98	男	1944 年	历城县港沟乡寨而头村	失踪		√
张茂胜	历城县东梧乡鸡山坡村	84	男	1944 年	历城县东梧乡鸡山坡村	枪杀		√
刘庆英	历城县港沟乡有兰峪村	79	女	1944 年	历城县港沟乡有兰峪村	打伤	√	
王好亮	历城县港沟乡有兰峪村	约 16	男	1944 年	历城县港沟乡有兰峪村	刺死		√
魏继先之妻	历城县彩石镇西彩石四村	34	女	1944 年	历城县彩石镇西彩石四村	打死		√
张志刚	历城县彩石镇北宅科村	40	男	1944 年	历城县彩石镇北宅科村	杀害		√
石头（小名）	历城县彩石镇北宅科村	20	男	1944 年	历城县彩石镇北宅科村	刺死		√
张振发之妹	历城县彩石镇北宅科村	21	女	1944 年	历城县彩石镇北宅科村	刺伤	√	
崔福俊	历城县彩石镇北宅科村	40	男	1944 年	历城县彩石镇北宅科村	打伤	√	
安福元	历城县彩石镇北宅科村	41	男	1944 年	历城县彩石镇北宅科村	打死		√
李振生	历城县彩石镇北宅科村	42	男	1944 年	历城县彩石镇北宅科村	打死		√
韩文庭	历城县王舍人镇殷陈村	79	男	1944 年	徐州连云港	劳工	√	
袁玉帽	历城县高而乡高家庄村	6	男	1944 年	历城县高而乡核桃园村	活埋		√
陈传诗	历城县高而乡北邱村	—	男	1944 年	历城县高而乡北邱村	毒打	√	
葛兴云	历城县高而乡北邱村	—	女	1944 年	历城县高而乡北邱村	毒打	√	
陈传翠	历城县高而乡北邱村	19	女	1944 年	历城县高而乡北邱村	强奸	√	
焦延本	历城县高而乡南高村	22	男	1944 年	泰安大津口乡	刺死		√
焦延春	历城县高而乡南高村	23	男	1944 年	历城县高而乡南高村	杀死		√
邢有春	历城县高而乡邢家村	—	男	1944 年	历城县高而乡邢家村	殴打	√	
韩世昌	历城县高而乡邢家村	—	男	1944 年	历城县高而乡邢家村	拷打致死		√
张金堂	历城县高而乡北高而村	19	男	1944 年	历城县高而乡北高而村	拷打致伤	√	

（续表）

姓名	籍贯	年龄	性别	伤亡时间	伤亡地点	伤亡原因	伤	亡
李启兴	历城县西营乡西营村	—	男	1944年	历城县西营乡西营村	战伤	√	
李启山	历城县西营乡西营村	—	男	1944年	历城县西营乡西营村	战伤	√	
王西故	历城县西营乡西营村	—	男	1944年	历城县彩石乡彩石村	阵亡		√
司玉英	历城县西营乡西营村	—	男	1944年	市中县十六里河乡大涧沟村	阵亡		√
李建有	历城县西营乡王家峪村	—	男	1944年	泰安县杨家林村	阵亡		√
尹秀成	历城县西营乡红峪村	80	男	1944年	章丘独立营	阵亡		√
辛洪海	历城县高而乡北核桃园村	—	男	1945年1月	历城县高而乡北核桃园村	打残	√	
葛财文	历城县高而公社北邱大队	23	男	1945年1月	济南市市中区大涧沟	阵亡		√
李长顺	历城港沟公社吉山大队	27	男	1945年1月	济南市英雄山公社土屋	阵亡		√
王全身	历城县唐王公社西王大队	20	男	1945年1月	历城县仲宫镇仲宫村	阵亡		√
玄春廷	历城县邵而公社宅科大队	25	男	1945年1月	历城县仲宫镇仲宫村	阵亡		√
张明仁	历城县西营公社西营大队	20	男	1945年1月	济南市市中区大涧沟村	阵亡		√
张兆福	历城唐王公社老僧口南大队	38	男	1945年1月	淄博市卫固	阵亡		√
赵德顺	历城县仲宫公社尹家店大队	19	男	1945年1月	泰安县孙楼村	阵亡		√
刘春来	历城县高而乡出泉沟村	27	男	1945年2月28日	历城县高而乡出泉沟村	枪杀		√
刘张氏	历城县高而乡出泉沟村	—	女	1945年2月28日	历城县高而乡出泉沟村	被抓	√	
李延广	历城县高而乡出泉沟村	27	男	1945年2月28日	历城县高而乡出泉沟村	枪击	√	
焦延荣之妻	历城县高而乡南高而村	—	女	1945年3月1日	历城县高而乡出泉沟村	枪击	√	
张京文	历城锦绣川公社东崖大队	27	男	1945年2月	—	阵亡		√
宋斗芝	历城港沟公社高家洼大队	30	男	1945年3月	郭店车站	阵亡		√
徐广森	历城县仲宫公社平坊大队	28	男	1945年3月	蒙阴战役	阵亡		√
张怀俊	历城县仲宫公社东老仙大队	20	男	1945年3月	蒙阴战役	阵亡		√
李宋兰	历城县彩石镇南宅科村	78	女	1945年4月	历城县彩石镇双石崖	打伤	√	
马长庆	历城县西营乡西营村	—	男	1945年4月	历城县西营乡西营村	折磨致死		√
李现科	历城县西营乡西营村	—	男	1945年4月	历城县西营乡西营村	战伤	√	
李庆亭	历城县仲宫公社西崖大队	32	男	1945年5月	历城区仲宫镇仲南村	阵亡		√
王周福	历城县邵而公社西褐马大队	20	男	1945年5月	历城县西营公社枣林村	阵亡		√
徐道利	历城县郭店镇耿家村	26	男	1945年6月4日	历城县郭店镇龙山村	狗咬死		√
吕张和	历城县港沟乡河西村	32	男	1945年6月	历城县港沟乡河西村	绑去杀害		√
亓观水	历城县港沟乡河西村	40	男	1945年6月	历城县港沟乡河西村	枪杀		√
李如恒	历城县唐王乡渡口村	—	男	1945年6月	历城县唐王乡渡口村	打死		√

（续表）

姓名	籍贯	年龄	性别	伤亡时间	伤亡地点	伤亡原因	伤	亡
王荣庆	历城县邵而公社展西大队	22	男	1945年6月	江苏省溧阳	阵亡		√
张来鑫	孙村公社山圈大队山张庄	22	男	1945年6月	周村区全家庄	阵亡		√
段福武	历城县郭店镇彭庄村	32	男	1945年7月19日	历城县郭店镇彭庄村	枪杀		√
陈洪富	孙村公社山圈大队李家楼村	21	男	1945年7月	东北石桥	阵亡		√
侯士英	历城县仲宫公社仲北大队	20	男	1945年7月	莱芜县	阵亡		√
吴风六	历城县仲宫公社西郭大队	16	男	1945年7月	莱芜县	阵亡		√
景传智	历城县柳埠公社柳埠大队	25	男	1945年8月	济南市市中区大涧沟村	阵亡		√
李德福	历城高而公社南高大队	26	男	1945年8月	济南市市中区大涧沟村	阵亡		√
王元贞	历城孙村公社西徐马大队	19	男	1945年8月	沂水城	阵亡		√
赵保全	历城县西营公社十八盘大队	16	男	1945年8月	历城县西营镇枣林村	阵亡		√
朱凤祥	历城县仲宫公社西许大队	28	男	1945年8月	济南市市中区大涧沟村	阵亡		√
韩恩泉	历城县邵而公社童庆大队	22	男	1945年9月	齐河县	阵亡		√
刘生云	历城县邵而公社陡沟大队	28	男	1945年9月	齐河县	阵亡		√
吕成德	历城高而南高大队	25	男	1945年9月	临沂市	阵亡		√
王业富	孙村公社埠平大队	22	男	1945年9月	章丘县明水	阵亡		√
武长圣	历城县孙村公社武家大队	17	男	1945年9月	历城县西顿邱	阵亡		√
张永谦	历城县仲宫公社凤凰岭大队	20	男	1945年9月	临沂市	阵亡		√
任朝宗	历城县港沟乡有兰峪村	—	男	1945年	历城县港沟乡有兰峪村	被抓打伤	√	
杨文仁	历城县港沟乡潘庄村	78	男	1945年	历城县港沟乡潘庄村	杀害		√
王布瀛	历城县港沟乡潘庄村	85	男	1945年	历城县港沟乡潘庄村	杀害		√
张德厚	历城县东梧乡商家洼村	85	男	1945年	泰安县	战死		√
侯承寿	历城县华山镇洪园村	25	男	1945年	茌平县	阵亡		√
邢有吕	历城高而邢家大队	21	男	1945年	泰安西上店村	阵亡		√
张德厚	历城港沟公社高家洼大队	22	男	1945年	历城县港沟镇东梧	阵亡		√
刘庆云	历城县柳埠乡田褚村	18	男	1945年	泰安县下港乡	被俘牺牲		√
李丕祥丈夫	历城县港沟乡有兰峪村	83	男	1945年	历城县港沟乡有兰峪村	被抓打伤	√	
尹加信之妻	历城县彩石镇北宅科村	45	女	1945年	历城县彩石镇北宅科村	摧残致死		√
杨德贤	历城县彩石镇北宅科村	64	男	1945年	历城县彩石镇北宅科村	杀害		√
吕安尧之子	历城县彩石镇北宅科村	55	男	1945年	历城县彩石镇北宅科村	杀害		√
王振水	历城县王舍人镇沙三村	—	男	1945年	日本	烧死		√

（续表）

姓名	籍贯	年龄	性别	伤亡时间	伤亡地点	伤亡原因	伤	亡
韩振声	历城县王舍人镇殷陈村	77	男	1945 年	历城县王舍人镇殷陈村	受伤致残	√	
冯玉娥	历城县高而乡南高村	18	女	1945 年	历城县高而乡南高村	打伤	√	
邢兰峰	历城县高而乡邢家村	—	男	1945 年	历城县高而乡邢家村	杀害		√
邢有甸	历城县高而乡邢家村	—	男	1945 年	历城县高而乡邢家村	砍头		√
亓来友	历城县高而乡北核桃园村	—	男	1945 年	历城县高而乡北核桃园村	被抓致死		√
陈允河	历城县高而乡北核桃园村	—	男	1945 年	历城县高而乡北核桃园村	被抓致死		√
辛兆友	历城县高而乡北核桃园村	—	男	1945 年	历城县高而乡北核桃园村	炸聋	√	
张开山	历城县西营乡黑峪村	86	男	1945 年	临沂县	战伤	√	
王士俊	历城县西营乡西岭角村	91	男	1945 年	章丘县	战伤	√	
王福才	历城县西营乡西岭角村	85	男	1945 年	章丘县	战伤	√	
王风齐	历城县西营乡大南营村	44	男	1945 年	历城县西营乡大南营村	刺死		√
马玉海	历城县西营乡大南营村	42	男	1945 年	历城县西营乡	枪伤	√	
李志斗	历城县西营乡佛峪村	60	男	1945 年	历城县西营乡白炭窑村	杀害		√
李志秋	历城县西营乡佛峪村	62	男	1945 年	历城县	杀害		√
蒲公芝	历城县西营乡白炭窑村	60	男	1945 年	历城县西营乡白炭窑村	枪杀		√
李爱民	历城县西营乡白炭窑村	9	女	1945 年	历城县西营乡白炭窑村	枪杀		√
于绪水	历城县西营乡白炭窑村	23	男	1945 年	历城县西营乡白炭窑村	枪杀		√
田延文	历城县西营乡白炭窑村	23	男	1945 年	历城县西营乡白炭窑村	枪杀		√
李在池	历城县西营乡白炭窑村	19	男	1945 年	历城县西营乡白炭窑村	枪杀		√
李志忠	历城县西营乡白炭窑村	70	男	1945 年	历城县西营乡白炭窑村	枪杀		√
谷丙前	历城县港沟乡两河村	25	男	—	历城县港沟乡两河村	劳工失踪		√
乜建科	历城县港沟乡两河村	26	男	—	历城县港沟乡两河村	劳工致死		√
三元子（小名）	历城县港沟乡两河村	19	男	—	历城县港沟乡两河村	劳工致死		√
赵福星	历城县港沟乡东邢村	—	男	—	历城县港沟乡东邢村	机枪打死		√
孙锡胜	历城县港沟乡大官村	23	男	—	历城县港沟乡田庄村	刺死		√
赵洪茂	历城县王舍人镇梁二村	—	男	—	历城县郭店镇韩仓村	狗咬伤	√	
李寿贵	历城县王舍人镇梁二村	—	—	—	历城县郭店镇韩仓村	刺死		√
李义才	历城县王舍人镇纸坊村	—	男	—	历城县王舍人镇纸坊村	劳工失踪		√
张玉珍	历城县王舍人镇纸坊村	—	—	—	历城县王舍人镇纸坊村	劳工失踪		√

（续表）

姓名	籍贯	年龄	性别	伤亡时间	伤亡地点	伤亡原因	伤	亡
刘春阳	历城县王舍人镇孙家卫村	—	男	—	历城县王舍人镇孙家卫村	劳工失踪		√
张圣元	历城县王舍人镇杨北村	—	男	—	历城县王舍人镇杨北村	棍棒打死		√
李圣全	历城县王舍人镇沙四村	99	男	—	历城县王舍人镇沙四村	劳工失踪		√
李传分	历城县王舍人镇沙四村	101	男	—	历城县王舍人镇沙四村	劳工失踪		√
刘配兰	历城县王舍人镇赵家村	—	女	—	历城县王舍人镇赵家村	遇害		√
李杰臣	历城县王舍人镇赵家村	—	男	—	历城县王舍人镇赵家村	遇害		√
周洪信之兄	历城县高而乡汤家村	—	男	—	历城县仲宫	虐待致死		√
贾连元	历城县高而乡东沟村	—	男	—	历城县高而乡东沟村	劳工失踪		√
杨秀春	历城县西营乡上降甘村	18	男	—	—	失踪		√
梁小四（小名）	历城县华山镇刘姑村	20	男	—	历城县港沟镇	打死		√
田桂森	历城县华山镇刘姑村	17	男	—	历城县华山镇卧牛山村	烧死		√
朱经亮	历城县华山镇北辛村	23	男	—	—	劳工失踪		√
郑吉友	历城县华山镇北辛村	25	男	—	—	被抓失踪		√
郑加奎之子	历城县华山镇北辛村	20	男	—	—	劳工失踪		√
许金奎	历城县华山镇北辛村	22	男	—	—	遇害		√
李殿荣	历城县华山镇朱桥村	—	男	—	历城县华山镇朱桥村	遇害		√
马锁（小名）	历城县华山镇朱桥村	—	男	—	历城县华山镇朱桥村	遇害		√
霍羊	历城县华山镇朱桥村	—	男	—	历城县华山镇朱桥村	遇害		√
崔大亮	历城县唐王镇水宋村	20	男	—	—	阵亡		√
王茬修	历城县彩石镇虎门村	28	男	—	历城县彩石镇虎门村	被抓失踪		√
郑付贵	历城县华山镇北辛村	21	男	—	—	劳工饿死		√
马文元	历城县郭店镇相公村	45	男	—	历城县郭店镇相公村	砍伤	√	
小计	受伤人数：174 人				死亡人数：708 人			
合计	伤亡总数：882 人							

历城区县（市、区）抗战时期间接伤亡人员名录[①]

（伤亡时间按先后排列）

姓名	籍贯	年龄	性别	伤亡时间	伤亡原因	劳工		灾民		被俘捕		其他	
						伤	亡	伤	亡	伤	亡	伤	亡
张太振	历城县董家镇大张村	—	男	1937年12月	抓矿工	√							
张学诗	历城县董家镇城角村	—	—	1938年5月10日	抓矿工	√							
姚发友	历城县董家镇姚家村	—	男	1938年5月10日	抓劳工	√							
姚善路	历城县董家镇姚家村	—	男	1938年5月10日	抓劳工	√							
姚学征	历城县董家镇姚家村	—	男	1938年5月10日	抓劳工	√							
姚学陶	历城县董家镇姚家村	—	男	1938年5月10日	抓劳工	√							
姚善树	历城县董家镇姚家村	—	男	1938年5月10日	抓劳工	√							
王洪章	历城县董家镇全节村	29	男	1938年8月	抓矿工	√							
王明全	历城县董家镇全节村	10	男	1938年8月	抓矿工	√							
张学德	历城县董家镇大张村	—	男	1938年	—							√	
李万杰	历城县董家镇曹家村	35	男	1938年	打伤	√							
刘长玉	历城县董家镇五里堂村	—	男	1938年	打伤							√	
李俊清	历城县董家镇潘新村	15	男	1938年	抓劳工	√							
潘朝臣	历城县董家镇潘新村	—	男	1938年	抓劳工	√							
潘朝富	历城县董家镇潘新村	—	男	1938年	抓劳工	√							
刁明远	历城县董家镇潘新村	—	男	1938年	抓劳工	√							
刁明达	历城县董家镇潘新村	—	男	1938年	抓劳工	√							
张延经之妻	历城县华山镇坝子村	—	女	1938年	强奸							√	
张增爱	历城县华山镇坝子村	—	女	1938年	强奸							√	
张增润	历城县华山镇坝子村	—	男	1938年	抓劳工	√							
张延泗	历城县华山镇坝子村	—	男	1938年	抓劳工	√							
张延锋	历城县华山镇坝子村	—	男	1938年	抓劳工	√							
李福田	历城锦绣川乡牛家村	22	男	1939年7月	抓劳工	√							
李福安	历城县锦绣川乡牛家村	23	男	1939年7月	抓劳工	√							
王峰	历城县锦绣川乡牛家村	19	男	1939年7月	抓劳工	√							
时殿安	历城县锦绣川乡道沟村	23	男	1939年11月	抓劳工	√							
时殿宝	历城县锦绣川乡道沟村	24	男	1939年11月	抓劳工	√							
时春田	历城县锦绣川乡道沟村	—	—	1939年11月	抓劳工	√							
毛学义	历城县锦绣川乡西商村	25	男	1939年11月	抓劳工	√							
楚加典	历城县锦绣川乡西商村	23	男	1939年11月	抓劳工	√							

① 中共济南市历城区委党史资料征集研究委员会：《历城抗战资料选编》。

（续表）

姓名	籍贯	年龄	性别	伤亡时间	伤亡原因	劳工		灾民		被俘捕		其他	
						伤	亡	伤	亡	伤	亡	伤	亡
毛学强	历城锦绣川乡西商村	23	男	1939 年 11 月	抓劳工	√							
楚加廷	历城县锦绣川乡西商村	21	男	1939 年 11 月	抓劳工	√							
楚亮	历城县锦绣川乡西商村	20	男	1939 年 11 月	抓劳工	√							
付长怀	历城县仲宫镇稻池村	30	男	1939 年	遇害								√
付孙氏	历城县仲宫镇稻池村	29	女	1939 年	—							√	
付长泉	历城县仲宫镇稻池村	36	男	1939 年	失踪				√				
付长泉之妻	历城县仲宫镇稻池村	33	女	1939 年	失踪				√				
付长泉儿媳	历城县仲宫镇稻池村	15	女	1939 年	失踪				√				
张安氏	历城县仲宫镇稻池村	35	女	1939 年	失踪				√				
元亨（小名）	历城县仲宫镇稻池村	1	男	1939 年	失踪				√				
张海棠	历城县仲宫镇稻池村	9	女	1939 年	失踪				√				
付文洪	历城县仲宫镇稻池村	8	男	1939 年	失踪				√				
大莉子（小名）	历城县仲宫镇稻池村	6	女	1939 年	失踪				√				
刘群（小名）	历城县仲宫镇稻池村	4	男	1939 年	失踪				√				
吴殿敖	历城县仲宫镇稻池村	—	—	1939 年	失踪				√				
王利武	历城县仲宫镇后沟村	—	男	1939 年	抓劳工	√							
董善德	历城县唐王乡刘六务村	30	男	1940 年 5 月	抓劳工	√							
王殿银	历城县华山镇桃园村	29	男	1940 年	日本劳工	√							
季风城	历城县东风街道办事处辛甸村	—	男	1941 年 9 月	鞭打压杠					√			
王佃西	历城县港沟乡桃科村	25	男	1941 年 12 月 29	打伤							√	
张兆元	历城县华山镇坝子村	—	男	1941 年	日本做苦工	√							
薛振宗之伯父	历城县东风街道办事处祝甸村	—	男	1941 年	遇害								√
焦士翠	历城县高而办事处南高村	17	男	1941 年	打伤							√	
焦士振	历城县高而办事处南高村	18	男	1941 年	打伤							√	
郭玉东	历城县西坞乡东脚山村	21	男	1941 年	遇害								√
张凡义	历城县高而乡花坦村	21	男	1942 年 1 月 24 日	打伤							√	
田忠井	历城县高而乡花坦村	18	男	1942 年 1 月 24 日	打伤							√	
田忠祥	历城县高而乡花坦村	20	男	1942 年 1 月 24 日	打伤							√	

（续表）

姓名	籍贯	年龄	性别	伤亡时间	伤亡原因	劳工		灾民		被俘捕		其他	
						伤	亡	伤	亡	伤	亡	伤	亡
田忠松	历城县高而乡花坦村	19	男	1942 年 1 月 24 日	打伤							√	
田力生	历城县高而乡花坦村	20	男	1942 年 1 月 24 日	打伤							√	
田忠岭	历城县高而乡花坦村	19	男	1942 年 1 月 24 日	打伤							√	
无名氏	历城县高而乡花坦村	—	男	1942 年 1 月 24 日	打伤							√	
徐久臣	历城县唐王乡刘六务村	33	男	1942 年 3 月	抓劳工		√						
徐连年	历城县唐王乡刘六务村	51	男	1942 年 4 月	抓劳工		√						
陈玉俭	历城县高而办事处西邱村	—	男	1942 年	遇害								√
张汝为	历城县高而办事处汤家沟	—	男	1942 年	劳工		√						
王经友	历城县高而办事处汤家沟	15	男	1942 年	劳工	√							
王岐顺	历城县高而办事处汤家沟	13	男	1942 年	虐待	√							
周连举	历城县高而办事处汤家沟	—	男	1942 年	虐待		√						
张宝德	历城县高而办事处东沟村	20	男	1942 年	—							√	
李全信	历城高而办事处东沟村	20	男	1942 年	—							√	
焦兴富	历城县高而办事处东沟村	—	男	1942 年	打伤	√							
贾云同	历城县高而办事处东沟村	16	男	1942 年	抓劳工	√							
李全信	历城高而东沟村	18	男	1942 年	抓劳工	√							
齐文山	历城县高而办事处东沟村	—	男	1942 年	抓劳工		√						
贾连元	历城县高而办事处东沟村	19	男	1942 年	抓劳工		√						
王玉连	历城县高而办事处孙家崖村	21	男	1942 年	打伤							√	
王同进	历城县高而办事处孙家崖村	24	男	1942 年	打伤							√	
邢均如	历城县高而办事处邢家村	13	男	1942 年	干活打骂	√							
刘丙河	历城县高而西沟村	—	男	1942 年	抓劳工	√							
井振荐	历城县高而办事处孙家崖村	22	男	1942 年	灌辣椒水							√	
李景陈	历城县东风街道办事处西周村	—	男	1942 年	灌辣椒水								√
邹延春之兄	历城县大辛庄村	—	男	1942 年	遇害								√
李俊祥	历城华山镇衩庄村	25	男	1942 年	日本劳工	√							
刘洪宝	历城柳埠乡龙门村	18	男	1942 年	矿工	√							
张德杰	历城柳埠龙门村	19	男	1942 年	矿工	√							
张树人	历城柳埠龙门村	21	男	1942 年	矿工	√							
于娟	历城县董家镇城角村	—	女	1943 年 8 月	强奸							√	

（续表）

姓名	籍贯	年龄	性别	伤亡时间	伤亡原因	劳工		灾民		被俘捕		其他	
						伤	亡	伤	亡	伤	亡	伤	亡
孙学喜	历城县西坞乡车脚山村	20	男	1943 年 9 月 9 日	遇害								√
王元禄	历城港沟乡桃科村	18	男	1943 年 12 月 29 日	打伤							√	
韩玉祥	历城柳埠桃科村	17	男	1943 年	铁锹殴打	√							
李中祥	历城县唐王乡渡口村	27	男	1943 年	抓劳工	√							
李述芝	历城县唐王乡渡口村	38	男	1943 年	抓劳工		√						
邢有第	历城县高而办事处邢家村	23	男	1943 年	干活打骂	√							
邢自然	历城县高而办事处邢家村	20	男	1943 年	苦役殴打	√							
杨秀庭	历城县高而办事处邢家村	30	男	1943 年	满洲劳工		√						
吴人喜	历城县高而办事处邢家村	42	男	1943 年	遇害								√
翟连木	历城县高而办事处西沟村	15	男	1943 年	抓劳工	√							
翟洪生	历城县高而办事处西沟村	17	男	1943 年	抓劳工	√							
高远胜	历城县高而办事处高家庄村	28	男	1943 年	—							√	
刘怀富	历城县柳埠乡桃科村	21	男	1943 年	抓矿工	√							
刘洪乾	历城县柳埠乡桃科村	18	男	1943 年	抓矿工	√							
刘志杰	历城县柳埠乡桃科村	19	男	1943 年	抓矿工	√							
刘志信	历城县柳埠乡桃科村	18	男	1943 年	抓矿工	√							
刘洪玉	历城县柳埠乡桃科村	20	男	1943 年	抓矿工	√							
吴爱成	历城县柳埠乡桃科村	19	男	1943 年	抓矿工	√							
张德科	历城县柳埠乡石窑村	18	男	1943 年	干活打骂	√							
亓玉成	历城柳埠乡吴家沟村	18	男	1943 年	—							√	
刘洪洋	历城县柳埠乡桃科村	17	男	1943 年	不给饭吃	√							
刘怀举	历城县柳埠乡桃科村	20	男	1943 年	下矿摔死		√						
刘洪运	历城县柳埠乡桃科村	18	男	1943 年	不给饭吃	√							
刘洪成	历城县柳埠乡桃科村	18	男	1943 年	不给饭吃	√							
李如山	历城县柳埠乡桃科村	19	男	1943 年	抓矿工	√							
刘志忠	历城县柳埠乡桃科村	17	男	1943 年	抓矿工	√							
刘志昌	历城县柳埠乡桃科村	20	男	1943 年	抓矿工	√							
王恒贞	历城县柳埠乡桃科村	17	男	1943 年	抓矿工	√							
王恒禄	历城县柳埠乡桃科村	18	男	1943 年	抓矿工	√							

（续表）

姓名	籍贯	年龄	性别	伤亡时间	伤亡原因	劳工		灾民		被俘捕		其他	
						伤	亡	伤	亡	伤	亡	伤	亡
刘志水	历城县柳埠乡桃科村	21	男	1943 年	抓矿工	√							
李万海	历城县柳埠乡桃科村	18	男	1943 年	抓矿工	√							
刘怀双	历城县柳埠乡桃科村	21	男	1943 年	抓矿工	√							
王方岭	历城县柳埠乡外石村	25	男	1944 年 12 月	劳工	√							
薛兆广	历城县华山镇王闸村	—	男	1944 年	—							√	
薛秉善	历城县华山镇	—	男	1944 年	—							√	
路连仁	历城县华山镇	—	男	1944 年	—							√	
路连温	历城县华山镇	—	男	1944 年	—							√	
王同道	历城县高而办事处孙家崖村	23	男	1944 年	打伤							√	
吴士俊	历城县高而办事处北高而村	—	男	1944 年	残酷迫害		√						
邢有福	历城县高而办事处北高而村	—	男	1944 年	干活迫害	√							
井长任	历城县高而办事处北高而村	—	男	1944 年	干活迫害	√							
李春芳	历城县高而办事处北高而村	—	男	1944 年	干活迫害	√							
刘春等	历城县柳埠乡南山村	28	男	1944 年	非人待遇	√							
杨秀芝	历城县柳埠里石村	19	男	1944 年	劳工	√							
马月山	历城县柳埠乡里石村	22	男	1944 年	劳工		√						
焦延泉	历城县高而办事处南高村	19	男	1944 年	打伤							√	
焦延才	历城县高而办事处南高村	20	男	1944 年	打伤							√	
李传德	历城县高而办事处汤家沟	16	男	1944 年	打骂	√							
沅仕友	历城县高而乡出泉沟村	28	男	1945 年 2 月 28 日	—							√	
刘春发	历城县高而乡出泉沟村	26	男	1945 年 2 月 28 日	—							√	
候承寿之妻	历城县华山镇坝子村	—	女	1945 年	遇害								√
赵成中	历城县西营乡老岭村	—	男	—	遇害								√
赵成德	历城县西营乡老岭村	—	男	—	遇害								√
任凯平	历城县洪楼镇洪楼居委会	30	男	—	劳工	√							
李景顺	历城县东风街道办事处西周村	—	—	—	抓劳工	√							
王德先	历城县东风街道办事处西周村	—	—	—	抓劳工	√							
黄兆元	历城县东风街道办事处祝甸村	—	—	—	抓劳工		√						

（续表）

姓名	籍贯	年龄	性别	伤亡时间	伤亡原因	劳工		灾民		被俘捕		其他	
						伤	亡	伤	亡	伤	亡	伤	亡
黄锡	历城县东风街道办事处祝甸村	—	—	—	抓劳工	√							
杨坤	历城县东风街道办事处祝甸村	—	—	—	抓劳工	√							
李元军	历城县东风街道办事处祝甸村	—	男	—	抓劳工	√							
叶四爷	历城县东风街道办事处祝甸村	—	男	—	抓劳工		√						
小计	受伤人数：115 人				死亡人数：34 人								
合计	伤亡总数：149 人												

参考文献

[1] 安作璋主编：《济南通史·现代卷》，齐鲁书社2008年版。

[2] 济南市政协文史资料委员会编：《20世纪济南文史资料文库·军事卷》，黄河出版社2004年版。

[3] 济南市政协文史资料委员会编：《20世纪济南文史资料文库·政治卷》，黄河出版社2004年版。

[4] 刘少玲总主编：《济南区域文史存珍·章丘市卷》，济南出版社2010年版。

[5] 刘少玲总主编：《济南区域文史存珍·长清区卷》，济南出版社2010年版。

[6] 刘少玲总主编：《济南区域文史存珍·济阳县卷》，济南出版社2010年版。

[7] 中共济南市历城区委党史资料征集研究委员会编：《历城革命斗争史1922—1949》，济南出版社1999年版。

[8] 中共章丘市委党史资料征集委员会编：《章丘革命斗争史1927—1949》，济南出版社1999年版。

[9] 政协济南市历城区委员会文史资料委员会编：《历城文史资料》。

[10] 中共历城县委党史资料征集研究委员会编：《历城党史资料》。

[11] 杨积清主编：《章丘县志》，济南出版社1992年版。

[12] 山东省历城县志编纂委员会编：《历城县志》，济南出版社1990年版。

[13] 西顿邱村志编纂委员会编：《西顿邱村志》，黄河出版社2012年版。

[14]《长清县志》，济南出版社1992年版。

[15]《孙村镇志》，孙村镇人民政府2009年版。

[16]《龙山村志》，中国际文化出版社2010年版。

[17]《庄科村志》，庄科村委2009年印制。

[18] 中共济南市委党史研究室编：《济南革命遗址概览》，中共党史出版社

2011 年版。
[19] 山东省委党史研究室编：《山东省百县（市、区）抗日战争时期死难者名录》，中共党史出版社 2014 年版。
[20] 中央党史研究室第一研究部、中国人民解放军档案馆编：《抗日战争时期八路军人员伤亡和财产损失档案选编》，中共党史出版社 2014 年版。
[21] 周和平、杨建荣主编：《松骨梅韵》，中国戏剧出版社 2011 年版。
[22] 孙思白：《孙思白史论集》，山东大学出版社 2001 年版。
[23] 田遨：《田遨丛稿·诗词卷》，天津古籍出版社 2008 年版。
[24] 姜照远：《末路穷途——日本战前败后》，北方文艺出版社 2013 年版。
[25] 张彤金、刘立勤主编：《侵华日军历史上的 105 个师团》，解放军出版社 2010 年版。
[26] 王凤芝整理：王月瀛《革命自传》。
[27] 王繁荣编：《章丘文史拾遗》，线装书局 2013 年版。

后 记

我在老家西王村读小学时，每年清明节，学校组织学生恭敬地抬着花圈，唱着“大刀向鬼子们的头上砍去……”到西坡给王全身烈士扫墓。我在唐王联中上初中时的第一年清明节，学校组织学生恭敬地抬着花圈，唱着“要革命就会有牺牲……”到韩家村西头，给李世福烈士扫墓。祭奠烈士之后的数天内，同学们仍议论纷纷——烈士牺牲时的感人场面、传于乡里的八路军打鬼子的故事……好奇与崇敬之心溢于言表。

想来，这是整个少年时代，留在我记忆中的最庄重的事。

四十年后的今天，我再回到乡里，问王全身、李世福烈士之事，少年们直摇头，中青年人仅知他们是烈士而已，亦不知苏勋卿、刘梅村、郭正元、廖司令、林政委、杨司令在历城抗日之事。七十年前伟大的抗日战争在血与火中留给这片英雄土地的精神财富，难道正在消失吗?

2014年12月，我家中诞生了新的生命，欢乐与幸福洋溢在心头。望着由数个家庭呵护着的外孙，我在想：父辈祖辈们所承受的十四年的民族苦难与付出的牺牲，新生一代了解吗？英雄与先辈们以自己的青春、热血、生命救国于危难的抗日精神，新生一代能传承吗？答案是肯定的：新生一代一定能了解，能传承！因为他们的生命中有抗日烽火里铸造的不屈的民族精神的基因！为新生代提供一部先辈的系统抗战史——正是我的责任！

于是，我选择了写一部《历城抗战史》。

艰难的写作从2015年1月开始到7月结束。第一阶段是阅读文本。我将所搜集到的县志、镇志、村志、文史资料、党史资料及有关八路军清河区、鲁中区、冀鲁豫区的抗战回忆录、研究文章几近全部阅读。第二阶段是构思体系。县级区域抗战史没有先例可循，如何在山东抗日根据地的背景下，展现历城的抗战历史，是该书的难点，因为历城处于日军统治中心济南的近郊，抗战进程呈现出长期性、复杂性、特殊性。正是基于历城抗战的这个特点，确立了本书的体系与结构。第三阶段是考证与写作。在若干材料中选择史实、考证史实，将史实提炼为主题是一项繁杂的工作，我甚至有几次都想放弃……但是，历城抗日烈士们催人泪下的事迹鼓励着我，写不出《历城抗战史》，对不起先烈们，对不起承受民族苦难的父老乡亲！

在本书写作过程中，泰安市政协文史委、章丘市政协文史委、青州市政协文史委、邹平县政协文史委、沂源县政协文史委、巨野县政协文史委提供了部分资料，使我受益匪浅。

区政协刘传勇主席关心此书写作，区政协副主席、区委统战部部长李庆奎同志始终给予我鼓励与期待。区教育局庞振福局长及领导班子成员大力支持，区教育局并将此书列为初中学校校本课程自选教材，给我以克服困难的动力。

邢世忠上将题写书名并给予我热情鼓励，陈玉圃先生赠墨支持；王学典教授审阅书稿，提出修改意见并作序提携；山东大学出版社王桂琴教授，刘森文、张瑞同志为此书出版付出辛勤劳动，我将铭记于心。

写到关键章节时，我正在市委党校学习，受到“2015年第一期市管干部进修班”同学的鼓励，白秋生、李本文、陈淑平、于兴亮同学提供县志、党史资料，使我感受到同学友谊的温暖；区政协文史委张晓、王乃岷同志为本书提供、搜集资料；区教育局韩玮玮、谢庆春同志帮助我整理资料。

在本书的写作过程中，我的朋友和家人都给予了我极大的支持。胡延河兄、朱德泉兄经常询问工作进展，提供资料、信息支持；王加华兄应邀写作“‘满铁’在历城的调查”一节；众多朋友主动减少往来，以节约我的时间。我的家人主动承担起全部家务，提供生活支持，促使我安心写作。

在纪念伟大的抗日战争胜利70周年之际，《历城抗战史》的出版凝聚着众多领导、专家、同事、朋友的关心、支持与期待，在此，我一并表示衷心的感谢！

由于个人专业能力有限，在史料的选择、史实的考证、主题的提炼等方面，可能存在纰漏之处，请诸位批评、函告。如果读者能够从本书中体验到十四年抗战中48万历城人民曾经的苦难与抗争，从而对确立正确的抗战史观有所启发，将是我最大的心愿。

王钢城

2015年7月26日于草山岭

修订版后记

为纪念伟大的抗日战争胜利70周年，2015年8月，《历城抗战史》由山东大学出版社出版发行。该书受到社会各界的广泛关注，尤其是在南山抗日根据地的核心地区以及传统的章历边区，出现了竞阅此书的现象，这充分反映了抗战精神洗礼的历城乡土文化的自觉。2015年9月，历城区教育局以《历城抗战史》为教材，开发出红色乡土课程，每年有8500余名初中生接受系统的抗战教育，中共领导的48万历城人民的抗战事迹在新生代中传承——这是一项有着相当意义的培育社会主义核心价值观的社会工程！

2017年7月7日，是全民族抗战开始——卢沟桥事变爆发80周年，山东人民出版社将《历城抗战史》作为重点图书出版修订版，我倍感欣慰。修正工作重点集中在下列几方面：一是对口述资料进行了修正，二是对部分史实进行了考证，三是增加了反映重要历史事件的新材料。

在修正过程中，细心梳理、吸收了抗日英烈及在历城抗战先辈的后人的意见；在查阅历史档案的过程中，得到历城区人民法院、章丘区人民法院、历城公安分局的大力支持；21所初中学校的31名教授《历城抗战史》的教师，在课程实施过程中付出了辛勤劳动，提出了宝贵意见；山东人民出版社重点项目编辑室王海涛主任、战海霞编辑，为本书修正做了大量工作；区政协文史委张晓同志、区教育教学研究中心陶树军同志在查阅资料、修改文本方面鼎力相助。谨此，向支持、帮助修正工作的各位读者、专家、同事、朋友致以衷心的感谢！

伟大的抗战精神——天下兴亡、匹夫有责的爱国情怀，视死如归、宁死不屈的民族气节，不畏强暴、血战到底的英雄气概，百折不挠、坚忍不拔的必胜信念，是以爱国主义为核心的民族精神的升华，更是全面建成小康社会的精神动力。愿更多的读者通过中共领导的一个县域的敌后抗战历史，理解、珍惜、传承伟大的抗战精神。

王钢城

2017年6月